Treuhand und Option in der deutschen und europäischen Fusionskontrolle

# Europäische Hochschulschriften
Publications Universitaires Européennes
European University Studies

**Reihe II**
**Rechtswissenschaft**

Série II Series II
Droit
Law

**Bd./Vol. 4359**

PETER LANG
Frankfurt am Main · Berlin · Bern · Bruxelles · New York · Oxford · Wien

Stefanie Rabenau

# Treuhand und Option in der deutschen und europäischen Fusionskontrolle

PETER LANG
Europäischer Verlag der Wissenschaften

**Bibliografische Information Der Deutschen Bibliothek**
Die Deutsche Bibliothek verzeichnet diese Publikation in der Deutschen Nationalbibliografie; detaillierte bibliografische Daten sind im Internet über <http://dnb.ddb.de> abrufbar.

Zugl.: Regensburg, Univ., Diss., 2005

D 355
ISSN 0531-7312
ISBN 3-631-54343-3



www.peterlang.de

**MEINEN ELTERN**

# VORWORT

Die vorliegende Arbeit ist im Sommersemester 2005 von der Juristischen Fakultät der Universität Regensburg als Dissertation angenommen worden und erscheint hier – unter Berücksichtigung der Literatur bis zum 30. Juni 2004 - weitgehend unverändert.

Maßgebend zum Entstehen dieser Arbeit beigetragen hat mein Doktorvater Professor Dr. Jörg Fritzsche. Ich danke ihm für seine Aufgeschlossenheit gegenüber der von mir gewählten Thematik, für zahlreiche Ideen und Anregungen sowie die stets ermutigende und vertrauensvolle Betreuung.

Bedanken möchte ich mich auch bei Herrn Professor Dr. Ingo Koller für seine wertvolle kritische Auseinandersetzung mit dieser Arbeit im Rahmen des Zweitgutachtens sowie Herrn Professor Dr. Ekkehard Schumann für über diese Arbeit hinausgehende juristische und stilprägende Diskussionen. Mein Dank gilt ebenfalls der Universität Regensburg, die die Drucklegung dieser Arbeit gefördert hat.

Mit der Fertigstellung dieser Arbeit im Juni 2004 fand eine ergeignisreiche und von vielen lieben Freundinnen und Freunden geprägte Zeit an der Universität Regensburg ihr Ende. Auch all diesen, die mich auf dem Werdegang der vorliegenden Arbeit begleitet haben, gilt mein herzlicher Dank — wie nicht zuletzt meinem „Komposophen“ Michael Bastian Weiß, der immer wieder in unsere Regensburger Idylle einbrach, um alles Gedachte auf den Kopf zu stellen.

Diese Arbeit ist meinen Eltern zum Dank für Ihre immerwährende Unterstützung und Motivation gewidmet.

# INHALTSVERZEICHNIS

# EINLEITUNG

Sowohl die Vereinbarung eines Treuhandverhältnisses als auch die Einräumung eines Optionsrechts verursachen einen gewissen Schwebezustand in Bezug auf die Zuordnung von rechtlichen Positionen. Bei der Treuhand resultiert dieser aus der Trennung zwischen formeller und materieller Berechtigung am Treugut. Im Rahmen von Optionsverträgen rührt die Unsicherheit daher, dass die Zukunft der rechtlichen Position in die Hände eines einzelnen Rechtssubjekts gelegt wird. In beiden Fällen sichert sich jeweils der eine Vertragspartner, der Treugeber bzw. der Optionsberechtigte durch einen schuldrechtlichen Vertrag, die Treuhandabrede bzw. den Optionsvertrag, die Möglichkeit, irgendwann selbst den formellen Einfluss auf das Rechtsobjekt geltend zu machen. Bis zu diesem Zeitpunkt der Beendigung des Treuhandverhältnisses bzw. der Ausübung der Option hat der Treugeber bzw. der Optionsberechtigte nur — oder zumindest — die Möglichkeit, durch schuldrechtliche Gestaltung oder aufgrund anderer nicht-juristischer Zwänge Einfluss auf das Rechtsobjekt zu nehmen. Während formell juristisch während der gesamten Vertragsdauer das Rechtsgut dinglich dem Treuhänder zusteht, ist man geneigt wirtschaftlich oder normativ die Rolle des Treugebers als die des „eigentlichen" Inhabers aufzuwerten. Beim Optionsberechtigten lässt sich sein Status besser mit den Worten des „so-gut-wie"-Inhabers beschreiben. Spätestens mit der Geltendmachung seines Gestaltungsrechts erlangt er das Vollrecht am Optionsgegenstand. Davor ist der Optionsgeber in seinen Dispositionsmöglichkeiten bezüglich des Optionsobjekts zumindest gehemmt, wenngleich auch nicht dinglich in seiner Verfügungsmacht beschränkt.

Anders als bislang das Optionsrecht werden Treuhandverhältnisse schon seit langem auch in anderen Rechtsbereichen als Zuordnungsproblem wahrgenommen. Die Rechtsprechung und die Literatur haben die „quasi-Inhaber"-Position vor allem in den Rechtsgebieten als Problem erkannt, in denen die Zuordnung von Sachen und Rechten notwendige Grundlage dafür ist, um eine gerechte Anknüpfung der Rechtsfolgen zu ermöglichen. Verwiesen sei dabei vor allem auf das Steuerrecht[1], das Insolvenzrecht[2], das Zwangsvollstreckungsrecht[3] und das Konzernrecht[4]. Gesetzliche Regelungen fin-

1 Im Steuerrecht resultiert die Problematik der Treuhandverhältnisse aus dem Grundsatz der Tatbestandsmäßigkeit der Besteuerung, weil gleichzeitig zwei Personen in einem wirtschaftlichen Verhältnis zu dem jeweiligen Treugut stehen. Vgl. dazu *Heidner*, S. 35. So stellt sich im Vermögenssteuerrecht die Frage nach der Zurechnung des Treuguts selbst; im Einkommensteuerrecht hingegen die, der Zurechnung der aus dem Treugut erwirtschafteten Erträge.

2 Im Insolvenzrecht wird thematisiert, ob das Treugut im Fall der Insolvenz des Treugebers bzw. des Treuhänders in die jeweilige Insolvenzmasse gemäß § 35 InsO fällt. Damit verknüpft ist die Frage, ob dem jeweils anderen Vertragspartner auf das Treugut ein Aus- (§ 47 InsO) oder ein Absonderungsrecht (§ 49 InsO) zusteht. Vgl. hierzu beispielsweise *Uhlenbruck*, § 47 Rdnr. 31 ff.; *Joneleit/Imberger* in: *Frankfurter Kommentar zur Insolvenzordnung*, § 47 Rdnr. 40 ff.

3 Die Thematik der Zuordnung von Treugut ist im Zwangsvollstreckungsrecht im Bereich der Drittwiderspruchsklage (§ 771 ZPO) zu verorten. Im Fall der Vollstreckung in das Treugut beim

den sich nur vereinzelt, wie beispielsweise im Steuerrecht im Hinblick auf die Treuhandverhältnisse in § 39 Abs. 2 Nr. 1 AO.

Auch im Rahmen der Fusionskontrolle stellt sich die Frage nach der Zuordnung von Rechtsgütern und der Zuordnung von Einflussmöglichkeiten auf diese Ressourcen. Ziel der Fusionskontrolle ist es, den Konzentrationsgrad der Marktstruktur in einem für die Funktionsfähigkeit des Wettbewerbs angemessenen Maß zu halten. „Das Phänomen von Ballungen ökonomischer Größen“[5], das zu einer Ausschaltung des wirksamen Wettbewerbs führen würde, soll verhindert werden. Ganz abstrakt stellt sich die Frage, ob die rechtliche und tatsächliche Position, die ein Treugeber oder der Optionsberechtigte innehat, ausreicht um bereits von einer Ballung ökonomischer Größen zu sprechen, die kontrolliert werden muss.

Sowohl die europäische Fusionskontrolle als seit der 6. GWB-Novelle auch generell die nationale Fusionskontrolle sind als ein System präventiver Kontrolle konzipiert. Man kann dabei zwei Stadien, nämlich die der formellen und die der materiellen Kontrolle unterscheiden. Die formelle Kontrolle betrifft die Frage der Anmeldepflicht, also vor allem die Frage, ob überhaupt ein anmeldepflichtiger Zusammenschlussvorgang vorliegt, der einen Zusammenschlusstatbestand verwirklicht und die Aufgreifkriterien erfüllt. Die materiellen Kontrollvorschriften regeln die Eingreifkriterien, nach denen entschieden wird, ob inhaltlich die Voraussetzungen für eine Untersagung des Zusammenschlusses gegeben sind. Die Fragen der Zuordnung der Positionen des Treugebers und des Optionsberechtigten sind primär der formellen Fusionskontrolle zuzuordnen. Auf diese ist im Rahmen der vorliegenden Arbeit das Hauptaugenmerk zu richten.

Die Bedeutung von Treuhandverträgen und Optionsrechten ist nicht allein rechtstheoretischer Natur. Angesichts der Tatsache, dass die Konstruktion des Treuhänders häufig in der Form des Strohmanns der Umgehung der Fusionskontrolle dient, finden sich naturgemäß zwar keine verlässlichen Zahlen über die Häufigkeit des Einsatzes eines Treuhänders beim Unternehmenszusammenschluss und Unternehmenskauf. Dem Spürsinn des Bundeskartellamtes ist es jedoch zu verdanken, dass auch in den Fällen, in denen die Beteiligten zunächst die Anmeldung verweigert hatten, letztlich Entscheidungen über die Fragen der Zurechnung von Treugut und Optionsobjekt gefällt wurden[6] und verschleierte Treuhandverhältnisse enttarnt wurden.[7]

---

Treuhänder oder bei Treugeber wird darüber nachgedacht, ob der jeweils andere ein die „Veräußerung hinderndes Recht“ geltend machen kann. Vgl. dazu ausführlich *Lippross*, Rdnr. 737.

4 Im Konzernrecht stellt sich die Frage, ob und unter welchen Fallgestaltungen die Unternehmenseigenschaft einzelner Personen oder bestimmte Merkmale, die für die Unternehmenseigenschaft konstitutiv sind, anderem in dem Sinn zugerechnet werden können, dass sie als Unternehmen im Sinn des Konzernrechts zu behandeln sind. So *Emmerich/Sonnenschein*, S. 35.

5 *Rittner*, Wirtschaftsrecht, S. 409.

6 *BKartA* WuW/E 2087 – Klöckner/Seitz.

Die Analyse der einschlägigen Verfahren zeigt, dass die Zusammenschlüsse meist dadurch gekennzeichnet waren, dass die rechtlichen Institute des Optionsvertrages und des Treuhandvertrages kombiniert auftraten. So erwarb das Erwerberunternehmen z. B. selbst direkt nur eine Minderheitsbeteiligung an dem Zielobjekt. Die restlichen Anteile erwarb ein Dritter (zumeist eine Bank), der dem Erwerberunternehmen wiederum Optionsrechte an seinen Anteilen am Zielobjekt einräumte. Das Verhältnis zwischen dem Optionsgeber und dem Optionsberechtigten qualifizierte das Bundeskartellamt als eines treuhänderischer Natur.[8]

Derartige Verklammerungen der beiden Rechtsinstitute finden sich auch in den der Europäischen Kommission zur Entscheidung vorgelegten Verfahren.[9] Insofern ergibt es Sinn, ja ist es sogar notwendig, die Bedeutung der beiden Vertragstypen im Hinblick auf den Unternehmenszusammenschluss gemeinsam zu untersuchen, auch wenn die thematische Verknüpfung der beiden Rechtsinstitute auf den ersten Blick dem einen oder anderen willkürlich erscheinen mag und sich die zivilrechtliche Dogmatik, soweit erkennbar, noch nicht mit der Frage auseinandergesetzt hat, inwieweit der Optionsvertrag im allgemeinen treuhänderische Züge trägt oder tragen kann.

Der Untersuchung wird ein jeweils kurzer Abriss der für die Arbeit maßgeblichen Entscheidungen des Bundeskartellamtes und der Europäischen Kommission vorangestellt, um eine gewisse Sensibilität für die Problemkonstellationen zu vermitteln, mit denen sich die daran anschließende theoretische Abhandlung beschäftigt. Die Themen Treuhand und Option werden sodann in separaten Teilen behandelt, um zunächst eine gedankliche Trennung der Problemfelder zu erreichen. In einem weiteren, vierten Teil werden dann die Ergebnisse zusammengeführt.

Ziel der Arbeit ist es, systematisch die Problemkreise darzustellen, die sich im Verfahren der Fusionskontrolle aus der rechtsgeschäftlichen Vereinbarung eines Treuhandverhältnisses oder der Einräumung von Optionsrechten ergeben können. Unter Berücksichtigung der bestehenden Entscheidungspraxis der deutschen und europäischen Kartellbehörden sowie der jeweils zuständigen Gerichte sollen die ermittelten Probleme einer Lösung zugeführt werden, die sowohl dogmatischen Grundsätzen als auch den praktischen Anforderungen einer schnellen und effizienten Kontrolle entspricht.

---

7 Vgl. *BKartA* WuW/E DE-V 40 bestätigt von *BGH* WuW/E 2882 – WAZ/IKZ II; *BKartA* WuW/E 2894 bestätigt von *KG* WuW/E DE-R 451 – Herlitz/Landré; *BKartA* WuW/E DE-V 871 - Tagesspiegel/Berliner Zeitung II.

8 *BKartA* WuW/E 2087 – Klöckner/Seitz.

9 *Kommission*, E. v. 22. 9. 1997, IV/M.967 = Celex 397M0967 – KLM/A.I.R. UK.

# Erster Teil: Die bisherige Entscheidungspraxis

## § 1 Die Entscheidungen des Bundeskartellamtes

### A. METRO/KAUFHOF I

Am 5. Dezember 1980 unterrichteten Vertreter der Schweizer Bankgesellschaft (im Folgenden: SBG) als Erwerber und Vertreter der Commerzbank als Veräußerer das Bundeskartellamt über einen geplanten Anteilserwerb in Höhe von jeweils 24 % an der Kaufhof AG durch die Metro-Tochter Großpart AG und die SBG.[10] Der SBG sollte gleichzeitig von der Commerzbank ein Optionsrecht an weiteren Anteilen in Höhe von 2,5 % an der Kaufhof AG eingeräumt werden.

Für den Fall der Ausübung des Optionsrechts sah eine Vereinbarung der SBG mit der Großpart AG unter anderem eine Renditegarantie auf das von der SBG eingesetzte Kapital, die Schadloshaltung bei Weiterveräußerung der Aktien und das hierfür notwendige Einverständnis der Metro sowie eine finanzielle Absicherung dieser Vereinbarungen vor. Zudem schlossen die Parteien eine sogenannte „Absichtserklärung" für den Fall, dass die SBG ihr Optionsrecht bei der Commerzbank ausüben werde. In dieser Situation wolle die Großpart AG den Ankauf weiterer Kaufhofanteile von der Commerzbank mit ihr besprechen.

Das Bundeskartellamt teilte den Beteiligten mit, dass bei der vorgesehenen Regelungsweise ein Zusammenschlusstatbestand gegeben sei, seine Bedenken jedoch entfielen, wenn die das Optionsrecht betreffende Risikovereinbarungen gestrichen würde. Die Großpart AG und die SBG leisteten diesen Hinweis Folge und erwarben Mitte Dezember 1980 jeweils einen Anteil von 24 % an der Kaufhof AG sowie die SBG das besagte Optionsrecht.

Das Bundeskartellamt hatte jedoch den Verdacht, dass die Risikoabrede durch eine geheime Abrede ersetzt wurde und die SBG letztlich das Optionsrecht doch auf Risiko der Großpart AG ausüben werde. Das Bundeskartellamt äußerte nunmehr auch den Verdacht, dass bereits durch den parallelen Anteilserwerb der SBG und der Metro-Tochter ein Zusammenschlusstatbestand verwirklicht worden sein könnte. Zum Zweck der Ausforschung über das Vorliegen geheim gehaltener Absprachen ordnete es eine Akteneinsicht bei Unternehmen der Metro-Gruppe an. Die gegen die Anordnung eingelegte Beschwerde wurde zurückgewiesen.[11]

---

10 Vgl. zum Sachverhalt *Monopolkommission,* HGA IV, Tz. 546 ff.

11 *KG* WuW/E OLG 2433.

Am 13. Februar 1981 erließ das Bundeskartellamt einen Auskunftsbeschluss, der an zahlreiche Metrounternehmen gerichtet war.

Im März 1981 teilten die Großpart AG und ihre Hausbank dem Bundeskartellamt mit, dass die im Dezember vorgelegte Optionsvereinbarung vollständig aufgehoben worden sei und die SBG zum Zwecke der Weiterveräußerung binnen einen Jahres im Sinne der Bankenklausel (§ 23 Abs. 3 Satz 2 a. F. GWB) die Option auf den 2,5 %-Anteil ausgeübt habe. Das KG entschied daraufhin, dass der Verdacht eines Zusammenschlusstatbestandes weggefallen sei und hob den Auskunftsbeschluss des Bundeskartellamtes auf.[12] Das Bundeskartellamt stellte daraufhin das Verfahren mit der Begründung ein, dass die Ermittlungen nicht den Nachweis erbracht hätten, dass die SBG ihre Beteiligung an der Kaufhof AG treuhänderisch für die Metro halte.[13]

## B. Metro/Kaufhof II

Am 13. Dezember 1982 meldete die Metro Vermögensverwaltung GmbH & Co. KG, Düsseldorf (im folgenden Metro) beim Bundeskartellamt folgendes Vorhaben an: Zunächst wolle sie durch einen Treuhänder Aktien der Kaufhof AG in Höhe eines bestimmten Nennbetrages erwerben.[14] Der Treuhänder solle bis zur rechtskräftigen Entscheidung des Zusammenschlussverfahrens allein zur Ausübung der aus den Aktien fließenden Stimmrechte berechtigt sein. Der Nennbetrag der Aktien war so bemessen, dass er zusammen mit den von Metro bereits gehaltenen Aktien an der Kaufhof AG der Metro einen 25 %-Anteil am stimmberechtigten Grundkapital der Kaufhof AG verschafft hätte. Das Bundeskartellamt stellte fest, dass der Erwerb durch den Treuhänder einen Zusammenschluss der Kaufhof AG mit Metro gemäß § 23 Abs. 2 Nr. 2 S. 1 lit. a (a. F.) GWB darstellen würde. Es spiele keine Rolle, dass die Metro kein Vollrecht an den Aktien erwerbe, nicht zur Ausübung der Stimmrechte berechtigt sei und der Treuhänder ausdrücklich nicht an Weisungen durch die Metro gebunden werde. Die Entscheidung des Bundeskartellamtes wurde vom Kammergericht bestätigt.[15]

## C. Klöckner/Seitz

Die Klöckner-Werke AG (im folgenden Klöckner) erwarb im Oktober 1982 24 % des Grundkapitals der Seitz Enzinger Noll Maschinenbau AG (im Folgenden kurz „Seitz"). Veräußerer der von Klöckner erworbenen Seitz-Aktien war die Badische

12 *KG* WuW//E OLG 2517.

13 *Monopolkommission,* HGA IV, Tz. 548.

14 *BKartA,* AG 1983, S. 338.

15 *KG* WuW/E OLG 3367 (3368 f.).

Kommunale Landesbank Mannheim (im folgenden Bakola).[16] Diese wiederum hatte erst kurz zuvor die Aktienmehrheit bei Seitz im Rahmen einer Barkapitalerhöhung erworben und verfügte danach über eine Beteiligung in Höhe von 50,1 %. Die an Klöckner weiterveräußerten 24 % des Grundkapitals hatte die Bakola bereits gemäß ihrer als „Optionsvertrag" titulierten Vereinbarung mit Klöckner als Treuhänderin für Klöckner erworben. Des Weiteren wurde Klöckner in dem besagten Vertrag ein Optionsrecht auf sämtliche weitere Seitz-Aktien eingeräumt, die die Bakola im Rahmen der Kapitalerhöhung erwerben werde. Neben dem offenen treuhänderischen Erwerb der Beteiligung in Höhe von 24 % durch die Bakola ging das Bundeskartellamt und auch die Monopolkommission von einem weiteren treuhänderischen Erwerb der restlichen Beteiligung an Seitz in Höhe von 26,1 % aus. Bis zur Ausübung des Optionsrechts durch Klöckner trage die Bakola nämlich weder das Ertrags- noch das Erlösrisiko. Diese Schlussfolgerung zog das Bundeskartellamt aus der Tatsache, dass der Bakola in dem sogenannten Optionsvertrag von Klöckner eine jährlichen Vergütung eingeräumt wurde. Dieser Vergütungsanspruch bestand in Höhe eines bestimmten Zinssatzes auf den von der Bakola gezahlten Kaufpreis für die Seitz-Anteile und entsprach so einer Art Renditegarantie. Ein Ertragsrisiko bestand folglich nicht für den formellen Erwerber, die Bakola, sondern vielmehr für Klöckner.

Daneben trug die Bank auch keinerlei Erlösrisiko bei der Weiterveräußerung der Anteile. Das Optionsrecht konnte von Seiten der Bakola immer wieder nach Ablauf der Klöckner eingeräumten Frist verlängert werden, so dass die Bakola folglich nicht darauf angewiesen war, die Seitz-Anteile an Dritte unter ihrem Einkaufspreis weiterzuveräußern.

Gleichzeitig war es der Bakola jedoch auch nicht möglich, durch den Weiterverkauf der Anteile an Seitz Gewinn zu machen, soweit Klöckner von seinem Optionsrecht Gebrauch machte, denn die Bank hatte das Optionsrecht zu exakt dem Preis eingeräumt, zu dem sie selbst die Anteile erworben hatte.

Der Erwerb der Mehrheitsbeteiligung war zunächst nicht beim Bundeskartellamt angemeldet worden. Entgegen des Vollzugsverbots in § 24 a Abs. 4 a. F. GWB war der Zusammenschluss bereits vollzogen worden. Die Anzeige an das Bundeskartellamt erfolgte erst aufgrund eines zur Erzwingung der Anzeige ergangenen Beschlusses des Bundeskartellamtes vom 13. Juni 1983.

## D. WAZ/IKZ I

*Der Westdeutsche Allgemeine Zeitungsverlags-Konzern* (im Folgenden WAZ) beteiligte sich am 4. Januar 1983 mit jeweils 24,8 % am Kommanditanteil und am Stammkapital der persönlich haftenden Gesellschafterin des regionalen Medienunternehmens

16 Vgl. zum Beschluss im Anzeigeerzwingungsverfahren *BKartA* WuW/E 2087 sowie *BKartA* WuW/E 2179 zum Kontrollverfahren selbst.

*Iserlohner Kreisanzeiger und Zeitung A. Verlags-GmbH & Co KG* (im Folgenden auch kurz IKZ), das unter anderem den „Iserlohner Kreisanzeiger und Zeitung“ herausgibt. Dieser Erwerb war gekoppelt mit zahlreichen gesellschaftsrechtlichen Regelungen zugunsten der WAZ, die zur Folge hatten, dass das Bundeskartellamt schließlich befand, dass die WAZ durch diese gesellschaftsrechtlichen Vertragsänderungen eine Rechtsstellung erlangen würde, „die bei einer Aktiengesellschaft ein Aktionär mit mehr als 25 % des stimmberechtigten Kapitals innehat“[17] und darauf hinwies, dass es die Untersagungsvoraussetzungen für erfüllt hielte. Unter anderem handelte es sich dabei um die Vereinbarung eines Mehrheitserfordernisses von 76 % für besondere Grundlagengeschäfte, die einem Vetorecht für die WAZ gleichgekommen wäre.

Aufgrund des Hinweises des Bundeskartellamtes wurde der Gesellschaftsvertrag und die Satzung der IKZ KG wieder geändert und insbesondere das Mehrheitserfordernis wieder fallen gelassen, so dass der der Erwerb nicht untersagt wurde.

Im Jahre 1989 jedoch übertrug die WAZ-Gruppe ihre Anteile an der IKZ GmbH & Co KG an eine Personengesellschaft. Gleichzeitig lebten die damals unter Hinweis auf die drohende Untersagung rückgängig gemachten gesellschaftsrechtlichen Regelungen wieder auf. Der Clou an dieser Übertragung war, dass die die Anteile erwerbende und neu zu gründende Personengesellschaft sich aus Angehörigen der Anteilseigner der WAZ-Gruppe zusammensetzte.

Der Zusammenschluss dieser Personengesellschaft mit dem Iserlohner Kreisanzeiger wurde vom Bundeskartellamt untersagt. Die Entscheidung wurde vom Kammergericht sowie vom Bundesgerichtshof im Ergebnis bestätigt. Der Bundesgerichtshof betonte jedoch, dass in tatsächlicher Hinsicht keine Anhaltspunkte dafür vorlägen, dass die allein an der Personengesellschaft und deren Komplementärgesellschaft beteiligten Angehörigen der beiden Anteilseignerfamilien der WAZ-Gruppe die Anteile treuhänderisch für Rechnung eines Mitglieds der WAZ-Gruppe oder eines diesen beherrschenden Anteilseigners halten würden.[18] Insbesondere konnten auch keine schuldrechtlichen Treuhandabsprachen aufgedeckt werden, durch die die Personengesellschaft gezwungen wäre, ihre Geschäftspolitik am Iserlohner Kreisanzeiger an der der WAZ-Gruppe auszurichten.[19] Der Bundesgerichtshof stützte seine Entscheidung hingegen darauf, dass zwischen der Personengesellschaft und den Gesellschaften der WAZ-Gruppe ein Gleichordnungskonzern i. S. v. § 18 Abs. 2 AktG gebildet worden sei.

---

17 Vgl. die Zusammenfassung des Sachverhalts in *BGH* WUW/E 2882 (2883).

18 *BGH* WuW/E 2882 (2886).

19 *BGH* WuW/E 2882 (2887).

## E. WAZ/IKZ II

Im Jahre 1992 versuchte die WAZ erneut, ihre Beteiligung am Iserlohner Kreisanzeiger zu erhöhen. Diese bestand zu dem Zeitpunkt in einem Kommanditanteil an der IKZ GmbH & Co. KG in Höhe von 24, 8 %, den der WAZ-Konzern über eine seiner Obergesellschaften, die WAZ-Brost & Funke, hielt.

Am 1. Oktober 1992 sowie am 1. Juli 1994 erwarb Herr Wichelhoven jeweils 24,064 % am Kommanditanteil der IKZ-KG. Der Kauf der Anteile wurde von der WAZ durch ein sogenanntes Darlehen finanziert. Die vertragliche Übereinkunft sah jedoch nicht die Rückzahlung des Darlehens als Regelfall vor, sondern die Übertragung der zunächst durch Herrn Wichelhoven erworbenen Anteile an der IKZ-KG. Die WAZ ließ sich im Regelungszusammenhang von Herrn Wichelhoven garantieren, dass ihr die auf die Anteile ausgeschütteten Gewinne bis zu einer Höhe von DM 200.000 p. a. zufließen. Bei einer Gewinnausschüttung über dieser Summe sollte ihr zumindest noch die Hälfte des Gewinns zustehen. Verluste waren auf neue Rechnung vorzutragen und konnten daher primär nur den Gewinn der WAZ mindern. Für den Treuhänder bestand kaum ein Verlustrisiko. Insbesondere das Insolvenzrisiko sollte nach der Auslegung des Vertrages in jedem Fall die WAZ tragen.

Das Bundeskartellamt stellt schließlich im Jahre 1998 fest, dass die beiden Erwerbsvorgänge im Oktober 1992 und im Juli 1994 anmeldepflichtig gewesen waren. Es ging davon aus, dass Herr Wichelhoven die Anteile treuhänderisch für den WAZ-Konzern erworben habe und die Anteile bis zur Übertragung an die WAZ treuhänderisch und für Rechnung des treugebenden Unternehmens halte.[20] Auch das Kammergericht bestätigte diese Annahme.[21] Es befand, dass der Erwerb des Kommanditanteils durch Herrn Wichelhoven im Oktober 1992 als Zusammenschluss zwischen der IKZ KG und dem WAZ-Konzern i. S. v. § 23 Abs. 2 Nr. 2 lit. c a. F. GWB zu werten wäre. Ebenso wurde auch der Erwerb des zweiten Anteils im Oktober 1994 durch Herrn Wichelhoven als Zusammenschluss zwischen der IKZ KG und dem WAZ Konzern i. S. v. § 23 Abs. 2 Nr. 2 lit. b a. F. GWB beurteilt. Der WAZ-Konzern habe dadurch eine Mehrheitsbeteiligung am Kommanditanteil der IKZ KG erlangt.[22]

Das Urteil wurde im Jahr 2000 vom Bundesgerichtshof bestätigt.[23]

---

20 *BKartA* WuW/E DE-V 40.

21 *KG* WuW/E DE-R 336.

22 *BGH* WuW/E DE-R 336 (342).

23 *BGH* WuW/E DE-R 613.

## F. T&N/KOLBENSCHMIDT

T&N plc., Manchester UK, (im Folgenden T&N) beabsichtigte, mittelfristig die Mehrheit (ca. 52,2 %) an der Kolbenschmidt AG, Neckarsulm (im Folgenden KS) zu erwerben.[24] Das Zusammenschlussvorhaben wurde erstmals im November 1994 angemeldet, dann jedoch mit Schreiben vom 6. und 7. März 1995 wieder zurückgenommen. Veräußerer der Anteile war für den größten Teil der zu übertragenden Anteile die Commerzbank AG und daneben die Magna International Inc. Markham, Ontario/Kanada (im Folgenden Magna).

Nach der erneuten Anmeldung des Mehrheitserwerbs mit Schreiben vom 10. März 1995 wurden die zu erwerbenden Anteilspakete wie folgt umstrukturiert: Veräußerer der KS-Anteile, auf die T & N jeweils entsprechende Optionen hielt, waren danach die Commerzbank AG (zwei Pakete zu je 25 % der Anteile an KS, minus einer Aktie) sowie Magna (2,5 % der Anteile).

Bereits mit Vertrag vom 5./13. September 1994 hatte sich T&N von der Commerzbank AG ein Optionsrecht an einem der beiden Aktienpaketen (Akteinpaket 1) einräumen lassen, das die Bank zuvor im Rahmen der Bankenklausel gem. § 23 Abs. 3 Satz 3 a. F. GWB erworben hatte. Die Ausübung des Gestaltungsrechts durch T&N gegenüber der Commerzbank AG war ursprünglich auf den 20. Dezember 1994, dann auf Ende März 1995 terminiert und wurde mit der erneuten Anmeldung am 10. März 1995 nochmals hinausgeschoben.

Der Optionsvertrag für das Aktienpaket 1 sah neben der Einräumung des Optionsrechts als solchem auch die Regelung vor, dass T & N - im Falle der Nichtausübung der Option durch T&N und einer anderweitigen Weiterveräußerung der Anteile durch die Commerzbank AG - die Differenz zwischen dem Kaufpreis der Aktien, den die Commerzbank AG im Einvernehmen mit T&N gezahlt hatte, und dem möglicherweise niedrigeren Verkaufspreis trägt.

Das Bundeskartellamt war der Ansicht, dass durch den Optionsvertrag über das Aktienpaket 1 das wirtschaftliche Risiko dieses Anteilspaketes von der Commerzbank AG auf T&N verlagert worden sei. Aus diesem Grund sei durch diese Vereinbarung der Zusammenschlusstatbestand des § 23 Abs. 2 Nr. 6 a. F. GWB erfüllt. Bei Ausübung der Optionsrechte werde eine Mehrheitsbeteiligung erzielt werden. Dieses Zusammenschlussvorhaben sei dann erneut anzumelden.

## G. HERLITZ/LANDRÉ

Das Bankhaus Sal. Oppenheim jr. & Cie. KGaA hatte zum Jahreswechsel 1993/1994 dem Bundeskartellamt angezeigt, dass sie über ihre 100%ige Tochtergesellschaft Nep-

---

24 *BKartA* WuW/E 2829.

tuno Verwaltungs- und Treuhandgesellschaft mbH sämtliche Geschäftsanteile an der Landré GmbH im Kundeninteresse, jedoch eigennützig und nicht treuhänderisch, erworben habe. Dies entsprach jedoch nicht den Tatsachen. Im Jahre 1997 stellte das Bundeskartellamt anlässlich anderweitiger Durchsuchungen im Rahmen eines Bußgeldverfahrens in den Geschäftsräumen von Landré fest, dass vielmehr die Herlitz AG zum Jahreswechsel 1993/1994 über die Treuhandgesellschaft Neptuno als Treuhänderin sämtliche Geschäftsanteile an Landré erworben habe. Begründet wurde dies mit diversen Absprachen im Innenverhältnis des Bankhauses zur Herlitz AG:

Das Bankhaus Sal. Oppenheim war mit der Herlitz unter anderem darüber übereingekommen, dass es seiner Tochtergesellschaft Neptuno ein Darlehen für den Kauf der Geschäftsanteile gewähren werde. Refinanziert sollte dieses Darlehen dadurch werden, dass die Herlitz AG bei Sal. Oppenheim Schuldverschreibungen erwerbe. Bei deren Fälligkeit sollte Sal. Oppenheim berechtigt sein, der Herlitz AG nach Wahl, an Stelle der Rückzahlung die Geschäftsanteile an Landré anzubieten. Diese Wahlmöglichkeit war sowohl nach Ansicht der Bundeskartellamts[25] sowie des Kammergerichts Berlin[26] nur theoretischer Natur.

Zeitgleich mit dem Kauf- und Übertragungsvertrag zum Jahreswechsel 1993/94 räumten sich die Herlitz AG und Neptuno wechselseitig die (Call-)Option auf den Erwerb bzw. die (Put-)Option zur Veräußerung sämtlicher Landré-Anteile ein. Mit Wirkung vom 30. Juni/1. Juli 1996 machte Herlitz dann von der Call Option zum Erwerb aller Geschäftsanteile Gebrauch. Am 29. Juni 1996 meldete es die Ausübung dieser Call Option als Zusammenschluss an.

## H. Tagesspiegel/Berliner Zeitung

Am 26. Juni 2002 kündigte die Gruner + Jahr AG & Co. an, u. a. 100 % der Kommanditanteile an der Berliner Verlag GmbH & Co., der Herausgeberin der Abonnement Tageszeitung „Berliner Zeitung“ und der Straßenverkaufszeitung „Berliner Kurier“, sowie 100 % der GmbH-Anteile an der G+J Berliner Verlag GmbH an die Georg von Holtzbrinck GmbH & Co. KG, Stuttgart, zu verkaufen. Die geplante Übernahme durch den Verlagskonzern Holtzbrinck wurde zunächst mit Beschluss des Bundeskartellamts vom 10. Dezember 2002 untersagt, weil Holtzbrinck bereits die in Berlin erscheinende Zeitung „Der Tagesspiegel“ gehörte. „Der Tagesspiegel“ wird von dem Verlag Der Tagesspiegel GmbH, Berlin, herausgegeben, an der Gesellschaft für Medien-, Druck und Zeitungsbeteiligungen mbH & Co. (kurz GMZ), Berlin, mit 99 % der Kapitalanteile beteiligt ist, an der wiederum Holtzbrinck mit 100 % beteiligt ist. Nach Ansicht des Bundeskartellamts war durch den geplanten Zusammenschluss eine marktbeherrschende Stellung des Holtzbrinck Verlages auf dem Berliner Lesermarkt für regionale

25 *BKartA* WuW/E 2894 (2896).

26 *KG* WuW/E DE-R 451 (453 f).

Abonnement-Tageszeitungen sowie auf dem Berliner Lesermarkt für Stadtillustrierte zu befürchten gewesen.

Holtzbrinck beantragte daraufhin am 13. Januar 2003 die Ministererlaubnis gemäß § 42 Abs. 1 Satz 1 GWB. Das Bundeswirtschaftsministerium kündigte nach längerem hin und her an, den Kauf nur dann zu erlauben, wenn der „Tagesspiegel" von Holtzbrinck an eine eigenständige publizistische Einheit verkauft würde. Am 22. April 2003 forderte der Bundesminister für Wirtschaft und Arbeit Holtzbrinck mit Schreiben vom 8. Mai 2003 auf, sich unter Einschaltung eines geeigneten und vertrauenswürdigen Dritten ernsthaft um die Veräußerung des Tagesspiegels zu bemühen. In dem Veräußerungsverfahren gaben sieben Unternehmen ein indikatives Angebot ab, darunter die Münchner Ippen-Gruppe und der Heinrich Bauer Verlag. Letzterer gab ein Angebot in Höhe von € 20 Mio. ab.[27] Mit Schreiben vom 29. September 2003 nahm Holtzbrinck jedoch den Antrag auf Ministererlaubnis zurück und kündigte an, dass der Verkauf des „Tagesspiegel" an den seit 1968 für den Georg von Holtzbrinck Konzern als Verlagsmanager und Aufsichtsrat tätigen Pierre Gerckens erfolge, der daneben noch eine 100%ige Tochtergesellschaft der GMZ, die Zitty Verlag GmbH, sowie eine 40%ige Beteiligung der GMZ an der Zweite Hand Verlag GmbH erwerben werde.

Nach dem Kaufvertragsentwurf sollte der Kaufpreis für den Tagesspiegel gestundet werden. Holtzbrinck garantierte, dass die GMZ frei von Verbindlichkeiten gegenüber Holtzbrinck und den mit ihr verbundenen Unternehmen sei. Gleichzeitig wurde Holtzbrinck eine Call Option auf jeweils 75 % der Kommanditanteile an der GMZ und 75 % der GmbH-Anteile an der GMZ (kurz GMZ GmbH) eingeräumt, die spätestens bis zum 31. Dezember 2006 ausgeübt werden könne. Pierre Gerckens gab mit der Vertragsanbahnung alle bisherigen Funktionen im Holtzbrinck-Verlag auf. Im Zuge dessen meldete die Holtzbrinck KG am 10. Oktober 2003 erneut den Erwerb der Kontrolle über die Berliner Verlag KG, Berlin, an.

Am 18. Dezember mahnte das Bundeskartellamt dieses Vorhaben ab. Das Bundeskartellamt ging aufgrund des „zwischen Holtzbrinck und Dr. Gerckens geschlossenen Kaufvertrags und unter Würdigung der Gesamtumstände"[28] davon aus, dass der Tagesspiegel weiterhin dem Holtzbrinck-Konzern zuzurechnen sei.

> *„Bereits die Einräumung einer Call Option zeige, dass eine dauerhafte Trennung Holtzbrincks vom Tagesspiegel nicht beabsichtigt sei. Holtzbrinck habe sich bis zum 31. Dezember 2006 durch eine Call Option die Möglichkeit einräumen lassen, 75 % der Anteile am Tagesspiegel zurückzuerwerben, wenn eine Reform der Pressefusionskontrolle zu einer Änderung des rechtlichen*

---

27 *BKartA* WuW/E DE-V 871 (873) – Tagesspiegel/Berliner Zeitung II. Zum Sachverhalt vgl. auch „Tagesspiegel, Das lange Ringen um den Verkauf – eine Chronik", manager-magazin.de vom 29. September 2003 (http://www.manager-magazin.de/ebusiness/artikel/0,2828,267694,00.html).

28 Pressemitteilung des *Bundeskartellamts* vom 19. Dezember 2003, Bundeskartellamt mahnt Holtzbrinck/Berliner Verlag ab (http://www.bundeskartellamt.de/19_12_2003.html).

> *Rahmens führen solle. Ferner stelle der von Dr. Gerckens an Holtzbrinck zu zahlende Kaufpreis, der zudem noch mit einer langfristigen Ratenzahlung bis zum 1. Oktober 2008 verbunden sei, keine wirkliche Gegenleistung für die Übertragung der Anteile am Tagesspiegel dar, sondern diene gerade dazu, die Rückübertragung der Anteile an Holtzbrinck durch Ausübung der Call Option zu ermöglichen. Im Fall eines Verkaufs des Tagesspiegels durch Dr. Gerckens an Dritte bleibe Holtzbrinck – obwohl formal nicht mehr Eigentümer - über einen Zeitraum von 10 Jahren nach Ablauf der Call Option am Veräußerungserlös beteiligt.*"[29]

Wirtschaftlich sei für Dr. Gerckens mit dem Erwerb des Tagesspiegels kein Risiko verbunden. Unter anderem auch wegen seiner engen freundschaftlichen Verbindung zwischen den Familien Holtzbrinck und Gerckens sah das Bundeskartellamt Dr. Gerckens als Treuhänder der Holtzbrinck Konzern an.[30] Trotz gewisser Modifizierungsvorschläge von Seiten Holtzbrincks untersagte das Bundeskartellamt schließlich im Februar 2004 zum zweiten Mal den Zusammenschluss.

## § 2 Die Entscheidungen der Europäischen Kommission

### A. KLM/Air UK[31]

1987 erwarb die holländische Fluggesellschaft KLM direkt 14,9% des Kapitalanteils an Air U. K. Da KLM ein sofortiger Kontrollerwerb an der britischen Fluggesellschaft aufgrund der britischen Gesetzeslage (1982 Civil Aviation Act) als ausländischer Gesellschaft versagt war, ging KLM andere Wege, um sich einen Einfluss auf das britische Unternehmen zu sichern. Im Juni 1988 schaltete KLM das Treuhandunternehmen[32] X[33], ein Kreditunternehmen, ein. Dieses schloss mit der British Air Transport

---

29 Pressemitteilung des *Bundeskartellamts* vom 19. 12. 2003, Bundeskartellamt mahnt Holtzbrinck/Berliner Verlag ab (http://www.bundeskartellamt.de/19 12 2003.html).

30 *Süddeutsche Zeitung* vom 20./21. Dezember, Klaus Ott/Gerhard Hennemann, Unter Elefanten, S. 33.

31 *Kommission*, E. v. 22. 9. 1997, IV/M.967 = Celex 397M0967 – KLM/Air UK.

32 Die *Kommission* spricht von einem „intermediary". Diese Person vermittelte jedoch nicht das sogenannte „Loan arrangement" zwischen KLM und BATH, sondern wurde im eigenen Namen selbst Vertragspartner, wobei er offensichtlich im Interesse und auf Kosten der Bath handelte.

33 Der Name des Treuhandunternehmens wurde als Geschäftsgeheimnis in der Public Version entfernt.

Holding (im Folgenden BATH), die die restlichen Anteile an Air U. K. hielt, einen Kreditvertrag, das sogenannte „Loan Arrangement". Die Mittel, die das treuhänderisch handelnde Kreditinstitut BATH in diesem Zusammenhang gewährte, wurden stante pede von KLM an das Treuhandunternehmen ausbezahlt. Im Gegenzug leitete das Treuhandunternehmen alle durch Rückzahlungen und Zinseinnahmen von BATH eingenommenen Beträge sofort an KLM weiter. Das Treuhandunternehmen X wurde von allen finanziellen Risiken freigestellt.

Zur Sicherung des Darlehensvertrages erhielt der Treuhänder von BATH eine Call Option auf die restlichen 85,1 % der Aktien an Air U. K. Zwischen dem Treuhandunternehmen X und KLM wiederum gab es einen Vertrag, der KLM das Recht gegenüber dem Treuhänder einräumte, diesen zur Ausübung der Option zu verpflichten. Daneben sah der Vertrag auch das Recht für KLM vor, den Treuhänder dazu zu verpflichten, seine Rechte aus dem Vertrag mit BATH an eine dritte von KLM zu benennende Partei zu übertragen. Darüber hinaus wurde es X verboten, die aus der Optionsausübung gewonnenen Anteile ohne Zustimmung von KLM an einen Dritten zu verkaufen. Der sogenannte „intermediary" hatte de facto also nur die Alternative, die Anteile an KLM zu übertragen oder sie zu behalten. Für den Fall, dass er die Anteile nicht innerhalb von sieben Tagen nach Aufforderung an KLM übertrage, sah die Vereinbarung vor, dass X eine Vertragsstrafe in Höhe eines Zinssatzes von 9% auf die noch offene Darlehenssumme zu zahlen habe.

Erst im Jahr 1997 meldete KLM schließlich den Kontrollerwerb über AIR U. K. an. Aufgrund des im Wege des Gemeinschaftsrechts liberalisierten Flugverkehrs erwarb KLM formell 55% des Aktienkapitals an Air U. K. von BATH. Die Kommission stellte im Zuge des nunmehr aufgerollten Sachverhaltes fest, dass KLM bereits seit Unterzeichnung des sogenannten Loan Arrangements aus dem Jahre 1993 gemeinsam Kontrolle mit BATH über Air U. K. ausübe. Der nunmehr formelle Erwerb des 55 %-Anteils wurde von der Kommission nur als Wechsel von gemeinsamer zu alleiniger Kontrolle bewertet. Der Zusammenschluss wurde unter anderem deswegen nicht untersagt, weil die Kommission angesichts der bislang schon bestehenden gemeinsamen Kontrolle davon ausging, dass der nunmehr formelle Kontrollerwerb keinen entscheidenden Einfluss auf die Fluglinie zwischen London und Amsterdam oder irgendeine andere Linie haben werde.

## B. Rhodia/Donau Chemie/Albright & Wilson

Am 31. Mai 1999 wurde der Kommission der Zusammenschluss der Rhodia S.A. (einem von Rhône-Poulenc S.A. kontrolliertem Unternehmen) mit Albright & Wilson über die Donau Chemie AG gemeldet. Eine gesellschaftsrechtliche Verbindung der Rhodia S. A. mit der im Privatbesitz stehenden Donau Chemie AG bestand zum Zeitpunkt der Einräumung des Vertragspakets nicht. Die Donau Chemie AG war jedoch früher eine Tochtergesellschaft der Rhône-Poulenc S. A.[34]

Für den Anteilserwerb hatte die Donauchem GmbH, eine 100%ige Tochter der Donau Chemie AG, eine 100%ige Tochtergesellschaft, die Danube Chemicals Acquisition Corporations in den U. S. A. gegründet. Aus dieser wiederum ging eine in Großbritannien inkorporierte Aktiengesellschaft die Chemical Acquisition Company (ISPG), hervor, die zu 100 % im Besitz amerikanischen Mutter stand. Die ISPG erwarb schließlich am 11. März 1999 alle Anteile an Albright & Wilson. Rhodia wurde nur ein Optionsrecht auf den Kauf des Donauchem-Anteils an ISPG und damit mittelbar auch an deren Anteil an Albright & Wilson eingeräumt. Alle für den Anteilskauf nötigen finanziellen Mittel wurden jedoch von Rhodia aufgebracht bzw. vermittelt und durch Bürgschaften abgesichert.

Die Call Option durfte nach dem Vertrag erst nach einem gewissen kurzen Zeitablauf ausgeübt werden. Bis zu diesem Zeitpunkt wurden Rhodia jedoch bereits gewisse Veto-Rechte bzgl. Fragen der Dividendenausschüttung, Investitionen und Unternehmenstransaktionen eingeräumt, mit denen sie die Verwaltung von Albright und Wilson beeinflussen konnte.[35] Für den Fall, dass Teile des Senior-Managements von Albright & Wilson die Firma verlassen sollten, wurde Rhodia das Recht eingeräumt, Nachfolger vorzuschlagen. Daneben sollte Rhodia sogar auch ein Vorschlagsrecht für die Bestellung des Chief Executive Officer der ISPG innehaben. Zwischen Rhodia, Donauchem, der Acquisition Chem und ISPG war darüber hinaus vereinbart worden, dass die Vertragspartner sich in Fragen betreffend des Anteilserwerbs an Albright & Wilson und dessen Finanzierung der Kontrolle von Rhodia unterwerfen.

Die Donau Chemie AG war an der Transaktion insgesamt nur rein finanziell interessiert und hatte keine eigenen unternehmerischen Interessen an Albright & Wilson.[36]

Die Kommission ging in diesem Verfahren offensichtlich von einem Zusammenschluss von Rhodia und Albright & Wilson aus, obwohl sie erkannte, dass Rhodia erst zu einem späteren Zeitpunkt tatsächlich die Anteile an dem Zielobjekt erhalten werde. Sie formulierte wie folgt:

> *„ISPG/Rhodia have acquired more than 50 % of the shares in Albright & Wilson and the bis is thus unconditional. The operation is therefore a concentration since the operations described*

---

34 Vgl. zum Sachverhalt: *Kommission,* E. v. 13. 7. 1999, IV/M.1517 = Celex 399M1517 - Rhodia/Donau Chemie/Albright & Wilson.

35 *Kommission*, E. v. 13. 7. 1999, IV/M.1517 = Celex 399M1517, Tz. 9 - Rhodia/Donau Chemie/Albright & Wilson.

36 *Kommission*, E. v. 13. 7. 1999, IV/M.1517 = Celex 399M1517, Tz. 8 - Rhodia/Donau Chemie/Albright & Wilson.

*above will result in Rhodia finally acquiring Albright & Wilson."*[37]

Für die Umsatzberechnung zog sie sowohl die Umsätze von Rhodia, der Donau Chemie und von Albright & Wilson als beteiligte Unternehmen des Zusammenschlusses heran.

## C. VTG/Hapag Lloyd/Warburg/Brambles European Rail Division

Auch bei der Anmeldung des Zusammenschlusses zwischen VTG, einem Tochterunternehmen von Hapag Lloyd, dem im Privatbesitz befindlichen Kreditinstitut M. M. Warburg & Co KGaA (Warburg) und dem Zielobjekt, dem Unternehmen Brambles European Rail Division (ERD), sollte es für die Annahme einer gemeinsamen Kontrolle über ERD genügen, dass VTG an der neu gegründeten und zu 100% im Eigentum von Warburg stehenden Holding eine unwiderrufliche Call Option zustand.[38]

Das Zielobjekt ERD bestand aus acht Gesellschaften. Eine davon, die Brambles Italia S.r.l., erwarb VTG selbst. Eine andere, die Simotra S.A.S., erwarb Hapag Lloyd. Gemäß dem Aktienkaufvertrag vom 12. November 2001 wurden die restlichen sechs Gesellschaften von der von Warburg neu gegründeten und zu 100 % im Eigentum von Warburg stehenden Holding Newco erworben. Warburg räumte Hapag Lloyd die besagte unwiderrufliche Ankaufsoption auf seine Anteile an Newco ein, die frühestens [...][39] Jahre ab und spätestens [...][40] Jahre nach Gründung von Newco ausgeübt werden konnten.

In den Jahren vor Beginn der Optionsfrist sollte es Warburg nicht gestatten sein, ihre Anteile an Dritte zu verkaufen. Warburg verpflichtete sich, die Struktur der ERD-Gesellschaften unverändert zu lassen sowie alle zum Betrieb notwendigen Investitionen zu tätigen. Da Warburg die Expertise im Bereich Schienenlogistik fehlte, wurde vereinbart, dass ausschließlich VTG die täglichen Geschäfte leiten sollte. Die strategischen Geschäftsentscheidungen würde Warburg auf der Grundlage eines gemeinsam mit VTG festgelegten Geschäftsplans (einer sogenannten Rahmenvereinbarung zwischen VTG, Hapag Lloyd und Warburg vom 12. Januar 2001) treffen, von welchem nur unter Zustimmung aller drei am Zusammenschluss beteiligten Unternehmen abgewichen werden könne. Die Motive von Warburg waren rein finanzieller Natur. Die

---

37 *Kommission*, E. v. 13. 7. 1999, IV/M.1517 = Celex 399M1517, Tz. 11 - Rhodia/Donau Chemie/Albright & Wilson.

38 *Kommission*, E. v. 19. 3. 2002, COMP/M.2669 = Celex 302M2669, Tz. 8 – VTG/Warburg/ Brambles European Rail Division.

39 Als Geschäftsgeheimnis in der Public Version geschwärzt.

40 Als Geschäftsgeheimnis in der Public Version geschwärzt.

Beteiligten trugen vor, dass die gewählte Transaktionsstruktur gewählt wurde, um eine Finanzierung durch Warburg zu ermöglichen.

Obwohl also weder VTG noch Hapag Lloyd über Anteile und Stimmrechte an Newco verfügten, war die Kommission der Ansicht, dass Warburg, VTG und Hapag Lloyd gemeinsam die Kontrolle über Newco ausüben werden. Bei Ausübung der Option werde sich voraussichtlich die Kontrollstruktur in Newco ändern, was eine erneute Anmeldung bei der Kommission erforderlich mache.

# Zweiter Teil: Treuhandverhältnisse in der Fusionskontrolle

## § 3 Der Treuhandbegriff

### A. Die Notwendigkeit der Begriffsbestimmung

Gleichsam naturgemäß bestehen über die Erscheinungsformen von treuhänderischen Beteiligungen bei Unternehmensverbindungen keine veröffentlichten Statistiken, wurde doch das rechtliche Institut der Treuhand wie sein Pendant im angloamerikanischen Recht, der Trust, bereits schon früh vor allem mit „fraud and fear“[41] in Verbindung gebracht. Tatsächlich sind die Fälle, in denen der Treuhänder als Strohmann wirkt — er also bewusst und heimlich eingesetzt wird, um für einen anderen nach außen hin etwas zu erwerben, was dem Treugeber selbst verwehrt ist — auch beim Unternehmens- und Anteilskauf nicht selten.[42] Mit Erlass der sogenannte Transparenzrichtlinie des Rates der Europäischen Gemeinschaften vom 12. Dezember 1988[43] wurde der verdeckte treuhänderische Anteilserwerb zumindest für börsennotierte Aktiengesellschaften erschwert. Dies gilt für das deutsche Recht vor allem im Hinblick auf die im Zuge der Richtlinie eingeführte Offenlegungsvorschrift des § 22 WpHG.

Eine immer stärkere Sensibilisierung für die Umgehungsmöglichkeiten durch das Institut des Treuhandvertrages und eine damit einhergehende stärkere gesetzliche Reglementierung der Treuhandverhältnisse durch die Rechtsordnung führt dazu, dass Treuhandverträge von den Vertragsparteien in der Regel nicht mehr als solche bezeichnet werden. Vielmehr versuchen Treugeber und Treunehmer durch komplizierte anderweitige rechtliche Konstruktionen wie Darlehensverträge oder Optionsrechte den Eindruck eines Treuhandverhältnisses zu verschleiern.[44]

Nichtsdestotrotz qualifizierte das Bundeskartellamt auch diese Konstruktionen als Treuhandverhältnis, soweit nur das wirtschaftliche Risiken eines Erwerbs nicht vom formellen Erwerber, sondern von einem dahinterstehenden Unternehmen getragen wurde. Die Qualifikation als Treuhandverhältnis allein aufgrund der Verlagerung des wirtschaftlichen Risikos ist für den zivilrechtlichen Dogmatiker nur schwer nachvollziehbar; der Gebrauch des Begriffs Treuhand durch das Bundeskartellamt mag

---

41 *Grundmann* in: Itinera Fiduciae, S. 469 (470) unter Hinweis auf Attorney General v. Sands, Hard. 488 (491), 145 E.R. 563 (Exchequer, 1668).

42 *Rittner*, Wettbewerbs- und Kartellrecht, § 13 Rdnr. 38.

43 Richtlinie über die bei Erwerb und Veräußerung einer Beteiligung an einer börsennotierten Gesellschaft zu veröffentlichenden Informationen, RL 88/627, ABl. 1988 L348/62.

44 So beispielsweise *BGH* WuW/E DE-R 613 - WAZ/IKZ sowie *KG* WuW/E DE-R 451 - Herlitz/Landré.

manchem gar inflationär erscheinen. Auch die bislang zur Thematik der Treuhandverhältnisse in der Fusionskontrolle veröffentlichten Abhandlungen[45] hantieren mit dem Treuhandbegriff ängstlich bis großzügig. Da wird der Begriff „Treuhandfälle“ von Thurnher bewusst in Anführungszeichen gesetzt[46] und mit den Begriffen „treuhandähnlich“[47] und „klassische Treuhand“[48] operiert, ohne sie zu definieren. Angesichts der regen dogmatischen Auseinandersetzung um das Institut der Treuhand in der deutschen Rechtswissenschaft, die ihrem ersten Höhepunkt in den 30er Jahren des vergangenen Jahrhunderts erreichte[49], verwundert es, dass die bisherigen Beiträge zur Treuhand in der Fusionskontrolle die zivilrechtlich dogmatische Dimension der Treuhand fast völlig ausblenden. Es erscheint unabdingbar, zunächst den Begriff des „Treuhandverhältnisses“ und des „treuhänderischen Handelns“ zu bestimmen, der der weiteren Untersuchung zugrunde gelegt werden soll.

Die Untersuchung beschränkt sich auf das deutsche Rechtsinstitut der „Treuhand“. Eine rechtsvergleichende Bearbeitung des Themas kann in dieser Arbeit nicht geleistet werden.[50] Das Institut der Treuhand findet sich in unterschiedlichen Ausgestaltungen und Formen aber auch in anderen Rechtsordnungen. Eine Zweiteilung der Rechtsposition in eine formell-dingliche und eine materielle-schuldrechtliche, die im deutschen Recht vom Abstraktionsprinzip herrührt, findet sich in ähnlicher, wenngleich doch anderer Form beispielsweise im angloamerikanischen „Trust“. Die Zweiteilung der Trust-Stellung resultiert dort aus dem Dualismus der von „Law“ und „Equity“ geprägten Struktur des Common Law.[51]

## B. Keine gesetzliche Definition des Treuhandverhältnisses

Weder der deutsche Gesetzgeber (noch die übrigen kontinental-europäischen Rechtsordnungen[52] mit Ausnahme von Liechtenstein[53] und Luxemburg) haben den Begriff der

---

45 *Thurnher*, WuW 1994, S. 303 ff; DB 1994, S. 1709 ff.; *Riesenkampff*, WuW 1996, S. 5 ff.

46 *Thurnher*, WuW 1994, S. 303 (306).

47 *KG*, AG 1981, 312 (313).

48 *Riesenkampff*, WuW 1996, S. 6 (11).

49 Vgl. zur Entwicklung der Diskussion ab der Jahrhundertwende *Henssler*, Treuhandgeschäft – Dogmatik und Wirklichkeit, AcP 196, S. 37 (39 f.).

50 Für einen interessanten Überblick über Trust und Treuhand in zahlreichen europäischen Rechtsordnungen sei hier auf das Buch „Principles of European Trust Law“, hrsg. von Hayton/Kortmann/Verhagen, Den Haag 1999, verwiesen.

51 Hierzu *BGH*, ZIP 1984, S. 1405 (1409); *Siebert*, S. 56.

52 Vgl. zum Treuhandverhältnis im österreichischen Recht *Apathy*, S. 1 ; *Umlauft*, S. 19; zur Treuhand im französischen Recht vgl. *Fülbier*, RIW 1990, S. 445 (446); für die anglo-amerikanische Treuhand vgl. *Siebert*, S. 54; zur Schweiz: *Wiegand*, in: Festschrift für Coing, S. 565 ff.

Treuhand definiert. Die fehlende Legaldefinition führte zu einer Vielzahl unterschiedlicher Definitionsversuche durch die Rechtsprechung und die Rechtswissenschaft. Eine unbefangene Verwendung des Terminus ist daher heute kaum noch möglich. Die Habilitationsschrift von *Grundmann* aus dem Jahre 1997[54] führt anschaulich vor Augen, dass ein letztes Wort in der Frage der Definition der Treuhand noch nicht gefällt wurde. So wirbt er für eine Abkehr von der bisher in Deutschland vorherrschenden sachenrechtlichen Herangehensweise an die Treuhandrechtsproblematik hin zu einer stärkeren Ausrichtung der Begriffsbestimmung aus dem schuldrechtlichen Innenverhältnis heraus, die von anderen Autoren sogar als „Paradigmenwechsel"[55] bezeichnet wurde.

## C. Der zivilrechtliche Treuhandbegriff unter dem Blickwinkel der Fusionskontrolle

Wenngleich man sich bislang nicht auf eine einheitliche Definition der Treuhand einigen konnte, wurde im vergangenen Jahrhundert zumindest ein dynamischer Prozess der Systematisierung verschiedener Treuhandmerkmale in Gang gesetzt, der zur Bildung von einigen, allgemein verbreiteten Differenzierungsmerkmalen führte.

Anhand der beiden Unterscheidungskriterien „Umfang der Rechtsmacht des Treuhänders" (I.) und „Art der Begründung des Treuguts" (II.) entzündet sich das Begründungsproblem, also die Frage, welche Mindestanforderungen ein Sachverhalt erfüllen muss, um von einem Treuhandverhältnis sprechen zu können. So hat sich eine Nomenklatur eingebürgert, die differenziert zwischen der „echten" Treuhand[56] (auch „Treuhand im engeren [oder eigentlichen] Sinn"[57] oder „Treuhand im juristischen [oder im Rechts-]Sinn"[58] genannt) und der „unechten" Treuhand (auch Treuhand „im

---

53 Art. 897 des Personen- und Gesellschaftsrecht lautet: *„Treuhandeer (Trustee oder Salmann) im Sinne dieses Gesetzes ist diejenige Einzelperson, Firma oder Verbandsperson, welcher ein anderer (der Treugeber) bewegliches oder unbewegliches Vermögen oder ein Recht (als Treugut), welcher Art auch immer, mit der Verpflichtung zuwendet, dieses als Treugut im eigenen Namen als selbständiger Rechtsträger zu Gunsten eines oder mehrerer Dritter (Begünstigter) mit Wirkung gegenüber jedermann zu verwalten oder zu verwenden."*

Vgl. zur Rechtslage in Liechtenstein im Übrigen bei *Coing*, S. 237.

54 *Grundmann*, Der Treuhandvertrag, 1997.

55 *Hensser*, AcP 196, S. 37 (41). Betont wurde die herausragende Bedeutung des obligatorischen Innenverhältnisses für die Konstitution der Treuhand jedoch bereits in den 30er Jahren. Vgl. nur *Beyerle*, S. 16 ff.

56 *BGH*, NJW 1959, 1223 (1224), *Coing*, S. 176 f.; *Henssler*, AcP 196, S. 37 (51).

57 *RGZ* 121, 294 (296), *BGH*, WM 1964, 179; *Grundmann*, Der Treuhandvertrag, S. 79; *Coing*, S. 47; *Maulbetsch*, S. 117; *Siebert*, S. 206.

58 *RGZ* 84, 214 (217); 127, 341 (344); *Liebich/Matthews*, S. 72 ff.

weiteren Sinn" oder „im wirtschaftlichen Sinn" genannt), je nach dem, wie weit die Rechtszuständigkeit des Treuhänders reicht und wie er das Treugut erlangt hat. Zu diesen beiden klassischen Unterscheidungskriterien tritt neuerdings nach der soeben bereits erwähnten Habilitationsschrift von *Grundmann* aus dem Jahre 1997 noch ein drittes Kriterium: angesichts der dort vollzogenen Erweiterung des Treuhandbegriffes, muss man sich auch mit der Frage beschäftigen, wie das Treugut beschaffen sein muss (III.)[59], um die Vertragsbeziehung noch als ein Treuhandverhältnis bezeichnen zu können.

Neben diesen drei Unterscheidungskriterien lässt sich noch nach weiteren Merkmalen differenzieren, die nicht die Frage der Begründung des Treuhandverhältnisses betreffen, die jedoch je nach ihrem Vorliegen unterschiedliche Rechtsfolgen nach sich ziehen können. Zu diesen Kriterien gehören unter anderem die Publizität des Treuhandverhältnisses (IV.) und der Zweck des Treuhandverhältnisses (V.).

## I. DER UMFANG DER RECHTSMACHT

### 1. Vollrechtstreuhand

#### *a. Allgemeine dogmatische Einordnung*

Der Terminus der Vollrechtstreuhand bezeichnet die Konstellation, in der dem Treuhänder das formelle Eigentum bzw. die Vollrechtsinhaberschaft am Treugut eingeräumt wird. Soweit die Eigentümerstellung nur durch eine obligatorische Treuhandabrede beschränkt wird, entspricht diese Form der Treuhand im Wesentlichen dem Phänomen der römisch-rechtlichen Fiduciae, was sich in der noch heute gebräuchlichen Bezeichnung der „fiduziarischen Treuhand"[60] widerspiegelt. Diese zeichnet sich durch die überschießende Rechtsmacht des Treuhänders im Außenverhältnis aus.

#### *b. Relevanz für die Fusionskontrolle*

Nur im Fall der fiduziarischen Treuhand kommt es zu dem klassischen Problem des Auseinanderfallens der formalen, dinglichen Rechtsposition des Treuhänders und der materiellen, durch die Treuhandabrede abgesicherten, Rechtsinhaberschaft des Treugebers. Diese Konstellation wirft daher auch beim Unternehmenszusammenschluss die größten Schwierigkeiten auf. So steht im Fall des Anteilserwerbs dem Treuhänder so-

---

59 *Grundmann*, Der Treuhandvertrag, S. 103.

60 Vgl. nur *Gernhuber*, JuS 1988, S. 355 ff; *Beuthien*, S. 29; *Scharrenberg*, S. 37.

wohl gesellschaftsintern als auch nach außen die volle Berechtigung an den Anteilen zu. Der Treugeber kann jedoch zumindest schuldrechtlich über den Treuhänder Einfluss auf die unternehmerischen Ressourcen nehmen und eventuell trotz fehlender formeller Rechtsstellung unternehmerisch bestimmend auf die Ressourcen einwirken.

## 2. Ermächtigungstreuhand

### *a. Allgemeine dogmatische Einordnung*

#### *aa. Ermächtigung im Sinn des § 185 BGB*

Neben der Vollrechtstreuhand wird durchweg auch die sogenannte „deutschrechtliche“[61] Ermächtigungstreuhand anerkannt.[62] Darunter versteht man die Konstellation, wenn dem Treuhänder kein dinglich unbeschränktes Vollrecht übertragen wird, sondern er allein die Ermächtigung im Sinn von § 185 BGB erhält, das dinglich fremd bleibende Treugut im eigenen Namen zu verwalten. In diesem Fall kommt es zu einer „Verdoppelung der Rechtszuständigkeit“[63], denn der Treugeber kann weiterhin neben dem Treuhänder über das Treugut verfügen.

Die Verfügungsermächtigung ist in aller Regel so ausgestaltet, dass sie nur zu bestimmen Verfügungen ermächtigt. Der Treuhänder ist nur soweit berechtigt, als die Verfügung von der Einwilligung des Treugebers gedeckt ist. Dadurch wird eine obligatorische Beschränkung des Treuhänders im Innenverhältnis entbehrlich. Eine Ansicht im Schrifttum zieht es daher vor, diese rechtliche Gestaltung als „treuhandähnlich“ zu bezeichnen.[64] Durch die verminderten Anforderungen an die Rechtsmacht des Treuhänders verliere der Treuhandbegriff seine Konturen. Als Vorreiter der heute herrschenden Ansicht[65] hielt Siebert diesem Argument schon entgegen, dass die Verfügungsermächtigung sich gerade besonders gut eigne, treuhänderische Zwecke zu verfolgen.[66] Mittlerweile hat sich die Ansicht durchgesetzt, dass der wirtschaftliche Zweck nicht die nach außen unbeschränkte Rechtsstellung des Treuhänders verlange.

---

61 *Beuthien*, S. 29.

62 Als Vorreiter dieser Begriffsausdehnung: *Siebert*, S. 306. Später auch *BGH*, NJW 1954, 190 (191), *Coing*, S. 96; *Breuer*, MittRhNotK 1988, S. 79 (80); *Tebben*, S. 47.

63 So *Scharrenberg*, S. 41.

64 *Henssler*, S. 42.

65 *Coing*, S. 96; *Grundmann*, Der Treuhandvertrag, S. 83; *Liebich/Mathews*, S. 28 f.; *Scharrenberg*, S. 41 f.

66 *Siebert*, S. 306.

Allein um das juristische Mittel willen müsse man nicht an der Notwendigkeit einer Vollrechtsübertragung festhalten.[67]

### *bb. Legitimationsübertragung*

Umstritten ist heute noch, ob die an die Ermächtigung angelehnte Legitimationsübertragung als Begründungsakt für die Treuhand ausreicht. Das Wesen der Legitimationszession zeichnet sich durch zwei Punkte aus. Zum einen durch die Legitimation, d. h. dadurch, dass der Rechtsinhaber den Rechtsschein, der seine Zuordnung äußerlich legitimiert, an einen Dritten abgibt, ohne ihn gleichzeitig auch die Zuordnung zu überlassen. Zum anderen durch die Ermächtigung analog § 185 BGB, d. h. die Autorisierung des Ermächtigten durch den Rechtsinhaber, der in der Rechtsausübung mit dem Treuhänder konkurriert.

Von Bedeutung ist die sogenannte Legitimationszession vor allem im Aktienrecht. So sieht § 129 Abs. 3 AktG die Möglichkeit für den Aktionär vor, sein Stimmrecht durch einen anderen in dessen Namen, aber in seinem eigenen Interesse ausüben zu lassen. Der ermächtigende Aktionär behält dabei seine Gesellschafterstellung, allein die Ausübung der daraus entstammenden Stimmrechte steht dem Treuhänder zu. Die Legitimation erfolgt bei Inhaberaktien durch die Einräumung des Besitzes an der Aktienurkunde. Bei der Namensaktie durch die Erteilung eines Indossaments und Übergabe und Eintragung ins Aktienbuch.[68]

Ein nicht unbeachtlicher Teil des Schrifttums ist der Ansicht, dass der mit der Ausübung des Stimmrechts Legitimierte die Rolle eines Treuhänders hat.[69] Ein anderer Teil der Literatur ist hingegen der Auffassung, dass die sogenannte Legitimationszession nicht zu einer eigenen Rechtszuständigkeit des Treuhänders führt[70]. Dies ist jedoch nicht nachvollziehbar. Die Legitimationsübertragung führt zwar nicht zu einer eigenen Rechtszuständigkeit über die Aktie, jedoch räumt sie eine eigene Rechtsmacht über das im Wertpapier verbriefte Stimmrecht ein. Insofern ist das Problem bei der Frage zu verorten, was als mögliches Treugut begriffen werden kann und nicht bei der Frage nach dem Umfang der Rechtsmacht.

---

67 *Beyerle*, S. 7; Kritik auch von *Liebich/Mathews*, S. 32.

68 *Eckardt* in: *Geßler/Hefermehl/Eckardt/Kropff*, Aktiengesetz, § 134 Rdnr. 59.

69 *Eden*, S. 25 f.; *Liebich/Mathews*, S. 30. Von einem gesetzlichen Fall der Ermächtigungstreuhand spricht gar *Vedder*, S. 18.

70 So *Scharrenberg*, S. 42. Im Ergebnis ähnlich auch *Armbrüster*, S. 49 f., für den die Legitimationszession anscheinend ein aliud zur Treuhand darstellt.

### *b. Relevanz für die Fusionskontrolle*

Wirtschaftlich betrachtet, kann ein wettbewerblich erheblicher Einfluss auf ein Unternehmen auch ohne formelle Gesellschafterstellung erreicht werden. Ob die Möglichkeit unternehmerische Entscheidungen bestimmend zu beeinflussen über das Vollrecht oder eine Ermächtigung gewonnen wird, ist daher zumindest nach dem materiellen Zusammenschlusstatbestand des Kontrollerwerbs im Gemeinschaftsrecht, Art. 3 Abs. 1 lit. b, Abs. 2 FKVO[71] als auch nach dem Kontrollerwerbstatbestand gemäß § 37 Abs. 1 Nr. 2 GWB gleichgültig.

## 3. Vollmachtstreuhand

### *a. Allgemeine dogmatische Einordnung*

Umstritten ist, ob auch eine Vollmacht ausreichen kann, um ein Treuhandverhältnis zu begründen. Dies verneint die wohl herrschende Ansicht.[72]

Zum einen tut sie dies aus praktischen Erwägungen. So fragte schon Siebert, warum die Vollmacht in die Treuhandschaft mit einbezogen werden solle, wenn sie doch sowieso schon ausgiebig im Gesetz geregelt sei.[73] Zum anderen sollen „wirtschaftliche" Erwägungen dagegen sprechen. Die Treuhandidee beruhe gerade auf der Selbständigkeit der Rechtsinnehabung, die sich daran festmachen lasse, dass der Treuhänder im eigenen Namen auftreten könne. Aus dieser Freiheit des Treuhänders resultierten die „typischen" wirtschaftlichen Probleme der Treuhand.[74]

Der erste Gesichtspunkt Sieberts überzeugt jedoch nicht. Eine große Zahl von anerkannten Treuhandverhältnissen ist bereits gesetzlich geregelt (Testamentsvollstrecker, Entflechtungstreuhänder, Insolvenzverwalter). Die gesetzliche Regelung allein spricht noch nicht gegen die Qualifizierung als Treuhänder, zumal die Kodifizierung von (Teilen des) Treuhandrechts ja Ziel einer ganzen Generation von Rechtswissenschaftlern war.[75]

---

71 Alle Zitate der FKVO beziehen sich, soweit nicht anders vermerkt, auf die Fassung der EG-Fusionskontrollverordnung vom 20. 1. 2004 Nr. 139/2004, ABl. 2004 L 24/1.

72 Nach dem Ansatz von *Coing* stellt die Vollmachtstreuhand nur eine „Quasitreuhand" dar, S. 97; ebenso auch *Henssler,* der den Begriff „treuhandähnlich" verwendet. Auch nach *Heidner* liegt in diesen Fällen kein Treuhandverhältnis „im eigentlichen Sinn" vor, S. 38. Sehr differenziert hierzu auch *Roß*, S. 29 ff m. w. N. Andere Ansicht *Grundmann*, Der Treuhandvertrag, S. 85 ff.

73 *Siebert*, S. 312.

74 *Siebert*, S. 312.

75 Vgl. zu den Diskussionen des *36. Deutschen Juristentages* zum Thema, ob sich eine gesetzliche Regelung der Treuhand empfehle: Die Verhandlungen des 36. DJT, Bd. I, S. 662 ff, 805 ff.

Auch der zweite Punkt ist angreifbar. So setzt Siebert schon einen bestimmten Treuhandbegriff, nämlich den römisch-rechtlich geprägten fiduziarischen voraus. Insofern ist die Definitionsfrage vorbelastet und dreht sich im Kreis. Richtig ist allerdings der Gedanke, dass eine Kategorisierung unter einen bestimmten Rechtsbegriff nur dann Sinn macht, wenn die unterschiedlichen Konstellationen/sozialen Phänomene einen bestimmten ähnlichen Regelungsbedarf/Regelungszweck aufwerfen. Dieser kann bei Treuhandverhältnissen darin gesehen werden, dass eine Person einer anderen Person über einen längeren Zeitraum Rechtsmacht über ihr zustehende rechtliche Positionen einräumt, da sie selbst die Rechtspositionen nicht ausüben kann oder will und darauf vertraut, dass der andere sie in ihrem Interesse selbständig ausüben werde und sich deshalb selbst aus der eigenen Rechtsposition zurückzieht. Das Ausmaß der eingeräumten Machtstellung kann jedoch genauso gut auf das für den gewollten Zweck nötige Maß herabgesetzt werden. Dieser Gedanke findet sich schon im germanischen Treuhandrecht. So erhielt beispielsweise der fränkische Salmann zur Erfüllung des Treuhandzwecks nur bedingtes Eigentum; der Lehensmann erhielt gar kein Eigentum, sondern nur ein den Zwecken des Lehensverhältnisses angemessenes ausgestaltetes Recht am fremden Eigentum.[76] Insofern ist es nicht abwegig, die Ansprüche an den Umfang der Rechtsmacht noch weiter herunterzuschrauben. Auch eine (unwiderrufliche) Dauervollmacht kann eine für den bestimmten Treuhandzweck ausreichende Rechtszuständigkeit begründen. In jedem Fall bleibt auch in dieser Konstellation der „Treugeber" am Treugut berechtigt, so dass es auch in diesem Fall wie bei der Ermächtigungstreuhand zu einer Doppelzuständigkeit kommt und zumindest keine ausschließlich eigene Rechtszuständigkeit des „Treuhänders" bestehen würde.

Zumindest wirtschaftlich gesehen ist es zudem in den Fällen, in denen sich der Treuhänder auch im Sinn des Treugebers als solcher zu erkennen geben darf, gleichgültig, in welcher Art und Weise die Rechtsmacht erteilt wird.[77] Verfügt der Vertretungsberechtigte über Gegenstände aus dem Treugut, so tritt nach Grundmann[78] der Rechtsverlust in gleicher Weise direkt beim Treugeber ein und der Rechtserwerb beim Dritten, wie dies bei Ausübung einer Ermächtigung der Fall wäre. Insofern ist der „Treugeber" sowohl bei Ermächtigung als auch bei der schuldrechtlichen Vollmachtserteilung darauf angewiesen, dass sein Vertrauen in die ordnungsgemäße Führung seiner Geschäfte geschützt wird. Im Gegenzug muss auch das Vertrauen des Treunehmers darauf geschützt werden, dass er selbst nicht aus den für ihn wirtschaftlich gesehen fremden Geschäften in irgendeiner Form belastet wird. Für das Innenverhältnis zwischen Treugeber und Treuhänder ist es somit gleichgültig, wie groß der Umfang der Rechtsmacht ist. Zumindest wenn man den neueren Ansätzen in der Literatur folgt, die sich um eine Definition des Treuhandbegriffes allein aus der Pflichtenstruktur im

---

76 Vgl. dazu *Tegethoff*, S. 2.

77 *Huber* in: Rechtsvergleichung und Rechtsvereinheitlichung, S. 399 (401); *Coing*, S. 97 (jedoch nur die unwiderrufliche Vollmacht); *Klausing*, Dt. Juristenzeitung 1932, S. 1529 (1530); *Liebich/Mathews*, S. 34; *Beyerle*, S. 20. Zustimmend auch *Schramm* in: *Münchener Kommentar*, BGB, vor § 164 Rdnr. 31.

78 *Grundmann*, Der Treuhandvertrag, S. 85.

Innenverhältnis heraus bemühen[79], spricht nichts gegen die Anerkennung einer „Vollmachtstreuhand".

### *b. Relevanz für die Fusionskontrolle*

In den Beiträgen, die sich mit der Treuhand in der Fusionskontrolle beschäftigen, wird nicht selten der Fall der Bankenstimmrechtsvollmacht als Fall der Treuhand behandelt[80], also der Fall, dass Kleinaktionäre, denen es allein auf ihre Dividende ankommt, den Kreditinstituten ihre Stimmrechte überlassen. Dies ist in Deutschland nur noch in Form der Vollmacht möglich, § 135 Abs. 1 AktG. Die Einordnung des Depotstimmrechts unter die Kategorie des Treuhandverhältnisses[81], zeigt, dass das Institut des Vollmachttreuhänders im Bereich des Wirtschaftsrecht anerkannt ist und bestätigt damit die These, dass es ökonomisch gesehen gleichgültig ist, ob der Treuhänder letztlich im eigenen oder im fremden Namen handelt. Auch unter wettbewerbsrechtlichen Gesichtspunkten ist jedoch zu bedenken, dass der Gesellschafter durch die Erteilung einer Stimmvollmacht nie seiner Stimmrechte beraubt wird. Selbst bei der treuhänderischen Übertragung einer Stimmrechtsvollmacht hat er weiterhin die Möglichkeit, über seine Stimmrechte Einfluss auf die Gesellschaft zu nehmen.

Erkennt man grundsätzlich die Vollmacht als Begründungsakt der Treuhand an, eröffnet sich einem eine immense Vielzahl an Treuhandverhältnissen. Unter den Begriff des Treuhänders können dann beispielsweise auch die angestellten Leitungsorgane einer Gesellschaft fallen.[82] Die vorliegende Untersuchung wird sich auf das Phänomen des Bankenstimmrechts beschränken. Es würde den Rahmen dieser Arbeit sprengen, hier alle Spielarten der Vollmachtstreuhand im Kontext der Fusionskontrolle zu behandeln.

## 4. Reine Kontrolltätigkeit ohne eigene Rechtszuständigkeit

Vor allem im betriebswirtschaftlichen Sprachgebrauch wird der Begriff der Treuhandtätigkeit so weit gefasst, dass darunter mitunter die reine Beratungs- und Revisionstätigkeit für Dritte ohne irgendeine Art der Rechtszuständigkeit fallen soll.[83] Für juristi-

---

79 *Grundmann*, Der Treuhandvertrag, S. 85, 541 ff.; zum Depotgeschäft insbesondere S. 284 ff. Die Überbetonung des Außenverhältnisses wider den wirtschaftlichen Notwendigkeiten kritisiert auch *Tegethoff*, S. 12.

80 *Pohlmann*, S. 160, *Plaß*, S. 36; *Duursma*, S. 67 (Duursma spricht allerdings nicht ganz stimmig vom Vollmachtsstimmrecht als einem Fall der Ermächtigungstreuhand); *Krimphove*, S. 264.

81 So auch *Grundmann*, Der Treuhandvertrag, S. 366.

82 Vgl. nur die Zusammenfassung bei *Grundmann*, Der Treuhandvertrag, S. 541 ff.

83 Vgl. kritisch dazu *Siebert*, S. 22; *Eden*, S. 22; *Liebich/Mathews*, S. 58 ff.

sche Fragestellungen verliert der Treuhandbegriff damit aber jede Kontur und wird unbrauchbar. Er findet daher in der vorliegenden Arbeit keine Anwendung.

## 5. Abgrenzung zur reinen Geschäftsbesorgung

Die eigene Rechtszuständigkeit des Treuhänders am Treugut ist das, was nach herrschender Ansicht die Treuhand von den einfachen Auftrags- und Geschäftsbesorgungsverhältnissen unterscheidet. Richtungweisend stellte schon Isele fest:

> *„Jeder Treuhänder ist ein Geschäftsbesorger, aber nicht jeder Geschäftsbesorger ist Treuhänder.“*[84]

Die Treuhand stellt anders ausgedrückt einen Sonderfall der Geschäftsbesorgung[85] bzw. deren entgeltlichem Äquivalent dem Auftrag dar. Die Eigenart der Treuhand resultiert daraus, dass das Rechtsverhältnis durch eine eigene rechtliche Zuständigkeit am Treugut über die persönliche Beziehung von Geschäftsherrn und Geschäftsbesorger im Innenverhältnis hinausgehe.[86] Die Treuhand setzt ein gewisses sachliches Element voraus, aus dem die Rechtswirkungen der Treuhand im Außenverhältnis resultieren. Diese wie auch immer geartete Berechtigung des Treuhänders (Ermächtigung, Vollrecht) an dem Treugut geht über die reine Interessenwahrnehmung des Geschäftsbesorgers, das reine „Treueverhältnis“[87], hinaus.

# II. DIE ART DER TREUGUTBEGRÜNDUNG

## 1. Übertragung durch den Treugeber

### *a. Allgemeine dogmatische Einordnung*

Unter den oben erwähnten Terminus der sogenannten „engen Treuhand“[88] (auch der „Treuhand im streng juristischen Sinn“[89], „Treuhand im Rechtssinne“[90], „echten Treu-

84 *Isele*, S. 119.

85 *Klausing*, Dt. Juristenzeitung 1932, S. 1529; so auch *Walter*, S. 12.

86 *Scharrenberg*, S. 28 ff; *Siebert*, S. 25; *Walter*, S. 12 f.

87 *Siebert*, S. 25.

88 Vgl. z. B. *Heidner*, S. 39 Rdnr. 12.

89 *Liebich/Mathews*, S. 55 f.

90 *Roß*, S. 34.

hand“[91]) fallen üblicherweise nur die Rechtsgeschäfte, bei denen der Treugeber dem Treuhänder unmittelbar aus seinem Vermögen das Eigentum oder eine sonstige Vollrechtsinhaberschaft an dem Treugut überträgt. Insofern spricht man hier auch von der „Übertragungstreuhand“[92]. Diese Einengung des Treuhandbegriffs erfolgte erstmals durch das Reichsgericht.[93] Auch Siebert beurteilte die Frage der Notwendigkeit der unmittelbaren Übertragung als ein Begründungsproblem.[94]

Bei dieser Begriffsverwendung wird die unmittelbare Übertragung des Treuguts zum konstitutiven Element der Treuhand. Diese Sichtweise gründet in einer problemorientierten Annäherung an die Treuhand. So dient das Unmittelbarkeitskriterium beispielsweise sowohl bei der Einzelvollstreckung als auch in der Insolvenz zur Lösung der Zurechnungsprobleme des Treuguts zum Treugeber bzw. zum Treunehmer.[95] Nur beim unmittelbaren Erwerb des Treuguts vom Treugeber wird beispielsweise dem Treugeber beim Insolvenzfall des Treuhänders ein Aussonderungsrecht zugestanden, bzw. hat die Drittwiderspruchsklage gemäß § 771 ZPO Aussicht auf Erfolg. Das Institut der Treuhand wird hier somit als juristisches Mittel verwendet und sein Selbstzweck zugleich verleugnet.

Diese Orientierung der Treuhanddogmatik auf das Außenverhältnis, d. h. auf die Rechtsfolgen der Treuhandabrede, zur Definition des Treuhandverhältnisses kritisiert ein Teil der Literatur, denn sie führe zu einer Verengung der Sichtweise.[96]. Auch Henssler spricht sich dafür aus, die Lösungen der Probleme im Zwangsvollstreckungs- und Insolvenzrecht systemimmanent zu lösen, um sich vor falschen Rückschlüssen auf die Treuhand zu verwahren. Das begriffliche Denken der herkömmlichen Treuhanddogmatik verstelle den Blick für die gebotene normzweckbezogene Problemlösung. [97]

### b. *Bedeutung für die Fusionskontrolle*

Der Übertragungstreuhand kommt im Bereich des Fusionskontrollrechts in zweifacher Hinsicht Bedeutung zu.

---

91 *Lwowski* in: *Münchener Kommentar*, InsO, § 35 Rdnr. 117; *Vedder*, S. 19.

92 *Armbrüster*, S. 15. Der im Gegensatz zu den anderen Ausdrücken anschaulichere Begriff soll im Folgenden auch hier beibehalten werden.

93 *RGZ* 84, 214 (217 f.); 91, 12 (16); 133, 84 (87).

94 *Siebert*, S. 110.

95 Vgl. zur Zwangsvollstreckung *Scharrenberg*, S. 45 ff, *Walter*, S. 92 ff.; zum Insolvenzrecht *Lwowski* in: *Münchener Kommentar*, Insolvenzordnung, § 35 Rdnr. 117 ff; *Uhlenbruck* in: *Uhlenbruck*, Insolvenzordnung, § 35 Rdnr. 73 ff.; *Walter*, S. 52 ff.

96 *Grundmann*, Der Treuhandvertrag, S. 81; *Coing*, S. 87 f.

97 *Henssler*, AcP 196, S. 37 (44 ff.).

### *aa. Treuhänderische Übertragung als Zusammenschlusstatbestand*

Zum einen ist die Frage aufzuwerfen, inwiefern allein durch die Übertragung vermögensrechtlicher oder gesellschaftsrechtlicher Positionen auf einen Treuhänder durch den Treugeber ein Zusammenschlusstatbestand verwirklicht werden kann. Insbesondere beim Einsatz größerer Treuhandgesellschaften, die gleichzeitig für mehrere Mandanten tätig sind und selbst entsprechend hohe Umsatzzahlen aufweisen, können die Umsatzschwellen des Art. 1 FKVO bzw. des § 35 GWB erreicht werden, die eventuell eine Anmeldung erforderlich machen, obwohl die Übertragung auf eine Treuhandgesellschaft beispielsweise nur auf Zeit als Mittel zur Beilegung bestimmter gesellschaftsrechtlicher Konflikte gedacht ist; die Bestellung des Treuhänders also eigentlich völlig losgelöst von kartellrechtlichen Fragen erfolgt.

### *bb. Übertragung auf den Treuhänder im Rahmen von Zusagen und Auflagen*

Eine maßgebliche Rolle spielt die unmittelbare Übertragung von Unternehmensteilen auf einen Treuhänder auch im Rahmen der Zusagenpraxis. Sowohl im deutschen (§ 40 Abs. 3 GWB) als auch im europäischen Fusionskontrollrecht (Tz. 13 der Mitteilung der Kommission über zulässige Abhilfemaßnahmen) ist es üblich, dass ein angemeldeter Zusammenschluss im Hauptprüfverfahren nur unter der Bedingung genehmigt wird, dass sich eines oder beide beteiligte Unternehmen von gewissen Unternehmensteilen oder ganzen Gesellschaften trennen. Um die zügige Umsetzung dieser Bedingung zu gewähren und/oder um sicherzustellen, dass die zur Veräußerung verpflichtete Partei vor der Veräußerung keinen Einfluss mehr auf das Veräußerungsobjekt nimmt, kann die betroffene Partei unter anderem auch dazu angehalten werden, das Veräußerungsobjekt zum Zweck der Sicherstellung der Veräußerung bzw. zur Veräußerung selbst auf einen Treuhänder zu übertragen.

## 2. Erwerbstreuhand

### *a. Allgemeine dogmatische Einordnung*

Mittlerweile ist es herrschende Ansicht[98], dass von einem Treuhandverhältnis auch dann gesprochen werden kann, wenn das Treugut, das der Treuhänder verwalten soll, gleich selbst vom Treuhänder im eigenen Namen, für Rechnung und im Interesse des Treugebers von einem Dritten oder originär erworben wird. Das Institut der Treuhand zeichnet sich vor allem durch das auf ein bestimmtes Treugut bezogene Handeln im fremden Interesse aus. Für diese Wahrnehmung fremder Interessen kann es jedoch aus

98 *Armbrüster*, S. 19; *Grundmann*, Der Treuhandvertrag, S. 79 ff; *Coing*, S. 96.

wirtschaftlicher Sichtweise „keinen entscheidenden Unterschied machen, ob der Treuhänder das Treugut unmittelbar vom Treugeber erhalten habe oder nicht."[99] Der unmittelbare Übertragungsakt hat für das Innenverhältnis jedenfalls keine Relevanz.

### *b. Abgrenzung der Erwerbstreuhand zur mittelbaren Stellvertretung*

Erkennt man die Erwerbstreuhand an, stellt sich noch im selben Atemzug die Frage nach der Abgrenzung des mittelbaren Erwerbs über einen Treuhänder von der mittelbaren (unechten, verdeckten, indirekten) Stellvertretung. Unter der mittelbaren Stellvertretung versteht man das rechtsgeschäftliche Handeln einer Person im eigenen Namen, aber im Interesse und für Rechnung des Geschäftsherrn.[100] Die h. M. geht davon aus, dass anders als bei der direkten Stellvertretung zunächst der mittelbare Stellvertreter Vertragspartner werde. Insofern und wegen der damit verbundenen Möglichkeit der Verdunkelung der jeweiligen Hintermänner liegt eine Parallelität zum Erwerbstreuhänder vor. Der Ausdruck der mittelbaren Stellvertretung wurde in Abgrenzung zur direkten Stellvertretung geschaffen und betrifft das Außenverhältnis. Der Begriff der Treuhand hingegen beschreibt nach herrschender Ansicht einen bestimmten Typus der Geschäftsbesorgung oder des Auftrags und ist systematisch dem Innenverhältnis zuzuordnen.[101] Die mittelbare Stellvertretung stellt eine Art des Erwerbsvorgangs dar. Auch der Treuhänder kann sich im Außenverhältnis gegebenenfalls dieser Art des Erwerbsvorgangs bedienen[102]. Vom mittelbaren Stellvertreter unterscheidet er sich jedoch dadurch, dass er eine besondere eigene Rechtszuständigkeit an dem erworbenen Objekt begründet: seine Rolle beschränkt sich nicht auf die des reinen „Erwerbsgehilfen", sondern er hat aus dem besonderen Innenverhältnis heraus über den Erwerbsvorgang hinausgehende, länger andauernde Pflichten und Rechte an dem erworbenen Treugut. *Walter* charakterisiert das Abgrenzungskriterium griffig mit dem Ausdruck der „zeitlichen Verantwortung"[103].

### *c. Abgrenzung zum Erwerb durch eine Holding-Gesellschaft*

Ebenso wie Treuhandgesellschaften werden im Rahmen der Fusionskontrolle auch Holdinggesellschaften als sogenannte (transparente) Vehikel[104] zum Erwerb der Kon-

---

99 *LG Hamburg*, MDR 1957, 684.

100 Für viele *Heinrichs* in: *Palandt*, vor § 64 Rdnr. 6.

101 *Coing*, S. 102 f.

102 So als einer der Ersten *Siebert*, S. 408 ff.

103 *Walter*, S. 135.

104 So für die Holding: *Kommission*, E. v. 17. 2. 1992, IV/M.90 = Celex 392M0090 - BSN-Nestlé/Cokoladovny; für die Treuhandschaft, vgl. *Schütz* in: *Gemeinschaftskommentar*, Art. 3 FKVO Rdnr. 23.

trolle über ein anderes Unternehmen eingesetzt, um als Käufer nicht selbst in Erscheinung zu treten. Wegen der ähnlichen Problemlage der mittelbaren Beteiligung, ist eine kurze Abgrenzung der Treuhandschaft zur mehrstufigen Beteiligung über eine Holding notwendig. Letztere funktioniert in der Weise, dass Anleger eine Beteiligungsgesellschaft, die sogenannte Holding, gründen, die selbst als Gesellschafterin eine Beteiligung an dem zu übernehmenden und unternehmerisch tätigen Zielobjekt übernimmt. Im Unterschied zur treuhänderischen Beteiligung konstituieren die Anleger selbst durch ihre Beteiligung an der Holding den Mittler.[105] Im Gegensatz zur Treuhand liegt also keine echte Personenverschiedenheit, sondern eine Personenidentität des Mittlers mit dem Hintermann vor.

### *d. Bedeutung für die Fusionskontrolle*

Da Zusammenschlusstatbestände meist durch den Erwerb von Anteilen oder Vermögen verwirklicht werden, spielt die Erwerbstreuhand für die Fusionskontrolle die maßgebliche Rolle. Dabei kann gesellschaftsrechtlich der derivative und der originäre Erwerb von Anteilen unterschieden werden. Vom originären Erwerb spricht man im Rahmen des Gesellschaftsrechts, wenn der Treuhänder bei Gründung der Gesellschaft oder durch Aufnahmevertrag mit den Gesellschaftern die Anteile erwirbt.[106] Vom derivativen Erwerb spricht man dann, wenn die Übertragung der Beteiligung durch einen Gesellschafter auf den für Rechnung des Treugebers handelnden Treuhänder erfolgt.[107] Für den Bereich der Fusionskontrolle spielt beim Zusammenschlusstatbestand des Vermögenserwerbs gemäß § 37 Abs. 1 Nr. 1 GWB begriffsgemäß nur der derivative Erwerb eine Rolle.[108] Im Fall des Anteilserwerbs gemäß § 37 Abs. 1 Nr. 3 GWB bzw. Art. 3 Abs. 1 lit. b FKVO unterscheidet weder das nationale noch das europäische Recht zwischen dem derivativen und dem originären Erwerb von Anteilen bei Gründung einer Gesellschaft oder im Fall einer Kapitalerhöhung.[109] Zu beachten ist jedoch, dass von der Fusionskontrolle rechtspolitisch nicht das innere Wachstum eines Unternehmens erfasst werden soll, sondern immer nur das externe Wachstum durch Hinzugewinn von Verfügungsmacht über Produktionsmittel von außen.[110] Nicht jeder originäre Erwerb erfüllt daher einen Konzentrationstatbestand.

105 *Armbrüster*, S. 26.

106 *Armbrüster*, S. 111.

107 *Armbrüster* a. a. O.

108 *Emmerich*, Kartellrecht, S. 265.

109 In Bezug auf das nationale Recht: *Emmerich*, Kartellrecht, S. 272; *Kleinmann/Bechtold*, § 23 Rdnr. 69; *Mestmäcker/Veelken* in: *Immenga/Mestmäcker*, GWB-Kommentar, § 37 Rdnr. 51. In Bezug auf das Gemeinschaftsrecht: *Karl*, S. 185.

110 *Rittner*, Wettbewerbs- und Kartellrecht, § 13 Rdnr. 5 f.

## 3. Vereinbarungstreuhand

### *a. Allgemeine dogmatische Einordnung*

Bei der Vereinbarungstreuhand besitzt der Treuhänder bereits die Verfügungsmacht über das Treugut. Das Treuhandverhältnis wird dadurch begründet, dass sich der bislang schon Verfügungsberechtigte verpflichtet, von nun an das Treugut im eigenen Namen, aber für Rechnung und im Interesse des Treuherrn zu führen und zu verwalten.[111]

### *b. Relevanz für die Fusionskontrolle*

Praktisch taucht diese rechtliche Konstruktion vor allem im Zusammenhang mit sogenannten Geschäftsführungsverträgen im Sinn von § 291 Abs. 1 S. 2 AktG auf, wenn sich beispielsweise eine Gesellschaft verpflichtet, ihr Unternehmen unentgeltlich im eigenen oder fremden Namen für Rechnung eines anderen Unternehmens, des Übernehmers, zu führen.[112]

Derartige Geschäftsführungsverträge bilden meist allerdings nur eine Organisationsform für bereits abhängige Unternehmen[113], bei denen einen Kontrollerwerb schon früher durch Anteilserwerb stattgefunden hat. Die reine Verstärkung von Kontrolle wird jedoch weder im Gemeinschaftsrecht noch im nationalen Recht erneut kontrolliert.[114] Bereits verbundene Unternehmen unterfallen bei Abschluss eines Geschäftsführungsvertrages in aller Regel nicht erneut der Zusammenschlusskontrolle. Rein theoretisch kommt im nationalen Recht nur ein erneuter Zusammenschluss im Sinn von § 37 Abs. 2 GWB in Betracht. Auch dieser unterliegt jedoch nur der erneuten Kontrolle, wenn er zu einer wesentlichen Verstärkung der bereits bestehenden Unternehmensverbindung im Sinn von § 37 Abs. 2 GWB führt. Diese Konstellation ist nur schwer vorstellbar. Geschäftsführungsverträge mit unabhängigen Unternehmen wiederum sind in der Praxis bedeutungslos.[115] Sie sind aus diesen Gründen für die folgenden Ausführungen weitestgehend zu vernachlässigen.

---

111 *Heidner*, Rdnr. 13.

112 *Altmeppen* in: *Münchener Kommentar zum AktG*, § 291 Rdnr. 173.

113 Dazu auch *Pohlmann*, S. 155.

114 Für das Gemeinschaftsrecht: *Pohlmann*, S. 155 f.; für das GWB *Mestmäcker/Veelken* in: *Immenga/Mestmäcker*, GWB-Kommentar, § 37 Rdnr. 38.

115 *Koppensteiner* in: *Kölner Kommentar*, AktG, § 291 Rdnr. 63; *Mestmäcker/Veelken* in: *Immenga/Mestmäcker*, GWB-Kommentar, § 37 Rdnr. 38.

## III. Das zu verwaltende Treugut

### 1. Eigentum und Forderungen

#### *a. Im Allgemeinen*

Das im Rahmen einer Treuhand anvertraute Treugut wird üblicherweise mit den Begriffen „Sachen und Rechte“[116] bzw. offener mit dem Ausdruck „Vermögensrechte“[117] oder „vermögenswerte Position“[118] beschrieben. Zumeist folgt dann ein kurzer Exkurs dahingehend, dass das Treugut sowohl einzelne Gegenstände, Rechte, Rechtsgesamtheiten, ganze Vermögensmassen oder Anteile an einem Vermögen umfassen könne. Angesichts der Tatsache, dass die allgemeine Ansicht auch heute noch davon ausgeht, dass der Treuhänder über das Treugut eine irgendwie geartete dingliche Verfügungsberechtigung erlangen muss, muss es sich zwangsläufig bei dem Treugut um eine Sache oder ein Recht handeln, an dem eine derartige dingliche Berechtigung begründet werden kann.

#### *b. Im Gesellschaftsrecht*

Das Zielobjekt eines Unternehmenszusammenschlusses ist stets ein Unternehmen in der Rechtsform einer Personen- oder Kapitalgesellschaft. Unter dem gesellschaftsrechtlichen Blickwinkel kann man unter dem Aspekt des Treuguts wie folgt differenzieren:

##### *aa. Gesellschaftsanteile als Treugut*

Der Anteilserwerb stellt die häufigste Art des Unternehmenszusammenschlusses dar. Im Rahmen dieser Arbeit ist daher besonderes Augenmerk auf den Gesellschaftsanteil als Treugut zu legen. Die Thematik der treuhänderischen Beteiligung an Gesellschaftsanteilen wurde in den beiden Monographien von *Blaurock* und *Armbrüster* bereits ausgiebig und rechtsformübergreifend behandelt.[119] Die treuhänderische Verwal-

116 So beispielsweise *Liebich/Mathews*, S. 17.

117 So beispielsweise *Bassenge* in: *Palandt*, BGB, § 903 Rdnr. 33; *Coing*, S. 1.

118 So beispielsweise *Armbrüster*, S. 12.

119 *Blaurock*, Unterbeteiligung und Treuhand an Gesellschaftsanteilen, 1981; *Armbrüster*, Die treuhänderische Beteiligung an Gesellschaften, 2001. Erhellende Ausführungen zur Treuhand an Gesellschaftsanteilen im Besonderen finden sich auch bei *Henssler*, AcP 196 (1996), S. 37 (79 ff.); *Grundmann*, Der Treuhandvertrag, S. 421 ff.; *Schmidt*, Gesellschaftsrecht, § 61 III, S. 1826 ff.

tung bzw. der treuhänderische Erwerb einer Gesellschaftsbeteiligung ist zwangsläufig mit dem Eintritt des Treuhänders in die gesellschaftsrechtliche Stellung und den dazugehörigen Paket von Rechten und Pflichten verbunden. Der Treuhänder muss sich folglich nicht nur an den Interessen des Treugebers orientieren, sondern ist durch die Stellung im gesellschaftsrechtlichen Gesamtvertrag auch gegenüber den Interessen der Gesellschaft und seiner Mitgesellschafter verpflichtet.

Derartige fiduziarische Treuhandverhältnisse kommen nur dann in Betracht, wenn die Mitgliedschaftsverhältnisse übertragbar sind, d. h. grundsätzlich sowohl bei Kapital- als auch bei Personengesellschaften, soweit nicht etwas anderes (z. B. eine Vinkulierung) im Gesellschaftsvertrag vereinbart ist. Der Treuhänder darf und hat aus seiner mitgliedschaftlichen Stellung heraus die Stimm- und Anfechtungsrechte auszuüben.

### *bb. Gesellschaftsvermögen als Treugut*

Ein Unternehmenskauf kann neben der Form des sogenannten Share Deals, also dem Erwerb von Gesellschaftsanteilen, auch in der Form stattfinden, dass die Wirtschaftsgüter eines Unternehmens ohne seinen Rechtsträger übertragen werden (sogenannter Asset Deal[120]). Wird ein Treuhänder in einen derartigen Erwerbsvorgang zwischengeschaltet, erwirbt er hierbei keine Gesellschafterstellung.

Auch zum Zwecke der Kreditsicherung erhält der eigennützige Treuhänder Eigentum am Gesellschaftsvermögen oder an Teile davon übertragen. Auch in diesen Fällen erlangt der Treuhänder keine Gesellschafterstellung.

### *cc. Rechte am Objekt Unternehmen als Treugut*

Streitig ist, inwiefern das Recht der Betriebsführung als solches als Treugut angesehen werden kann. Das Recht zur Betriebsführung kann durch einen sogenannten Betriebsführungsvertrag übertragen werden. „Der Betriebsführungsvertrag ist ein Vertrag zwischen dem Unternehmen A und einem Dritten, durch den der Dritte mit der Betriebsführung des Unternehmens von A im Namen und für Rechnung des A beauftragt wird.“[121] Der Treuhandcharakter von sogenannten Betriebsführungsverträgen ist umstritten. Das Schrifttum ist weitgehend der Ansicht, dass der Terminus des Betriebsführungsvertrages auch Vereinbarungen umfasse, in denen der Betriebsführer im eigenen Namen, aber für Rechnung des Eigentümerunternehmens dessen Unternehmen führt.[122] *Veelken* und *Schmidt* bezeichnen diesen Fall als einen „unechten“ Betriebsfüh-

120 *Holzapfel/Pöllath*, Rdnr. 131.

121 *Veelken*, S. 15.

122 *Joachim*, DWiR 1992, S. 397 (398); *Veelken*, S. 18; *Huber*, ZHR 152 (1988), S. 1 (4); *Emmerich/Sonnenschein/Habersack*, S. 206; *Koppensteiner* in: *Kölner Kommentar zum Aktiengesetz*, § 296 Rdnr. 67; *Geßler* in: *Geßler/Hefermehl/Eckardt/Kropff*, Aktiengesetz, § 292 Rdnr. 76; in-

rungsvertrag.[123] Ein derartiger Vertrag stellt nach einer Vielzahl von Autoren ein Treuhandverhältnis dar, bzw. wird ihm zumindest ein Treuhandcharakter zugesprochen.[124]

Das Treugut ist bei dem Vertragstyp des treuhänderischen Betriebsführungsvertrages nur das Recht der Betriebsführung des Unternehmens, da die Eigentümergesellschaft die dingliche Verfügungsmacht über das Unternehmen insgesamt behält. Der Betriebsführer wird nicht Inhaber aller Aktiven und Passiven des Unternehmens oder der Gesellschaftsanteile. Aus diesem Grund verneint *Eden* den Treuhandcharakter des unechten Betriebsführungsvertrages.[125] Hinsichtlich einzelner dinglicher Veräußerungsgeschäfte wird der im eigenen Namen handelnde Betriebsführer aber in den Betriebsführungsverträgen gemäß § 185 BGB ermächtigt, im eigenen Namen Waren, Erzeugnisse, und Dienstleistungen auf den Erwerber zu übertragen. Bezüglich der Forderungen, die anlässlich von Veräußerungsgeschäften entstehen, wird der unechte Betriebsführer in der Regel ermächtigt, im eigenen Namen treuhänderisch für das Eigentümerunternehmen über die aus Verkäufen und Dienstleistungen entstehenden Ansprüche und Rechte zu verfügen, sie im eigenen Namen geltend zu machen und Forderungen einzuziehen.[126] Nach hier vertretener Ansicht handelt sich in den Fällen der unechten Betriebsführungsverträge daher um Fälle der Ermächtigungstreuhand, die im Übrigen grundsätzlich auch *Eden*[127] anerkennt.

*Martens* stellt zu Recht klar, dass vom treuhänderischen Betriebsführungsvertrag in Abgrenzung zum Betriebsführungsvertrag verbundpolitischer Art nur dann gesprochen werden kann, wenn die Betriebsführung im Eigeninteresse des Eigentümerunternehmens erfolgt und nicht im Interesse eines beherrschenden Unternehmens.[128] Denkbar ist diese Art der Vertragsgestaltung dann, wenn die Eigentümergesellschaft an einer organisatorischen Entlastung interessiert ist[129] und der Betriebsführer zur Betriebsführung seine eigene Unternehmensorganisation, vor allem auch sein eigenes Personal einsetzen soll, aber aus bestimmten Gründen den Betrieb nicht pachten will[130]. Viel-

---

zident auch *Frisch*, AG 1995, S. 362, der für die Definition in Kenntnis der Differenzierung allein auf die Betriebsführung auf fremde Rechnung abstellt.

123 *Schmidt*, Gesellschaftsrecht, § 17 III, S. 502; *Veelken*, S. 18.

124 *Liebich/Mathews*, S. 223; *Martens*, S. 28; *Schmidt*, Gesellschaftsrecht, § 17 III, S. 502. Die Möglichkeit der Betriebsführung durch einen Treuhänder setzt auch *Kleinmann/Bechtold*, § 23 Rdnr. 384 voraus.

Es ist anzumerken, dass auch der Betriebsführer der im fremden Namen im Interesse und für Rechnung des Eigentümerunternehmens handelt, als Treuhänder eingestuft werden kann, sofern man grundsätzlich die Vollmachttreuhand anerkennt.

125 *Eden*, S. 38.

126 *Strobl*, S. 425 f.

127 *Eden*, S. 24.

128 *Martens*, S. 28.

129 *Martens*, S. 28.

130 *Huber*, ZHR 152 (1988), S. 35.

fach wird die Unternehmensleitung einer Personenhandels- bzw. auch einer Kapitalgesellschaft mangels eigener sachkundiger Kräfte (vor Ort) dazu veranlasst, die Betriebsführung gegen Entgelt auf einen Vertragspartner, sei es eine natürliche oder eine juristische Person, zu übertragen. Heute erfreut sich der Kooperationstyp des Betriebsführungsvertrages vor allem im Bereich der Hotellerie und der Gastronomie großer Beliebtheit. Unter dem Begriff des „Managementvertrages" finden sich häufig Vereinbarungen, in denen das Eigentümerunternehmen eine große Hotelkette mit der Betriebsführung seines eigenen Unternehmens in seinem Namen und auf seine Rechnung beauftragt.[131]

### *dd. Einzelne Mitgliedschaftsrechte als Treugut*

Der Schwerpunkt der vorliegenden Arbeit liegt auf dem Erwerbstreuhänder, der im Interesse des Treugebers Anteile an einem dritten Unternehmen oder einzelne Betriebsteile erwirbt. Als Treugut erwirbt der Treuhänder in diesen Fällen das dingliche Vollrecht.

Für die Fallgruppe der Übertragungstreuhand und insbesondere für den Einsatz des Treuhänders im Rahmen der Zusagenpraxis, kann man jedoch die Überlegung anstellen, ob auch einzelne Mitgliedschaftsrechte auf den Treuhänder übertragen werden können. Zu denken ist dabei neben den aus der Mitgliedschaft herrührenden Verwaltungsrechten wie dem Recht zur Teilnahme an Gesellschafterversammlungen, dem Recht zur Geschäftsführung und zur Teilhabe vor allem an das Stimmrecht[132]. Als Beispiel aus der Entscheidungspraxis des Bundeskartellamtes sei auf das Verfahren Siemens/Osram verwiesen. Das Bundeskartellamt sah hier unter anderem deshalb von einer Untersagung des Zusammenschlusses ab, weil die Osram AG sich verpflichtete, die „Stimmrechte aus ihrer Beteiligung" an dem belgischen Unternehmen E.M.G.O. NV „auf einen neutralen Treuhänder zu übertragen".[133] Die alleinige Übertragung der Stimmrechte als Ausfluss der Gesellschafterstellung klingt vor dem Hintergrund des deutschen gesellschaftsrechtlichen Prinzips des Abspaltungsverbotes zumindest schräg. Inwiefern und ob eine derartige Übertragung der Stimmrechte auch bei einer deutschen Gesellschaft vorstellbar wäre, wird im Folgenden unter die Lupe genommen.

---

131 *Joachim*, DWiR 1992, S. 397 ff, S. 455 ff; NZM 2001, S. 162 ff.

132 Vgl. beispielsweise *BGHZ* 44, 158 ff: Hier hatte der BGH über die Rechtmäßigkeit eines Vertrages zu entscheiden, in dem ein Gesellschafter einer OHG für Lebenszeit die Ausübung aller ihm nach Gesetz und Vertrag zustehenden gesellschaftlichen Rechte wie das Recht der Teilnahme an der Gesellschafterversammlung und das Recht zur Stimmausübung an einen Treuhänder übertragen hatte. Zu denken ist vor allem auch an die integrierte Publikumspersonengesellschaft. Hier wird die rechtliche Konstruktion diskutiert, dass Kommanditanteile von privaten Anlegern gehalten werden; diese jedoch ihre daraus folgenden Rechte durch einen Treuhänder wahrnehmen lassen. Vgl. dazu *Maulbetsch*, S. 17 ff. und 193 ff; *Hüffer*, JuS 1979, S. 457 ff.

133 *Monopolkommission* HGA I, Tz. 936 – Siemens/Osram.

### (1) Stimmrechtszession

Eine fiduziarische Treuhand etwa in der Form der Abtretung von Stimmrechten oder anderer einzelner Verwaltungsrechte kommt wegen des Primats der Einheitlichkeit der Mitgliedschaftsrechte, dem sogenannten Abspaltungsverbot, im deutschen Recht grundsätzlich nicht in Betracht. [134] Das gilt sowohl für die Personengesellschaften als auch für die Kapitalgesellschaft. Auch das Stimmrecht eines Aktionärs kann nicht von der Aktie abgespalten und ohne diese übertragen werden.[135] Eine Ausnahme gilt jedoch für den Fall, dass der Treuhänder, der die Stimmrechte des Gesellschafters ausüben soll, bereits selbst Gesellschafter ist. In einem solchen Fall findet nur eine Verschiebung der Stimmgewichte nach dem Gesellschaftsvertrag und kein derivativer Erwerb statt. Das Abspaltungsverbot greift hier nach verbreiteter Ansicht gar nicht ein, da die Selbstverwaltung und Selbstverantwortung der Gesellschaft gewährt bleiben.[136]

### (2) Treuhänderische Wahrnehmung der Mitgliedschaftsrechte

Auch wenn die aus der Mitgliedschaft resultierenden Rechte nicht als solche übertragen werden können, besteht zumindest die Möglichkeit, die Wahrnehmung der Mitgliedschaftsrechte in Form einer Vollmachts-, oder einer Ermächtigungstreuhand auf andere zu übertragen.[137]

#### (a) Stimmrechtsvollmacht

Für das Recht der *Personengesellschaft* geht die herrschend Ansicht trotz des höchstpersönlichen Charakters des Stimmrechts davon aus, dass die Stimmrechtsvollmacht zumindest dann rechtlich wirksam möglich ist, wenn sie im Gesellschaftsvertrag vorgesehen ist oder die restlichen Gesellschafter zustimmen.[138] Die Bevollmächtigung eines Gesellschaftsfremden zur Stimmausübung soll nach allgemeiner Ansicht nur dann möglich sein, wenn die Bevollmächtigung nicht unwiderruflich gestaltet wird und sie im Gesellschaftsvertrag vorgesehen ist, oder die Gesellschafter ihr zustim-

---

134 *BGHZ* 3, 354 (357); 20, 363; 36, 292 (293); *BayObLG*, ZIP 1986, 303 (305); *Flume*, S. 220 ; S. 240 ff.; *Schmidt*, Gesellschaftsrecht, § 19 III 4, S. 560 f.; *Koller* in: *Koller/Roth/Morck*, § 119 Rdnr. 4.; *Wiedemann*, Übertragung und Vererbung, S. 277.

135 Vgl. *BGH*, NJW 1987, 780.

136 *Armbrüster*, S. 276.

137 *Armbrüster*, S. 32 f.; *Eden*, S. 23; *Ebermann*, S. 160 ff. Anders jedoch *Westermann*, der in der bloßen Übertragung von Verwaltungsrechten nur eine Stellvertretung und keine Treuhand sieht: *Westermann*, Vertragsfreiheit und Typengesetzlichkeit, S. 386.

138 *BGHZ* 3, 354 (357); *BGH*, WM 1970, 246 (247); *Hadding* in: *Soergel*, BGB, § 717 Rdnr. 22; *Baumbach/Hopt*, HGB, § 109 Rdnr. 17; a. A. *Wiedemann*, Übertragung und Vererbung, S. 350.

men.[139] Ausgeschlossen ist nach herrschender Meinung die unwiderrufliche, verdrängende Stimmrechtsbevollmächtigung, die dem Bevollmächtigten eine vom Willen des Vollmachtgebers unabhängige Position einräumt.

Im Gegensatz zu dem Recht der Personengesellschaften hat das Stimmrecht in der *Kapitalgesellschaft* keinen höchstpersönlichen Charakter; insbesondere die Aktiengesellschaft ist vielmehr durch die Anonymität der Gesellschafter gezeichnet. Dies ergibt sich bereits aus § 134 Absatz 3 AktG, der explizit die Stimmrechtsvollmacht regelt. Auch das GmbH-Gesetz anerkennt in § 47 Absatz 3 die Stimmrechtsvollmacht. Wegen des auch im Kapitalgesellschaftsrechts geltenden Abspaltungsverbot darf jedoch auch hier die Vollmacht nicht verdrängend und unwiderruflich sein, da sonst auf diesem Wege eine versteckte isolierte Übertragung des Stimmrechts erreicht werden könnte.[140]

(b) Stimmrechtsermächtigung/Legitimationszession (§ 185 BGB anlog)

Die Ermächtigung zur Ausübung der Mitgliedschaftsrechte im eigenen Namen soll für die *Personengesellschaft* nach herrschender Ansicht aus denselben Gründen wie die isolierte Übertragung des Stimmrechts ausgeschlossen sein.[141] Auch im Fall der bloßen Ausübung der Mitgliedschaftsrechte durch einen Dritten im eigenen Namen bestünde die Gefahr, dass der Verband sich seiner gesetzlich vorgesehen Selbstbestimmung begebe. Nach anderer Ansicht soll die Stimmermächtigung zumindest dann möglich sein, wenn sie aufgrund des Gesellschaftsvertrages oder mit Zustimmung aller Gesellschafter erfolgt.[142] Dafür spricht der Gedanke, dass die Gesellschaft selbst am besten wisse, wie sie ihre wirtschaftlichen Ziele erreichen könne. Ein gewisser Fremdeinfluss auf die Gesellschaft kann nicht von vornherein als verbandsschädlich abgelehnt werden.[143] Die Irrelevanz der Ermächtigung zum Handeln im eigenen Namen ergäbe sich schon aus der Tatsache, dass sich die Teilhaber einer Personengesellschaft in aller Regel kennen würden.[144] Der Treuhänder müsste sich folglich in jedem Fall zu erkennen geben, so dass die einfache Vollmacht auch bereits den Zwecken der Abspaltung von Mitgliedschaftsrechten genüge.[145]

---

139 *Grunewald*, Rdnr. 71 f.; *Beuthien*, ZGR 1974, S. 26 (53); für die GmbH: *Theißen*, DB 1993, S. 169.

140 *BGH*, NJW 1987, 780 f.

141 *Schmidt*, Gesellschaftsrecht, § 19 III, S. 561 unter Berufung auf *Wiedemann*, Übertragung und Vererbung, S. 289 und *Westermann*, S. 398 ff.; *Kümmerlein*, S. 5. Offengelassen von *BGHZ* 20, 363, 366.

142 Ohne Begründung *Baumbach/Hopt*, HGB, § 119 Rdnr. 20.

143 So für die Stimmrechtsvollmacht *Grunewald*, 1 A Rdnr. 73.

144 Anders ist dies allerdings bei den Publikumsgesellschaften.

145 *Westermann*, S. 401 f.

Anders als bei den Personengesellschaften ist im Recht der *Kapitalgesellschaften* eine Ausübung fremder Mitgliedschaftsrechte grundsätzlich möglich. So regelt das Aktiengesetz selbst gemäß § 129 Abs. 3 die sogenannte Legitimationszession, nach der ein Dritter nach dem Vorbild des § 185 BGB ermächtigt wird, fremde Stimmrechte im eigenen Namen auszuüben. Anders als bei einer echten Stimmrechtszession behält der Treugeber selbst seine Berechtigung. Die Berechtigung des Treuhänders tritt nur neben sie, so dass hier eine Abspaltung im Sinn der Trennung des Gesellschafters von seinen Mitgliedschaftsrechten nicht vorliegt.[146]

Die analoge Anwendung des § 129 Abs. 3 AktG auf die GmbH ist im Schrifttum nicht unumstritten. Ebenso unentschieden wie die Literatur zeigt sich bisher auch die jüngere Rechtsprechung[147]. Die bislang die Legitimationsübertragung ablehnende Haltung stützt sich argumentativ darauf, dass der Gesetzgeber bislang anders als im Aktienrecht von einer positivrechtlichen Regelung im GmbH-Gesetz bewusst absah.[148] Es fehle an der praktischen Notwendigkeit der verdeckten Ermächtigung; das personalistische GmbH-Innenrecht verlange vielmehr nach einer Offenlegung der Stimmverhältnisse. Wie die Abtretung des Stimmrechts selbst, widerspräche auch die Legitimationszession dem personalistischen Aspekt der GmbH. Die Gegenansicht[149] hält die Legitimationszession aber auch im GmbH-Recht — teilweise mit Einschränkungen — für zulässig. Die Restriktionen gehen zum einen in die Richtung, dass die Ausübungsrechte zumindest unter Gesellschaftern übertragbar sein müssten.[150] Zum anderen wird angenommen, dass aufgrund der Probleme bei der Begründung der Legitimation — anders als im Aktienrecht — nur die Möglichkeit der Legitimation des Ermächtigten durch bewusste Unterlassung der Anmeldung des Rechtsübergangs möglich sei.[151] Aufgrund der uneinheitlichen Rechtsprechung wird den Praktikern von einer derartigen Legitimationsübertragung abgeraten[152], selbst wenn hierfür ein gewisses wirtschaftliches Bedürfnis besteht. In der Praxis behilft man sich offensichtlich mit der Erteilung von Stimmrechtsvollmachten oder dem Abschluss von Stimmbindungsverträgen.[153] Diese Art der Ermächtigungstreuhand hat somit wenig praktische Relevanz und ist im Rahmen der vorliegenden Arbeit deshalb zu vernachlässigen.

---

146 *Blaurock*, S. 124, Fn. 5.

147 *BayObLG*, ZIP 1986, 303 (306); *OLGH Hamburg*, GmbHR 1990, 42 (43), *BGH*, ZIP 1987, 165 (166).

148 *Schmidt* in: *Scholz*, GmbH-Gesetz, § 47 Rdnr. 21, *Zöllner* in: *Baumbach/Hueck*, GmbH-Gesetz, § 47 Rdnr. 29; *Flume*, § 7 II 1, S. 206; *Hirte*, Rdnr. 399.

149 *RGZ* 157, 52 (57); *Armbrüster*, S. 275; *Zutt* in: *Hachenburg*, GmbH-Gesetz, Anh. § 15 Rdnr. 31 f.; *Theißen*, DB 1993, S. 470.

150 *Theißen*, DB 1993, S. 470.

151 *Ebermann*, S. 168; *Wiedemann*, Übertragung und Vererbung, S. 365 ff.

152 *Theißen*, DB 1993, S. 470.

153 *Schaub*, DStR 1995, S. 1634 (1638).

## 2. Weitere Vermögenspositionen

Der Treugutbegriff ist nach einer Mindermeinung nicht mehr auf Sachen und dingliche Rechte beschränkt, sondern umfasst weitere Positionen. So müsse namentlich nach *Grundmann* der Treugutbegriff — wie im angloamerikanischen trust-Recht üblich — auf weitere geldwerte Positionen ausgedehnt werden.[154] Hierzu zählt er geldwerte Informationen über den Kundenstamm eines Unternehmens, Geschäftschancen oder Fertigungsprozesse sowie Entscheidungs- und Kontrollpositionen (im Sinn von Aufsichts- und Revisionsmöglichkeiten und nicht zu verwechseln mit dem Begriff der Kontrolle im Sinn von § 37 Abs. 1 Nr. 2 GWB bzw. Art. 3 Abs. 2 FKVO)[155]. Auch *Armbrüster* erwähnt in seiner Habilitationsschrift aus dem Jahre 2001 den sogenannten Informationstreuhänder, gleichwohl er ihn nicht als einen Treuhänder im Sinne seiner Arbeit verstanden wissen will.[156]

Die Gründe für eine Erweiterung des Treugut- und damit auch des Treuhandbegriffes liegen in der bereits oben thematisierten Schwerpunktverlagerung des wissenschaftlichen Blickwinkels weg von den Rechtsfolgen der Treuhand im Außenverhältnis hin auf das Innenverhältnis der Treuhand. Auch bei der Übertragung von Informations- und Kontrollrechten stelle sich wie bei der treuhänderischen Übertragung von Eigentum und Forderungsrechten die rechtsethische und ökonomische Frage nach der Zuordnung dieser Positionen zum Treugeber oder zum Treunehmer.[157] Die Ansicht hat zur Folge, dass letztlich auch sogenannte Gesamtverträge als treuhänderische Rechtsverhältnisse zu qualifizieren sind,[158] und damit beispielsweise auch Geschäftsführer und Vorstandsmitglieder als Treuhänder anzusehen wären.

## 3. Relevanz für die Fusionskontrolle

Die Frage nach der Zusammenschlusskontrolle stellt sich immer dann, wenn ein Unternehmen die Möglichkeit gewinnt, Einfluss auf das Marktverhalten eines anderen Unternehmens auszuüben und damit eigene Ziele am Markt durchzusetzen. Dies geschieht in aller Regel durch den Erwerb von Anteilsrechten oder Vermögen. Allein der Erwerb von Informations- und Aufsichtsrechten ohne eine gewisse eigene Rechtszuständigkeit am Zielobjekt reicht grundsätzlich nicht aus, um einen derartigen Einfluss geltend machen zu können. Spezielle Informations- und Aufsichtsrechte können je-

---

154 *Grundmann*, Der Treuhandvertrag, S. 101 ff.

155 Der Begriff der Kontrollposition nach *Grundmann* ist nicht zu verwechseln mit dem Begriff der Kontrolle im Sinn des Kontrollerwerbs gemäß Art. 3 FKVO bzw. § 37 GWB. Unter der Kontrolle versteht der Gesetzgeber dort ist die Möglichkeit bestimmenden Einflusses auf die Unternehmenstätigkeit zu nehmen.

156 *Armbrüster*, S. 33 f.

157 *Grundmann*, Der Treuhandvertrag, S. 101 ff.

158 *Grundmann*, Der Treuhandvertrag, S. 124 ff.

doch beispielsweise eine gesellschaftsrechtlich abgesicherte Position zusätzlich stärken. Insofern ist die Diskussion um die ökonomische und rechtsethische Zuordnung von Kontroll- und Informationsrechten auch von Bedeutung, wenn ein Treuhänder für den Treugeber Anteile erwirbt. Je nach dem, ob dem Treugeber oder dem Treuhänder Informations- und Kontrollrechte zustehen, wird man die Frage nach der Kontrollinhaberschaft oder der Zuordnung von Anteile oder Vermögen anders bewerten können.

Als Treugut selbst werden im Rahmen dieser Arbeit nur die Gesellschaftsbeteiligung, das Unternehmensvermögen und das Recht zur Wahrnehmung fremder Stimmrechte behandelt.

## IV. Unterscheidung nach der Publizität: verdeckte und offene Treuhand

Entgegen früherer Stimmen ist mit der Differenzierung zwischen offener und verdeckter Treuhand heute nicht mehr die Unterscheidung der römischrechtlichen Treuhand von der Ermächtigungstreuhand gemeint.[159] So nahm das ältere Schrifttum noch an, dass die Übertragung des Vollrechts besonders gut geeignet sei, das Treuhandverhältnis geheim zuhalten und daher besonders „publizitätsfeindlich“[160] sei. Diese Ansicht entspricht aus heutiger Sicht nicht der Realität.[161] Einerseits kommt es vor, dass auch der „echte“ Fiduziar offen als solcher auftritt und kein typisches Strohmannverhalten an den Tag legt; andererseits kann auch der „nur“ gemäß § 185 BGB ermächtigte Treuhänder im eigenen Namen auftreten und dadurch die tatsächlichen Umstände verschleiern.

### 1. Die offene Treuhand

Der Begriff der offenen Treuhand reduziert sich heute zunächst auf die Aussage, dass das Treuhandverhältnis mehr Personen als den Parteien selbst bekannt ist, also nicht verborgen, sondern nach außen hin offenbart wird. Ist ein Gesellschaftsanteil Treugut, kommt es bei der Unterscheidung zwischen offener und verdeckter Treuhand begrifflich ausschließlich darauf an, ob die Treuhänderstellung den Mitgesellschaftern bekannt ist oder nicht.[162] Ob das Treuhandverhältnis außerhalb der Gesellschaft stehenden Dritten bekannt oder unbekannt ist, spielt keine Rolle.

---

159 Vgl. dazu auch *Liebich/Mathews*, S. 32; *Coing*, S. 91.

160 *Friedmann*, Gutachten zum 36. DJT, Vol I, S. 855.

161 Vgl. z. B. *Scharrenberg*, S. 21.

162 *BGHZ* 10, 44 (49), *Beuthien*, ZGR 1974, S. 26 (31); *Eden*, S. 26.

## 2. Die verdeckte Treuhand

Bei der verdeckten Treuhand handelt der Treuhänder stets im eigenen Namen. Verborgen ist die Treuhand aber nur dann, wenn der Treuhänder nicht sonst auf andere Weise als solcher öffentlich in Erscheinung tritt. Wenn die Parteien die Absicht haben, die Treuhand (meist ein Fall der Erwerbstreuhand) geheim zu halten, spricht man auch von einem Strohmanngeschäft[163]. Bei einem Strohmanngeschäft kann die „Verdunkelungsabsicht" relativ sein. So spricht man auch dann noch von einem Strohmanngeschäft, wenn es einen Kreis näher beteiligter Mitgesellschafter gibt, die in die Treuhandabrede mit eingeweiht werden[164], also nach den obigen gesellschaftsrechtlichen Kategorien gar kein Fall der verdeckten Treuhand mehr vorliegt.

## 3. Die inhaltliche Bedeutung der Differenzierung

*Ulmer* hat in einem Beitrag für die Festschrift für Walter Odersky die Begriffe der offenen und der verdeckten Treuhand als Differenzierungsmerkmal für die unterschiedliche Stellung des Treugebers bei der Treuhand an Gesellschafts- und insbesondere GmbH-Anteilen herausgearbeitet.[165] Für die Zwecke des Gesellschaftsrechts ersetzt er die Termini der „offenen" und „verdeckten" Treuhand durch die Begriffe der „einfachen" und der „qualifizierten" Treuhand und weist ihnen einen materiellen Aussagegehalt zu. Unter der Begriff der einfachen („verdeckten") Treuhand sollen die rein zweiseitigen Abreden verstanden werden, die den Treuhänder in die formale Rolle des Gesellschafters versetzen, ohne dass die anderen Gesellschafter von dem Treuhandverhältnis Kenntnis erlangen. Dem Treugeber können dann keine weitergehenden Rechte gegenüber der Gesellschaft aus seiner materiellen Gesellschafterrolle erwachsen, denn die Mitgesellschafter wissen nichts von ihm. In der qualifizierten („offenen") Treuhand können ihm hingegen mit Zustimmung der übrigen Gesellschafter direkt Rechte eingeräumt werden, die seine wirtschaftliche Beteiligung stützen.

## 4. Relevanz für die Fusionskontrolle

### *a. Strohmanngeschäfte in der Konstellation der Erwerbstreuhand*

Die größte praktische Relevanz hat der rechtsgeschäftliche Treuhänder im Bereich der Fusionskontrolle dort, wo das treugebende Unternehmen selbst wegen der drohenden Entstehung einer marktbeherrschenden Stellung am Erwerb von (weiterem) wettbe-

163 *Coing*, S. 91; *Kramer* in: *Münchener Kommentar*, BGB, § 117, Rdnr. 14.

164 So auch *Coing*, S. 91.

165 *Ulmer*, in: FS für Odersky, S. 873 (877 f.).

werblich erheblichen Einfluss in Form des Anteilserwerbs am Zielobjekt verhindert ist. Wie die einleitend im ersten Teil dieser Arbeit geschilderten Fälle zeigen, kommt es vor, dass Treuhänder (sei es natürliche oder juristische Personen) damit beauftragt werden, im eigenen Namen, aber im Interesse und auf Kosten des Treuhänders die Anteile zu erwerben, um die Anzeigepflicht und die dahinterstehende drohende Untersagung zu umgehen. Dem treugebenden Unternehmen ist in diesen Fällen offensichtlich daran gelegen, dass sein Name zumindest den Kartellbehörden nicht bekannt wird. Das bedeutet jedoch nicht unbedingt, dass das Treuhandverhältnis gegenüber allen Beteiligten geheim gehalten wird. Oftmals wird das treugebende Unternehmen ein virulentes Interesse daran haben, trotz fehlender formeller Mitgliedschaftsrechte auf die unternehmerischen Entscheidungen des Zielobjekts einzuwirken. Dies geht direkt (d. h. ohne Umweg über das treuhänderische Weisungsverhältnis) aber nur dann, wenn — wie von Ulmer herausgearbeitet — die anderen Gesellschafter von der materiellen Stellung des treugebenden Unternehmens in Kenntnis gesetzt wurden. So wurde beispielsweise im Fall Herlitz/Landré[166] ein außerordentliches Geschäftsorgan konstituiert, in dem neben Angehörigen von Landré und dem Bankhaus Sal. Oppenheim auch Vorstandsmitglieder der treugebenden und an Geheimhaltung nach außen interessierten Herlitz AG angehörten. Dies wäre nicht vorstellbar, wenn die Unternehmensleitung von Landré nicht über die materielle Stellung der Herlitz AG Bescheid gewusst hätte.

Für die Zusammenschlusskontrolle ist die Frage der qualifizierten Einflussnahmemöglichkeit des treugebenden Unternehmens auf das Zielobjekt von entscheidender Bedeutung. So wird man für die Frage, ob dem Treugeber Minderheitsanteile oder die Kontrollinhaberschaft als solche zugerechnet werden können, auch die Frage im Auge zu behalten haben, inwieweit die anderen Gesellschafter über den Bestand der treuhänderischen Verbindung informiert sind, ob also im Sinn von Ulmer eine „qualifizierte" oder eine „einfache" Treuhand vorliegt.

### *b. Strohmanngeschäft in der Konstellation der Übertragungstreuhand*

Auch die Übertragungstreuhand kann in Form des Strohmanngeschäfts der Umgehung der Fusionskontrolle dienen. Zu denken ist dabei an die Konstellation, dass ein Unternehmen sich — z. B. aufgrund von behördlichen Auflagen oder Hinweisen — von Teilen seines Betriebes trennen muss, um eine drohende Untersagung eines Zusammenschluss mit einem dritten Unternehmen zu verhindern. Statt den Erwerb des dritten Unternehmens über einen Treuhänder durchzuführen, besteht die gedankliche Alternative darin, die eigenen abzuspaltenden Unternehmensteile „pro forma" auf einen Treuhänder zu übertragen.

166 Vgl. zum Sachverhalt den Gliederungspunkt § 1 G.

Als Beispiel sei hier der einleitend im ersten Teil unter § 1 H geschilderte Sachverhalt Tagesspiegel/Berliner Zeitung genannt.[167] Als Dr. Gerckens den Tagesspiegel erwarb, um damit für Holtzbrinck den Weg für den Kontrollerwerb über dem Berliner Verlag frei zu machen, wurde dieses Vorgehen von den Medien und Medienexperten zugleich als ein als „klares Manöver“ gewertet, den Tagesspiegel „in eine Wartestellung zu bringen“[168]. „Der Verlag warte ab, bis das Kartellrecht novelliert werde“[169]. Pierre Gerckens sei nur ein „Strohmann von Holtzbrinck“[170] und handle im Interesse Holtzbrincks. „De facto sei die Zeitung auch gar nicht verkauft: Gerckens habe nicht die Absicht, die Zeitung langfristig und unabhängig zu führen.“[171] „Das Geld könne sogar von Holtzbrinck selbst kommen“[172]. Diese Vermutungen wurden im Wesentlichen auch vom Bundeskartellamt geteilt, das den am 10. Oktober 2003 angemeldeten Kontrollerwerb Holtzbrincks über den Berliner Verlag zunächst am 19. Dezember 2003 abmahnte und schließlich am 2. Februar 2004 untersagte.

### c. *Offene Treuhand im Bereich der Zusagenpraxis und der Entflechtung*

Das Institut der offenen Treuhandschaft wird sowohl in der europäischen als auch in der deutschen Fusionskontrolle bewusst von den jeweiligen Behörden genutzt, um die ordnungspolitischen Ziele der gesetzlichen Wettbewerbsordnung durchzusetzen. Das Paradebeispiel dafür ist die Regelung des sogenannten Entflechtungstreuhänders im Sinn des § 41 GWB. Der Treuhändereinsatz wird in diesem Zusammenhang als eine verwaltungsrechtliche Zwangsmaßnahme zur Durchsetzung der behördlichen Interessen eingestuft.[173] Nicht im Wege des Zwangs, sondern vielmehr im Einvernehmen der beteiligten Unternehmen mit der jeweiligen Kartellbehörde werden im Rahmen der Praxis der Abhilfemaßnahmen der europäischen Kommission als auch bei der Freigabeentscheidung unter Auflagen im deutschen Recht gemäß § 40 Abs. 3 GWB rechtsgeschäftliche Treuhänder als Garant für die Einhaltung und Realisierung der vereinbarten Maßnahmen eingesetzt.[174]

---

167 Vgl. auch *Lutz Meier*, „Pierre Gerckens: Treuer Freund des Altverlegers“, Financial Times Deutschland vom 30. September 2003; Experte: „Gerckens ist Strohmann von Holtzbrinck“, Netzzeitung vom 29. September 2003 (http://www.netzzeitung.de/wirtschaft/256362.html).

168 Medienexperte und Geschäftsführer des Formatt-Instituts in Dortmund, *Horst Röper*, gegenüber der *Netzzeitung*, Experte: „Gerckens ist Strohmann von Holtzbrinck“, Netzzeitung vom 29. September 2003 (http://www.netzzeitung.de/wirtschaft/256362.html).

169 Wie oben.

170 Wie oben.

171 Wie oben.

172 Wie oben.

173 *Kerber*, S. 303 ff.

174 Vgl. hierzu sogleich auch noch unter § 3 Punkt D II und III 1.

## V. Differenzierung nach der Interessenlage

### 1. Allgemeine dogmatische Einordnung

#### *a. Fremdnützige Treuhand*

Die fremdnützige Treuhand stellt den klassischen Fall fremder Interessenvertretung dar. Sie kommt dort zur Anwendung, wo der Treugeber seine eigenen Rechte nicht wahrnehmen will oder kann. Eine Vergütung der Treuhändertätigkeit ändert als solche nichts am fremdnützigen Charakter eines Treuhandvertrages. Die Frage der Vergütung korrespondiert allein mit der Natur der Treuhandabrede, der sowohl eine unentgeltliche Geschäftsbesorgung als auch ein entgeltlicher Auftrags zugrunde liegen kann.

#### *b. Eigennützige Treuhand*

Mit dem Begriff des Treuhandverhältnisses verbindet die allgemeine Ansicht ein Handeln im Interesse des Treugebers. Dies schließt nach allgemeiner Ansicht aber nicht aus, dass das treuhänderische Tun auch im Sinne des Treuhänders erfolgt. Das typische Beispiel der eigennützigen Treuhand ist die Übereignung zum Sicherungszweck bzw. die Sicherungsabtretung. Der Treunehmer ist hier nach den üblichen Ordnungsgesichtspunkten der Sicherungsnehmer. Auch das römische Recht kannte bereits die Treuhand als Sicherungsinstitut in Form der sogenannten fiducia cum creditore contracta. Im Hinblick darauf ist es wohl auch zu erklären, dass die Kritik[175] gegenüber der Sicherungstreuhand als juristisches Mittel eigennütziger Interessen gering blieb, obwohl sie nach mancher Ansicht „auf Grund ihres überwiegend eigennützigen Charakters mit der echten Treuhand nur in einem formalen Zusammenhang steht“[176].

Neben dem mittelbaren Sicherungsinteresse sind auch Konstellationen denkbar, in denen der Treuhänder neben dem Treugeber selbst wirtschaftlich an dem Treugut beteiligt ist. Das ist beispielsweise dann der Fall, wenn sich das Treugut an dem der Treuhänder beteiligt werden soll, formalrechtlich nicht so aufteilen lässt, dass die rechtliche Zuordnung des Wirtschaftsgutes und seiner Nutzungen die wirtschaftliche Beteiligung der beiden Vertragspartner deckt.[177] Als Beispiel für eine sogenannte Beteiligungstreuhand ist im Zusammenhang mit dem Wettbewerbsrecht vor allem an

175 *Gaul*, AcP 1968, S. 351 (367 f.).

176 *Schlosser*, NJW 1970, S. 681; ähnlich auch *Rosenberg/Gaul/Schilken*, S. 670 f.

177 *Diekmann*, S. 38.

treuhänderische Produktions- und Absatzorganisationen, sogenannte Interessengemeinschaften zu denken.[178]

### c. *Doppelseitige Treuhand*

Eine doppelseitige Treuhand liegt dann vor, wenn der Treuhänder das Treugut einerseits aufgrund eines Vertrages mit dem Treugeber verwaltet und es andererseits aufgrund eines Vertrages mit oder zugunsten der Treugebergläubiger für diese verwendet.[179] Den Treuhänder treffen (mitunter widerstreitende) Treuepflichten gegenüber verschiedenen Treugebern. Die typischerweise haltende oder liquidierende doppelseitige Treuhand zeichnet sich zudem dadurch aus, dass dem Treugeber neben den Treupflichten eine Art schiedsrichterliche Vermittlerstellung zukommt.[180] Beispiele dafür sind die Sicherungstreuhand zur Sicherung dritter Vermögensinteressen und der außergerichtliche Treuhandliquidationsvergleich[181].

## 2. Relevanz für die Fusionskontrolle

Für den Bereich der Fusionskontrolle ist die uneigennützige Treuhand in der Form der Erwerbstreuhand der interessantere Themenkomplex, da er den Problemkreis der Gesetzesumgehung nach sich zieht. Aber auch die eigennützige Treuhand wirft fusionskontrollrechtliche Fragestellungen auf: So ist wegen des formellen Übertragungsaktes, in dem das Sicherungs-/Treugut auf den Treugeber übergeht, zu klären, ob dabei zugleich ein Erwerbstatbestand im Sinn der Zusammenschlusskontrolle verwirklicht wird. Die Problematik der Interessengemeinschaft als nicht-nur-fremdnütziges Treuhandverhältnis ist hingegen nicht im Bereich der Zusammenschlusskontrolle zu verankern, sondern unter § 1 GWB.

Die Differenzierung nach der Interessenlage dient Rechtsprechung und Literatur in den Rechtsgebieten, in denen sich die Frage nach der Zuordnung des Treuguts stellt,

178 *Diekmann*, S. 142.

179 *Heinsius* in: Festschrift für Henckel, S. 387 (389).

180 *Grundmann*, Der Treuhandvertrag, S. 265 ff.

181 Vgl. *BGH*, NJW 1993, S. 1851, *Grohmann*, S. 14 ff. Durch einen Treuhandliquidationsvergleich sollten sowohl die Interessen des Schuldners als auch der Gläubiger bei der Verwertung der zur Verfügung stehenden Vermögensmittel berücksichtigt werden. Der in der Praxis bisher schon eher unbedeutende außergerichtliche Liquidationsvergleich dürfte jedoch mit dem Inkrafttreten des neuen Insolvenzrechts zum 1. Januar 1999 weiter an Bedeutung verloren haben, da die neue Insolvenzordnung selbst darum bemüht ist, die Ziele der Schuldnersanierung mit denen des bisherigen Konkursrechts zu vereinheitlichen (hierzu *Kilger/Schmidt*, Einl. KO, S. 6 f.).

allgemein als Lösungsansatz. So zum Beispiel im Zwangsvollstreckungsrecht[182] bei der Frage des Drittwiderspruchrecht gemäß § 771 ZPO oder im Insolvenzrecht bei der Thematik der Aus- und Absonderungsrechte[183]. Nach *Gaul* ist zumindest für das Zwangsvollstreckungsrecht aber „der heuristische Wert dieser Unterscheidung begrenzt"[184]. So zieht man sich bei der fremdnützigen Treuhand in der Regel auf die Argumentation zurück, dass wegen des sogenannten wirtschaftlichen Eigentums des Treugebers dessen Stellung gegenüber den Gläubigern des Treunehmers zu stärken sei.[185] Bei der eigennützigen Treuhand wird die Argumentation vor allem auf der Grundlage des Sicherungszwecks geführt.[186] Die Eigen- oder Fremdnützigkeit als Wert an sich spielt aber für die Argumentation keine Rolle. Für die Fusionskontrolle wird der heuristische Wert der Unterscheidung erst zu prüfen sein.

## VI. DIE DIFFERENZIERUNG NACH DER RECHTSGRUNDLAGE

### 1. Allgemeine dogmatische Einordnung

#### *a. Rechtsgeschäftliche Treuhand*

Unter einer rechtsgeschäftlichen Treuhand versteht man ein Treuhandverhältnis zwischen zwei privaten Rechtssubjekten (Treugeber und Treunehmer) kraft autonomer Vertragsgestaltung.

#### *b. Treuhand kraft öffentlichen Rechts*

Davon zu unterscheiden ist die Treuhand kraft öffentlichen Rechts. Anders als die Treuhand kraft Rechtsgeschäft ist hier der betroffene Vermögensinhaber nicht zugleich Treugeber. Die für die Treuhand typische überschießende Rechtsmacht erhält der Treuhänder vielmehr kraft gesetzlicher Ermächtigung, wobei zugleich der Vermö-

---

182 *Gaul* in: *Rosenberg/Gaul/Schilken*, S. 670 f.

183 Vgl. *Gottwald*, § 40 Rdnr. 28 ff.; *Uhlenbruck* in: *Uhlenbruck*, § 47 Rdnr. 31 ff.

184 *Rosenberg/Gaul/Schilken*, S. 670.

185 Zum Zwangsvollstreckungsrecht: *Brox/Walker*, Rdnr. 1415; *Lippross*, Rdnr. 737. Zum Insolvenzrecht: *BGH*, NJW-RR 1993, S. 301; *Uhlenbruck* in: *Uhlenbruck*, § 47 Rdnr. 32.

186 Zum Zwangsvollstreckungsrecht: *Brox/Walker*, Rdnr. 1416; *Lippross*, Rdnr. 738. Zum Insolvenzrecht: *Uhlenbruck* in: *Uhlenbruck*, § 47 Rdnr. 35.; *Häsemeyer*, S. 264.

gensinhaber kraft hoheitlicher Macht in seinen Verfügungsmöglichkeiten beschränkt wird.[187]

### 2. Relevanz für die Fusionskontrolle

Das Hauptaugenmerk dieser Arbeit liegt auf der rechtsgeschäftlichen Treuhand und den daraus resultierenden Möglichkeiten der Verschleierung des Kontrollerwerbs. Das GWB selbst regelt jedoch in der Vorschrift des § 41 Abs. 4 Nr. 3 auch einen Fall der Treuhand kraft öffentlichen Rechts, nämlich das Institut des Entflechtungstreuhänders.[188] Dieser wird nach dem Gesetz nicht von dem von der Entflechtung betroffenen Unternehmen, sondern vom Bundeskartellamt selbst beauftragt. Zwar hat das Bundeskartellamt bislang noch nie von der Vorschrift Gebrauch gemacht. Sie soll aber im Rahmen dieser Arbeit nicht völlig ausgeblendet werden; denn sie macht deutlich, dass der deutsche Gesetzgeber selbst davon ausgeht, dass die Übertragung von Rechtsmacht auf den Treuhänder mit einem echten Machtverlust des Treugebers verbunden sein kann.

## D. Die Verwendung des Begriffs der Treuhand im Fusionskontrollrecht

## I. Im Gesetz gegen Wettbewerbsbeschränkungen

Das GWB selbst erwähnt an zwei Stellen das Institut der Treuhand. Neben der soeben thematisierten Vorschrift über den Entflechtungstreuhänder in § 41 Abs. 4 Nr. 3 GWB findet sich in § 37 Abs. 1 Nr. 3 S. 3 GWB der Begriff „für Rechnung" unter den üblicherweise nach dem Willen des Gesetzgebers auch Treuhandverhältnisse fallen sollen.[189] Eine Auslegung des GWB als einem heterogenen Gesetz, das sowohl privatrechtliche, verwaltungsrechtliche als auch Elemente des Ordnungswidrigkeitsrechts in sich vereinigt, hat in einer die betroffenen Rechtsgebiete vereinheitlichenden Auslegung des GWB zu erfolgen.[190]

187 *Liebich/Mathews*, S. 408 ff.

188 Dazu ausführlich *Kerber*, S. 300 ff.

189 *Vedder*, S. 16 ff.

190 Vgl. dazu ausführlich *Fritzsche*, S. 12 ff.

## 1. Der Treuhänderbegriff in § 41 Abs. 4 Nr. 3 GWB

Wie oben bereits ausschnittsweise angerissen, regelt § 41 Abs. 3 GWB in Zusammenhang mit § 41 Abs. 4 die Entflechtung von bereits vollzogenen Zusammenschlüssen nach der Untersagung des Zusammenschlusses in der Form einer Treuhand kraft öffentlichen Rechts. Als am weitreichendsten in die unternehmerische Freiheit eingreifende Maßnahme[191] sieht § 41 Abs. 4 Nr. 3 GWB die Bestellung eines „Treuhänders" durch das Bundeskartellamt vor. Dieser hat diejenigen Aufgaben wahrzunehmen, die zur Widerherstellung des Zustands vor dem Zusammenschluss notwendig sind. Hierfür kann er nach herrschender Ansicht[192] in Anlehnung an die Vorgängernorm des § 24 Abs. 7 a. F. GWB die „erforderlichen Willenserklärungen" abgeben und die „erforderlichen tatsächlichen Handlungen" vornehmen.

Da die wohl herrschende Meinung § 41 Abs. 3 GWB in seiner verwaltungsrechtlichen Ausgestaltung als einen Fall der Ersatzvornahme ansieht[193], liegt die Schlussfolgerung nahe, dass die Bestellung des Treuhänders durch einen privaten Rechtsakt, in der Regel durch einen Geschäftsbesorgungsvertrag zu erfolgen hat, wie es auch sonst bei Ersatzvornahmen durch Dritte üblich ist.[194] Der Umfang der Bestellung als staatlicher Maßnahme darf in die unternehmerische Freiheit der beteiligten Unternehmen grundsätzlich nur soweit eingreifen, wie es zur Durchführung der Auflösungsverfügung notwendig ist. In dem Bestellungsvertrag ist — wie § 24 Abs. 7 a. F. GWB es noch explizit vorsah — deshalb ausreichend konkret „zu bestimmen, in welchem Umfang während der Dauer der Treuhänderschaft die Rechte der Betroffenen ruhen". Wie die Formulierung zeigt, behalten die betroffenen Unternehmen grundsätzlich ihre Rechtsstellung. Sie werden jedoch in ihrer Verfügungsmacht während der Dauer der Treuhandschaft beschränkt: ihre Rechte „ruhen", der Treuhänder wird zur Ausübung dieser Rechte aus der Inhaberschaft ermächtigt.[195] Hierfür muss die zu vollziehende Auflösungsanordnung das Vermögen bezeichnen, das dem Treuhänder zur auftragsgemäßen Verwaltung und Veräußerung zu übergeben ist, bzw. an dem ihm soweit Besitz einzuräumen ist, als es zur Vollziehung der Auflösungsanordnung notwendig ist. Der Treuhänder tritt in diesem Umfang an die Stelle des/der betroffenen Unterneh-

---

191 *Kleinmann/Bechtold*, § 24 Rdnr. 412.

192 *Rieger* in: *Frankfurter Kommentar*, Wegweiser zu § 24 Abs. 7 a. F GWB, S. 4; *Mestmäcker/Veelken* in *Immenga/Mestmäcker*, GWB-Kommentar, § 41 Rdnrn. 1, 58, die darauf abstellen, dass die 6. GWB-Novelle in diesem Zusammenhang nur eine redaktionelle Änderung gebracht habe.

193 *Mestmäcker/Veelken* in: *Immenga/Mestmäcker*, GWB-Kommentar, § 41 Rdnr. 58, *Kerber*, S. 319.

194 Vgl. dazu ausführlich, jedoch nicht immer mit überzeugender Schlussfolgerung *Kerber*, S. 317 ff.

195 Insofern spricht *Kerber* auch vom „Ermächtigungstreuhänder", S. 321.

men(s)[196] bzw. dessen/deren gesetzlichen Vertreter. Wegen der ähnlichen Rechtsmacht wird der Treuhänder im Sinn des § 41 Abs. 4 GWB in der Literatur häufig mit dem Konkurs- bzw. Insolvenzverwalter verglichen.[197]

Die konkrete Ausgestaltung der Entflechtungstätigkeit kann von Fall zu Fall variieren. So ist es vorstellbar, dass angesichts einer konkret ausgearbeiteten Auflösungsverfügung des Bundeskartellamtes die Aufgaben des Treuhänders kaum über die einer reinen gesetzlichen Stellvertretung hinausgehen und die Entflechtung innerhalb einer relativ kurzen Zeitspanne vollzogen wird. Ebenso kann die Entflechtung einer komplexen Unternehmensstruktur aber auch eine länger andauernde typische treuhänderische Verwaltungstätigkeit erfordern, die vielfältige rechtsgeschäftliche und tatsächliche Maßnahmen nach sich zieht. In einem derartigen Fall der mittelfristigen Verwaltung wirkt der Entflechtungstreuhänder gleichsam in der Funktion eines Geschäftsführungsorgans[198]. Zwar wird eine treuhänderische Bindung zwischen dem Vermögensinhaber und dem Treuhänder nicht vereinbart, es ist aber „ein Grundsatz des deutschen Rechts, dass ein durch Hoheitsakt bestellter Verwalter fremden Vermögens auch gegenüber dem Inhaber des Vermögens zu einer ordentlichen Verwaltung verpflichtet ist“[199].

Zusammenfassend ist fest zu halten, dass der Gesetzgeber selbst den Begriff des Treuhänders im Fusionskontrollrecht nicht eng im Sinn einer fiduziarischen Treuhand verwendet. Der Gesetzeswortlaut bietet vielmehr Raum für diverse Gestaltungsmöglichkeiten. Für den im Rahmen dieser Arbeit im Mittelpunkt stehenden rechtsgeschäftlichen Treuhänder folgt aus der Vorschrift des § 41 Abs. 4 Nr. 3 GWB daher keine begriffliche Beschränkung.

## 2. Der Begriff „für Rechnung“ in § 37 Abs. 1 Nr. 3 S. 3 GWB

Die Problematik des rechtsgeschäftlichen Treuhänders beim Unternehmenszusammenschluss wird sowohl im Schrifttum als auch in der Entscheidungspraxis des Bundeskartellamtes und der Rechtsprechung stets an der Formulierung „für Rechnung“ des § 37 Abs. 1 Nr. 3 S. 3 GWB aufgehängt. Der Terminus „für Rechnung“ findet sich in einer Vielzahl deutscher Gesetze (z. B. §§ 16 Abs. 4; 56 Abs. 3 AktG, § 22 Abs. 1

---

196 Zum hier nicht weiter zu erörternden Streit, ob das Bundeskartellamt auch mehrere Treuhänder für mehrere beteiligte Unternehmen beauftragen kann vgl. *Quack* in: *Frankfurter Kommentar*, § 24 GWB Rdnr. 272; *Schütz* in: *Gemeinschaftskommentar*, § 41 Rdnr. 24; *Kleinmann/Bechtold*, § 24 Rdnr. 415.

197 *Bechtold*, GWB, § 41 Rdnr. 15; *Mestmäcker/Veelken* in: *Immenga/Mestmäcker*, GWB-Kommentar, § 41 Rdnr. 58. Dagegen jedoch *Junge*, WuW 1985, 558 (562), der in der durch die Auflösungsanordnung funktional begrenzten Aufgabe des Treuhänders keine Parallele zu der Omnipotenz des Konkursverwalters ziehen will.

198 *Kerber*, S. 327.

199 *BGHZ* 24, 393 (395) für den Custodian nach dem MilRegG 52.

WpHG, § 383 Abs. 1 HGB) sowohl auf der Tatbestands- als auch auf der Rechtsfolgenseite. Der konkrete Anwendungsbereich der „für-Rechnung“-Regelungen ist je nach Gesetz und Normzweck im Besonderen verschieden. *„Ein einheitliches Verständnis des Begriffs »für Rechnung« lässt sich aber insofern feststellen, als sämtliche Vorschriften eine Verlagerung der mit der Investition eines Dritten zusammenhängenden wirtschaftlich nachteiligen Folgen voraussetzen, und es bereits ausreicht, wenn dies lediglich teilweise auf die eigentlichen Normadressaten verlagert werden soll.“*[200]

Zu den sogenannten Rechnungsverträgen zählt nach herrschender Ansicht unter anderem auch die rechtsgeschäftliche Treuhand.[201] Dies rührt daher, dass sich das Wesen der Treuhand dadurch auszeichnet, dass das Treugut im fremden Interesse gehalten und ausgeübt wird. Dies wird mit dem Ausdruck des für Rechnung Handelns landläufig gleichgesetzt. Der Begriff des „für Rechnung“-Handelns ist jedoch weiter als der der Treuhand. Von ihm werden auch einfache Geschäftsbesorgungsverträge, wie der Kommissionsvertrag oder der einfache Auftrag ohne eine besondere treuhänderische Binnenstruktur erfasst.

## II. In der Entscheidungspraxis des Bundeskartellamtes und der Rechtsprechung der Kartellgerichte

### 1. Der Treuhandbegriff in der Zusagen- bzw. Auflagenpraxis des Bundeskartellamtes

§ 40 Abs. 3 GWB räumt dem Bundeskartellamt die Möglichkeit ein, eine Freigabeentscheidung im Hauptprüfverfahren im Sinn von § 40 Abs. 2 GWB an die Erfüllung bestimmter Auflagen und Bedingungen zu knüpfen. Mit dieser Vorschrift wurde im Jahre 1998 die bisherige gewohnheitsrechtliche Zusagenpraxis des Bundeskartellamts auf eine gesetzliche Grundlage gestellt.[202] Schon im Rahmen dieser Zusagenpraxis spielte das Rechtsinstitut des Treuhänders stets eine nicht unerhebliche Rolle.[203] Die Relevanz treuhänderischer Konstruktionen ist durch die gesetzliche Regelung nicht weggefallen. So kann die Freigabeentscheidung im Sinn vom § 40 Abs. 2 GWB[204] an die Auflage

200 *Vedder*, S. 211.

201 Vgl. *Vedder*, S. 16 ff.

202 Begr. RegE. (Sechsten Gesetzes zur Änderung des GWB), BT-Drucks. 13/9720, S. 60.

203 *Thurnher*, DB 1994, S. 1709 (1714).

204 Ob auch der sogenannte Freigabebescheid im Vorverfahren an eine Zusage geknüpft werden kann, ist umstritten. Nach allgemeiner Ansicht besteht diese Möglichkeit im Vorprüfungsverfahren nicht, da der „Freigabebescheid“ im Vorprüfungsverfahren schon wegen seiner fehlenden Verwaltungsaktqualität nicht mit Nebenbestimmungen verbunden werden könne. So: *Mestmäcker/Veelken* in: *Immenga/Mestmäcker*, GWB-Kommentar, § 40 Rdnr. 45 mit weiteren

geknüpft werden, dass die beteiligten Unternehmen Kapitalanteile, Vermögensteile oder Betriebsteile innerhalb einer bestimmten Frist veräußern, um damit eine drohende marktbeherrschende Stellung zu verhindern. Im Rahmen der Ersatzvornahme kann dann die Erfüllung der Auflage dadurch erzwungen werden, dass ein Treuhänder mit der vertretbaren Handlung der Veräußerung beauftragt wird.[205] Der Treuhänder kann auch eine Zwischenlösung bis zur Weiterveräußerung darstellen, um in dem Zeitraum bis zur Weiterveräußerung dafür Sorge zu tragen, dass das Veräußerungsobjekt nicht ausgehöhlt wird.[206] So kann beispielsweise der zu veräußernde Geschäftsbereich zur Überbrückung bis zur Weiterveräußerung an einen Treuhänder übertragen werden.[207] Zur Begrenzung des Einflusses reichte dem Bundeskartellamt mitunter auch schon die Zusage aus, dass die Stimmrechte aus einer Beteiligung an einem drittem Unternehmen auf einen weisungsgebundenen Treuhänder übertragen werden.[208]

Das Bundeskartellamt geht folglich keineswegs von einem engen Treuhandbegriff aus. Die Rechtsmacht des Treuhänders kann durchaus unterschiedlich gestaltet werden. Wie beim Entflechtungstreuhänder liegt den verschiedenen Konstellationen aber auch in diesem Zusammenhang übereinstimmend der Gedanke einer neutralen, unabhängigen Verwaltung durch den Treuhänder zugrunde.

## 2. Der Treuhandbegriff im Rahmen des Zusammenschlusstatbestandes

Anders hingegen im Zusammenhang mit der Regelung der Zusammenschlusstatbestände in § 37 GWB. Nach der Entscheidungspraxis des Bundeskartellamtes wird ein Treuhandverhältnis in diesem Zusammenhang primär durch die gezielte Verlagerung wirtschaftlicher Risiken vom formellen Rechtsinhaber auf den Treugeber unter Verzicht des Treuhänders auf eigene Entscheidungsbefugnis charakterisiert. Dies rührt daher, dass sich das Bundeskartellamt unter dem Gesichtspunkt der Anmeldepflicht mit dem Treuhandbegriff eng an den Wortlaut der Zurechnungsklausel des § 37 Abs. 2

---

Nachweisen; *Ruppelt* in: *Langen/Bunte*, § 40 Rdnr. 27; *Uhlig*, WuW 2000, S. 574 (575). Zumindest aber in den Fällen der sogenannten Vorfristzusage soll weiterhin Raum für die bisher geübte Zusagenpraxis bestehen. So: *Mestmäcker/Veelken* in: *Immenga/Mestmäcker*, GWB-Kommentar, § 40 Rdnr. 67; *Uhlig*, WuW 2000, S. 574 (583).

205 So der Beschluss des *BKartA* WuW/E DE-V1117 (1127) – RWE/VEW, hierzu *Herfarth*, WuW 2004, S. 584 (593).Vgl. auch *Uhlig*, WuW 2000, S. 574 (580).

206 *Herfarth*, WuW 2004, S. 584 (593). Er spricht in diesem Zusammenhang von einem „Sicherungstreuhänder".

207 Vgl. beispielsweise *BKartA TB* 1993/94, S. 21, 82 - Oerlikon-Bührle/Leybold. Dazu auch *Wolf* in: Festschrift für Mestmäcker, S. 801 (810).

208 So im Fall Siemens/Osram, *BKartA* TB 1975, Tz. 11 sowie im Verfahren Trienekens/remex, *BKartA* TB 2001/02, S. 220 f, hierzu *Herfarth*, WuW 2004, S. 584 (593). Gegen die alleinige Übertragung von Stimmrechten bestehen jedoch angesichts des gesellschaftsrechtlichen Abspaltungsverbotes Bedenken.

Nr. 3 Satz 2 GWB anlehnt. Der Aspekt des „für Rechnung Handelns" erlangt hier eine zentrale Bedeutung für den Treuhandbegriff. Jedes Mal dann, wenn das Bundeskartellamt davon überzeugt ist, dass das nach außen in Erscheinung tretende beteiligte Unternehmen nicht das wirtschaftliche Risiko einer Beteiligung trägt, sondern dieses Risiko an ein anderes Unternehmen weiterreicht, erhebt es den Einwand einer treuhänderischen Verbindung, um auf diesem Wege zu einer Anwendung der Vorschrift des § 37 Abs. 1 Nr. 3 S. 3 GWB zu gelangen.[209] Die Verwendung des Treuhandbegriffes ist somit sehr stark normzweckbezogen und orientiert sich nicht an den oben herausgearbeiteten dogmatischen Begrifflichkeiten. Der Treuhänder wird unter diesem Blickwinkel vielmehr auf die Rolle einer Marionette reduziert, die nach den Fäden des wirtschaftlich potenten Treugebers tanzt. Mit der Frage nach der konkreten Rechtszuständigkeit der beiden Parteien am Treugut befasst sich das Bundeskartellamt zumindest nicht ausdrücklich.[210] Der Treuhandbegriff des Bundeskartellamts hat sich daher in gewisser Weise verselbständigt.

Diese eigenständige Begriffsbestimmung wird auch von der Literatur wahrgenommen. Auch Emmerich schließt aus der Kartellrechtspraxis des Bundeskartellamts auf einen eigenen Treuhandbegriff:

> *„Für die Annahme eines Treuhandverhältnisses genügt es dabei, dass eine Person, der Treugeber, den anderen, den Treuhändern, die wichtigsten Risiken der Beteiligung abnimmt. Die Übernahme aller Risiken ist ebenso wenig erforderlich wie die Übertragung der Verwaltungs- und Stimmrechte auf den Treugeber. Treuhänder ist vielmehr ohne Rücksicht darauf jeder, der nach den Umständen des Falles verpflichtet ist, umfassend auf die Interessen des anderen Teils Rücksicht zu nehmen."*[211]

Eine ähnliche Formulierung wählt auch *Becker*:

> *„Für die Annahme eines Treuhandverhältnisses genüge es hier schon, dass der Treugeber dem Treuhänder die »wesentlichsten«/»wichtigsten« wirtschaftlichen Risiken an der Beteiligung abnehme."*[212]

In ihrer wirtschaftlichen Herangehensweise setzen sich das Bundeskartellamt und die Kartellrechtsrechtsprechung über begriffliche Einschränkungen hinweg. Nach Henssler wäre die Begriffsbestimmung in diesem Sinn wahrscheinlich sogar als „mo-

209 Vgl. dazu die oben einleitend geschilderten Verfahren.

210 Die oben angeführten Fälle wiesen jedoch allesamt das Muster auf, dass durch das treuhänderisch agierende Unternehmen selbst ein Vollrecht an den Gesellschaftsanteilen erworbern wurde.

211 *Emmerich*, AG 1983, S. 317 (323).

212 *Becker*, S. 91.

dern“[213] zu bezeichnen. Die Rechtsprechung hat diese Art der Begriffsbestimmung bislang mitgetragen.[214]

## III. Im Rahmen der europäischen Fusionskontrolle

Auch die europäische Fusionskontrolle operiert in zwei unterschiedlichen Problemkreisen mit dem Treuhänderbegriff.

### 1. Der Treuhänders als Maßnahme nach Art. 6 Abs. 2 und Art. 8 Abs. 2 FKVO

#### *a. Die Mitteilung der Kommission über zulässige Abhilfemaßnahmen*

Anders als das GWB — und auch anders als noch Art. 66 Abs. 5 EKGS — sieht die EG-Fusionskontrollverordnung keine ausdrückliche Regelung für die zwangsweise Entflechtung eines nicht genehmigten Zusammenschlusses durch einen Treuhänder vor.

Der Begriff des Treuhänders findet jedoch in der Mitteilung der Europäischen Kommission über im Rahmen der Verordnung (EG) Nr. 447/98 zulässige Abhilfemaßnahmen Erwähnung.[215] Mittels der besagten Mitteilung wurde die Zusagenpraxis aus dem Jahre 2001 transparenter gestaltet. Sie soll Unternehmen eine Orientierung und damit ein Mehr an Rechtssicherheit dahingehend geben, wie Verpflichtungszusagen in der ersten (der Vorprüfungsphase des Anmeldungsverfahrens gemäß Art. 6 Abs. 2 FKVO) und der zweiten Verfahrensphase[216] (der Phase des Hauptverfahrens gemäß Art. 8 Abs. 2 FKVO) ausgestaltet sein müssen, um den Verdacht der Begründung oder Verstärkung einer marktbeherrschenden Stellung aus der Welt zu räumen. Als ein Mittel zur Aufrechterhaltung des Wettbewerbs wird von der Kommission die Veräußerung von selbständigen wettbewerbsfähigen Einheiten angesehen.[217] Das Institut des Treuhänders spielt dabei eine maßgebliche Rolle:

So muss der Verkauf von Kapitalanteilen, Betriebsteilen oder sonstigen Vermögenswerten nach den von der Kommission aufgestellten Leitlinien an einen geeigneten

213 *Henssler*, AcP 196 (1996), S. 37 (44).

214 *BGH* WuW/E DE-R 613 – WAZ/IKZ II; *KG* WuW/E DE-R 451 (453 f) – Herlitz/Landré.

215 *Kommission*, Mitteilung über zulässige Abhilfemaßnahmen, Tz. 52 f.

216 Vgl. zur Neufassung des Art. 8 Abs. 4 FKVO 139/2004: *Fountoukakos*, Competition Policy Newsletter 1/2004, S. 63 (68).

217 *Kommission*, Mitteilung über zulässige Abhilfemaßnahmen, Tz. 13.

Verkäufer erfolgen, d.h. vorzugsweise an einen bereits *„bestehenden oder potenziellen Wettbewerber"* erfolgen, *„der von den Parteien unabhängig ist, in keiner Beziehung zu ihnen steht und über die nötigen finanziellen Mittel, und erwiesene Sachkenntnis verfügt sowie einen Anreiz hat, das veräußerte Geschäft als aktiver Marktteilnehmer im Wettbewerb mit den Parteien aufrechtzuerhalten und weiterzuentwickeln."*[218] Die Suche nach einem derartigen, unter dem Genehmigungsvorbehalt der Kommission stehenden Käufer kann sich zeitlich in die Länge ziehen. Die Verpflichtungszusagen müssen aber innerhalb relativ kurzer Fristen erfolgen, um eine Freigabe des Zusammenschlusses zu erreichen. Dies bringt es mit sich, dass die Durchführung der Abhilfemaßnahmen zumeist erst nach der Entscheidung der Kommission erfolgt. Aus diesem Grund hat die Kommission ein System sichernder Maßnahmen entwickelt, um den erfolgreichen und zügigen Vollzug der Abhilfemaßnahme zu gewährleisten.

Für die Zeit *bis zum Verkauf der Veräußerung* von den anmeldenden Parteien die zu veräußernden Vermögenswerte im Interesse des zu veräußernden Geschäfts getrennt verwaltet werden.[219] Diese getrennte Vermögensverwaltung hat ein Treuhänder zu überwachen. Er hat dabei vor allen dafür Sorge zu tragen, dass der zu veräußernde Unternehmensteil bis zum Zeitpunkt der Übertragung auf einen Dritten in seiner Rentabilität und Wettbewerbsfähigkeit aufrechterhalten und nicht von den Parteien ausgehöhlt wird. Um den Vorgang der Verpflichtungserklärungen und der Nachprüfung derselben zu beschleunigen, hat die Europäische Kommission am 2. Mai 2003 Leitlinien für die Vorgehensweise („best practice") bei Verpflichtungen zur Veräußerung von Unternehmensteilen im Rahmen einer Fusion veröffentlicht. Diese enthalten Standardformulierungen für die Verpflichtungserklärung sowie einen die Verpflichtungserklärung ergänzenden Standardvertragstext für ein sogenanntes „trustee mandate".[220] Die reine Überwachungsfunktion des Treuhänders wird nach diesen Standardformulierungen dann überschritten, wenn der Treuhänder gemäß Section D Tz. 6 d des Standardvertrages im Ausnahmefall auch zur Ausübung der aus den Anteilen fließenden Stimmrechte ermächtigt wird.

Um *den Verkauf selbst* abzusichern, soll zudem ein Treuhänder den Veräußerungsvorgang überwachen („monitoring trustee mandate")[221]. Gegebenenfalls soll der Treuhänder nach dem erfolglosem Verkaufsbemühungen der Parteien im Rahmen einer festgesetzten Frist selbst mit der Suche nach einem Käufer und dem Abverkauf der Unternehmensbeteiligungen zu jedwedem Preis beauftragt werden („divestiture trustee mandate"). Als Treuhänder kommen nach Ansicht der Kommission vor allem Investi-

---

218 *Kommission*, Mitteilung über zulässige Abhilfemaßnahmen, Tz. 49.

219 *Kommission*, Mitteilung über zulässige Abhilfemaßnahmen, Tz. 52.

220 Die Leitlinien für Veräußerungsverpflichtungen und Treuhandmandate sowie die dazugehörige Stellungnahme der *Kommission* liegen nur in der englischen Fassung vor. Sie sind im Internet abrufbar unter http://europa.eu.int/comm/competition/mergers/legislation/ divestiture_commitments/. Vgl. dazu auch die Pressemitteilung der *Kommission* vom 2. 5. 2003, IP/03/614.

221 *Kommission*, Mitteilung über zulässige Abhilfemaßnahmen, Tz. 53 ff.

tionsbanken, Managementberatungsfirmen, Wirtschaftsprüfungsunternehmen oder ähnliche Unternehmen in Betracht.[222]

### b. *Das gemeinschaftsrechtliche Begriffsverständnis*

#### *aa. Autonome europäische Begriffsbestimmung*

Der Begriff des „Treuhänders“ aus der deutschen Fassung der Mitteilung über zulässige Abhilfemaßnahmen wird in dem von der Kommission entworfenen Mustervertrag mit dem anglo-amerikanischen Terminus des „Trustee“ übersetzt. Mit diesem Sprachgebrauch verbindet sich jedoch keine inhaltliche Festlegung auf das angloamerikanische Rechtsinstitut des „Trustees“ als Verwalter eines Sondervermögens (dem „Trust“). Die Vertragsklausel Nr. 32 des Modellvertragstextes sieht vielmehr die Möglichkeit der Rechtswahl vor. Die Qualifizierung als „Treuhänder“, „Trustee“[223], „fiduciario[224], „gevolmachtigde“[225] bzw. „mandataire“[226] stellt letztlich nur den Versuch einer Annäherung an die Begrifflichkeiten der einzelnen Rechtsordnungen dar. Inhaltlich wird die nötige rechtliche Regelung durch die Mitteilung der Europäischen Kommission vorgegeben. Das Problem der Mehrsprachenauthentizität stellt sich daher nicht. So findet sich in Section A des Modellvertragstextes folgende Definition des Trustees:

> *"Trustee: performing the role of the Monitoring and Divestiture Trustee as defined in the Commitments of the Mandate."*

Die Kommission selbst bezeichnet das Verhältnis zwischen den Parteien und dem trustee dann auch als ein nicht typisches - „not a traditional“ - trusteeship. Sie qualifiziert das trusteemandate als bilateralen Vertrag, der jedoch – insofern ähnlich der deutschen doppelseitigen Treuhand – eine Regelungsgrundlage für das dreiseitiges Verhältnis zwischen der Kommission, dem Trustee und den Unternehmen des Zusammenschlussobjekts schaffe.[227]

Ähnlich dem deutschen Entflechtungstreuhänder wird der Umfang der treuhänderischen Tätigkeit in einem gesonderten Rechtsakt mit der Kontrollbehörde festgelegt, nämlich der Verpflichtungserklärung der anmeldenden Parteien[228].Der Standard-

---

222 *Kommission*, Mitteilung über zulässige Abhilfemaßnahmen, Tz. 55.

223 So die englische Fassung der Mitteilung.

224 So die italienische Fassung der Mitteilung.

225 So die niederländische Fassung der Mitteilung.

226 So die französische Fassung der Mitteilung.

227 *Explanatory Note* on the Commission's model Texts for Divestiture Commitments and the Trustee Mandate under the EC Merger Regulation, Punkt 9.

228 *Kommission*, Mitteilung über zulässige Abhilfemaßnahmen, Tz. 52.

vertragstext sieht vor, dass der Trustee von seinem Auftraggeber unabhängig ist.[229] Zur Ausübung seines Mandats bedarf er jedoch der Zustimmung der Kommission[230] und muss auch eventuelle Weisungen von ihr entgegennehmen.[231]

### *bb. Die Rechtszuständigkeit des Treuhänders am zu veräußernden Unternehmensteil*

Sowohl die Mitteilung über zulässige Abhilfemaßnahmen als auch die Leitlinien der Kommission enthalten keine expliziten Informationen darüber, in welchem Ausmaß bzw. ob dem sogenannten Treuhänder überhaupt eine eigene Rechtszuständigkeit an dem zu veräußernden Unternehmensteil eingeräumt wird, seine Funktion also nach deutschem Begriffsverständnis überhaupt über die des reinen Geschäftsbesorgers hinausgeht. Weder findet sich eine Regelung, die explizit eine Übertragung der zu veräußernden materiellen oder immateriellen Unternehmenswerte auf den Treuhänder vorsieht noch eine der deutschen Überwachungstreuhand[232] vergleichbare Regelungstechnik, nach der die zu kontrollierenden Handlungen erst dann wirksam werden, wenn der Treuhänder ihnen zustimmt.

Fungiert der Treuhänder als reines Kontrollorgan mit besonderen Informations- und Vorschlagsrechten („Monitoring Trustee") ist zumindest die Übertragung der Vollrechtsinhaberschaft zur Erfüllung dieser Aufgaben nicht notwendig, ja sogar aus Gründen der Gewaltenteilung eventuell nicht einmal wünschenswert. Gemäß der Textziffer 52 der Mitteilung über zulässige Abhilfemaßnahmen wird von dem sogenannten Monitoring Trustee jedoch auch erwartet, dass er notfalls seine Vorschläge selbst durchzusetzen hat, sollten die beteiligten Unternehmen nicht selbst aktiv werden. Zumindest für diesen Ausnahmefall findet sich in Section D Tz. 6 d des Mustervertrages eine Vertragsklausel, nach der dem *Überwachungstreuhänder* die „Ausübung der Anteilsrechte"[233] ermöglicht werden soll.

Für den Fall des *Veräußerungstreuhänders (Divestiture Trustee)* sieht der Mustervertrag in Section E Textziffer 9 eine ausdrückliche Ermächtigung für den Verkauf eines Unternehmensteils vor:

> *"With the commencement of the Extended Divestiture Period, [X] hereby gives the Trustee an exclusive irrevocable mandate to sell the Divested Business to a purchaser according to the provisions of this section of the Mandate."*

---

229 *Kommission*, Mustervertrag „Trustee Mandate" v. 12. 7. 2002, Section H, Tz. 20.

230 *Kommission*, Mitteilung über zulässige Abhilfemaßnahmen, Tz. 55.

231 *Kommission*, Mustervertrag „Trustee Mandate" v. 12. 7. 2002, Section C, Tz. 4.

232 Vgl. zur Überwachungstreuhand: *Liebich/Mathews*, S. 449 ff.

233 Im englischen Original: *„the voting of shares by the Monitoring Trustee"*. Für das deutsche Recht ist diese Regelung jedoch so nicht umsetzbar, geht der Gesetzgeber doch von einer festen Einheit von Anteilsrecht und den sich daraus ergebenden Mitgliedschaftsrechten aus.

Aus dem Wortlaut der Formulierung lässt sich folgern, dass der bisherige Vermögensinhaber nach den Vorstellungen der Kommission bis zum Zeitpunkt des konkreten Beginns der Entflechtungsmaßnahme seine Eigentümerstellung wohl behalten soll. Ob der Treuhänder zur Erfüllung seines Auftrags später das Objekt vollständig übertragen bekommt oder nur per Ermächtigung zum Verkauf ermächtigt wird, lässt sich aus dem englischen Wortlaut nicht folgern. Aufschlussreicher ist in diesem Zusammenhang die bisherige Zusagenpraxis der Europäischen Kommission und den Fällen, in denen deutsche Unternehmen von der Veräußerungsverpflichtung betroffen waren: Als Beispiel sei die beabsichtigte Gründung eines Gemeinschaftsunternehmens der Asea Brown Boveri AG (im Folgenden kurz ABB) und der Daimler Benz AG im Jahre 1995 genannt. Dieses Vorhaben sollte nur unter der Zusage der Veräußerung sämtlicher Geschäftsanteile an der Kiepe Elektrik GmbH, Düsseldorf, genehmigt werden. In der Entscheidung der Kommission vom 18. Oktober 1995 fand sich folgende Regelung:

> *„Für den Fall, dass ein Verkauf bis zum [...] nicht erfolgt ist, werden die Parteien auf Verlangen der Kommission die Geschäftsanteile unwiderruflich auf einen im Benehmen mit der Kommission zu bestellenden Treuhänder übertragen, der binnen [...] ab Übertragung den Verkauf auf Rechnung des Inhabers der Geschäftsanteile nach ordnungsgemäßen kaufmännischen Grundsätzen weisungsgebunden durchführen wird.“*[234]

Die bisherige Praxis spricht dafür, dass dem im Rahmen einer Veräußerungszusage beauftragten Treuhänder auch weiterhin von Auftraggebern eine umfängliche eigene Rechtszuständigkeit am Treugut eingeräumt werden muss.

### *cc. Zwischenergebnis*

Zusammenfassend ist festzuhalten, dass der Treuhänderbegriff von der Kommission im Zusammenhang mit dem Problemkreis der Entflechtung von Unternehmen sehr weit gefasst wird. Am Beispiel des Überwachungstreuhänders bei Veräußerungszusagen zeigt sich, dass dem Treuhänderbegriff selbst diejenigen natürlichen oder juristischen Person unterfallen, die keinerlei eigene Rechtszuständigkeit an den betroffenen Vermögenswerten innehaben.

## 2. Die Rolle des Treuhänders im Zusammenschlusstatbestand

Ebenso wie der deutsche Gesetzgeber hat auch der europäischen Gesetzgeber grundsätzlich die Problematik erkannt, dass auf dem Wege der rechtsgeschäftlichen Treu-

---

234 *Kommission*, E. v. 18. 10. 1995, IV/M.580, ABl. 1997 L 11/1, 26 (Tz. 139) – ABB/Daimler Benz. Die punktierten Auslassungen unterliegen dem Schutz des Geschäftsgeheimnisses der Unternehmen.

hand unternehmerische Ressourcen verlagert werden können, und hat versucht diese Problematik einer Regelung zuzuführen. Anders als der deutsche Gesetzgeber wählte die Europäische Kommission nicht den Weg über eine Zurechnungsklausel sondern setzt an der Frage der Kontrollinhaberschaft an.

### *a. Die explizite Erwähnung des Treuhänders in den Entwürfen zur FKVO Nr. 4064/89*

#### *aa. Der Wortlaut der deutschen Sprachfassung*

Sämtliche Entwürfe für die endgültige EG-Fusionskontrollverordnung Nr. 4064/89 erwähnten in Anlehnung an den Zusammenschlussbegriff der Montanunion[235] explizit den rechtsgeschäftlichen Treuhänder.

Bereits in dem ersten Vorschlag der Kommission für eine Verordnung des Rates über die Kontrolle von Unternehmenszusammenschlüssen vom 20. Juli 1973 fand sich in Art. 2 Abs. 3 Nr. 3 der deutschen Fassung folgende Regelung:

> *„(3) Die Kontrolle wird für diejenigen Personen, Unternehmen oder Gruppen von Personen oder Unternehmen begründet,*
>
> *1. [...]*
>
> *2. [...]*
>
> *3. die als Treuhänder Eigentümer von Gegenständen eines Unternehmens oder von Anteilsrechten an einem Unternehmen sind und befugt sind, die sich daraus ergebenden Rechte auszuüben."*[236]

Diese Fassung wurde in den vier folgenden offiziellen Änderungsvorschlägen aus den Jahren 1981[237], 1984[238] und 1986[239] und 1988[240] beibehalten. Eine Präzisierung fand die Regelung jedoch nochmals im sechsten und letzten Entwurf[241] der Kommission vor dem Inkrafttreten der FKVO vom 30. November 1988. Dort hieß es nunmehr unter Art. 3 Abs. 4 lit. c):

---

235 *Hohe Behörde*, E. v. 6. 5. 1954, ABl. EGKS 1954, S. 345 f., Art. 3 Abs. 1.

236 *Kommission*, Vorschlag einer Verordnung (EWG) des Rates über die Kontrolle von Unternehmenszusammenschlüssen vom 20. 7. 1973, ABl. 1973 C 92/1 (3).

237 *Kommission*, Geänderter Vorschlag vom 16. 12. 1981, ABl. 1982 C 36/3.

238 *Kommission*, Geänderter Vorschlag vom 7. 2. 1984, ABl. 1984 C 51/8.

239 *Kommission*, Geänderter Vorschlag vom 2. 12. 1986, ABl. 1986 C 324/5.

240 *Kommission*, Geänderter Vorschlag vom 25. 4. 1988, ABl. 1988 C 130/4.

241 *Kommission*, Geänderter Vorschlag vom 30. 11. 1988, ABl. EG 1989 C 22/14.

*„(4) Die Kontrolle wird für diejenigen Personen, Unternehmen oder Gruppen von Personen oder Unternehmen begründet,*

*a) [...]*

*b) [...]*

*c) die als privatrechtliche Treuhänder Eigentümer von Vermögensgegenständen eines Unternehmens oder von Anteilsrechten an einem Unternehmen sind und die Befugnis haben, die sich daraus ergebenden Rechte auszuüben, es sei denn, daß ihre Befugnis jederzeit widerruflich ist oder dass sie an bestimmte Weisungen ihres Machtgebers gebunden sind."*

## *bb. Das dahinterstehende Begriffverständnis*

Die Auslegung des deutschen Wortlauts der Entwürfe ergibt klar, dass die Europäische Kommission den Fall des haltenden Vollmachtstreuhänders im Auge hatte, als sie die Regelung entwarf: Es geht um denjenigen, der „als Treuhänder Eigentümer" ist. Die wörtliche Auslegung von Rechtsakten der EG ist bekanntermaßen jedoch aufgrund des Grundsatzes der Mehrsprachenauthentizität innerhalb der EG nur von begrenztem Wert, weil die Gleichberechtigung der Sprachen allgemein eine Relativierung der Wortbedeutung mit sich bringt.[242] Insofern ist an dieser Stelle ein kurzer Textvergleich notwendig.[243]

Beispielhaft sei die englische Fassung des ersten Entwurfs der Kommission aus dem Jahre 1973 angeführt.[244] Dort heißt es:

*"3. Control is acquired by persons, undertakings or groups of persons or undertakings who:*

*(1) [...]*

*(2)[...]*

*(3) In a fiduciary capacity own assets of an undertaking or shares of an undertaking, and have power to exercise the rights attaching therto."*

Die französische Fassung dieser Vorschrift liest sich wie folgt:

*„3. Le contrôle est acquis par la personne ou l'entreprise, le groupe de personnes ou d'entreprises, qui*

---

242 *Oppermann*, Rdnr. 683; *Anweiler*, S. 160 f.

243 *Anweiler*, S. 148 ff.

244 Die „Ausdrücke „fiduciary capacity" bzw. „à titre de fidéicommissaire" finden sich ebenso in dem letzten revidierten Vorschlag der Kommission vom Dezember 1988. Auf die Wiedergabe wird hier aus Platzgründen verzichtet.

*1°) [...]*

*2°) [...]*

*3°) se présentent à titre de fidéicommissaires, comme propriétaires des biens d'une entreprise ou de participations dans une entreprise et ont le pouvoir d'exercer les droits qui y sont attachés. »*

Jeder der gewählten nationalen Rechtsbegriffe „Treuhänder“, „Fiduciary“ bzw. „Fidéicommissaire“ gründet in dem jeweiligen nationalen Rechtssystem des Mitgliedstaates und ist letztlich nur aus ihm heraus erklärbar.[245] So kennt beispielsweise das englische Recht allein vier Kategorien fiduziärer Rechtsverhältnisse.[246] Zur schweren Greifbarkeit des deutschen Treuhänderbegriffs ist nur auf die bisherigen Ausführungen zu verweisen.

Angesicht dieser Schwierigkeiten sind die herrschende Ansicht und auch der Europäische Gerichtshof der Ansicht, dass die einzelnen nationalen Begriffe zu einem gemeinsamen „EG-Wortsinn“ verschmolzen werden müssten. Im Wege einer autonomen europarechtlichen Auslegung sei vor dem Hintergrund der mitgliedstaatlichen Vorstellungsbilder ein einheitlicher, gemeinschaftsrechtlicher Wortsinn zu ermitteln.[247]

In diesem speziellen Fall ist dieser gemeinsame Wortsinn ausnahmsweise nicht allzu schwer zu ermitteln, da die Kommission in allen sprachlichen Fassungen den Begriff der treuhänderischen/fiduziarischen Rolle des Kontrollerwerbers dadurch eingeengt, dass dieser zugleich Eigentümer der Anteilsrechte bzw. der Unternehmensgegenstände zu sein hat. Insofern zeichnete sich nach den Entwürfen der Kommission für die EG-Fusionskontrollverordnung der Begriff des Treuhänders durch die formelle Rechtsinhaberschaft für einen anderen aus.

### b. *Die fehlende Erwähnung des Treuhänders in der endgültigen Norm des Art. 3 Abs. 4 lit. b FKVO*

In der im Jahr 1989 endgültig durch den Rat verabschiedeten EG-FKVO Nr. 4064/89 wurde keine der oben dargestellten Vorschriften exakt übernommen. Ohne weitere Begründung erhielt die durch den Gesetzgeber letztlich verabschiedete Fassung des Art. 3 Abs. 4 lit. b FKVO 4064/89 eine andere Form. Der Terminus des Treuhänders wurde gestrichen. Er lautete in seiner endgültigen Fassung nunmehr:

*(4) Die Kontrolle wird für die Person oder die Personen oder für die Unternehmen begründet*

---

245 *Anweiler*, S. 164.

246 *Hudson/Alastair*, S. 400 f.

247 Dazu *Anweiler*, S. 164 f.; *Bleckmann*, Rdnr. 540; *Oppermann*, Rdnr. 682.

*a) die aus diesen Rechten oder Verträgen selbst berechtigt sind, oder*

*b) die, obwohl sie aus diesen Rechten oder Verträgen nicht selbst berechtigt sind, die Befugnis haben, die sich daraus ergebenden Rechte auszuüben.*

Dennoch sieht die Literatur die Treuhandproblematik zu Recht aber weiterhin dort als gesetzlich verankert an. Auch wenn die Norm - anders als über 15 Jahre hinweg geplant - regelungstechnisch nicht mehr bei demjenigen ansetzt, der das Vollrecht innehat, sondern bei demjenigen, der „nicht aus den Rechten oder Verträgen selbst berechtigt" ist, baut auch Art. 3 Abs. 3 lit. b FKVO im Grundsatz auf dem Spannungsverhältnis der Trennung von formeller und materieller Rechtsinhaberschaft auf. Auch der letztlich verabschiedeten Norm liegt daher die Idee der Vollrechtstreuhand zugrunde.

## E. Zusammenfassung

Nach der zivilrechtlichen Treuhanddogmatik wird der Treuhandbegriff durch den Akt der Treuhandbegründung und das Maß der Rechtszuständigkeit am Treugut bestimmt. Nach dem engsten, „echten" Treuhandbegriff muss der Treugeber selbst das Treugut auf den Treuhänder übertragen. Unter den hier vertretenen weiteren „unechten" Treuhandbegriff fallen auch die Fälle der Erwerbs- und der Vereinbarungstreuhand. Die materielle Rechtsmacht des Treuhänders muss nicht unbedingt aus dem Besitz einer dingliche Vollrechtsstellung (fiduziarische Treuhand) resultieren. Es genügt eine Rechtszuständigkeit am Treugut kraft Ermächtigung oder Vollmacht.

Im GWB sowie in der deutschen Fusionskontrollpraxis taucht der Begriff des Treuhänders in unterschiedlichem Zusammenhang auf; mal in der Form der verdeckten und mal in der Form der offenen Treuhand: so z. B als neutraler Entflechtungstreuhänder gemäß § 41 Abs. 4 Nr. 3 GWB, als Vertrauensperson zur Vollstreckung von Auflagen gemäß § 40 Abs. 3 GWB oder — last not least — als Strohmann im Rahmen des Erwerbstatbestandes. Die Entscheidungen des Bundeskartellamts sowie die kartellrechtliche Rechtsprechung (hierzu § 1) operieren selbst mit dem Begriff des treuhänderischen Erwerbs und bringen damit zum Ausdruck, dass sie das Rechtsinstitut der Erwerbstreuhand anerkennen. Die früher zwischen Bundeskartellamt und den beteiligten Unternehmen vereinbarten Zusagen sowie die heutige Auflagenpraxis führen vor Augen, dass die Kontrollbehörde den Treuhandbegriff auch nicht auf die fiduziarische Treuhand beschränkt. Als „Treuhänder" wird auch derjenige bezeichnet, der nur zur Veräußerung eines Unternehmensteils bzw. sogar nur zur Überwachung der Veräußerung als „Sicherungstreuhänder" eingesetzt wird. Die rechtsgeschäftliche Treuhand im Rahmen des Unternehmenszusammenschlusses wird vom Bundeskartellamt und den Kartellgerichten normzweckbezogen vor allem durch die Verlagerung des wirtschaftlichen Risikos durch den Treugeber charakterisiert.

Im Rahmen des europäischen Fusionskontrollrechts hat das Institut der Treuhandschaft in jüngerer Zeit als Mittel zur Durchsetzung von zulässigen Abhilfemaßnahmen eine besondere Erwähnung in den Publikationen der Kommission der Europäischen Gemeinschaften gewonnen. So vor allem in der Mitteilung der Kommission über zulässige Abhilfemaßnahmen und den dazugehörigen Leitlinien für die Vorgehensweise bei Verpflichtungen zur Veräußerung von Unternehmensteilen im Rahmen einer Fusion. Der Treuhandbegriff wird hier autonom regelungsbezogen definiert. Der Begriff des Erwerbstreuhänders fand in der Kontrollpraxis der Europäischen Kommission hingegen keine ausdrückliche Erwähnung. Auch das Gemeinschaftsrecht kennt jedoch die Möglichkeit des treuhänderischen Kontrollerwerbs, wenngleich die Erwerbstreuhand anders als noch in den Entwürfen zur FKVO Nr. 4064/89 und der Zusammenschlusskontrolle nach dem EGKSV weder in der endgültigen Fassung des FKVO Nr. 4064/89 noch in der novellierten FKVO Nr. 139/04 explizit Erwähnung findet.

## § 4 Motive für den Einsatz rechtsgeschäftlicher Treuhänder beim Unternehmenszusammenschluss

Die Konstruktion der Treuhand ist nicht auf bestimmte Rechtsgeschäfte beschränkt. Sie ist vielmehr vielfältig einsetzbar. Im hier interessierenden Zusammenhang der Fusionskontrolle lassen sich drei Haupt-Konstellationen für die Begründung eines treuhandschaftlichen Verhältnisses unterscheiden.

- Der Einsatz des Treuhänders resultiert aus dem Ziel der Umgehung der staatlichen Kontrollmaßnahmen. Der Treuhänder wird in diesen Fällen vom treugebenden Unternehmen mit dem Erwerb unternehmerischer Ressourcen von Dritten beauftragt (Gliederungspunkt A).
- Die Beauftragung eines Treuhänders dient der Verhinderung der Untersagung des angemeldeten Zusammenschlusses. Dem Treuhänder werden in diesem Fall vom treugebenden Unternehmen eigene unternehmerische Ressourcen übertragen (Gliederungspunkt B).
- Der Einsatz des Treuhänders hat Gründe, die nicht in der Fusionskontrolle liegen. Der treuhänderisch tätigen natürlichen oder juristischen Person werden aus anderen Gründen unternehmerische Ressourcen vom treugebenden Unternehmen übertragen. Zu denken ist dabei an die Entlastung des Treugebers, die Bündelung von Interessen, gemeinschaftliche Beteiligung mehrer Personen an einer Kapitalgesellschaft, die Begrenzung der Einwirkungsmacht von Kapitalgebern oder die Umgehung gesetzlicher Vorschriften außerhalb des GWB (Gliederungspunkt C).[248]

248 Vgl. dazu die ausführlichen Ausführungen von *Armbrüster* zu den Motiven für eine fremdnützige Verwaltungsteuhand im Gesellschaftsrecht, S. 49 f.

# A. Umgehung der Zusammenschlusskontrolle

## I. Umgehung bei drohender Entwicklung einer marktbeherrschenden Stellung

Die Einbeziehung eines Dritten für das Projekt eines Unternehmenszusammenschlusses wird das an dem Zusammenschluss interessierte treugebende Unternehmen vor allem dann erwägen, wenn der Zusammenschluss zwischen ihm und dem Zielobjekt aller Wahrscheinlichkeit nach von den Kartellbehörden untersagt werden würde, weil dadurch die Entstehung oder Verstärkung einer marktbeherrschenden Stellung zu erwarten wäre.[249]

Dabei sind wiederum drei Konstellationen zu unterscheiden:

- Es ist denkbar, dass das akquisitionsfreudige treugebende Unternehmen bereits selbst schon eine Minderheitsbeteiligung am Zielobjekt erworben hat und diese nunmehr über ein Treuhandunternehmen aufstocken möchte.
- Auch der erstmalige Erwerb einer Mehrheitsbeteiligung kann durch die treuhänderische Beteiligung eines Dritten beim Erwerbsprozess grundsätzlich nach außen hin durch die Aufspaltung in mehrere Minderheitsbeteiligungen verschleiert werden, wenn diese teils vom treugebenden und teils vom treunehmenden Unternehmen erworben werden.
- Als dritte Variante ist an die Möglichkeit zu denken, dass allein die treuhänderisch handelnde dritte Person durch einen Vermögens- oder Anteilserwerb nach außen hin in Erscheinung tritt.

## II. Umgehung sonstiger Beteiligungshindernisse

Auch andere wettbewerbsrechtliche Gründe können Hemmnisse für akquisitionsfreudige Unternehmen darstellen. Vor allem dann, wenn diese Beteiligungshemmnisse personenbezogen sind, drängt sich vordergründig die Zwischenschaltung einer dritten Person als Lösungsweg auf, um dieses Hindernis zu umgehen.

Beispielhaft ist auf die bis zur europäischen Liberalisierungswelle in den 90er Jahren bestehenden nationalen Gesetze zum Schutz der nationalen Luftverkehrsdienstleistungen hinzuweisen. So sah insbesondere der britische Civil Aviation Act von 1982 vor, dass Inhaber einer britischen Flugtransport-Lizenz wie Air U. K., nur von U. K.-

249 *Holzapfel/Pöllath*, Rdnr. 94.

Angehörigen kontrolliert werden dürften.[250] Aufgrund dieser Gesetzeslage operierte die an einem Kontrollerwerb über Air U. K. interessierte holländische Gesellschaft KLM mit der rechtlichen Konstruktion über Mittelsmänner und Optionsverträge, um sich die Anteile bis zu einer möglichen Gesetzesänderung zu sichern.[251]

## III. Zeitliche Überbrückung bis zu einer Gesetzesänderung

Das Motiv der zeitlichen Überbrückung bis zu einer Gesetzesnovellierung, das im Fall Air U.K./KLM für den Einsatz eines Treuhänders mitentscheidend war, ist auch in den Fällen dominierend, in denen eine Änderung des Fusionskontrollrechts selbst ansteht. So soll zum 1. Januar 2005 in Deutschland die 7. Novelle des GWB in Kraft treten. Diese Novelle bringt vor allem Änderungen bei der Kontrolle von Pressefusionen mit sich, durch die Zusammenschlüsse von Zeitungsverlagen erleichtert und die Kooperationsmöglichkeiten der Verlage erweitert werden. So sieht der Entwurf des Siebten Gesetzes zur Änderung des Gesetzes gegen Wettbewerbsbeschränkungen des Bundeskabinetts vom 26. Mai 2004[252] zum einen in § 35 Abs. 2 Satz 2 GWB eine erhöhte Bagatellschwelle vor sowie zum anderen in § 36 Abs. 2 GWB erschwerte Untersagungsvoraussetzungen. Unter dem Blickwinkel der anstehenden Novelle der Pressefusionskontrolle ist auch das oben im ersten Teil unter § 1 H skizzierte Verfahren Tagesspiegel/Berliner Zeitung besser zu verstehen. Die landläufigen Vermutungen der Presse bestätigend[253], räumten die Antragsteller selbst ein, dass man sich mittels einer Call Option die sich durch die anstehende Gesetzesänderung ergebende Möglichkeit sichern wolle, eine Mehrheit am Tagesspiegel zurückzuerwerben, den man zuvor an den ehemaligen Holtzbrinck-Manager Gerckens verkauft hatte.[254] Die Übertragung auf den Treuhänder Gerckens hätte die Anteile also gleichsam nur in eine Warteposition gebracht.

250 Vgl. *Kommission,* E. v. 22. 9. 1997, IV/M.967 = Celex 397M0967, Tz. 7 – KLM/Air U.K.

251 *Kommission* a. a. O. Tz. 8 und 9.

252 Im Internetabrufbar unter http://www.bmwa.bund.de/Navigation/Service/Gesetze/rechtsgrundlagen-wirtschaftspolitik,did=32810.html.

253 *Ott/Hennemann* in: *Süddeutsche Zeitung* vom 20./21. Dezember 2003, „Unter Elefanten“, S. 38; *Beller* in: *Financial Times Deutschland* vom 29. September 2003, „Tagesspiegel geht an Holtzbrinck-Vertrauten“.

254 *BKartA* WuW/E DE-V 871 (875 f.), Punkt 1.2.1.1.1 – Tagesspiegel/Berliner Verlag.

## IV. Verbergungsfunktion

### 1. Umgehung der mit der Anzeigepflicht verbundenen Informationspflichten

Die Anzeige eines Zusammenschlusses bringt es nach deutscher als auch nach gemeinschaftsrechtlicher Rechtslage mit sich, dass zahlreiche Unternehmensdaten gegenüber den Behörden offenzulegen sind. Dazu gehören gemäß § 39 Abs. 3 GWB bzw. gemäß Art. 2 FKVO Angaben über Umsatzerlöse, Marktanteile sowie über Konzernbeziehungen und sonstige Abhängigkeits- und Beteiligungsverhältnisse. Spätestens im Zuge des Hauptverfahrens gelangen diese Daten aufgrund der einschlägigen Veröffentlichungsvorschriften (Art. 4 Abs. 3 FKVO, § 43 GWB) und der Beteiligungsrechte Dritter (Art. 18 FKVO) an die Öffentlichkeit, respektive an Wettbewerber, Kunden, Lieferanten und Dritte. Anders als nach deutscher Rechtslage wird gemäß Art. 4 Abs. 3 FKVO bereits sogar die Tatsache der Anmeldung unter Angabe der Namen der Beteiligten, der Art des Zusammenschlusses sowie der betroffenen Wirtschaftszweige (im Amtsblatt) veröffentlicht.

Trotz der anerkannten Geheimhaltungsinteressen der beteiligten Unternehmen (vgl. Art. 4 Abs. 3, S. 2, Art. 17 FKVO) in Bezug auf ihre Geschäftsgeheimnisse besteht die Möglichkeit, dass Mitwettbewerber unerwünschten Einblick in die Geschäftspolitik und die Unternehmensstruktur der beteiligten Unternehmen erhalten.[255] Um diese Nebenwirkungen zu vermeiden, ist es denkbar, auf Seiten des Anteils- oder Vermögenserwerbers einen Treuhänder oder eine Treuhandgesellschaft einzuschalten, der für das dahinterstehende treugebende Unternehmen die Rechte, Anteile oder das Vermögen erwirbt und allein nach außen in Erscheinung tritt, während das treugebende Unternehmen unerkannt im Hintergrund bleibt.

### 2. Verheimlichung aus Imagegründen

Beim Unternehmenskauf werden nicht selten auf der Erwerber- wie aber auch auf der Veräußererseite Personen „zwischengeschaltet“, um den wahren Erwerber zu verdecken.[256]

Der Deckmantel des Treuhänders dient großen Markenunternehmen dazu, ihren Einstieg in andere Marktbereiche zunächst zu verschleiern oder neue, noch mit marktwirtschaftlichen Risiken verbundene Produkte zu lancieren. Dahinter kann beispielsweise die Befürchtung stecken, bei einem möglichen Fehlschlag der Unternehmung

255 *Thurnher*, DB 1994, S. 1709 (1712).

256 *Holzapfel/Pöllath*, Rdnr. 98.

den eigenen guten Namen in Misskredit zu bringen.[257] Im Fall des Erwerbs des Unternehmens Landré GmbH durch die Herlitz AG zum 1. Januar 1994 über die Neptuno Treuhand- und Verwaltungsgesellschaft mbH begründete die Herlitz AG diese Vorgehensweise damit, dass der Fachhandel wegen seiner ausgeprägten Ablehnung gegenüber der Herlitz AG (die ihr Sortiment hauptsächlich in nicht-fachhandelsspezifischen Unternehmen des Groß- und Einzelhandels vertrieb) seine Lieferbeziehungen zu Landré deutlich einschränken werde.[258] Insofern hatte die Herlitz AG ein Interesse daran, ihren Einstieg bei Landré möglichst lange zu verschleiern.

Der Verbergung der Identität durch einen Treuhänder steht bei Erwerbsvorgängen, wie dem Unternehmens- oder Anteilskauf auch dann im Vordergrund der Überlegungen, wenn es darum geht, Verluste durch Preissteigerungen bzw. die Ausübung von zu starkem Preisdruck zu verhindern.[259] Bei an der Börse gehandelten Unternehmen können offene Übernahmeversuche zu unerwünschten Spekulationsgeschäften motivieren.[260]

## B. Zur Vermeidung der Untersagung des Zusammenschlusses

### I. Zum Zweck der Durchführung der Veräußerungsverpflichtung

Der Einsatzmöglichkeiten des rechtsgeschäftlichen Treuhänders im Rahmen von Auflagen und Abhilfemaßnahmen wurden bereits oben unter den Gliederungspunkten § 3 D I 1 und D III 1 dargestellt, so dass in diesem Zusammenhang zur Vermeidung von Wiederholungen darauf verwiesen werden darf.

### II. Wahrung des Vollzugsverbotes durch die Zwischenschaltung eines Treuhänders

Die Beauftragung eines Treuhänders (vornehmlich der Hausbank) mit dem Erwerb von Unternehmensanteilen, diente mitunter auch schon dem Ziel, das Vollzugsverbot

---

257 Vgl. *Breuer*, S. 81.

258 *BKartA*, WuW/E 2894 (2896) – Herlitz/Landré.

259 *Buchner*, S. 303.

260 *Diekmann*, S. 36.

bis zur Entscheidung durch die Kartellbehörden zu wahren.[261] Dadurch, dass der Treuhänder frei von Einflussrechten des Treugebers gestellt wurde, sollte diesem Verbot als Element der präventiven Kontrolle genüge getan werden. So sollte der eigentliche Erwerber — nämlich der Treugeber — keine rechtliche oder tatsächliche Handlung vornehmen müssen, die zur Verwirklichung des Zusammenschlusses führen und daher als Vollzug des Erwerbsvorgangs angesehen hätte werden können[262].

## C. Sonstige nicht-fusionskontrollspezifische Gründe

### I. Beim Unternehmens- oder Anteilskauf

Auch wenn die Gründe für den Einsatz eines Treuhänders beim Unternehmens- oder Anteilskauf nicht im Fusionskontrollrecht selbst liegen, kann die gewählte Konstruktion der Treuhand gleichsam als zu kalkulierendes Nebenprodukt Fragen im Hinblick auf die kartellrechtliche Behandlung aufwerfen.

#### 1. Finanzierungszwecke

Zu denken ist hierbei vor allem an den Einsatz eines Treuhandunternehmens zu Finanzierungszwecken: Für den Fall, dass der Treugeber sich Anteilsrechte an einem Unternehmen sichern will, aber nicht über die nötigen finanziellen Mittel dazu verfügt, steht ihm die Möglichkeit offen, mit einem liquiden Geschäftspartner, beispielsweise mit seiner Hausbank, zu vereinbaren, dass diese zunächst allein die betroffenen Anteile oder ein gewisses Anteilskontingent neben dem Treugeber selbst erwirbt und im Interesse des Treugebers hält.[263]

Als mittelbarer Finanzierungszweck wird für die Treuhandbegründung in der Literatur häufig auch die Steigerung der Kreditfähigkeit eines Unternehmens durch den guten Namen eines nach außen handelnden finanzkräftigen Treuhänders angeführt.[264] Zu Recht weist jedoch *Armbrüster* darauf hin, dass dieser Fall in der Praxis eine eher untergeordnete Rolle spielen dürfte.[265]

---

261 Vgl. dazu das von *Pohlmann* angeführte Beispiel des Falles Hochtief/Philipp Holzmann, S. 165 wie auch *BKartA* TB 1983/84, S. 76 - Honeywell/Bürkle.

262 *Immenga* in: *Immenga/Mestmäcker*, EG-Wettbewerbsrecht, Art. 7 Rdnr. 3.

263 *Thurnher*, DB 1994, S. 1709 (1713).

264 So z. B. *Liebich/Mathews*, S. 78.

265 *Armbrüster*, S. 81 f.

## 2. Bündelung von Interessen

Treuhänder werden regelmäßig dann eingeschaltet, wenn es gilt, Interessen zu bündeln. Die Einschaltung eines Treuhänders beim Unternehmenskauf ergibt Sinn, wenn es darum geht, Vertragsverhandlungen oder auch die nötigen Vollzugshandlungen zur Erfüllung eines Unternehmenskaufvertrages zu vereinfachen.[266] Dies betrifft jedoch konsequenterweise nur die Fälle, in denen Anteile letztlich von mehreren Personen gehalten, diese jedoch nicht alle am Vertragsschluss beteiligt werden sollen; also primär den Fall der Publikumsgesellschaft. Diese ist für das Fusionskontrollrecht aufgrund der geringen Beteiligungshöhen der einzelnen Gesellschafter jedoch uninteressant.

## II. Außerhalb von strategischen Unternehmenserweiterungen

Selbst dann, wenn eine Übertragung von unternehmerischen Ressourcen nicht im Rahmen und zu Zwecken eines wettbewerbsstrategischen Unternehmens- oder Anteilserwerbs erfolgt, ist es ratsam, die Frage nach der kartellrechtlichen Anmeldepflicht als Nebenwirkung einer Übertragung unternehmerischen Ressourcen auf ein treuhänderisch handelndes Unternehmen nicht aus den Augen zu lassen, soweit das Treuhandunternehmen selbst entsprechende Umsatzzahlen aufweist.

## 1. Treuhand zum Zwecke der Lösung gesellschaftsinternen Konflikte

Die Motive für eine zeitlich (eventuell bis zu einer Veräußerung) befristete treuhänderische Verwaltung eines Unternehmens können in gesellschaftsinternen Schwierigkeiten liegen. Ist beispielsweise die Vertrauensbasis unter den Anteilseignern akut gestört, kann durch einen weisungsunabhängigen Treuhänder eine von persönlichen Konflikten entlastete Übergangssituation geschaffen werden; aus der heraus neue Lösungswege entwickelt werden können.[267]

Zur Veranschaulichung der Relevanz des Treuhänders als Mittel der Konfliktentschärfung dienen die publik gewordenen Turbulenzen um die Klöckner & Co AG im Jahr 2002.[268] Im Jahr 2001 hatte die britisch-iranische Balli Group über die Klöckner

266 Vgl. dazu *Holzapfel/Pöllath*, Rdnr. 98.

267 Vgl. auch *Armbrüster*, S. 54.

268 Der hier verwendete Sachverhalt wurde folgenden Publikationen im Internet entnommen: Wintermann, Teil der Klöckner-Millionen gefunden, www.welt.de/daten/2002/05/02, abgerufen am 16.09.02; Aktuelle Pressemitteilungen der Klöckner & Co AG, Klöckner Holdings GmbH bringt ihre Anteile in Treuhandschaft ein, www.kloeckner.de/medien/medien_presse 270302.htm, abgerufen am 16.09.02; Turbulenzen bei Klöckner & Co. AG überwunden,

Holdings GmbH 94,5 % der Anteile an der Klöckner & Co AG erworben. Dieser Kauf wurde von der West LB finanziert, die selbst die restlichen 5,5 % Anteile an Klöckner & Co AG übernahm. Im Frühjahr des Jahres 2002 leitete die Staatsanwaltschaft Düsseldorf und das Bundeskriminalamt Wiesbaden wegen des Verdachts des Betrugs und der Untreue zum Nachteil der WestLB sowie der Klöckner & Co AG Ermittlungen gegen den Chef der Großaktionärsgruppe Balli und Aufsichtratsvorsitzenden der Klöckner & Co. AG, weitere Balli Manager, den Vorstandsvorsitzenden der Klöckner & Co AG sowie gegen ein weiteres Vorstandsmitglied ein. Nach der damaligen Auskunft der Ermittler bestand der Verdacht, dass das Unternehmen durch verschleierte Geldtransaktionen gezielt ausgeplündert werden sollte und Geld dem Wirtschaftskreislauf der Klöckner & Co. AG entzogen wurde. Unter dem Druck der WestLB entschloss sich die Balli Holding ihre Anteile in Höhe von 94,5 % unwiderruflich an die Treuhandgesellschaft Droege & Comp. zu übertragen, die uneingeschränkt alle sich aus den Aktien ergebenden Rechte ausüben sollte. In der Treuhandabrede wurden sowohl die WestLB als auch die Balli Holding als Treugeber bezeichnet. Die Treuhandgesellschaft wurde weisungsfrei gestellt und mit der vorläufigen Verwaltung der Anteile betraut bis ein geeigneter Käufer für die Anteile gefunden werde. Der Veräußerungserlös sollte unter anderem zum Schuldenabbau der Balli Group bei der West LB verwendet werden. Gemäß einer Pressemitteilung der Klöckner & Co AG im Juli 2002 bestand jedoch keine kurzfristige Veräußerungsabsicht. Zusätzlich zu der treuhänderischen Übertragung der Anteile wurde ein ehemaliger Partner der Treuhändergesellschaft als neuer Vorstand und der Unternehmensberater Droege als Aufsichtsratvorsitzender bestellt.

Gemäß der Pressemitteilung der Klöckner & Co AG vom 18. Juli 2002 wurde ein kartellrechtliches Prüfverfahren eingeleitet, jedoch ohne Auflagen für die Treuhänderin abgeschlossen.

## 2. Übertragung zu Sanierungs- und Sicherungszwecken

Bereits im anderen Zusammenhang wurde auf die Sicherungsfunktion der Treuhand hingewiesen. Im Fall der Sicherungsabtretung oder der Sicherungsübereignung werden die jeweiligen Vollrechte formell auf den Treuhänder übertragen und ihm dadurch Einflussrechte auf die jeweilige Gesellschaft verschafft. Insofern wird auch dieser Fall der Treuhand unter dem Gesichtspunkt der Verwirklichung eines Zusammenschlusstatbestandes thematisiert.

Ein weiteres Aufgabenfeld von Treuhandgesellschaften umfasst den Bereich der Sanierung sanierungsbedürftigen Unternehmen.[269] Die meist doppelseitige Treuhand dient zunächst der Verwaltung der Substanz und hat zumeist zum Ziel, das Unterneh-

www.kloeckner.de/medien/medien_presse_180702.htm, abgerufen am 16.09.02; Treuhänder aus Düsseldorf, www.manager-magazin.de/unternehmen/artikel/0,2828,189130,00.html, ins Netz gestellt am 17.04.2002, abgerufen am 16.09.02.

269 *Thurnher*, DB 1994, S. 1709 (1713).

men nach einer Zeit der Solidierung weiterzuveräußern. Der Treuhänder wirkt in einer Person zugleich als Sicherungstreuhänder für die Gläubiger des Unternehmens und als Verwaltungstreuhänder für die Unternehmenseigner. Auch hier wirft die gezielte Verschiebung von Leitungsmacht die Frage nach einem Zusammenschluss im Sinn der Fusionskontrolle auf.

### 3. Bündelung von Interessen

Die treuhänderische Bündelung von Interessen kann mitunter auch dem Treuhänder selbst zugute kommen. Gedacht wird dabei an die Fälle der Massenstimmrechtsvertretungen durch Banken, die für ihre Depotkunden deren Stimmrechte aus deren Anteilen an dritten Unternehmen ausüben. Immer dann, wenn die Bank selbst auch in größerem Umfang Beteiligungen an dem dritten Unternehmen oder zumindest an Wettbewerbern des Unternehmens hält oder hinzuerwirbt, stellt sich die Frage, ob die treuhänderisch von der Bank gehaltenen Stimmrechte ihren originären Anteilen hinzugerechnet werden müssen, denn naturgemäß kann es in diesen Fällen der Ermächtigungstreuhand zu einer Ballung von Einflussrechten in der Hand des Treuhänders kommen.

# § 5 Die aus der rechtsgeschäftlichen Treuhand resultierende Problemstellung für die Fusionskontrolle

## A. Der Nachweis eines Treuhandverhältnisses

Eine inhaltliche Auseinandersetzung mit rechtsgeschäftlichen Treuhandgestaltungen im Rahmen eines fusionskontrollrechtlich relevanten Erwerbsvorgangs ist erst dann möglich, wenn ein Treuhandverhältnis überhaupt nachgewiesen werden kann.

Solange es schriftliche Verträge gibt, liefern diese Ansatzpunkte für treuhänderische Abreden. Existieren derartige Verträge nicht, ist der Nachweis einer treuhänderischen Abrede naturgemäß schwieriger. So stellt auch das Bundeskartellamt in seinem Tätigkeitsbericht für die Jahre 2001/2002 anlässlich der vom BGH bestätigten Untersagung des durch den Darlehensvertrag verschleierten treuhänderischen Erwerbs der IKZ durch den WAZ-Konzern über den Treuhänder Herrn Wichelhoven[270] fest:

> *„Im Falle des rechtskräftig untersagten Zusammenschlusses WAZ/IKZ (Tätigkeitsbericht 1999/2000, S. 98) haben die WAZ und Herr Klaus-Harald Wichelhoven die Verträge über den treuhänderischen Erwerb von Kapitalanteilen an der IKZ durch*

270 Vgl. zum Sachverhalt bereits oben unter Gliederungspunkt § 1 E.

*Herrn Wichelhoven auf Rechnung und auf Risiko der WAZ aufgehoben. Ob Herr Wichelhoven die betreffenden Anteile an der IKZ weiterhin treuhänderisch für die WAZ hält, konnte bisher nicht nachgewiesen werden.*"[271]

Als schwierig erwies sich auch der Nachweis eines Treuhandverhältnisses im Fall des versuchten Erwerbs des Geschäftsbetriebs der Haller Tagblatt GmbH (HAT) durch die Neue Pressegesellschaft mbH & Co. KG (NPG) von der E. Schwend GmbH & Co. KG. Die NPG hatte zunächst diesen Zusammenschluss angemeldet, nach den Befürchtungen des Bundeskartellamts in Hinblick auf das Entstehen einer marktbeherrschenden Stellung der NPG im Bereich verschiedener regionaler Anzeigenmärkte jedoch die Anmeldung zurückgezogen. Die NPG hatte sich im Kaufvertrag mit der Schwend GmbH das Recht vorbehalten, einen Dritten als Erwerber zu bestimmen, falls sie selbst nicht erwerben dürfe. Der Betrieb des Haller Tagblatts wurde nach der Rücknahme der Anmeldung der NPG von einer Privatperson, Herrn Detjen, erworben. Auch hier musste das Bundeskartellamt einräumen:

„*Der Nachweis, dass Herr Detjen den Erwerb als Treuhänder der NPG vorgenommen hat, konnte nicht geführt werden.*"[272]

Die Schwierigkeit des Nachweises eines treuhänderischen Verhältnisses wollte sich unter Umständen auch die Kaufhof AG zu Nutzen machen. Dies wollte zunächst selbst den Phonohändler Saturn übernehmen. Nachdem sich das Bundeskartellamt kritisch zu diesem Vorhaben geäußert hatte, erwarben die Kaufhof AG sowie fünf verschiedene Versicherungsgesellschaften je Anteile von weniger als 25 %, so dass ein Zusammenschluss ohne die Zurechnungsklausel nach damaligem Recht nicht möglich war. In seinem Tätigkeitsbericht aus dem Jahre 1985/86 äußerte sich das Bundeskartellamt selbst wie folgt zu dem Vorgang:

„*Die Tatsache, dass Kaufhof inzwischen eigene Saturn-Häuser in anderen Großstädten eröffnet hat, lässt vermuten, dass die wettbewerblich problematischen Wirkungen einer Verbindung Kaufhof/Saturn auch ohne förmlichen Zusammenschluss eingetreten sind.*"[273]

Als Aufklärungsmittel stehen dem Bundeskartellamt das Auskunftsverfahren gemäß § 59 Abs. 1 GWB[274] und das damit verbundene Recht auf Akteneinsicht[275] zur Verfügung. Die europäische Kommission hat nach Art. 11 FKVO das Recht, die erforderliche Auskunft von den Unternehmen einzuholen und nach Art. 13 FKVO das Recht

---

271 *BKartA* TB 2001/2002, S. 137.

272 *BKartA* TB 2001/2002, S. 135 f.

273 *BKartA* TB 1985/86, S. 15. Zur weiteren Entwicklung auch *Stein*, S. 76.

274 Vgl. dazu die Aufhebung des Auskunftsbeschlusses durch das *KG* vom 12. Juni 1981, WuW/E OLG 2517 – Metro/Kaufhof.

275 Vgl. dazu den die Beschwerde zurückweisenden Beschluss des *KG* vom 4. Februar 1981, WuW/E OLG 2433 – Metro/Kaufhof.

Nachprüfungen anzustellen. Hierbei kann sie gemäß Art. 12 FKVO auch die Hilfe der Behörden der Mitgliedstaaten in Anspruch nehmen.

## B. Die Zuordnungsfrage

In seiner systematischen Darstellung zum Wettbewerbs- und Kartellrecht stellt Fritz Rittner im Abschnitt zur Zusammenschlusskontrolle zutreffend, jedoch wenig trostreich fest:

> *„Treuhandverhältnisse werfen wie auch sonst schwierige Probleme auf“.*[276]

Diese schwierigen Probleme bestehen primär — wie auch sonst in anderen Rechtsbereichen wie dem Wertpapier-, Insolvenz-, Steuer- oder Bilanzrecht — in der Frage der Zuordnung des Treuguts und der aus ihm resultierenden Positionen, „weil mindestens zwei Personen in einem wirtschaftlichen Verhältnis zu dem jeweiligen Treugut stehen“[277]. Die Frage der Zuordnung des Treuguts hängt eng mit den Fragen der Verteilung von Entscheidungskompetenzen und wirtschaftlichen Risiken zusammen. Nach *Grundmann* ist die Zuordnungsfrage daher als Frage nach der Zuteilung von Einsatz und Resultat zu verstehen.[278]

Im Rahmen der Zusammenschlusskontrolle stellt sich die Zuordnungsfrage maßgeblich in den folgenden vier Konstellationen:

### I. Bei der Eingehung einer Erwerbstreuhand

Das Fusionskontrollrecht wird geprägt von der Frage, ob es durch einen unternehmerischen Erwerbstatbestand zur Entstehung oder Verstärkung einer marktbeherrschenden Stellung eines Unternehmens kommt. Die Entstehung oder Verstärkung einer marktbeherrschenden Stellung erfordert zunächst, dass ein Unternehmen wie auch immer gearteten, wettbewerblich aber erheblichen Einfluss auf ein anderes Unternehmen erlangt, über welchen es das Marktverhalten desselben (mit)steuern kann. Sind an einen derartigen Erwerbstatbestand auf Erwerberseite zwei Personen, nämlich der Erwerbstreuhänder und das treugebende Unternehmen involviert, stellt sich neben der Frage, ob und in welchem Umfang durch den Erwerb die Möglichkeit des Einflusses auf das Zielobjekt gewonnen wird, vor allem die, wem dieses mögliche Potential zuzuordnen ist.

---

276 *Rittner*, Wettbewerbs- und Kartellrecht, § 13 Rdnr. 38.

277 *Heidner*, S. 35 Rdnr. 1.

278 *Grundmann*, Der Treuhandvertrag, S. 30.

### II. Bei der Eingehung einer Übertragungstreuhand

Bei entsprechenden Umsatzwerten des treugebenden und des treunehmenden Treuhänders stellt sich die Frage, ob nicht bereits die Übertragung von Anteilen vom Treugeber auf den Treunehmer, d. h. die Begründung des Treuhandverhältnisses an sich, eine potentielle Gefahr für den Wettbewerb darstellten kann und zur Anmeldung gegenüber den Behörden verpflichtet.

### III. Zurechnung bestehender treuhänderischer Anteile beim Zusammenschluss mit dritten Unternehmen

Nicht zuletzt stellt sich die Frage, wie bereits bestehende Treuhandverhältnisse in der Fusionskontrolle zu behandeln sind, wenn der Treugeber oder der Treuhänder sich mit einem dritten Unternehmen zusammenschließt. So können im Rahmen der Ermittlung der Anzeigevoraussetzungen Verbundklauseln einschlägig sein, nach denen die Umsätze aus dem verwalteten Treugut dem Treuhänder oder dem Treugeber zuzurechnen sind.

### IV. Auflösung eines Treuhandverhältnisses

Wie die Begründung eines Treuhandverhältnisses kann auch dessen Auflösung und die damit verbundene Rück- oder Weiterübertragung einen Zusammenschlusstatbestand begründen.[279]

## C. Der bisherige Diskussionsstand in der Literatur

Die Problematik des Treuhandverhältnisses im Fusionskontrollrecht wurde außer in der einschlägigen Kommentarliteratur[280], die leider nicht immer auf dem neuesten Stand der Gesetzeslage ist, und als Unterpunkt in einigen Monographien[281] bislang nur in zwei Aufsätzen als eigenständiges Thema erörtert.[282] Diese beiden Abhandlungen

279 *Kleinmann/Bechtold*, § 23 Rdnr. 386; *Klemp*, DB 1987, S. 1773 (1575).

280 *Kleinmann/Bechtold*, § 23 Rdnr. 381 ff., *Immenga/Mestmäcker*, GWB-Kommentar, § 37 Rdnr. 65 und 105 ff.; *Bechtold*, § 37 Rdnr. 24; *Paschke* in: *Frankfurter Kommentar*, § 23 GWB Rdnr. 170 ff.; *Schütz* in: *Gemeinschaftskommentar*, § 37 Rdnr. 5 f.

281 Vgl. z. B. *Albath*, S. 11 ff.; *Plaß*, S. 36 ff.; *Pohlmann*, S. 159 ff; *Karl*, S. 186 ff.

282 *Thurnher*, WuW 1994, S. 303 ff; *Riesenkampff*, WuW 1996, S. 5 ff.

erschienen noch vor der 6. GWB-Novellierung im Jahre 1999 und müssen daher kritisch hinsichtlich der Gültigkeit ihrer Aussagen im Hinblick auf die durch die 6. GWB-Novelle modifizierten Zusammenschlusstatbestände in § 37 n. F. GWB sowie auch im Hinblick auf die geplante 7. GWB-Novellierung im Januar 2005 sowie die am 1. Mai 2004 in Kraft getretene Fusionskontrollverordnung Nr. 139/04 hinterfragt werden, die die FKVO Nr. 4064/89 abgelöst hat.

Die beiden maßgeblichen Aufsätze beschränken sich thematisch auf die Erwerbstreuhand und dabei auf die Bedeutung des Treuhänders im Zusammenschlusstatbestand des Anteilserwerbs gemäß § 23 Abs. 2 Nr. 2 GWB a. F. Die rechtliche Lage nach dem Gemeinschaftsrecht wird jeweils nur am Rande behandelt. Eine dogmatische Einordnung des verwendeten Treuhandbegriffs unterbleibt. Beide Autoren behandeln die Problematik des treuhänderischen Erwerbs allein als eine Frage der Zurechnung von Anteilen gemäß § 37 Abs. 1 Nr. 3 Satz 2 GWB. Als maßgebliches Zurechnungskriterium wird in den Arbeiten auf den Begriff der „Leitungsmacht" zurückgegriffen. Unter diesem Terminus wird allgemein die Möglichkeit der Einflussnahme auf die unternehmerische Leitung des Zielunternehmens verstanden.[283] Als wesentlicher Streitpunkt wird sich auf die Frage konzentriert, ob sich für den Treugeber, der das wirtschaftliche Risiko einer Beteiligung trage, stets zumindest die Möglichkeit faktischer Leitungsmacht über das Zielobjekt ergäbe.

## D. Neue Ansatzpunkte

Mit der Einführung der 6. GWB-Novelle hatte der deutsche Gesetzgeber das Ziel, „stringentere Regeln des EG-Rechts" zu übernehmen und das deutsche Wettbewerbsrecht da beizubehalten, „wo es konkretere Regeln enthält, wo sich das europäische Recht noch in der Entwicklung befindet oder wo das nationale Recht dem europäischen deutlich überlegen ist".[284] Das Gemeinschaftsrecht hatte also zumindest in gewissen Teilen Vorbildcharakter für die deutsche Fusionskontrolle und dient daher als Ausgangspunkt der Untersuchung.

Insbesondere die Einführung des Kontrolltatbestandes gemäß § 37 Abs. 1 Nr. 2 GWB nach dem Vorbild des Art. 3 Abs. 1 lit. b FKVO 4064/89 ist ein Resultat der Annäherung an das Gemeinschaftsrecht. Durch seinen materiellen Charakter hat dieser Zusammenschlusstatbestand das bisherige System der formellen Tatbestände des GWB in der Fassung der 5. GWB-Novelle verwässert. Im Hinblick auf den materiellen Charakter der Norm ist sogar zu hinterfragen, ob der formelle Erwerbstatbestand von Vermögensgütern und Anteilsrechten als solcher und damit auch die Zurechnungsklausel in § 37 Abs. 1 Nr. 3 Satz 2 GWB nicht an Bedeutung verloren hat und nun-

283 Vgl. beispielsweise *Paschke* in: *Frankfurter Kommentar*, § 23 GWB Rdnr. 171.

284 So Begr. RegE. (Sechsten Gesetzes zur Änderung des GWB), BT-Drucks. 13/9720, S. 30. Vgl. zum Kontrollerwerb als neuen Zusammenschlusstatbestand auch: *Hoffmann*, S. 538 ff.

mehr jede noch so mittelbare materielle Kontrollerlangung durch den Treugeber ausreicht, um selbst einen Zusammenschlusstatbestand zu verwirklichen.

Mit der Einführung des Kontrollerwerbstatbestandes hat auch der Begriff der „Leitungsmacht“ als solcher in der neueren Literatur an Bedeutung verloren und wurde weitgehend durch den Begriff der „Kontrolle“ verdrängt. Inhaltlich geht es allerdings grundsätzlich um das Gleiche, nämlich die Möglichkeit, bestimmenden Einfluss auf die Tätigkeit eines Unternehmens auszuüben. Aus diesem Grund ist auch weiterhin die Verteilung der Entscheidungsbefugnisse zwischen Treugeber und Treuhänder zu beachten. Waren die Analysen der Literatur bisweilen stark einzelfallbezogen oder beschränkten sich in ihren theoretischen Ausführungen auf die holzschnittartige Differenzierung nach weisungsgebundenem und weisungsabhängigen Treuhänder, soll hier ein filigraneres und stärker abstrahierendes Bild von den Möglichkeiten der Gestaltung eines treuhänderischen Innenverhältnisses und der damit verbundenen Machtverteilung gezeichnet werden. Die Art der Verteilung von Entscheidungsbefugnissen zwischen Treuhänder und unterliegt grundsätzlich der Vertragsautonomie der Vertragsparteien. Der vertraglichen Gestaltung sind andererseits jedoch durch das Gesellschaftsrecht zahlreiche Grenzen gesetzt. Die kartellrechtliche Literatur hat sich bislang weder im Detail mit den gesellschaftsrechtlichen Möglichkeiten der Mitbestimmung des treugebenden Unternehmens noch mit den Grenzen der Rechte des treugebenden Unternehmens beschäftigt. In der Entscheidungspraxis der Behörden finden sich vielmehr bisweilen sogar Formulierungen, die den Zweifel begründen, dass gewisse gesellschaftsrechtliche Gesetzmäßigkeiten nicht beachtet werden. So verpflichtete beispielsweise die Europäische Kommission in ihrer Entscheidung in Sachen VEBA/Degussa vom 3. Dezember 1997 die VEBA AG dazu, nach Ablauf der vereinbarten Veräußerungspflicht nur die „Stimm- und Verwaltungsrechte“ der VEBA AG an der Cabot Hüls GmbH auf einen „neutralen und weisungsunabhängigen Treuhänder“ zu übertragen.[285] Diese Formulierung ist problematisch, gilt doch im deutschen Gesellschaftsrecht das Verbot der Trennung der Mitgliedschaftsrechte von der Gesellschafterstellung, das sogenannte Abspaltungsverbot[286]. Über die zivilrechtlichen Grundsätze scheint man aufgrund eines ökonomisch-pragmatisch geprägten Blickwinkels der Fusionskontrolle hinwegzusetzen.

Weitgehend unbeachtet vom fusionskontrollrechtlichem Schrifttum blieb bislang auch die rechtliche Tatsache, dass dem Weisungsrecht des Treugebers und einer damit verbundenen Stimmrechtsbindung des Treuhänders durch das Gesellschaftsrecht und insbesondere durch die mitgliedschaftlichen Treuepflichten gegenüber der Gesellschaft Grenzen gesetzt sind. Die teils oberflächliche Argumentation der Literatur mit dem Begriffspaar der Weisungsfreiheit und der Weisungsabhängigkeit des Treuhän-

285 *Kommission,* E. v. 3. 12. 1997, IV/M.942, ABl. 1998 L 201/102, 111 (Tz. 65) – VEBA/Degussa. Inwieweit eine derart gespaltene Übertragung nach deutschem Gesellschaftsrecht überhaupt möglich sein kann, wird unten in anderem Zusammenhang zu erörtern sein.

286 Hierzu bereits oben unter § 3 III b dd (1).

ders im Zusammenhang mit der Frage der Zurechnung treuhänderisch gehaltener Anteile ist daher zu vertiefen.

Nur wenn ein klares Vorstellungsbild darüber besteht, wie die rechtlichen Beziehungen zwischen Treuhänder, Treugeber und dem Zielunternehmen als Treugut im Rahmen der deutschen Gesetzesvorgaben ausgestaltet sein können, kann eine differenzierte Untersuchung der Zuordnung von wirtschaftlichen Kontrollpositionen erfolgen. Der Analyse der speziellen, fusionskontrollrechtlichen Gesetzeslage (Kapitel § 7) soll daher ein Kapitel (§ 6) vorangestellt werden, in dem die Möglichkeiten einer gesellschaftsrechtlich konformen Ausgestaltung eines Treuhandverhältnisses beim Anteilskauf aufgezeigt werden. Dabei kann dankenswerterweise auf die Arbeiten derjenigen Autoren zurückgegriffen werden, die die Treuhand des privaten Rechts vor kurzem „wiederentdeckt“[287] haben.

# § 6 Gesellschaftsrechtskonforme Einflussmöglichkeiten eines Treugebers auf ein Unternehmen trotz fehlender Mitgliedschaft

Lässt das treugebende Unternehmen über einen Vollrechtstreuhänder Anteile an einem Unternehmen erwerben, stellt sich die Frage, ob und wie der Treugeber trotz fehlender dinglicher Rechtsposition bestimmenden Einfluss auf das Zielunternehmen nehmen kann. Dabei sind grundsätzlich zwei Wege denkbar: Zum einen der mittelbare Weg der Einflussnahme über das Innenverhältnis zwischen dem Treugeber und dem Treuhänder über das Weisungsrecht. Zum anderen der Weg der direkten Einflussnahme auf den Willensbildungsprozess der Gesellschaft und deren geschäftliche Tätigkeit über den Weg eigener Beteiligungsrechte an der Gesellschaft neben dem Treuhänder.

## A. Einflussnahme über den Treuhänder

### I. Weisungsrecht

#### 1. Das Weisungsrecht im Allgemeinen

Schon aus der maßgeblichen Aufgabe des Treuhänders heraus, nämlich der Interessenwahrnehmung des Treugebers, ergibt sich, dass sich der Treunehmer in seiner Tätigkeit nach möglichen Weisungen des Treugebers zu richten hat. In der Regel ist der Treuhänder aufgrund des dem Treuhandverhältnis zugrunde liegenden Geschäftsbe-

287 *Schiemann*, in: Festschrift für Zöllner, S. 503.

sorgungs- oder Auftragsverhältnisses schon per Gesetz den Weisungen des Treuhänders unterworfen (vgl. §§ 665, 675 Abs. 1 BGB), so dass es vertraglicher Absprachen nicht mehr unbedingt bedürfte.

Durch ein derartiges Weisungsrecht sichert sich der Treugeber den mittelbaren Einfluss auf das betroffene Unternehmen. Die Einwirkungsmöglichkeiten sind aufgrund der weitgehenden Vertragsautonomie unterschiedlich stark. So kann das Weisungsrecht beispielsweise in der Treuhandabrede vollständig abbedungen oder auf bestimmte Tätigkeitsbereiche des Treunehmer-Gesellschafters beschränkt werden. Eine Differenzierung hinsichtlich des Weisungsrechts bietet sich typischerweise nach der Wichtigkeit der Entscheidung an. Auf der anderen Seite ist es auch möglich, das Weisungsrecht derart engmaschig zu gestalten, dass der Treuhänder ohne vorherige Zustimmung des Treugebers keine rechtlichen Erklärungshandlungen vornehmen kann.[288]

## 2. Das Stimmweisungsrecht im Besonderen

Der Treuhänder wird bei der Vereinbarung einer Vollrechtstreuhand zum Gesellschafter. Nur ihm stehen im Verhältnis zur Gesellschaft und den anderen Gesellschaftern die Mitgliedschaftsrechte, insbesondere das Stimmrecht in der Gesellschafterversammlung/Hauptversammlung zu. Schuldrechtlich wird der Treuhänder jedoch meist durch einen Stimmbindungsvertrag an Weisungen des Treugebers gebunden.[289]

Diese Weisungsbindung ist zwar grundsätzlich im Innenverhältnis zwischen Treugeber und Treuhänder unproblematisch. Ist das Treugut aber ein Anteilsrecht kommt es zu gewissen Spannungsfeldern mit gesellschafsrechtlichen Grundsätzen.

### *a. Personengesellschaft*

Aufgrund des personalistischen Wesens der Personengesellschaften ergeben sich gewisse Einschränkungen des Stimmweisungsrechts. So darf grundsätzlich jeder Gesellschafter in der Personengesellschaft davon ausgehen, dass die mit ihm vertraglich verbundenen Teilhaber mit ihm in der Gesellschafterversammlung ihren Willen bilden, die Willensbildung also intellektuell innerhalb der Gesellschaft stattfindet. So spricht sich denn auch eine Mindermeinung im Schrifttum dafür aus, dass eine Stimmrechtsbindung durch den Treuhänder nur dann Auswirkungen haben dürfe, wenn sie mit Zustimmung der übrigen Gesellschafter erfolge.[290]

---

288 Vgl. das Vertragsbeispiel zur Publikumspersonengesellschaft bei *Maulbetsch*, S. 35.

289 *Armbrüster*, S. 229.

290 *Beuthien*, ZGR 1974, S. 26 (44 f.); *Ulmer* in: *Staub*, HGB, § 105 Rdnr. 104, § 119 Rdnr. 75.

Anders jedoch die herrschende Meinung[291]: sie geht selbst bei den Personengesellschaften davon aus, dass der treuhänderische Anteilseigner durch einen schuldrechtlichen Stimmbindungsvertrag bzw. durch das per se bestehende Treueverhältnis der Gesellschafter an die Weisungen des Treugebers gebunden werden kann. *Karsten Schmidt* bezeichnet die dauerhafte Stimmbindung des Treuhänders gar als die „oft unentbehrliche" „Fernsteuerung"[292]. Zutreffend weist *Armbrüster* zur Rechtfertigung dieses Weisungsverhältnisses daraufhin, dass der Treuhänder sich als materieller Anteilsinhaber genau wie jeder andere Gesellschafter für seine Weisungen am Wohl der Gesellschaft orientieren werde. Von ihm ginge, anders als beispielsweise vom Nießbraucher, nicht die Gefahr aus, dass er sich — zumindest nicht mehr als jeder andere Gesellschafter auch — von gesellschaftsfremden Eigeninteressen leiten lasse. Die Grenzen der Stimmbindungen werden nach herrschender Ansicht nur durch das Treueverhältnis innerhalb der Gesellschaft begrenzt.[293]

Eine entgegen der Stimmbindung abgegebene Stimme berührt nur das Verhältnis zwischen den Vertragsparteien des Treuhandvertrags. Sie gilt im Rahmen des gesellschaftsrechtlichen Beschlusses als gültig abgegeben, es sei denn, die Gesellschafter hätten sich untereinander gebunden.[294]

### *b. Kapitalgesellschaft*

Schuldrechtliche Stimmbindungsvereinbarungen mit Dritten können die Autonomie der juristischen Person berühren. Für den Fall, dass der Dritte jedoch der Treugeber eines Kapitalanteils ist, wird weitgehend davon ausgegangen, der Treugeber sei hinsichtlich der Stimmbindung einem Mitglied der juristischen Person gleichzustellen, da er das wirtschaftliche Risiko der Anteilsinhaberschaft des Treuhänders in Form von Freistellungsansprüchen trage.[295] Sowohl bei der Aktiengesellschaft[296] als auch bei der GmbH[297] wird eine derartige Stimmbindung deshalb grundsätzlich als zulässig erachtet und entspricht gängiger Rechtsprechung.[298] Die Weisungsbefugnis des Treugebers soll

---

291 *Baumbach/Hopt*, HGB, § 119 Rdnr. 18; *Armbrüster*, S. 237; *Schmidt*, Gesellschaftsrecht, § 21 II, S. 619 f; *Henssler*, AcP 196 (1996), S. 37 (79); *Eden*, S. 63.

292 *Schmidt*, Gesellschaftsrecht, § 21 II, S. 619 f.; *Henssler*, AcP 1996 (1996), S. 37 (79).

293 *Schmidt*, Gesellschaftsrecht, § 21 II, S. 620; *Blaurock*, S. 191.

294 Inzident *BGHZ* 48, 163, 173; *Schmidt*, Gesellschaftsrecht, § 21 II, S. 621; *Blaurock*, S. 192.

295 *Flume*, § 7 VI, S. 254.

296 *BGH*, ZIP 1983, 432 (433); *BGH*, NJW 1983, 1910 (1911); *Wiesner* in: *Münchener Handbuch des Gesellschaftsrechts*, § 14 Rdnr. 66.

297 *BGHZ* 48, 163, 160 ff.; *OLG Koblenz*, GmbHR 1986, 430 (431).

298 So auch *Breuer*, MittRhNotK 1988, S. 79 (86).

dabei teilweise sogar die Änderung der Satzung von Kapitalgesellschaften mitumfassen.[299]

## II. Stimmrechtsvertretung durch den Treugeber

Der Einfluss des Treugebers auf das Unternehmen lässt sich im Vergleich zum einfachen Stimmweisungsrecht noch verstärken. Als mögliches Mittel kommt in Betracht, dass der Treugeber vom Treuhänder zur Ausübung der Stimmrechte im Namen des Treuhänders bevollmächtigt wird.[300]

Sowohl bei den Kapitalgesellschaften als auch bei den Personengesellschaften ist es bei entsprechender Zustimmung der anderen Gesellschafter grundsätzlich ohne Verstoß gegen die Verbandsautonomie möglich, einen Nichtgesellschafter wie den Treugeber zur Stimmrechtsvertretung zu bevollmächtigen. Der Einfluss durch eine Stimmrechtsvollmacht kann durch verschiedene juristische Kunstgriffe noch verstärkt werden, so dass sich die Vollmacht der alleinigen Ausübung des Stimmrechts durch den Treugeber annähert: Zum einen wird es nach herrschender Ansicht als zulässig erachtet, dem Treugeber als materiellen Rechtsinhaber eine unwiderrufliche Bevollmächtigung zu erteilen.[301] Zumindest für die Dauer des Treuhandverhältnisses wurde dies von der Rechtsprechung bereits für die treuhänderische Verwaltung von GmbH-Anteilen anerkannt und vom Schrifttum bekräftigt.[302] Zum anderen kann die Stimmrechtsvertretung zumindest innerhalb des schuldrechtlichen Treuhandverhältnisses derart gestaltet werden, dass der Treunehmer auf die Ausübung seines Stimmrechts ganz verzichtet (verdrängende Stimmrechtsvollmacht).[303] Eine Kombination der unwiderruflichen Vertretungsmacht und des Stimmrechtsverzicht wird wegen der faktischen Nähe zur höchst umstrittenen Stimmrechtsabtretung von der Literatur aber äußerst kritisch gesehen[304].

---

299 *Schmidt* in: *Scholz*, GmbH-Gesetz, § 47 Rdnr. 42; *Priester* in: FS für Werner, S. 657 (672 f.).

300 Für die GmbH vgl. z. B.: *BGH,* WM 1976, S. 1247 ff.

301 *Beuthien*, ZGR 1974, S. 26 (53); *Armbrüster*, S. 271 f.

302 *BSG*, ZIP 1997, 1120 (1122); *BGH*, GmbH-Rdsch. 1977, 244 (246); *BGH,* WM 1976, S. 1247 (1249); *Schmidt* in: *Scholz*, GmbH-Gesetz, § 47 Rdnr. 83.

303 Allgemein: *Armbrüster*, S. 273; für die GmbH: *Roth/Thöni*, in: FS 100 GmbH-Gesetz, S. 245 (279).

304 Für die GmbH-Beteiligung: *Schmidt* in: *Scholz*, GmbH-Gesetz, § 47 Rdnr. 82; für die Personengesellschaften: *BGHZ* 3, 354 (357); *Baumbach/Hopt*, § 119 Rdnr. 19; *Beuthien*, S. 53.

## III. STIMMRECHTSABTRETUNG UND LEGITIMATIONSZESSION

### 1. Stimmrechtsabtretung

Für alle Gesellschaftsarten wird die Abspaltung des Stimmrechts vom Mitgliedschaftsrecht grundsätzlich aufgrund des Abspaltungsverbots abgelehnt[305]. Diskutiert wird jedoch, ob etwas anderes gelten muss, wenn es der Treugeber des Gesellschaftsanteils ist, an dem die Stimmrechte übertragen werden sollen. Die Diskussion darüber, ob beim Treugeber als Quasi-Gesellschafter etwas anderes gelten müsse, bezeichnet *Karsten Schmidt* treffend als „Testfall des Abspaltungsverbots“[306].

An diesem wackelt ein nicht zu vernachlässigender Teil des Schrifttums.[307] Namentlich *Armbrüster* und *Bälz* vertreten die Auffassung, dass die Übertragung des Stimmrechts auf den Treugeber dann zulässig sei, wenn die Gesellschafter der Personengesellschaft bzw. die Kapitalgesellschaft der Übertragung explizit zugestimmt haben[308]; die Treuhand notwendigerweise also eine offene, bzw. nach Ulmer eine „qualifizierte“ (vgl. oben § 3 C IV 3) Treuhand ist. Das Abspaltungsverbot, das primär verhindern solle, dass die Wahrnehmung von Mitgliedsschaftsrechten dem Gesellschaftsinteresse schädlich sei, liefe zumindest im Fall der fremdnützigen Treuhand leer, da Treugeber- und Treuhänderinteressen notwendigerweise kongruent seien. Auch wenn eine nicht zu vernachlässigende Gegenmeinung in der Literatur[309] auch die Stimmrechtsabtretung an den Treugeber für unzulässig hält, darf diese Einflussmöglichkeit des Treugebers im Rahmen der vorliegenden Abhandlung nicht außer Betracht gelassen werden.

### 2. Legitimationszession

Außerhalb des Aktienrechts[310] findet das Rechtsinstitut der Legitimationszession wegen der bisher ablehnenden bzw. unentschiedenen Rechtsprechung weder bei den Personengesellschaften noch bei der GmbH praktische Anwendung.

---

305 Vgl. dazu bereits oben unter § 3 III 1 b dd (1).

306 *Schmidt*, Gesellschaftsrecht, § 19 III, S. 561.

307 Vgl. dazu auch die Nachweise bei *Karsten*, S. 106.

308 *Armbrüster*, S. 276 ff. und S. 288 f.; *Bälz*, ZGR 1980, S. 1 (95). So auch *BGH*, NJW 1987, 2677; *OLG Koblenz*, ZIP 1989, 100 (101); *Koller* in: *Koller/Roth/Morck*, § 105 Rdnr. 20. Zumindest die Abspaltung von Kontroll- und Verwaltungsrechten von der Gesellschafterstellung bejahend auch *BGH* 10, 44, 49 f.

309 *Beuthien*, S. 55 und 82; *Schaub*, S. 1634 (1638).

310 Vgl. dazu bereits oben unter Gliederungspunkt § 3 III 1 b dd (2) (b).

Eine Ausnahme könnte jedoch für die Ermächtigung des Treugebers gelten. So hatte das OLG Köln über eine entsprechende gesellschaftsvertragliche Regelung einer Gesellschaft des bürgerlichen Rechts zu entscheiden:[311] Diese Gesellschaft hatte in ihrem Gesellschaftsvertrag die Möglichkeit vorgesehen, dass der Treuhänder den Treugeber „ermächtigen" könne, das Stimmrecht „entsprechend seiner Beteiligung selbst auszuüben". Das Gericht hegte gegenüber dieser Regelung keine Bedenken. Der Treugeber dürfe so gestellt werden, als ob er Gesellschafter sei. Angesichts der fehlenden Möglichkeiten der Legitimation bei der Personengesellschaft[312] ist jedoch fraglich, ob die genannte Vertragsklausel tatsächlich eine echte Legitimationszession regeln oder ob sie nicht eher nur die Möglichkeit der Stimmrechtsvertretung eröffnen sollte.

## IV. INFORMATIONSRECHTE DES TREUGEBERS GEGENÜBER DEM TREUHÄNDER

Die Möglichkeit, einen bestimmenden Einfluss auf ein Unternehmen auszuüben, kann nur dann effizient und intensiv genutzt werden, wenn diese Einflussmöglichkeit durch Informationsansprüche abgesichert wird. Als eine Informationsquelle steht dem Treugeber der Treunehmer zur Verfügung. Dieser ist schuldrechtlich gemäß §§ 666, 675 Abs. 1 BGB dem Treugeber zur Auskunft über die rechtliche und ökonomische Entwicklung des Treuguts im Rahmen seiner Verwaltungstätigkeit verpflichtet.

Der Treuhänder ist dem Treugeber grundsätzlich zu zweierlei Mitteilungsarten verpflichtet. Die sind zum einen Mitteilungen über ihn selbst und seine konkrete Tätigkeit, wie z. B. eine Dokumentation seines Stimmverhaltens in der Gesellschafterversammlung/Hauptversammlung. Zum Zweiten sind dies Informationen über das Unternehmen selbst.[313]

Das allgemein anerkannte Bedürfnis des Treugebers an der Auskunft des Treuhänders über die Verwaltung der treuhänderischen Beteiligung steht grundsätzlich im Interessengegensatz zu dem Interesse der Gesellschaft an einer Geheimhaltung ihrer nicht-öffentlichen Gesellschaftsangelegenheiten gegenüber Nicht-Gesellschaftern. Insofern kommt es zu einer Interessenkollision der Treuepflicht des Treuhänders mit seinen Pflichten aus der formellen Gesellschafterstellung. Die herrschende Ansicht geht davon aus, dass dieser Konflikt im Interesse der Gesellschaft zu lösen sei, da der Treugeber den Treuhänder bewusst durch die Übertragung des treuhänderischen Anteils bzw. durch den treuhänderischen Erwerbsvorgang diesen gesellschaftsrechtlichen Treuepflichten ausgesetzt habe.[314]

311 *OLG Köln*, DB 1996, 2123.

312 *Armbrüster*, S. 275.

313 *Tebben*, S. 274.

314 *Armbrüster*, S. 305; *Blaurock*, S. 181; *Schaub*, DStR 1995, S. 1634 (1637).

Die Interessen des Treugebers an einer umfassenden Information über die Unternehmenstätigkeit seien nur dann anders zu werten, wenn die treuhänderische Beteiligung im Rahmen einer offenen/qualifizierten Treuhand im Interesse der Gesellschaft erfolge.[315] Die Verzahnung zwischen dem Treuhandvertrag und dem Gesellschaftsvertrag könnte dann so eng sein, dass eine Weiterleitung der Informationen nur in Ausnahmefällen untersagt werden könnte.[316] In dem Fall, in dem die Weitergabe von Informationen an den Treugeber der Gesellschaft schaden könnte, hat der Informationsfluss jedoch klar zu unterbleiben. Dies gilt vor allem für Informationen, die zu Wettbewerbszwecken genutzt werden können. Im Bereich der Unternehmenszusammenschlüsse hat das treugebende Unternehmen naturgemäß in der Regel ein besonders ausgeprägtes Interesse an derartigen wettbewerbsspezifischen Informationen über das Unternehmen, an dem es über einen Treuhänder Anteile hält. Gerade in diesem Themenbereich ist der Treuhänder-Gesellschafter durch seine Verschwiegenheitspflichten gegenüber der Gesellschaft aber in besonderem Maße in der Informationsweitergabe beschränkt. Wurde der Treugeber nicht durch gesonderte vertragliche Vereinbarungen mit der Gesellschaft ausdrücklich in den engsten Kreis der Informationsempfänger mit aufgenommen und verhält sich der Treuhänder rechtskonform gegenüber der Gesellschaft und den übrigen Gesellschaftern ist davon auszugehen, dass der Treugeber nur begrenzt Informationen und damit Kontrollmöglichkeiten über das „Zielobjekt" erhalten wird.

## B. Direkte Einflussnahme auf die Gesellschaft

In einigen Abhandlungen über die Treuhand an Gesellschaftsanteilen wird die Frage aufgeworfen, ob das aus den Grundätzen der Mitgliedschaft entwickelte Abspaltungsverbot nicht durch die Besonderheit der Treuhand durchbrochen werde. Der Weg wäre dann — zumindest bei offenen Treuhandverträgen — frei für eine Art „Doppelzuständigkeit" an dem Gesellschaftsanteil, so dass sowohl der Treuhänder also auch der Treugeber mitgliedschaftliche Rechte geltend machen könnten.[317] Hierzu wäre eine „Verzahnung"[318] des Treuhandverhältnisses mit dem Gesellschaftsvertragvertrag nötig.

315 Gedacht wird hierbei vor allem an die Publikumsgesellschaft.

316 *Tebben*, S. 274 f.

317 *Weber*, S. 192 ff., *Schmidt*, Gesellschaftsrecht, § 19 III, S. 561; *Armbrüster*, S. 276 ff; 288 ff.

318 *OLG Köln*, DB 1996, 2123.

## I. Zusätzliches Stimmrecht des Treugebers in der Gesellschaft

Die größtmögliche Kontrollmöglichkeit wahrte sich der Treugeber sicherlich dann, wenn er sich ein eigenes (zusätzliches) Stimmrecht an der gesellschaftsrechtlichen Beteiligung einräumen ließe.

### *a. Personengesellschaft*

Was die Personengesellschaften betrifft, verteidigt die herrschende Meinung[319] noch vehement das Abspaltungsverbot und lehnt es ab, dass dem Treugeber eigene Stimmrechte gewährt werden. Diese Ansicht erfährt jedoch Gegenwind von der Rechtsprechung. So schränkte der BGH bereits im Jahre 1960 das Abspaltungsverbot restriktiv dahingehend ein, dass darunter nicht der Fall zu fassen sei, in dem einem Nichtgesellschafter nur ein zusätzliches Stimmrecht eingeräumt werde, die Gesellschafter ihre Stimmrechte jedoch behielten. In der Person des Gesellschafters liege dann keine Trennung von Mitgliedschaft und Mitgliedschaftsrechten vor. Diese Aussage ist insofern zweifelhaft, als ein zusätzliches Stimmrecht eines Nichtgesellschafters das Stimmrechtsgewicht der Gesellschafter konsequenterweise einschränkt, weil die Proportionen der Stimmkraft verschoben werden und das auf den einzelnen Gesellschafter fallende Stimmgewicht vermindert wird.

Dieser Kritik hält *Armbrüster* jedoch das Argument der Privatautonomie entgegen. Es müsse den Gesellschaftern zugestanden werden, dass sie selbst am besten darüber entscheiden können, ob sie im Einzelfall auf ihren gesellschaftsrechtlichen Schutz gegenüber dem Einfluss Dritter verzichten möchten oder nicht.[320] Er räumt jedoch ein, dies werde in der Praxis nur selten in Kauf genommen werden.

### *b. Kapitalgesellschaft*

Im Aktienrecht spricht bereits das Verbot der Mehrstimmrechte in § 12 Abs. 2 AktG gegen ein zusätzliches Stimmrecht des Treugebers neben dem des Treuhänders. Auch hier gilt, dass die Einräumung eines zusätzlichen Stimmrechts an den Treugeber das auf den Beteiligungsanteil fallende Stimmgewicht erhöhen würde. Dieser Aspekt wird von *Armbrüster* unbeachtet gelassen, wenn er, in paralleler Handhabung zu den Personengesellschaften, daran festhalten möchte, dass die Gewährung eines zusätzlichen Stimmrechts zugunsten des Treugebers auch bei den Kapitalgesellschaften möglich sei.[321] Beuthien lehnt hingegen im Einklang mit dem Gesetz ein zusätzliches Stimm-

319 Vgl. die Nachweise bei *Armbrüster*, S. 286 Fn. 1316.

320 *Armbrüster*, S. 288.

321 *Armbrüster*, S. 292.

recht des Treugebers in den Kapitalgesellschaften grundsätzlich ab. Möglich sei seiner Ansicht nach nur ein durch die Gesellschaft zu gewährendes „Widerspruchsrecht"[322].

Für die GmbH gilt zwar nicht das Verbot des Mehrstimmrechts, auch hier geht die herrschende Meinung aber wohl davon aus, dass dem Treugeber nur ein sogenanntes Zustimmungsrecht"[323] als Sperrstimmrecht, also ähnlich dem von Beuthien geforderten „Widerspruchsrecht", eingeräumt werden kann.

Für den Treugeber einer Beteiligung an einer Kapitalgesellschaft kann die Einflussmöglichkeit eines eigenen Stimmrechts daher insgesamt vernachlässigt werden.

## II. Direkte Einflussmöglichkeit auf die Gesellschaft durch die Konstituierung außerordentlicher Gesellschaftsorgane

Die Praxis hat gezeigt, dass dem juristischen Erfindungsreichtum keine Grenzen gesetzt sind, wenn es darum geht, dem Treugeberunternehmen direkte Einflussmöglichkeiten auf das Treugutobjekt zu schaffen. Beispielhaft sei hier auf den Zusammenschluss der Herlitz AG und der Landré GmbH hingewiesen[324]. In Folge der bereits oben geschilderten Durchsuchungen im Rahmen des Bußgeldverfahrens kam unter anderem auch ans Licht, dass sich bei Landré Anfang 1994 ein außerordentliches Gesellschaftsorgan, ein sogenannter „Lenkungsausschuss Bismarck" konstituiert hatte. Diesem gehörten neben dem Geschäftsführer von Landré und dem Geschäftsführer der Neptuno auch Mitglieder des Vorstands der Herlitz AG an. Dieses Gremium tagte zumindest bis März 1996 wenigstens siebenmal. Gegenstand der Sitzungen war die betriebliche Wirtschaftsentwicklung, die Marktsituation, der Wettbewerb und die Landré betreffenden Probleme der Finanz-, Investitions-, und Personalplanung.

Die rechtliche Zulässigkeit derartiger atypischer zusätzlicher Organe hängt bei der GmbH wie bei anderen Kapitalgesellschaften maßgeblich von der Satzung der Gesellschaft ab. Bei Personengesellschaften sind wegen des Prinzips der Selbstorganschaft derartige Fremdorgane kaum in rechtlich zulässiger Weise vorstellbar.

## III. Eigene Informationsrechte gegenüber der Gesellschaft (Auskunft und Einsicht)

Die Einfluss- und Kontrollmöglichkeiten des Treugebers würden nicht unerheblich erhöht, stünde dem Treugeber neben den oben geschilderten Informationsrechten ge-

---

322 *Beuthien*, S. 83.

323 Für die GmbH: *Schaub*, DStR 1995, S. 1634 (1638).

324 Vgl dazu oben § 1 G, sowie *BKartA* WuW/E 2894 – Herlitz/Landré.

genüber dem Treuhänder auch ein eigener Anspruch auf Information über die Unternehmenstätigkeit gegenüber der Gesellschaft bzw. den anderen Gesellschaftern zu.

Wie das Stimmrecht sind auch die gesetzlich geregelten Rechte an Informationen über die Gesellschaftsaktivitäten (§§ 118, 166 HGB, § 51 a GmbHG, § 131 AktG) an die Mitgliedschaft gebundene Rechte, so dass dem Treugeber als nur materiellem „Gesellschafter" nach herrschender Meinung derartige Rechte grundsätzlich nicht zustehen und auch eine Abtretung dieser Rechte wegen des Abspaltungsverbots nicht in Frage kommt.[325] Ein „außerordentliches Informationsrecht" soll nur eventuell bei offengelegten Treuhandverhältnissen wie den Publikumsgesellschaften möglich sein.[326] Ein eigenes Auskunftsrecht erlangt der Treugeber deshalb in der Regel gegenüber der Personengesellschaft nur, wenn dies vertraglich zwischen ihm und der Gesellschaft gesondert vereinbart wird.[327] In der Aktiengesellschaft steht nur der Aktionär gemäß § 131 AktG in der Hauptversammlung eine Auskunftsrecht zu.[328] Da das Auskunftsrecht nach § 131 AktG nach allgemeiner Ansicht jedoch nicht als höchstpersönliches Recht zu qualifizieren ist, kann es durch Dritte in der Hauptversammlung ausgeübt werden, soweit sie für den Aktionär an der Hauptversammlung teilnehmen.[329]

Wie zur Stimmrechtsabgabe kann der Gesellschafter den Treugeber auch zur Informationseinholung bevollmächtigen, wenn die übrigen Gesellschafter damit einverstanden sind.[330] Aufgrund der Höchstpersönlichkeit des Informationsrechts ist die Bevollmächtigung eines Dritten jedoch grundsätzlich restriktiv zu handhaben.[331]

## IV. Geschäftsführung

Ein fusionskontrollrechtlich erheblicher Einfluss auf das Zielobjekt könnte vor allem dann in der Person des Treugebers gewonnen werden, wenn sich der Treugeber neben dem mittelbaren Einfluss über die Beteiligung zusätzlich einen direkten Einfluss auf die Unternehmensleitung durch eigene Geschäftsführungsbefugnisse zu sichern vermag. Liegt das Motiv für die Treuhandabrede jedoch darin, das dahinterstehende, treugebende Unternehmen im Verborgenen zu halten, scheidet diese Einflussmöglichkeit auf das Zielobjekt naturgemäß aus.

---

325 *BGHZ* 25, 115, 122; *BGH*, WM 1975, S. 1299; *Henssler*, AcP 196 (1996), S. 37 (81); *Schaub*, DStR 1995, S. 1634 (1637); *Eden*, S. 69 f.; *Beuthien*, S. 51 und 81.

326 *Schmidt*, Gesellschaftsrecht, § 61 III, S. 1832; *Henssler*, AcP 196 (1996), S. 37 (81).

327 *BGHZ* 10, 44, 49 f.; *Blaurock*, S. 180; *Beuthien*, S. 52.

328 *Hüffer*, § 131 Rdnr. 3; *Kubis* in: *Münchener Kommentar*, AktG, § 131 Rdnr. 11.

329 *Hüffer*, § 131 Rdnr. 4; *Kubis* in: *Münchener Kommentar*, AktG, § 131 Rdnr. 12.

330 So *KG*, GmbHR 1988, S. 221 (222).

331 *BGHZ* 25, 115, 123.

## 1. Personengesellschaft

Für die Personengesellschaft ist es aufgrund des Grundsatzes der Selbstorganschaft[332] nach herrschender Meinung ausgeschlossen, die Geschäftsführung auf einen Nichtgesellschafter zu übertragen. Jedoch kann sich der Treugeber von dem Treuhänder und den übrigen Gesellschaftern rechtsgeschäftlich zum Prokuristen bestellen lassen und damit de facto auch Einfluss auf die Geschäfte nehmen. Diese Art der rechtsgeschäftlichen Delegation der Geschäftsführung ist jedoch einseitig entziehbar.

## 2. Kapitalgesellschaften

In der Aktiengesellschaft oder der GmbH kann ein Gesellschaftsfremder ohne weiteres als Vorstand, bzw. als Geschäftsführer bestellt werden, so dass auch der Treugeber sich theoretisch diese Einflussmöglichkeit zunutze machen könnte.

# C. Zusammenfassung und Fazit

Der Treugeber hat theoretisch die Möglichkeit, sowohl auf den Treuhänder als auch direkt auf das Treugutunternehmen Einfluss zu nehmen. Beide Möglichkeiten unterliegen Beschränkungen duch die gesellschaftsrechtlichen Vorgaben.

Der Gesellschafter, der als Treuhänder handelt, darf nach herrschender Ansicht ausnahmsweise in der Ausübung seines Stimmrechts durch Weisungen des Treugebers gebunden werden. Um den Einfluss des Treugebers direkter zu gestalten, kann der Treuhänder den Treunehmer auch zur Ausübung der ihm selbst formell zustehenden Rechte im fremden Namen bevollmächtigen bzw. ihn per Legitimationszession ermächtigen, sie in seinem eigenen Namen auszuüben.

Eigene Stimmrechte dürfen dem treugebenden Unternehmen in der Gesellschafter- bzw. Aktionärsversammlung nach bislang wohl noch herrschender Ansicht nicht eingeräumt werden. Jedoch besteht die Möglichkeit der Gründung außerordentlicher Geschäftsführungsorgane, an denen das treugebende Unternehmen direkt mit einem eigenen Stimmrecht beteiligt werden kann.

Durch das Interesse der Beteiligungsgesellschaft an der Wahrung ihrer Geschäftsgeheimnisse, wird der der formelle, treuhänderisch agierende Gesesellschafter in seinen Mitteilungspflichten gegenüber seinem Auftraggeber beschränkt. Im Rahmen einer offenen Treuhand können diese Beschränkungen durch gesonderte Vereinbarungen der Gesellschaft mit dem Treugeber jedoch aufgehoben werden. In der Hauptversammlung

---

332 *Schmidt*, Gesellschaftsrecht, § 14 II, S. 409.

einer AG kann der zur Ausübung der Aktionärsstimmrechte befugte Treugeber auch das dazugehörige Auskunftsrecht geltend machen.

Will man die Rolle des treugebenden Unternehmens beim Unternehmenszusammenschluss richtig erfassen, müssen in jedem Fall beide Varianten der Einflussnahme — indirekt über den Treuhänder oder direkt auf die Gesellschaft — geprüft werden. Vor allem ist dabei im Auge zu behalten, ob neben der Treuhandabrede noch Individualvereinbarungen zwischen dem treugebenden Unternehmen und dem Treugutunternehmen bzw. auch gesonderte Vereinbarungen zwischen dem Treuhänder und dem Treugeber bezüglich der Ausübung der Gesellschafterrechte bestehen.

# § 7 Die Treuhand in der europäischen Fusionskontrolle

## A. Der Zusammenschlussbegriff im Allgemeinen

### I. Hinführung zur Thematik

Ziel der Fusionskontrolle ist es, den Konzentrationsgrad der Marktstruktur in einem für die Funktionsfähigkeit des Wettbewerbs angemessenen Maß zu halten. Die Konzentrationssachverhalte in der gemeinschaftsrechtlichen (und ebenso in der nationalen) Fusionskontrollordnung zeichnen sich insofern dadurch aus, dass ein Unternehmensträger die Ressourcen eines anderen Unternehmensträgers – sei es durch Gleich- oder Unterordnung- in seinen Einflussbereich bringt. Durch die Konzentration verschwindet ein Wettbewerber, das Zielobjekt, vom Markt. Der Erwerber wiederum kann die Effizienzvorteile nutzen, die ihm aus dem Anwachsen der neuen Ressourcen erwachsen.[333] Im Gegensatz zum deutschen Fusionskontrollrecht kennt die Fusionskontrollverordnung gemäß Art. 3 Abs. 1 FKVO nur zwei Möglichkeiten des Zusammenschlusses; die dem Kontrollsystem namensgebende Fusion zweier unabhängiger Unternehmen (lit. a) sowie den Kontrollerwerb (lit. b).

Treuhandverträge können unter zwei Gesichtspunkten den Zusammenschlusstatbestand beeinflussen. Zum einen kann die treuhänderische Übertragung oder der treuhänderische Erwerb von Vermögenswerten oder Anteilen eine Konzentration von unternehmerischen Ressourcen in der Person des Treuhänders bedeuten. Zum anderen kann der Treuhänder als Mittel zum Erwerb unternehmerischer Ressourcen eingesetzt werden, der treuhänderische Erwerb stellt dann eine Erwerbsform dar.

333 Vgl. dazu vertiefend *Pohlmann*, S. 94 ff.

Nicht erfasst wird von der Fusionskontrolle die reine Verschiebung der Einflussmöglichkeiten innerhalb eines Unternehmens. So, wenn beispielsweise ein Treuhänder von einer Aktiengesellschaft damit beauftragt wird, kostenlos die gesammelten Stimmrechte ihrer Aktionäre als deren Stellvertreter auszuüben[334]. In dieser Konstellation droht allein die Gefahr der einseitigen Einflussnahme der Geschäftsleitung auf das Abstimmungsverhalten der Aktionäre, das durch den Treuhänder wirkungsvoll gebündelt werden kann. Durch diesen Vorgang werden jedoch keine Ressourcen von einem Unternehmensträger auf einen anderen verschoben.

## II. DER UNTERNEHMENSBEGRIFF DER FKVO

### 1. Relevanz der Fragestellung

Die Fusionskontrollverordnung dient der Kontrolle von Unternehmenszusammenschlüssen und setzt damit schon begrifflich die Beteiligung von Unternehmen voraus.[335] Eine gesetzliche Anknüpfung an den Unternehmensbegriff findet sich in Art. 1 FKVO. Der Anwendungsbereich der Fusionskontrollverordnung ist gemäß Art. 1 Abs. 1 FKVO dann eröffnet, wenn ein Zusammenschluss gemeinschaftsweite Bedeutung hat. Die Bejahung der gemeinschaftsweiten Bedeutung richtet sich gemäß Art. 1 Abs. 2 und 3 i. V. m. Art. 5 FKVO nach den weltweiten und gemeinschaftsweiten Umsatzzahlen der „beteiligten Unternehmen". Die Rolle eines „am Zusammenschluss beteiligten Unternehmens" kann der Treuhänder nur dann erfüllen, wenn der Treuhänder als natürliche oder juristische bzw. teilrechtsfähige Person dem Unternehmensbegriff der FKVO unterfällt. Angesicht der relativ hohen Umsatzschwellenwerte im Rahmen des Art. 1 Abs. 2 und Abs. 3 FKVO weist Schütz darauf hin, dass in der Praxis der Fusionskontrolle nur Unternehmen in der Rechtsform einer juristischen Person, insbesondere einer Kapitalgesellschaft eine Rolle spielen.[336]

Unterfällt ein Erwerbstreuhänder nicht dem Unternehmensbegriff des Art. 1 FKVO, eröffnet sich durch seinen Einsatz verstärkt die Möglichkeit der Umgehung der Fusionskontrolle eröffnen. Vor allem dann, wenn der Treuhänder eine natürliche Person ist, die durch Anteilserwerb Kontrolle über ein Unternehmen erlangt, wird die Problematik deutlich. Zwar wird häufig die Treuhandtätigkeit von juristischen oder zumindest teilrechtsfähigen Personen ausgeübt, die sich auf die treuhänderische Verwaltung von Vermögenswerten spezialisiert haben; zu denken ist dabei an Wirtschaftsprüfungsinstitute, Investitionsbanken oder Managementberatungsfirmen. Ge-

---

334 Vgl. zu dieser neuartigen rechtlichen Erscheinung die Entscheidung des LG Baden-Baden, NZG 1998, S. 685=DB 1998, 1121 sowie die Besprechung von *Singhof*, NZG 1998, S. 670 ff.

335 *Schröer* in: *Frankfurter Kommentar*, Art. 3 FKVO Rdnr. 1.

336 *Schütz* in: *Gemeinschaftskommentar*, Art. 1 FKVO Rdnr. 10.

nauso gut kann als Treuhänder aber auch eine Privatperson — etwa ein Familienangehöriger einer Unternehmerfamilie — als Treuhänder eingesetzt werden, der bislang nicht unternehmerisch tätig war. Es stellt sich dann die Frage, ob auch die natürliche Person als Anteilseigner unter den Unternehmensbegriff fällt und der Anwendungsbereich der Fusionskontrollverordnung eröffnet wird.

## 2. Begriffsbestimmung

### *a. Anlehnung an den Unternehmensbegriff in Art. 85, 86 EG*

In der Fusionskontrollverordnung selbst ist der gemeinschaftsrechtliche Unternehmensbegriff nicht definiert. Ebenso wenig findet sich eine Definition des Begriffs in den wettbewerbsrechtlichen Vorschriften der Art. 81, 82 EGV, die die Rechtsgrundlage für die Rechtsverordnung bilden. Der Begriff des Unternehmens in der FKVO wird aber „auf der Grundlage der gefestigten Verwaltungspraxis und Rechtsprechung zum EG-Kartellrecht vorausgesetzt“[337]. Geprägt von der Rechtsprechung des EuGH zum Unternehmensbegriff „im Rahmen des Wettbewerbsrechts“[338] finden sich in verschiedenen Bekanntmachungen und Mitteilungen der Kommission Definitionsansätze. So beschrieb die Kommission in ihrer ersten Bekanntmachung über Konzentrations- und Kooperationstatbestände aus dem Jahre 1990 das Unternehmen wie folgt:

> *„Das GU (Gemeinschaftsunternehmen, Anmerk. des Verfassers) muss ein Unternehmen sein. Darunter ist eine organisatorische Zusammenfassung von personellen und sachlichen Mitteln zu verstehen, mit denen auf Dauer ein bestimmter wirtschaftlicher Zweck verfolgt wird.“*[339]

Es fällt auf, dass die Definition nicht an einen bestimmten Rechtsträger anknüpft. Auch der EuGH betonte in der Entscheidung Höfner und Elser/Macroton die Unabhängigkeit des Unternehmens von einer bestimmten *„Rechtsform und der Art ihrer Finanzierung“*[340] und bestimmt den Begriff des Unternehmens allein über die Formulierung der *„eine wirtschaftliche Tätigkeit ausübenden Einheit“*. Durch dieses funktio-

---

337 *Löffler*, Art. 3 Rdnr. 3.

338 *EuGH* v. 23. 04. 1991, Rs. C-41/90, Slg. 1991, I-1979 (2016) - Höfner und Elser/Macroton. Zum Unternehmensbegriff im EGKS-Vertrag vgl. bereits: *EuGH* v. 13. 7. 1962, Rs. 17/61 und 20/61, Slg. 1962, 657 (687) – Klöckner Werke und Hoesch/Hohe Behörde.

339 ABl. 1990 C 203/10, Rdnr. 8. Diese Definition wurde zwar nicht in der Neufassung dieser Bekanntmachung im Jahre 1994, ABl. 1994 C 385/1 übernommen. Es ist jedoch anzunehmen, dass der Verzicht auf eine Neuauflage der Definition aus dem Jahr 1990 keine Bedeutung für die rechtliche Bewertung durch die EG-Organe hat. So auch *Löffler* in: *Langen/Bunte*, Kartellrecht, Bd. 1, 2001, Art. 3 FKVO Rdnr. 3.

340 *EuGH* v. 23. 04. 1991, Rs. C-41/90, Slg. 1991, I-1979 (2016) - Höfner und Elser/Macroton.

nale Verständnis[341] des Unternehmensbegriffs erhoffte sich der EuGH eine Einschränkung der Disponibilität der Unternehmenseigenschaft zugunsten eines umfassenden Wettbewerbsschutzes. Nach herrschender Ansicht[342] gilt der vom EuGH zu Art. 81 f. EG entwickelte Unternehmensbegriff grundsätzlich auch in der FKVO.[343] Auch hier charakterisieren grundsätzliche die beiden Komponenten der organisatorischen Einheit und der dauerhaften wirtschaftlichen Betätigung den Unternehmensbegriff. Dieser wird jedoch durch die speziellen Vorschriften der FKVO spezifiziert.

### *b. Der spezielle Unternehmensbegriff der FKVO*

#### *aa. Trychtonomie des Unternehmensbegriffs*

Der Unternehmensbegriff der FKVO hat mehrere Nuancen. Ein Unternehmen kann sowohl als Tätigkeit, als Subjekt oder als Objekt verstanden werden.[344] Auf dem Markt für Unternehmen stellen die Unternehmen zum einem das Objekt des Marktgeschehens dar (vgl. Art. 3 Abs. 1 b] FKVO am Ende).[345] Der Unternehmensbegriff bezeichnet hier die Gesamtheit von Mitteln, mit denen ein wirtschaftlicher Zweck erreicht wird. Zum anderen bezeichnet der Begriff des Unternehmens aber auch den Erwerber (vgl. Art. 3 Abs. 1 lit. a und b FKVO am Anfang) und damit das Unternehmen als Subjekt, das erwerben kann.[346]

#### *bb. Das Unternehmen als Rechtssubjekt*

Für die Thematik des Erwerbstreuhänders ist besonders die Frage von Bedeutung, welche Anforderungen an das Subjekt Unternehmen als organisatorische Einheit gestellt werden. Im europäischen Wettbewerbsrecht ist allgemein umstritten, ob unter dem Subjekt Unternehmen nur ein rechtsfähiges Subjekt gemeint sein soll, d. h. der Unternehmensträger, oder ob das Subjekt Unternehmen nur eine wirtschaftliche Einheit bilden muss.[347] Im Fusionskontrollrecht herrscht jedoch weitgehende Einigkeit darüber, dass das Unternehmen als handelndes Subjekt und damit als Adressat der Fu-

---

341 *Weiß* in: *Calliess/Ruffert*, Art. 81 EG, Rdnr. 31; *Immenga* in: *Immenga/Mestmäcker*, EG-Wettbewerbsrecht, Art. 3 FKVO Rdnr. 6; *Kerse*, Antitrust Procedure, Rdnr. 1.05.

342 *Karl*, S. 78; *Immenga* in: *Immenga/Mestmäcker*, EG-Wettbewerbsrecht, Art. 3 FKVO Rdnr. 6.

343 Gegen die reine Übertragung der Begrifflichkeiten und unter Berücksichtigung der Besonderheiten des Fusionskontrollrechts jedoch *Pohlmann*, S. 58 ff.

344 *Pohlmann*, S. 35 ff.

345 *Pohlmann*, S. 58 f.

346 *Pohlmann*, S. 60 f.

347 Vgl. bei *Emmerich* in: *Immenga/Mestmäcker*, EG-Wetttbewerbsrecht, Art. 85 Abs. 1 A Rdnr. 16; *Schröter* in: *Schröter/Jakob Mederer*, Vor. Art. 81 bis 85 Rdnr. 27.

sionskontrolle rechtsfähig sein muss.[348] Unter dem Unternehmen sei immer der Rechtsträger zu verstehen, denn sowohl der Fusionstatbestand in Art. 3 Abs. 1 lit. a FKVO als auch der Kontrollerwerbstatbestand in Art. 3 Abs. 1 lit. b FKVO setzen voraus, dass die Unternehmen Rechte erwerben und Verträge abschließen können. Auch die verfahrensrechtlichen Vorschriften sprechen für diese Auffassung, weil nur gegenüber rechtsfähigen Einheiten die Anmeldepflicht nach Art. 4 Abs. 1 FKVO, die Auskunftspflicht nach Art. 11 FKVO und eventuelle Vollzugshandlungen durchgesetzt werden können.[349]

Im hier interessierenden Fall der Erwerbs- oder Übertragungstreuhand stellt die Anforderung der Rechtsfähigkeit kein Problem dar, denn die Person des Treuhänders muss allein schon deshalb rechtsfähig sein, um selbst als Käufer auftreten und in eigener Person Rechte oder Eigentumspositionen begründen zu können.

Die wirtschaftliche Selbständigkeit ist in der FKVO nach allgemeiner Ansicht keine unabdingbare Voraussetzung für den Unternehmensbegriff ist.[350] So ist anerkanntermaßen ein Kontrollerwerb gemäß Art. 3 Abs. 1 lit. b FKVO in der Regel selbst durch ein abhängiges Tochterunternehmen möglich.[351] Auch eine irgendwie geartete finanzielle und wirtschaftliche Abhängigkeit des Treuhandunternehmens änderte daher grundsätzlich nichts an dessen eigener Unternehmenseigenschaft.

### *cc. Die Unternehmenseigenschaft der natürlichen Person*

Wie oben bereits erläutert, könnte der Erwerb einer Beteiligung unter Einschaltung eines Erwerbstreuhänders dann unentdeckt bleiben, wenn der Treuhänder nicht dem Unternehmensbegriff unterfällt.

Um den Adressatenkreis der Fusionskontrolle zu erweitern, erfasst die FKVO unter den Unternehmensbegriff neben den Unternehmensträgern auch jedes Rechtssubjekt, soweit es aufgrund eines eigenen Rechts am Objekt Unternehmen, am Unternehmensträger oder am Unternehmensanteil das Marktverhalten des Unternehmens bestimmend beeinflussen kann.[352] So finden sich in der FKVO an mehreren Stellen Vor-

---

348 *Pohlmann*, S. 65; *Karl*, S. 79 und 87; *Schröer* in: *Frankfurter Kommentar*, Art. 3 FKVO Rdnr. 2.

349 *Pohlmann*, S. 60 f.; allgemein zu einem einheitlichen Begriff des Unternehmens im materiellen europäischen Kartellrecht und dem dazugehörigen Verfahrensrecht auch *Stockenhuber* in: *Grabitz/Hilf*, Art. 81 EGV Rdnr. 52.

350 *Schütz* in: *Gemeinschaftskommentar*, Art. 1 FKVO Rdnr. 12; *Gleiss/Hirsch*, Art. 85 Rdnr. 48; *Immenga* in: *Immenga/Mestmäcker*, EG-Wettbewerbsrecht, Art. 1 FKVO, Rdnr. 6; *Pohlmann*, S. 61. Im Rahmen des übrigen europäischen Wettbewerbsrechts wird die wirtschaftliche Einheit jedoch teilweise als notwendiges Charakteristikum einer unternehmerischen Einheit gesehen. Vgl. dazu mit weiteren Nachweisen *Karl*, S. 77 ff.

351 *Gleiss/Hirsch*, Art. 85 Abs. 1, Rdnr. 48 ff; *Schütz* in: *Gemeinschaftskommentar*, Art. 1 FKVO Rdnr. 12.

352 *Pohlmann*, S. 65.

schriften, in denen zwar auf der Tatbestandsebene zwischen „Unternehmen“ und „Personen“ differenziert wird, die auf der Rechtsfolgenseite aber gleich behandelt werden. Hinzuweisen ist dabei vor allem auf den Tatbestand des Kontrollerwerbs gemäß Art. 3 Abs. 1 lit. b FKVO. Die Kommission stellte in ihrer Mitteilung über den Begriff des Zusammenschlusses der FKVO[353] aus dem Jahr 1998 bezüglich dieser Vorschrift ergänzend klar, dass auch natürliche Personen als Kontrollerwerber in Betracht kommen.[354]

> *„Die Kontrolle kann auch eine Person erlangen, wenn sie bereits allein oder gemeinsam mit anderen mindestens ein anderes Unternehmen kontrolliert, oder auch eine Mehrheit von Personen (die ein anderes Unternehmen kontrollieren). Hierfür kommen nicht nur Personen des privaten und öffentlichen Rechts in Betracht (6), sondern auch natürliche Personen.“*[355]

Innerhalb des Schrifttums ist allerdings umstritten, ob den natürlichen „Personen“ auch die echte Unternehmenseigenschaft zukommt. Ein Teil der Literatur spricht den „Personen“ die Unternehmenseigenschaft ab.[356] Sie seien lediglich Beteiligte am Zusammenschlusstatbestand. Für diese Leseart der FKVO spräche die konsequente differenzierte Wortwahl des Gesetzgebers.

Ein anderer Teil des Schrifttums sieht in der Beteiligung der natürlichen Person am Zusammenschlusstatbestand hingegen gemäß Art. 3 Abs. 1 lit. b FKVO die Verleihung der Unternehmenseigenschaft kraft Verordnung.[357] Andere Autoren gehen davon aus, dass die in Art. 3 Abs. 1 lit. b FKVO genannten „Personen“ auch ohne ausdrückliche Regelung dem Unternehmensbegriff unterfallen würden.[358] Zwischen dem Kontroll- und Unternehmensbegriff bestünde eine notwendige Spiegelbildlichkeit.[359]

Bei dem Streit um den „Unternehmensbegriff“ handelt es sich letztlich um terminologische Spitzfindigkeiten. Der sachliche Anwendungsbereich der FKVO richtet sich nach den „beteiligten Unternehmen“. Die Kommission hat im Rahmen ihrer Mitteilung über den Begriff der beteiligten Unternehmen[360] in Textziffer 7 klargestellt, dass dieser Begriff im Fall der Fusion die fusionierenden Unternehmen umfasst und sonst durch den Begriff des Kontrollerwerbs bestimmt werde. Der Kontrollerwerb ist

---

353 *Kommission*, Mitteilung über den Zusammenschlussbegriff, Tz. 51 f.

354 Die potentielle Unternehmenseigenschaft von natürlichen Personen erkennt auch der EuGH an. Vgl. nur EuGH v 12. 12. 1967, Rs. 23/67, Slg, 1967, 544 - Brasserie de Haecht I; EuGH v. 12. 12. 1974, Rs. 36/74, Slg. 1974, 1405 (1420) - Radrennsport.

355 *Kommission*, Mitteilung über den Zusammenschlussbegriff, Tz. 8.

356 *Schütz* in: *Gemeinschaftskommentar*, Art. 1 FKVO Rdnr. 4.

357 *Karl*, S. 73; *Immenga* in: *Immenga/Mestmäcker*, EG-Wettbewerbsrecht Art. 3 FKVO Rdnr. 7.

358 *Pohlmann*, S. 61 ff.; *Ruppelt* in: *Langen/Bunte*, § 35 GWB Rdnr. 6.

359 *Pohlmann*, S. 64.

360 *Kommission*, ABl. 1998 C 66/15.

aber, wie oben unter Hinweis auf Tz. 8 der Bekanntmachung zum Begriff der beteiligten Unternehmen dargelegt, eben auch durch natürliche Personen möglich. Der wettbewerbspolitisch nötige Unternehmensbezug ergibt sich dann durch die bereits bestehenden Kontrollmöglichkeiten der natürlichen Person über das dritte Unternehmen.

### c. *Anforderungen an die Unternehmenseigenschaft des Treuhänders im Besonderen*

Die Unternehmenseigenschaft des Treuhänders/der Treuhandgesellschaft ist unter zwei Gesichtspunkten zu problematisieren.

#### *aa. Wirtschaftliche Tätigkeit*

Nach der oben erfolgen Begriffsbestimmung verlangt die Unternehmenseigenschaft eine dauerhafte wirtschaftliche Betätigung. Diese liegt in Abgrenzung zur Arbeitnehmertätigkeit und zu den privaten Haushalten nach allgemeiner Ansicht dann vor, wenn sie über die Deckung des eigenen Bedarfs und die Tätigkeit als abhängig Beschäftigter hinausgeht und nicht als hoheitliche Gewaltausübung einzuordnen ist, wobei Gewinnerzielungsabsicht nicht erforderlich ist.[361] Unter wirtschaftlicher Betätigung wird also insbesondere das Angebot von oder die Nachfrage nach Gütern und Dienstleistungen jeder Art verstanden.[362]

Zu überlegen ist, ob die Bejahung der Unternehmereigenschaft eines Treuhänders oder einer Treuhandgesellschaft von der Art des treuhänderisch zu erwerbenden und zu verwaltenden Unternehmensobjekts oder von der Einordnung der eigenen Betätigung als Treuhänder abhängt, d. h. davon, ob der Treuhänder seine Dienstleistung als Treuhänder gewerbsmäßig am Markt anbietet oder im Einzelfall als Teil der privaten Lebensführung tätig wird. Im Bereich des Europäischen Kartellrechts genügt jedoch schon die potentielle Unternehmereigenschaft.[363] So kann auf dem Markt für Unternehmen bereits der Erwerber dem Unternehmensbegriff unterfallen,[364] da allein durch die Transaktion die Möglichkeit einer Wettbewerbsbeschränkung entstehen kann, die dem vorbeugenden Kontrollmechanismen nicht entweichen soll.

Die Unternehmenseigenschaft erfordert nach der obigen Definition der wirtschaftlichen Betätigung auch eine selbständige Tätigkeit in Abgrenzung zum abhängigen Arbeitsverhältnis. In der Regel liegt dem Treuhandverhältnis ein Auftrag oder ein

361 *Karl*, S. 74 f.; *Weiß* in: *Calliess/Ruffert*, Art. 81 EG Rdnr. 31, 35.

362 *EuGH* v. 18. 6. 1998, Rs. C-35/96, Slg. 1998, I-3851 (3895) - Kommission/Zollspediteure.

363 *Roth/Ackermann* in: *Frankfurter Kommentar*, Art. 81 EG, Grundfragen, Rdnr. 16; *Emmerich* in: *Immenga/Mestmäcker*, EG-Wettbewerbsrecht, Art. 85 Abs. 1 A, Rdnr. 20.

364 *EuGH* v. 11. 07. 1985, Rs. 42/84, Slg. 1985, 2545 (2571) - Remia; *Kommission*, E. v. 12. 12. 1983, ABl. 1983 L 376/22, 25 (Tz. 23) - Nutricia/De Rooig.

Geschäftsbesorgungsverhältnis zugrunde. Einem Treuhandverhältnis kann aber auch ein Arbeitsvertrag zugrunde liegen.[365] Die Unternehmenseigenschaft des Treuhänders ist unter diesem Gesichtspunkt dann problematisch, wenn er als Arbeitnehmer des treugebenden Unternehmens (beispielsweise der Geschäftsführer) mit dem treuhänderischen Erwerb von Anteilen oder Vermögen an dem Zielobjekt im eigenen Namen beauftragt wird. Auch ein Arbeitnehmer kann jedoch aufgrund des relativen Charakters[366] des Unternehmensbegriffs außerhalb seines Arbeitsverhältnisses einer selbständigen Tätigkeit nachgehen.[367] Im Einzelfall wäre deshalb danach zu unterscheiden, ob die Treuhandabrede als Teil des arbeitsrechtlichen Weisungsverhältnisses angesehen werden muss oder nicht.

### *bb. Person des Treuhänders*

Wird ein Kreditinstitut oder ein wirtschaftliche selbstständige Handelsgesellschaft für das treugebende Unternehmen tätig, steht dessen Unternehmenseigenschaft von vornherein fest. Aber auch eine natürliche Person oder eine BGB-Gesellschaft, die als Treuhänder Anteile oder Vermögenswerte erwirbt, kann, wie soeben unter Gliederungspunkt b. cc. ausgeführt, einen Zusammenschlusstatbestand erfüllen und damit gemäß Art. 4 Abs. 2 Satz 2 FKVO der Anmeldepflicht unterliegen. Dies ist jedoch nur dann der Fall, wenn der Treuhänder bereits ein anderes Unternehmen kontrolliert, er also bereits Anteilseigner ist. Nur in einer derartigen Konstellation kann es durch die Zusammenfassung von Ressourcen zu einer Verschiebung von wettbewerbsrechtlichen Strukturen kommen und ist daher eine Kontrolle wettbewerbspolitische sinnvoll. In allen anderen Fällen bleibt es dabei, dass der Erwerbstreuhänder als natürliche Person selbst nicht der Fusionskontrolle unterfällt. Vor allem im Fall des erstmaligen Erwerbs einer Beteiligungsmehrheit wird der Wettbewerb durch den Treuhänder in keiner Weise beeinträchtigt.[368] Davon unabhängig kommt aber in dieser Konstellation weiterhin eine Beteiligung des treugebenden Unternehmens am Unternehmenszusammenschluss in Betracht.

## III. Der Begriff des beteiligten Unternehmens

Die quantitativen Aufgreifkriterien in Art. 1 Abs. 2 FKVO, die den Anwendungsbereich der FKVO bestimmen, orientieren sich an den „beteiligten Unternehmen". Unter

---

365 *BKartA* TB 1985/86, S. 65 – Rewe-Leibbrand – Generalbevollmächtigte/Uhren Christ. Dazu auch Thurnher, WuW 1994, S. 303 (309).

366 *Stockenhuber* in: *Grabitz/Hilf*, Art. 81 EGV Rdnr. 60; *Gleiss/Hirsch*, Art. 85 (1) 1. Kap., Rdnr. 10; *Emmerich* in: *Immenga/Mestmäcker*, EG-Wettbewerbrecht, Art. 85 Abs. 1 Rdnr. 19.

367 *EuGH* v. 11. 10. 1983, Rs. 210/81, Slg. 1983, 3045 (3061) - Demo-Studio Schmidt.

368 *Stockenhuber*, S. 95.

dem Begriff des beteiligten Unternehmens versteht die Kommission die „direkten Teilnehmer an einer Fusion oder einem Kontrollerwerb nach Art. 3 Abs. 1 Fusionskontrollverordnung". Die Frage nach der Beteiligung orientiert sich somit spiegelbildlich an der Frage der Verwirklichung eines Zusammenschlusstatbestandes. Der Begriff des „beteiligten Unternehmens" wurde durch die Bekanntmachung der Kommission „über den Begriff der beteiligten Unternehmen"[369] für die einzelnen möglichen Zusammenschlusskonstellationen herauskristallisiert.

Erwirbt ein Treuhänder/eine treuhänderische Gesellschaft für Rechnung des Treugeber-Unternehmens Vermögen oder Anteile an einem dritten Unternehmen kommen neben dem Zielobjekt grundsätzliche beide Treuhandparteien alternativ oder kumulativ als Beteiligte des Zusammenschlusses in Betracht. Je nach der Beteiligung erfolgt die Berechnung der Umsatzzahlen als Aufgreifkriterien.

## IV. Fusion

### 1. Fusion im rechtlichen Sinn

Eine Fusion i. S. v. Art. 3 Abs. 1 lit. a FKVO liegt gemäß Tz. 6 der Mitteilung der Kommission über den Zusammenschlussbegriff[370] dann vor, wenn zwei oder mehr bisher voneinander unabhängige Unternehmen zu einem neuen Unternehmen verschmelzen und eine eigene Rechtspersönlichkeit bilden (1. Alt.), bzw. ein Unternehmen in einem anderen aufgeht, wobei das letztere seine Rechtspersönlichkeit behält, während das erstere als juristische Person untergeht. Das Ergebnis einer Fusion ist somit immer die Entstehung eines einzigen neuen Unternehmens — sei es durch Neugründung entsprechend §§ 2, 36 ff. UmwG oder durch Aufnahme, entsprechend §§ 2, 4 ff. UmwG.

Echte Vollfusionen nahmen in der bisherigen Entscheidungspraxis der Kommission nur einen geringen Anteil ein.[371] Soweit bekannt, hatte die Kommission noch keinen Fall der Fusion zur Entscheidung vorliegen, in dem ein Treuhänder bzw. eine Treuhandgesellschaft verwickelt war. Sowohl die Verschmelzung durch Neugründung als auch durch Aufnahme beruht auf einem Verschmelzungsvertrag der sich zusammenschließenden Rechtsträger. Zwar ist es theoretisch möglich, dass eine Treuhand am Unternehmen selbst besteht, der Treuhänder also Träger des Unternehmens ist;

369 *Kommission*, ABl. 1998 C 66/14.

370 *Kommission*, ABl. 1998 C 66/5, 6.

371 Dazu *Löffler*, Art. 3 Rdnr. 4; *Immenga* in: *Immenga/Mestmäcker*, EG-Wettbewerbsrecht, Art. 3 FKVO Rdnr. 15. Statistische Daten über die Unternehmenszusammenschlüsse in Europa, unter anderem auch mit Informationen über die Art der Beteiligung, sind von der Datenbank des Instituts für Weltwirtschaft an der Universität Kiel, der „Database on Mergers in Europe" (DOME) im Internet unter www.uni-kiel.de/ifw/forschun/fo1.htm. abrufbar.

dieser Fall ist jedoch theoretischer Natur, die treuhänderische Verschmelzung gilt als „kaum vorstellbar"[372] und wird im Rahmen dieser Arbeit folglich nicht weiter thematisiert.

Der Umwandlungsakt selbst erfolgt im Wege der Gesamtrechtsnachfolge. Eine Auseinandersetzung mit Hilfe eines Vollrechtstreuhänders am Gesellschaftsvermögen[373] ist daher nicht nötig. Der Einsatz eines Treuhänder kommt nur im Rahmen der Verschmelzung zweier Aktiengesellschaften im Rahmen von § 71 UmwG in Betracht. Zur verfahrensmäßigen Absicherung des Umtauschs der Aktienurkunden und der Leistung der baren Zuzahlung sieht diese Regelung vor, dass die nötige Eintragung ins Handelsregister nicht stattfindet, bis nicht alle zu gewährenden Aktien und baren Zuzahlungen zu Händen eines Treuhänders in Verwahrung gegeben wurden. Da der Treuhänder im Sinn des § 71 UmwG jedoch nach h. M.[374] durch diese Übergabe nicht selbst zum Aktionär wird, also insbesondere Stimmrechte nicht selbst ausüben kann, spielt er für den Zusammenschluss im fusionskontrollrechtlichen Sinn keine Rolle. Vor der Eintragung der Verschmelzung stehen die Mitgliedschaftsrechte aus den Aktien den noch jeweiligen Zusammenschlussbeteiligten zu; mit Eintragung der Verschmelzung werden die Anteilseigner des/der übertragenden Unternehmen(s) Aktionäre der übernehmenden Aktiengesellschaft, bzw. der neuen Aktiengesellschaft.

## 2. Fusion im wirtschaftlichen Sinn

Neben der Fusion im rechtlichen Sinn soll unter den Fusionstatbestand der FKVO gemäß der Mitteilung über den Zusammenschlusstatbestand auch die Fusion im wirtschaftlichen Sinn fallen. Damit sind die Fälle gemeint, in denen zwei zuvor unabhängige Unternehmen ihre Aktivitäten so zusammenlegen, dass eine wirtschaftliche Einheit in einer Gleichordnungskonstellation entsteht.

> *„Das geschieht dann, wenn zwei oder mehr Unternehmen vertraglich vereinbaren, sich einer gemeinschaftlichen Leitung zu unterstellen, ohne ihre Rechtspersönlichkeit aufzugeben."*[375]

Die wirtschaftliche Einheit sei dann anzunehmen, wenn eine auf Dauer angelegte, einheitliche Leitung bestehe. Diese Rechtsauffassung der Kommission ist jedoch nicht unumstritten. So vertreten einige Stimmen in der Literatur, dass der von der Kommission beschriebene Sachverhalt systematisch in den meisten Fällen besser unter

372 *Riesenkampff*, WuW 1996, S. 5.

373 *Armbrüster*, S. 28.

374 Zur Abwicklung einer Auseinandersetzung über einen Treuhänder vgl. *Stratz* in: *Schmitt/Hörtnagl/Stratz*, § 71 Rdnr. 2; *Bermel* in: *Goutier/Knopf/Tulloch*, § 71 UmwG Rdnr. 4, *Liebich/Mathews*, S. 386.

375 *Kommission*, Mitteilung über den Zusammenschlussbegriff, Tz. 7.

dem Kontrolltatbestand zu verorten sei.[376] Trotz der berechtigten Bedenken soll hier an der Klassifizierung der Europäischen Kommission festgehalten werden. Nach Auffassung der Kommission fällt vor allem der deutsche Gleichordnungskonzern gemäß § 18 Abs. 2 AktG unter den Begriff der wirtschaftlichen Fusion.[377] Es erscheint aber praxisfern, sich zur Bildung eines Gleichordnungskonzerns des Instituts der Treuhand zu bedienen. Vorstellbar wäre theoretisch nur, dass die für den Gleichordnungskonzern charakteristische einheitliche koordinierte Leitung — statt wie üblich durch Gründung einer Leitungsgesellschaft[378] — durch die Bestellung eines gemeinsamen Treuhänders vollzogen würde, der mit der Betriebsführung im gemeinsamen Interesse beauftragt wird. Eine derartige Konstruktion wurde jedoch, soweit erkennbar, noch nie gewählt.[379] Sie wird daher in dieser Arbeit nicht weiter diskutiert.

## V. Kontrollerwerb im Sinn des Art. 3 Abs. 1, lit. b) FKVO

### 1. Begriff der Kontrolle

Der Zusammenschlusstatbestand des Kontrollerwerbs ist zentrales Element der europäischen Fusionskontrolle. Bewusst als rein materieller Tatbestand geschaffen, soll er, unabhängig von den verschiedenen nationalen Rechts- und Gesellschaftsformen, einen möglichst weiten Anwendungsbereich für das Kontrollverfahren eröffnen und insbesondere auch Umgehungsmöglichkeiten verhindern, die sich aus den Besonderheiten nationaler Rechtsordnungen ergeben könnten. Insofern ist der Begriff des Kontrollerwerbs zweckmäßigerweise autonom gemeinschaftsrechtlich auszulegen, um den verschiedenen mitgliedstaatlichen Rechtsordnungen Rechnung zu tragen.[380]

Der Begriff des Kontrollerwerbs ist trotz seines rechtstechnischen Charakters als Generalklausel gleichwohl nicht konturlos. Sowohl die Rechtspraxis der Kommission als auch die Literatur haben entscheidende Abgrenzungsmerkmale herausgearbeitet, um das normative Kriterium des Kontrollerwerbs besser zu handhaben. Diese sollen zunächst abstrakt dargestellt werden, um im Anschluss daran in Teil B und C die Frage nach der Stellung von Treugeber und Treunehmer im Kontrollerwerb daran anzuknüpfen.

---

376 *Pohlmann*, S. 112 ff.; *Immenga* in: *Immenga/Mestmäcker*, EG-Wettbewerbsrecht, Art. 3 FKVO Rdnr. 19 f.; *Stockenhuber*, S. 158 f; *Hartmann-Rüppel*, S. 66.

377 *Kommission*, Mitteilung über den Zusammenschlussbegriff, Fußn. 5 zu Tz. 7.

378 *Bayer* in: *Münchener Kommentar*, Aktiengesetz, Bd. 1, § 18 Rdnr. 53.

379 Verschiedene gebräuchliche Leitungsvarianten finden sich bei *Gromann*, S. 13 ff; *Milde*, S. 110 ff.

380 *Schütz* in: *Gemeinschaftskommentar*, Art. 3 FKVO Rdnr. 14.

### *a. Bestimmender Einfluss*

Was unter dem Begriff der Kontrolle zu verstehen ist, lässt sich aus Art. 3 FKVO nur mittelbar herauslesen. So sind in Art. 3 Abs. 2 FKVO die Kontrollmittel über ihr Ziel der Möglichkeit der Ausübung eines bestimmenden Einflusses auf ein Unternehmen definiert. Diese Möglichkeit der Ausübung von bestimmenden Einfluss auf ein Unternehmen ist deshalb logisch zwingend Inhalt des Kontrollbegriffs. Dementsprechend formuliert dann auch die Kommission in ihrer 4. Mitteilung über den Begriff des Zusammenschlusses[381]:

> *„(...) wird Kontrolle definiert als die Möglichkeit, einen bestimmenden Einfluß auf das Unternehmen auszuüben, auf der Grundlage von Rechten, Verträgen oder in anderer Weise (Art. 3 Absatz 3)"*

#### *aa. Einflussmöglichkeit des Kontrollerwerbers als Entzug bestehender Einflussnahme*

Die Möglichkeit der Einflussnahme ist nur dann im Sinn der Fusionskontrollverordnung gegeben, wenn der Einfluss gegen den Willen anderer Beteiligter auch durchsetzbar ist. Das bedeutet zugleich, dass bisherige Einflussinhaber aus ihrer Rolle verdrängt werden müssen.

#### *bb. Mittelbarer und Unmittelbarer Einfluss*

Der bestimmende Einfluss ist als Begriff des Gemeinschaftsrechts autonom, nach den Auslegungsprinzipien des Gemeinschaftsrechts auszulegen. Was unter dem Begriff des bestimmenden Einflusses zu verstehen ist, ist in der FKVO ebenso wenig definiert wie der Kontrollbegriff selbst. Eine Antwort auf diese Frage findet sich jedoch zumindest indirekt im Wortlaut der Verordnung. Durch die beispielhafte Aufzählung möglicher Kontrollmittel im Rahmen des Art. 3 Abs. 2 FKVO wird deutlich, dass bestimmender Einfluss in der unmittelbar nach außen wirkenden Verfügungs- oder Nutzungsbefugnis über Unternehmensressourcen liegen kann (lit. a); es aber nicht muss (lit. b). Mittelbare Kontrollmöglichkeiten werden gemäß Art. 3 Abs. 2 lit. b FKVO der unmittelbaren Kontrolle gleichgestellt.[382] So heißt es in Art. 3 Abs. 2 lit. b FKVO, dass bestimmender Einfluss auf die Tätigkeit eines Unternehmens auch in der Weise ausgeübt werden kann, dass durch Rechte oder Verträge, „bestimmender Einfluss auf die Zusammensetzung, die Beratungen oder die Beschlüsse der Organe des Unternehmens" genommen wird. Zwar wird in diesen Konstellationen das letzte Wort in wett-

381 *Kommission*, Mitteilung über den Zusammenschlussbegriff, Tz. 12.

382 Eine andere Verwendung des Begriffspaares der mittelbaren und unmittelbaren Kontrolle findet sich bei *Stockenhuber*, S. 90. Wie hier: *Karl*, S. 157 ff; *Pohlmann*, S. 135.

bewerbsrechtlich erheblichen Entscheidungen der Ressourcenallokation von den Organen selbst gefällt. Den Einfluss auf diese Entscheidungsträger und damit auf die interne Willensbildung des Unternehmens durch Stimmrecht aus dem Kapitalanteil durch die Gesellschafterstellung in der Personengesellschaft sowie die Personalhoheit in Form der Bestellung der Organe, stellt der europäische Gesetzgeber jedoch bewusst der direkten Verfügungsmöglichkeit über unternehmerische Ressourcen gleich.

### *cc. Kontrolle erfordert keine unbegrenzte Machtbefugnis*

Art. 3. Abs. 2 lit. b FKVO bringt indirekt zum Ausdruck, dass das kontrollierende Unternehmen seinen Willen nicht unbeschränkt durchsetzen können muss. So hat beispielsweise nach deutschem Recht ein Mehrheitsaktionär die Möglichkeit, mittelbar über sein Stimmrecht in der Hauptversammlung über die Besetzung des Aufsichtsrates und die Besetzung des Vorstands der Aktiengesellschaft mitzubestimmen und kontrolliert dadurch in der Regel das Unternehmen im Sinn des Art. 3 Abs. 2 lit. b FKVO. Der Vorstand unterliegt in den Fragen der Geschäftsführung jedoch gemäß §§ 84, 111 Abs. 4, 119 Abs. 2 AktG nicht den Weisungen der Hauptversammlung oder des Aufsichtsrats. Die Einflussnahme auf die Unternehmenstätigkeit besteht für den Mehrheitsaktionär folglich allein in der Personalhoheit. Eine laufende Einflussnahme findet nicht statt.

## *b. Die beeinflusste Unternehmenstätigkeit*

Der Kontrollerwerb hat nach § 3 Abs. 2 FKVO den bestimmenden Einfluss „auf die Tätigkeit eines Unternehmens" zur Folge. Die Tätigkeit eines jeden Unternehmens besteht in der Teilnahme am Wirtschaftsverkehr, also der Nachfrage und dem Angebot von Gütern und Leistungen. Beide Aufgabenkreise ziehen zahlreiche einzelne Entscheidungsfindungen nach sich, die der gegenseitigen Abstimmung bedürfen. Stark vereinfacht lassen sich aus betriebwirtschaftlicher Sicht Entscheidungen über eine übergeordnete Unternehmensplanung (Strategie, Organisation), die Detailplanung und die Umsetzung in den einzelnen Unternehmensbereichen (Einkauf, Produktion, Vertrieb, Personal, Finanzen), die täglichen Geschäftsführungsaufgaben und Kontrolltätigkeiten unterscheiden.[383] Die Betriebswirtschaftslehre unterscheidet insofern zwischen Unternehmensführung und Betriebsleitung.[384] Die Unternehmensführung trifft die unternehmerischen Führungsentscheidungen. Diese werden charakterisiert als nicht delegierbare, autonome, richtungweisende, strategische ganzheitliche Entscheidungen, wobei eine Entscheidung immer eine Auswahl unter mehreren Handlungsalternativen bedarf. Die Betriebsleitung hat die Aufgabe, im Rahmen der von der Unternehmensführung gefassten Richtlinien zu agieren. Fraglich ist, auf welche Entscheidungen sich

383 Vgl. *Pohlmann*, S. 96.

384 *Braunschweig/Kindermann/Wehrlin*, S. 11 ff.

die Einflussmöglichkeiten zu erstrecken haben, um von Kontrolle im Sinn der FKVO sprechen zu können.

Generalisierend – und insofern im Einzelfall nur wenig hilfreich - stellt Staudenmayer fest, *„dass das entscheidende Merkmal der Unternehmenstätigkeit eben die unmittelbare oder mittelbare Bestimmung des Wettbewerbsverhaltens ist“.*[385] Das überwiegende Schrifttum[386] tendiert dazu, nur den Einfluss auf die Unternehmensplanung als bestimmend im Sinn des Art. 3 FKVO anzusehen: *„It is the possibility of control over commercial strategy which counts“*[387]. So will es namentlich *Krimphove* im Einklang mit der bisherigen Interpretation des Begriffs im Art. 66 EGKS genügen lassen, wenn das kontrollierende Unternehmen Einfluss auf die wesentlichen unternehmerischen Entscheidungen gewinnt.[388] Zu den wesentlichen Tätigkeiten sollen dabei Fragen wie *„Beschlüsse der Geschäftsführung zur Unternehmensstrategie, Genehmigung von detaillierten Budgetplänen, Bestellung und Abberufung der Mitglieder der Leitungs- und Aufsichtsorgane“*[389] zählen.

Auch die Kommission geht für den Bereich der gemeinsamen Kontrolle davon aus, dass beispielsweise Vetorechte die (gemeinsame) Kontrolle nur dann begründe können, wenn sie wesentlichen strategischen geschäftspolitischen Entscheidungen betreffen.[390] Am wichtigsten seien die Vetorechte, die die Besetzung der Unternehmensleitung und die Finanzplanung betreffen. Je nach Bedeutung der Produktpolitik, der Relevanz von Innovationen oder der angewandten Technologien können auch Entscheidungen über diese Themen maßgeblich für das Unternehmen sein.[391]

Zusammenfassend lässt sich feststellen, dass die herrschende Ansicht einen Einfluss auf die Unternehmensführung voraussetzt. Nicht erforderlich für den Kontrollerwerb ist hingegen, dass ein bestimmender Einfluss auf die „Alltagsgeschäfte“ des Unternehmens ausgeübt wird[392]: *„It is control over the business policy, rather than day-to-day operation, which is important.“*[393] Ob ein bestimmender Einfluss auf die täglichen Geschäfte aber als bestimmender Einfluss genügen kann, ist fraglich.[394] Die Kommission hat den Einfluss eines Unternehmens allein auf das Tagesgeschäft für die

---

385 *Staudenmayer*, S. 62.

386 *Hawk/Huser*, S. 22; *Immenga* in: *Immenga/Mestmäcker*, EG-Wettbewerbsrecht, Art. 3 Rdnr. 29; *Gugerbauer*, S. 133.

387 *Cook/Kerse*, S. 32.

388 *Krimphove*, S. 241. So auch *Jones/González-Diáz*, S. 6 f.

389 *Ebenroth/Rösler*, RIW 1994, S. 533 (537).

390 *Kommission*, Mitteilung über den Zusammenschlussbegriff, Tz. 19.

391 *Schütz* in: *Gemeinschaftskommentar*, § 37 Rdnr. 35.

392 So auch *Kommission*, E. v. 23. 5. 1996, IV/M.605 = Celex 396M0605, Tz. 9 - Hoechst/Klöckner-Werke/Hartfolien.

393 *Cook/Kerse*, S. 39.

394 Ablehnend *Hawk/Huser*, S. 22; *Portwood*, S. 22.

Begründung einer Kontrollposition als nicht ausreichend erachtet.[395] Das Tagesgeschäft wird geprägt durch die übergeordneten Geschäftsstrategien. Es setzt die vorangegangene Unternehmensplanung durch und ist nur Ausfluss derselben. Nach *Karl* ist die Kontrollmöglichkeit daher zutreffend nur dann effektiv, wenn bereits die Entscheidung über *langfristig relevante Parameter* nur in Übereinstimmung mit dem Inhaber des Kontrollpotentials getroffen werden kann.[396]

### c. *Möglichkeit des bestimmenden Einflusses*

Angesichts der Tatsache, dass die bloße Möglichkeit der Ausübung eines bestimmenden Einflusses ausreichen soll, stellt sich der Kontrollbegriff als ein rein objektiver Sachverhalt dar. Auf die Absicht zur Kontrollausübung kommt es nicht an[397], so dass auch ein fremdnütziger Treuhänder Kontrolle erwerben kann, selbst wenn der Erweb der mit der Treuhänderstellung verbundenen Einflussmöglichkeiten für ihn nur einen notwendigen Akt zur Erwerbserzielung aus der gewerblichen Treuhändertätigkeit darstellt. Dies gilt in letzter Konsequenz selbst bei rein altruistischer Tätigkeit eines Treuhänders.

Die Möglichkeit der Ausübung des bestimmenden Einflusses muss für das kontrollerwerbende Unternehmen nach allgemeiner Ansicht derart gestaltet sein, dass es tatsächlich eine rechtliche oder faktische Möglichkeit der Durchsetzung des Einflusses hat.[398] Eine tatsächliche Ausübung oder Nutzung der Kontrollrechte spielt nach der Entscheidungspraxis der Kommission hingegen grundsätzlich keine Rolle.[399] Allein die Existenz formeller Rechte reicht folglich bereits aus, um die Kontrolle zu begründen. Diese Bewertung der formellen, objektiven Rechtslage ist für die folgenden Ausführungen im Auge zu behalten, denn wie die im ersten Teil der Arbeit geschilderten Entscheidungen der Kontrollbehörden zeigen, sind die Kartellbehörden nur allzu leicht geneigt, den formellen Rechten des treuhänderisch erwerbenden Unternehmens/des Treuhänders gegenüber den materiellen Einflussmöglichkeiten des treugebenden Unternehmens die Relevanz abzusprechen, obwohl der Treuhänder unter dem Blickwinkel der Durchsetzbarkeit seiner Einflussrechte als formeller Inhaber des Treuguts grundsätzlich besser steht als der Treuhänder, der keine aktuellen, direkten Verfügungsmöglichkeiten über das Treugut hat.

---

395 *Kommission*, E. v. 30. 7. 1991, IV/M.62 = Celex 391M0062, Tz. 4 – Eridania/ISI.

396 *Karl*, S. 166.

397 *Kommission*, Mitteilung über den Zusammenschlussbegriff, Tz. 9; *Löffler*, Art. 3 Rdnr. 5.

398 *Pohlmann*, S. 126.

399 *Kommission*, E. v. 29. 10.1993, IV/M.330 - McCormick/CPC/Rabobank/Ostman.

## 2. Formen des Kontrollerwerbs

Als Mittel des Kontrollerwerbs werden beispielhaft in Art. 3. Abs. 2 FKVO verschiedene Möglichkeiten aufgezählt, die aufgrund des materiellen Charakters des Tatbestandes nicht abschließend sein können. Sie werden regelmäßig in vier Fallgruppen unterteilt, nämlich den Vermögenserwerb, den Erwerb von Anteilsrechten, den Kontrollerwerb durch Vertrag und den Kontrollerwerb durch andere Mittel.

### *a. Vermögenserwerb*

Der Vermögenserwerb als unmittelbarer Kontrolltatbestand erfolgt durch den Erwerb der Eigentums- oder Nutzungsrechte gemäß Art. 3 Abs. 2 lit. a FKVO unmittelbar am Unternehmen selbst, also an dem materiellen und immateriellen Vermögen des Unternehmensträgers oder Teilen hiervon.[400]. Die zu erwerbenden Nutzungsrechte können sowohl dinglicher als auch schuldrechtlicher Natur sein.[401]

Der Begriff der Eigentumsrechte ist nach der autonom europarechtlichen Auslegung weit zu fassen, so dass „alle Arten von Rechtsinhaberschaft“[402] an den verschiedenen Vermögensbestandteilen eines Unternehmens darunter zu fassen sind, also alle vermögenswerten Güter und Rechte. „Die Bedeutung des Eigentumsbegriffes“ geht in diesem Sinn also „über den des Bürgerlichen Rechts hinaus“ und umfasst „alle darüber hinausgehende Werte, die Gegenstand des Unternehmensvermögens sein können“.[403] Fraglich ist jedoch, wie das rechtliche Verhältnis des erwerbenden Unternehmens zu dem Vermögenswert beschaffen sein muss; konkret: ob unter den Eigentumsbegriff in Art. 3 Abs. 2 lit. a FKVO nur die formelle Vollrechtsinhaberschaft zu fassen ist, oder ob auch eine relative schuldrechtliche Beziehung zu dem Vermögenswert genügt. Die Diskussion dieser Fragestellung ist in diesem Zusammenhang deshalb maßgeblich, weil das deutsche Schrifttum und die Rechtsprechung für die Problematik der Zuordnung des Treuguts das Begriffspaar des materiellen/wirtschaftlichen und des formellen/rechtlichen Eigentums entwickelt hat.[404] So soll dem Treugeber im Fall der fremdnützigen Vollrechtstreuhand trotz fehlender dinglicher Eigentümerstellung das sogenannte wirtschaftliche/materielle Eigentum zustehen. Es muss also die Frage aufgeworfen werden, ob ein treugebendes Unternehmen, das einen Treuhänder mit dem Erwerb von Betriebsvermögen beauftragt, auch durch den Erwerb des sogenannten mate-

---

400 Zur Treuhand bei der Übertragung von Gesellschaftsvermögen, vgl. bereits oben unter § 3 C III 1 b cc.

401 *Immenga* in: *Immenga/Mestmäcker*, EG-Wettbewerbsrecht, Art. 3 FKVO Rdnr. 42; *Krimphove*, S. 248; *Pohlmann*, S. 137.

402 *Pohlmann*, S. 137.

403 *Stockenhuber*, S. 111.

404 Vgl. dazu m. w. N. bei *Gernhuber*, Jus 1988, S. 355 (358 f.).

riellen Eigentums sofort Kontrolle im Sinn von Art. 3 Abs. 2 lit. a FKVO erlangt. Hierzu finden sich bisher — soweit ersichtlich — keine Ausführungen in der Literatur. Lediglich *Stockenhuber* hat sich zumindest dahingehend geäußert, dass „der Erwerb der rein formellen Eigentümerstellung zu bloßen Sicherungs- oder Finanzierungszwecken ohne tatsächliche Verfügungsmacht über die unternehmerischen Ressourcen (z. B Sicherungseigentum, bestimmte Leasingformen, Übertragung des Eigentums und sofortige Rück-Verpachtung des Unternehmens durch den Erwerber an den Veräußerer)"[405] den Zusammenschlusstatbestand des Eigentumserwerbs i. d. R. nicht erfülle. Er zieht also im fusionskontrollrechtlichen Zusammenhang die begriffliche Zweiteilung des Eigentumsbegriffs zumindest zur Argumentation heran. Weitergehende positive Rückschlüsse auf die Behandlung des materiellen Eigentümers und Treugebers lassen sich aus dieser Äußerung jedoch kaum ziehen.

Aufschlussreicher ist jedoch die Verordnungssystematik. Die vom Gesetzgeber vorgenommene Aufteilung in die beiden litterae a) und b) in Art. 3 Abs. 2 FKVO erklärt sich durch die systematische Unterscheidung in eine unmittelbar nach außen wirkende Verfügungsbefugnis über unternehmerische Ressourcen (lit. a) und eine indirekte Verfügungsmöglichkeit über unternehmerische Ressourcen (lit. b). Die Aufzählung der Kontrollmittel in den lit. a und b dient der Veranschaulichung des Kontrolltatbestandes. Es ist daher davon auszugehen, dass die dort verwendeten Begrifflichkeiten „Eigentumsrechte", „Nutzungsrechte" in dem üblicherweise gebräuchlichen Wortsinn zu verstehen sind, da sonst die Beispielfunktion verfehlt würde; unter dem Eigentumsrecht ist daher das dingliche Vollrecht zu verstehen ist. Anders als bei den schuldrechtlichen Nutzungsrechten wie der Betriebspacht oder der Betriebsüberlassung, die unter lit. a des Art. 3 Abs. 2 FKVO fallen, erhält der Treugeber allein durch den Treuhandvertrag noch keine direkten Einwirkungsrechte auf das Zielobjekt. Diese werden ihm nur über andere Personen gemittelt. Auch dies spricht dafür, die Stellung des Treuhänders nicht unter lit. a sondern unter lit. b zu verorten. Die endgültige begriffliche Verortung ist im Ergebnis jedoch unerheblich, denn jeder rechtliche Vorgang muss sich inhaltlich am Kontrollbegriff messen lassen. Durch den Terminus des materiellen Eigentums ist letztlich also nichts gewonnen.

### *b. Anteilserwerb*

Der Anteilserwerb stellt den häufigsten Fall der Zusammenschlusstatbestände dar.[406] Der bestimmende Einfluss auf die Organe eines Unternehmens gemäß Art. 3 Abs. 2 lit. b FKVO wird in der Regel durch den Erwerb von Aktien und Anteilsrechten her-

405 *Stockenhuber*, S. 111 f.

406 *Immenga* in: *Immenga/Mestmäcker*, EG-Wettbewerbsrecht, Art. 3 FKVO Rdnr. 38; *Stockenhuber*, S. 115.

beigeführt. Unter dem Anteilserwerb wird allgemein der Vollrechtserwerb verstanden.[407]

Anders als im deutschen Recht gibt es keine festen Beteiligungsgrenzen. Fallen Stimmrechte und Kapitalanteile beispielsweise wie bei den stimmenrechtslosen Vorzugsaktien gemäß § 139 Abs. AktG oder bei der durch das deutsche Aktiengesetz verbotenen Vergabe von Mehrstimmrechten auseinander, ist nach herrschender Ansicht auf die Stimmrechte abzustellen.[408]

### *aa. Erwerb einer Mehrheitsbeteiligung*

Ein Kontrollerwerb liegt bei den Kapitalgesellschaften grundsätzlich nur dann vor, wenn ein Unternehmen die Mehrheit des stimmberechtigten Kapitals eines anderen Unternehmens erwirbt. Minderheitsbeteiligungen werden als solche grundsätzlich von der europäischen Fusionskontrolle nicht erfasst.[409] Bei Personengesellschaften führt eine Mehrheitsbeteiligung nur dann zur alleinigen Kontrolle, wenn das gesetzliche Einstimmigkeitsprinzip gesellschaftsvertraglich abbedungen wurde.[410].

### *bb. Erwerb einer Minderheitsbeteiligung*

Der Erwerb einer Minderheitsbeteiligung kann in Ausnahmefällen zumindest de facto zum Kontrollerwerb führen. Dies ist zum einen dann der Fall, wenn die Minderheitsbeteiligung bereits vorhandene Anteile derart aufstockt, dass durch die Gesamtsumme der Anteile nunmehr Kontrolle in Form einer Mehrheitsbeteiligung begründet wird.[411] Zum anderen reicht auch eine Minderheitsbeteiligung bei Aktiengesellschaften aus, um eine wirksame Kontrolle über die Geschäftsführung und die Geschäftspolitik zu begründen, wenn der Rest der Anteile sich in Streubesitz befindet[412] oder der Minderheitsgesellschafter aufgrund einer Sperrminorität[413] oder mitgliedschaftlichen Sonder-

---

407 *Staudenmayer*, S. 87; *Karl*, S. 185.

408 *Kommission*, Mitteilung über den Zusammenschlussbegriff, Tz. 13; *Immenga* in: *Immenga/Mestmäcker*, EG-Wettbewerbsrecht, Art. 3 FKVO Rdnr. 38; *Krimphove*, S. 251; *Schütz* in: *Gemeinschaftskommentar*, Art. 3 FKVO Rdnr. 29.

409 So zuletzt die *Kommission*, Grünbuch vom 11. Dezember 2001, Tz. 107.

410 *Miersch*, Kommentar, S. 73; *Immenga* in: *Immenga/Mestmäcker*, EG-Wettbewerbsrecht, Art. 3 FKVO Rdnr. 38.

411 *Löffler*, Art. 3 FKVO Rdnr. 11, *Drauz/Schroeder*, S. 37; *Schütz* in: *Gemeinschaftskommentar*, Art. 3 Rdnr. 43.

412 *Kommission*, E. v. 10. 12. 1990, IV/M.25, Celex 390M0025, Tz. 4 - Arjomari-Prioux SA/Wiggins Teape Appleton plc; *Immenga* in: *Immenga/Mestmäcker*, EG-Wettbewerbsrecht, Art. 3 FKVO Rdnr. 52; *Krimphove*, S. 51.

413 Kritisch: *Stockenhuber*, S. 124.

rechten[414] wie Vetorechten oder Stimmbindungsverträgen seinen unternehmerischen Willen durchsetzen bzw. die Willensbildung negativ beeinflussen kann. Von großer praktischer Relevanz ist auch der Fall der gemeinschaftlichen Kontrolle des Minderheitsbeteiligten mit dem Mehrheitsbeteiligten.[415]

In jüngerer Zeit hatte sich die Kommission in ihrem Grünbuch über die Revision der FKVO Nr. 4064/89 damit auseinandergesetzt, ob die FKVO ähnlich wie das deutsche Recht auch den einfachen Erwerb einer Minderheitsbeteiligung der Kontrolle unterstellen sollte.[416] Diese Überlegungen haben aber im Zusammenschlusstatbestand der FKVO Nr. 139/2004 keinen Niederschlag gefunden. Zwar sah der endgültige Entwurf der Kommission für eine EG-FKVO vom 11. Dezember 2002 noch in Art. 3 Abs. 4 folgende Regelung über sogenannte „verbundene Erwerbsvorgänge" vor.[417]

> *„Zwei oder mehr Erwerbsvorgänge, die in einem Bedingungszusammenhang zueinander stehen oder wirtschaftlich so eng miteinander verknüpft sind, dass es gerechtfertigt ist, sie als einen Zusammenschluss zu werten, gelten als ein Zusammenschluss, der zum Zeitpunkt des letzten Rechtsgeschäfts bewirkt wird, sofern die Vorgänge insgesamt den Anforderungen des Absatzes 1 entsprechen."*

Diese wurde jedoch in der endgültigen Fassung des Rates nicht übernommen. Insbesondere der Ausschuss für Wirtschaft und Währung des Europäischen Parlamentes hatte in seinem Bericht über den Vorschlag für eine EG-Fusionskontrollverordnung[418] Bedenken über die geplante Vorschrift geäußert. Die Formulierung bedeute eine übermäßige Ausweitung der Fusionskontrolle und verstärke die Rechtsunsicherheit für die betroffenen Unternehmen, für die sich die Gefahr eines zeitlich und finanziell aufwendigen Kontrollverfahrens erhöhen würde. Die praktische Handhabbarkeit der geplanten Vorschrift wurde als unverhältnismäßig schwierig erachtet.[419] Sie findet sich nunmehr nur noch in modifizierter Form als unverbindlicher Hinweis im Erwägungsgrund 20 der FKVO 139/2004.

---

414 Vgl. Beispiele bei *Immenga* in: *Immenga/Mestmäcker*, EG-Wettbewerbsrecht, Art. 3 FKVO Rdnr. 53.

415 *Karl*, S. 173 und 238 ff.

416 *Kommission*, Grünbuch vom 11. Dezember 2001, Tz. 107.

417 Vgl. dazu *Kommission* vom 11. Dezember 2002, Vorschlag für eine EG-Fusionskontrollverordnung, KOM (2002) 711 = 2002/0296 (CNS), Tz. 42 ff.

418 *Europäisches Parlament* v. 9. 7. 2003, Bericht über den Vorschlag für eine EG-Fusionskontrollverordnung, A5-0257/2003, S. 12 f.

419 *Böge*, WuW 2004, S. 138 (139 f.).

### cc. *Einsatzgebiete des Treuhänders*

Der Erwerbstreuhänder kann auf verschiedene Art und Weise zum Erwerb einer Mehrheitsbeteiligung eingesetzt werden. Zum einen ist denkbar, dass der Treuhänder/das treunehmende Unternehmen allein eine Mehrheitsbeteiligung am Zielobjekt erwirbt. Vorstellbar ist aber auch, dass sowohl das Treugeber-Unternehmen als auch der Treunehmer jeweils eine Minderheitsbeteiligung erwerben, die nur bei einer Summierung der Anteile zu einem Kontrollerwerb führte. Darüber hinaus denkbar ist, dass der Treugeber bereits Inhaber einer Minderheitsbeteiligung ist und zu einem späteren Zeitpunkt nochmals weitere Anteile treuhänderisch über einen Treuhänder erwerben lässt, so dass die Aufstockung durch den Treuhänder zahlenmäßig insgesamt zu einem Kontrollerwerb führt.

## c. *Kontrollerwerb durch sonstige Verträge*

Der als Kontrollerwerbsalternative in Art. 3 Abs. 2 FKVO genannte „Vertrag" muss systematisch auf etwas anderes gerichtet sein als den Erwerb von Anteilsrechten oder Vermögen.[420] Zu den weiteren vertraglichen Mitteln des Kontrollerwerbs zählt man üblicherweise die sogenannten Unternehmensverträge, d. h. die Beherrschungs- und Gewinnabführungsverträge. Unter die Formulierung fallen auch die Verträge, durch die ein bestimmender Einfluss auf die Zusammensetzung, Beratung oder Beschlüsse von Organen genommen werden kann, wie Stimmbindungsverträge und Geschäftsführungsverträge.[421]

## d. *Kontrollerwerb durch andere Mittel*

Die Auffangformulierung in Art. 3 Abs. 2 FKVO — Kontrolle durch „andere Mittel" — soll vor allem die Fälle der wirtschaftlichen Abhängigkeit sowie Konstellationen erfassen, in denen durch personelle Verflechtungen bestimmender Einfluss über ein anderes Unternehmen gewonnen wird.[422] Die personelle Verflechtung kann nur dann zum Entstehen eines Kontrolltatbestandes führen, wenn sie über bereits bestehende Beteiligungsverhältnisses hinausgeht und in den Unternehmensorganen erfolgt, die die strategische Unternehmensführung betreiben.[423] Für den Problemkreis der Erwerbstreuhand sei in diesem Zusammenhang als Beispiel einer personellen Verknüpfung auf den Fall Herlitz/Landré hingewiesen. Die Treuhandkonstruktion wurde hier

---

420 *Staudenmayer*, S. 92.

421 *Karl*, S. 206 ff.; *Staudenmayer*, S. 92 ff.

422 *Karl*, S. 220 ff.

423 *Krimphove*, S. 257.

von personellen Harmonisierungsmaßnahmen begleitet. So wurde das außerordentlich gegründete Geschäftsorgan des „Lenkungsausschusses“ mit Mitgliedern des Vorstands des treugebenden Unternehmens besetzt und damit zusätzlich zu der bestehenden treuhänderischen Verknüpfung eine personelle Verflechtung herbeigeführt.

## VI. Dauerhaftigkeit des Zusammenschlusses

Ein Unternehmenszusammenschluss im Sinne des europäischen Fusionskontrollrechts lag schon nach dem Erwägungsgrund Nr. 23 der FKVO 4064/89 nur dann vor, wenn er zu einer *„dauerhaften Veränderung der Struktur der beteiligten Unternehmen“* führt. Das Merkmal der Dauerhaftigkeit des Kontrollerwerbs wurde nunmehr in Art. 3 Abs. 1 FKVO Nr. 139/2004 kodifiziert. Diese Aussage wird negativ dahingehend interpretiert, dass lediglich kurzfristige, vorübergehende Einflussmöglichkeiten nicht ausreichen.[424] Was genau unter „lediglich kurzfristigen“ Strukturveränderungen zu verstehen ist, lässt sich anhand unterschiedlicher Anknüpfungspunkte nur erahnen. So stellte die Europäische Kommission in ihrer Mitteilung über den Zusammenschlussbegriff in Tz. 38 fest, dass sie im Fall des Wechsels von gemeinsamer zur alleinigen Kontrolle bis zu drei Jahren gemeinsamer Kontrolle als reines Durchgangsstadium für den alleinigen Kontrollbewerb betrachte, das nicht gesondert nach der FKVO zu prüfen sei.

Als Konkretisierung der Anforderung der Dauerhaftigkeit des Zusammenschlusses ist meines Erachtens auch die Vorschrift des Art. 3 Abs. 5 lit. a FKVO, die sogenannte „Bankenklausel“ zu werten. Diese Norm stellt nach allgemeiner Ansicht eine Legalausnahme vom Zusammenschlusstatbestand des Art. 3 Abs. 1 FKVO für den sogenannten „neutralen Anteilserwerb“[425] dar. Sie dient dem Zweck, das Emissionsgeschäft und den Wertpapierhandel der Finanzinstitute nicht zu behindern.[426] In dieser Funktion nimmt sie den nur vorübergehenden Anteilserwerb durch Finanzinstitute und Versicherungsgesellschaften von der Anmeldepflicht aus. Vorübergehend soll dabei der Zeitraum von einem Jahr sein, innerhalb dem die Anteile in der Regel weiterveräußert werden müssen.

Gerade bei rein vertraglichen Einflussmöglichkeiten, in der Form von obligatorischen Nutzungsrechten wie der Betriebspacht oder der Betriebsüberlassung wird die Kontrollmöglichkeit des möglichen Kontrollerwerbers stets durch gesetzliche oder vertragliche Kündigungsrechte relativiert bzw. ist es den Vertragspartnern möglich, sie von vornherein durch eine Befristung der Verträge zu begrenzen. Dies gilt auch für Treuhandverträge. Unter diesem Gesichtspunkt wird unten zu problematisieren sein,

---

424 *Ebenroth/Rösler*, RIW 1994, S. 533 (537).

425 So *Miersch*, Die europäische Fusionskontrolle, S. 85.

426 *Immenga* in: *Mestmäcker-Immenga*, EG-Wettbewerbsrecht, Art. 3 FKVO Rdnr. 122; *Krimphove*, S. 265; *Monopolkommission*, SGA 17, Tz. 75.

ob allein durch die treuhänderische Übertragung grundsätzlich kontrollbegründender Rechte ein Zusammenschlusstatbestand erfüllt werden kann.

Ob das Kriterium der Dauerhaftigkeit des Kontrollerwerbs tatsächlich geeignet ist, die Gefahr der wettbewerbsschädlichen Strukturverschiebung zu kontrollieren, ist nach hier vertretener Ansicht zweifelhaft. Wenn auf der einen Seite bereits die Möglichkeit der Ausübung bestimmenden Einflusses ausreichen soll, um einen Fusionstatbestand zu begründen, warum sollte man dann auf der anderen Seite die Gefahr strukturverändernder Einflussnahme ignorieren, die von zeitlich begrenzten Machtpositionen ausgeht? Zwar mag es eine gewisse Zeit dauern, bis sich Unternehmensstrategien auswirken. Auch Entscheidung über längerfristige Marktstrategien können jedoch innerhalb kürzester Zeit getroffen werden. Eine effiziente Vorgehensweise eines nur für begrenzte Zeit eingesetzten Treuhänders kann in kurzer Zeit Fakten schaffen, die nur mehr durch aufwendige Rückabwicklungsvorgänge aus der Welt zu schaffen sind.[427] Die lange Zeitspanne von drei Jahren, die die Kommission in Tz. 38 ihrer Mitteilung über den Zusammenschlussbegriff als nicht strukturverändernd ansetzt, erklärt sich meines Erachtens daher auch nur so, dass die dort thematisierten Fälle des Wechsels von gemeinsamer zu alleiniger Kontrolle der Zusammenschlusskontrolle nicht völlig entgehen, sondern nur unter einem anderen Vorzeichen, nämlich dem der alleinigen Kontrolle statt dem der gemeinsamen Kontrolle geprüft werden. Ansonsten wäre es auch kaum erklärlich, warum der sogenannte „privilegierte" transitorische Erwerb von Beteiligungen durch die Banken in der Ausnahmevorschrift des Art. 3 Abs. 5 lit. a FKVO innerhalb einer wesentlich kürzeren Frist, nämlich innerhalb nur eines Jahres, vonstatten gehen muss.

## B. Erwerbstreuhand und Zusammenschlussbegriff

Generell können gesellschaftsrechtliche Anteilsrechte sowie alle Arten von Vermögensrechten als potentiell kontrollbegründende Rechte auch von einem Treuhänder im Interesse und auf Rechnung des treugebenden Unternehmens erworben und im Anschluss daran wahrgenommen werden. Einige Autoren sprechen daher vom Treuhandverhältnis als einem Mittel des Kontrollerwerbs[428] und erfassen damit jedoch nur den Erwerb mittelbarer Kontrolle für den Treugeber *über* den Treuhänder, aber nicht den Erwerb unmittelbarer Kontrolle für den Treuhänder selbst. Die Sprachfindung suggeriert also, dass der Treuhänder selbst nie als Subjekt Kontrolle an dem Kontrollgegenstand erlangt, sondern nur als Objekt ein Mittel zum Zweck darstellt. Ob das Treuhandverhältnis jedoch tatsächlich auf eine Erwerbs- und Ausübungsmodalität des Kontrollerwerbs, also auf die Funktion eines „legal vehicle"[429], reduziert werden kann oder ob

427 Ähnlich kritisch zum Kriterium der Dauerhaftigkeit auch *Pohlmann*, S. 133.

428 *Karl*, S. 186.

429 *Schütz* in: *Gemeinschaftskommentar*, Art. 3 FKVO Rdnr. 23.

und unter welchen Umständen nicht vielmehr der Treuhänder selbst Kontrolle erwirbt, wird im Folgenden untersucht werden.

In einem ersten Schritt ist der Frage auf den Grund zu gehen, ob der Treuhandvertrag per se grundsätzlich als ein Mittel des Kontrollerwerbs für das treugebende Unternehmen qualifiziert werden kann.

## I. Kontrollerwerb durch das treugebende Unternehmen „durch Vertrag"

Der Treuhandvertrag ist als ein auf den treuhänderischen Erwerb von Anteilen oder Vermögen gerichteter Vertrag grundsätzlich unter das Tatbestandsmerkmal „Vertrag" in Art. 3 Abs. 2 FKVO zu subsumieren. Dennoch hat das Schrifttum bislang bis auf einzelne Ausnahmen[430] keine Erwägungen darüber angestellt, inwiefern der eine Erwerbstreuhand regelnde Treuhandvertrag selbst als ein eigenes Kontrollmittel im Sinn von Art. 3 Abs. 2 FKVO für das treugebende Unternehmen angesehen werden kann. Es verortet die Problematik vielmehr allein als Zurechnungsproblem unter der Vorschrift des Art. 3 Abs. 3 FKVO in Verbindung mit dem Zusammenschlusstatbestand des Anteils- oder Vermögenserwerbs.[431]

Dies ist insofern nachvollziehbar, als — wie soeben unter Gliederungspunkt A V 2 c beschrieben — der Kontrollerwerb durch Vertrag grundsätzlich nur dann in Betracht kommt, wenn ein anderer Vertrag als ein Anteils- oder Vermögenskauf geschlossen wurde. Von diesem Grundsatz ist die Europäische Kommission jedoch in dem Fall RWE/Vivendi/Berliner Wasserbetriebe abgewichen, in dem zwar ein Anteilserwerb vorlag, aber der Schwerpunkt des Kontrollerwerbs auf dem Instrument des Vertrages lag.[432] In diesem Fall wurde der Zusammenschluss als ein Kontrollerwerb durch Vertrag qualifiziert.[433] Die vertraglichen Vereinbarungen betrafen in dem Fall die Struktur der Gremien des Zielobjekts der Berliner Wasserbetriebe und der die Anteile an diesem Objekt zum Teil haltenden Holding sowie das Recht des Vorstands der Holding, dem Vorstand der Berliner Wasserbetriebe Weisungen zu erteilen.

Auch beim treuhänderischen Anteilserwerb liegt für das treugebende Unternehmen der Schwerpunkt der Einflussmöglichkeiten nicht auf dem Anteilserwerb selbst, der formell ja durch den Treuhänder vollzogen wird, sondern auf dem Treuhandver-

---

430 *Pohlmann*, S. 162 f.

431 *Immenga* in: *Immenga/Mestmäcker*, EG-Wettbewerbsrecht, Art. 3 FKVO Rdnr. 23; *Karl*, S. 186; *Staudenmayer*, S. 140 f.

432 *Kommission*, E. v. 13. 9. 1999, IV/M.1633, Celex 31999M1633 – RWE/Vivendi/Berliner Wasserbetriebe. Vgl. dazu auch *Staudenmayer*, S. 93.

433 *Kommission*, E. v. 13. 9. 1999, IV/M.1633, Celex 31999M1633, Tz. 10 - RWE/Vivendi/Berliner Wasserbetriebe.

trag. Insofern spricht auf dem Hintergrund der zitierten Entscheidung einiges dafür, den Treuhandvertrag als solchen als Kontrollmittel in Betracht zu ziehen. Verwirklicht wird ein Kontrollerwerb durch Vertrag selbstverständlich jedoch nur dann, wenn das treugebende Unternehmen durch den Treuhänder tatsächlich bestimmenden Einfluss auf das Zielunternehmen im Sinn des Art. 3 Abs. 2 FKVO erhält.

Zur Veranschaulichung der Problematik wird ein einfacher Beispielsfall gebildet: Die A AG beauftragt die Treuhändergesellschaft T damit, die Mehrheit der Anteile des Unternehmen B AG auf ihre Rechnung und in ihrem Interesse aber im Namen der T zu erwerben. Dabei ist zu unterstellen, dass die sonstigen Schwellenwerte des Art. 1 FKVO jeweils erfüllt sind und sich der zu erwerbende Kapitalanteil mit dem Stimmanteil deckt. Der Treuhandvertrag soll derart gestaltet sein, dass die T der A AG weisungsunterworfen ist und die T ihre Stimmrechte in der B AG auf Wunsch der A AG von Fall zu Fall per Legitimationszession auf ein Vorstandsmitglied der A AG übertragen muss.

In diesem Fall ist die A AG durch ihre Weisungsrechte bzw. durch ihre Stimmabgabe im Fall der Legitimationszession in der Lage, die Wahl der Aufsichtsratsmitglieder der B AG mitzubestimmen und dadurch mittelbar Kontrolle auf die Entscheidungsfindung des Aufsichtsrats zu nehmen. Diese *mittelbare Kontrollmöglichkeit* genügt wie Art. 3 Abs. 2 lit. b FKVO zeigt (vgl. oben). Fraglich ist, ob auch der *mittelbare Erwerb* dieser Einflussmöglichkeit über den Treuhänder den Anforderungen Abs. 3 Abs. 2 FKVO genügt: Die A AG hat selbst keinen Vertrag mit dem Anteilsveräußerer der B AG geschlossen, sondern nur T, die insofern auch formell allein die Mitgliedschaftsrechte innehat. Aus dem Wortlaut des Art. 3 Abs. 2 FKVO ergibt sich jedoch nicht, zwischen welchen Parteien die Rechts- oder Vertragsbeziehungen bestehen müssen, die den unmittelbaren Einfluss begründen. Es ist daher auch nicht zwingend, dass die Verträge direkt zwischen Erwerber und Zielobjekt geschlossen werden oder die kontrollbegründende Rechtsbeziehung direkt zwischen Erwerber und Zielobjekt bestehen. Vielmehr sieht der Zusammenschlusstatbestand vor, dass auch Rechte oder Verträge *„zusammen unter Berücksichtigung aller rechtlichen und tatsächlichen Umstände"* die Möglichkeit bestimmender Einflussnahme gewähren können. Diese Formulierung gewährt eine Subsumtion dahingehend, dass durch den Anteilskaufvertrag „zusammen" mit dem Treuhandvertrag (und der Legitimationszession) ein bestimmender Einfluss in den Händen der A AG entstand.

Ob diese weite Auslegung des Kontrolltatbestandes[434] im Sinne des Gesetzgebers ist, ist insbesondere im Hinblick auf die Regelung in Art. 3 Abs. 3 FKVO zu hinterfragen. So könnte man allein aus der Existenz dieser Vorschrift schließen, dass allein aus der treuhänderischen Bindung des Treuhänders im Innenverhältnis für den Treugeber noch kein bestimmender Einfluss im Sinn des Art. 3 Abs. 2 FKVO entstehen soll. Ebenso lässt sich umgekehrt aber auch die Frage aufwerfen, ob Art. 3 Abs. 3 FKVO

434 Die Lösung der Treuhänderproblematik über einen erweiterten Zusammenschlusstatbestand wurde auch bereits in der Literatur zum Treuhänder in der deutschen Fusionskontrolle vor der 6. GWB-Novelle angedacht: *Thurnher*, WuW 1994, S. 303 (318).

gegenüber Art. 3 Abs. 2 FKVO überhaupt eine eigenständige Bedeutung hat oder als rein deskriptives Anhängsel des Kontrolltatbestandes zu streichen ist. Um diese Fragen einer Lösung zuzuführen, ist die Norm des Art. 3 Abs. 3 FKVO im Folgenden näher zu beleuchten.

## II. Die Vorschrift Art. 3 Abs. 3 FKVO

### 1. Entstehungsgeschichte des Art. 3 Abs. 3 FKVO

#### *a. Konkrete Regelung der Erwerbstreuhand in den Entwürfen zur FKVO Nr. 4064/89*

Die Tatsache, dass die Problematik der Erwerbstreuhand beim Zusammenschlusstatbestand bislang weitgehend allein in Art. 3 Abs. 4 FKVO 4064/89 (nunmehr Art. 3 Abs. 3 FKVO 139/2004) verortet wurde, rührt vor allem daher, dass die Treuhandproblematik in den Entwürfen für die FKVO 4064/89 an den dort jeweils systematisch entsprechenden Stellen, nämlich Art. 2 Abs. 3 Nr. 3 im ersten Entwurf vom 20. Juli 1973[435] und in Art. 3 Abs. 4 lit. e im sechsten und endgültigen Entwurf vom 30. November 1988[436], noch explizit geregelt wurde. Vgl. hierzu und zum Wortlaut des ersten und des sechsten Entwurfs bereits oben unter § 3 D III 2 a.

Diese Entwürfe wiederum basierten auf einer Entscheidung der Hohen Behörde vom 6. Mai 1954[437] über das Tatbestandsmerkmal der Kontrolle eines Unternehmens im Sinn von Art. 66 § 1 des EGKSV. Die Entscheidung traf in Art. 3 Abs. 1 unter anderem auch eine Regelung über die Inhaberschaft von Kontrolle im Sinn des EGKSV. Diese wurde 1973 beinahe wortgleich — jedoch unter Verzicht auf die Beweislastverteilungsregelung — in dem ersten Verordnungsentwurf für eine EG-Fusionskontrollverordnung übernommen.

---

435 *Kommission*, Vorschlag einer Verordnung (EWG) des Rates über die Kontrolle von Unternehmenszusammenschlüssen vom 20. 7. 1973, ABl. 1973 C 92/1 (3).

436 *Kommission*, Geänderter Vorschlag vom 30. 11. 1988, ABl. EG 1989 C 22/14.

437 *Kern*, S. 52.

### b. *Abstrakte Regelung in der Endfassung der FKVO Nr. 4064/89*

Wie bereits oben festgestellt, wurde der Begriff des Treuhänder wörtlich in der am 21. September 1990 in Kraft getretenen Fassung der FKVO vom 21. Dezember 1989[438] nicht mehr erwähnt. Die Gründe hierfür gehen aus dem Entstehungsmaterial der Verordnung nicht hervor. In den sechsten und letzten Vorschlag der Kommission vom 25. November 1988[439] waren bereits die aus dem Konsultationsverfahren hervorgegangenen Änderungsvorschläge des Europäischen Parlaments vom 26. Oktober 1988[440] sowie die Stellungnahme des Wirtschafts- und Sozialausschusses vom 3. Juni 1988[441] eingegangen. Weder der Bericht des Europäischen Parlaments noch die offizielle Stellungnahme des Wirtschafts- und Sozialausschusses thematisierten jedoch Art. 3 Abs. 4 des 6. Entwurfs, der den Treuhandfall regelte; dahingehende Änderungsvorschläge wurden nicht vorgetragen. Der Kommissionsvorschlag vom 25. November 1988 wurde am 30. November 1988 dem Rat und am 16. Dezember 1988 dem Europäischen Parlament übermittelt. Während der zwölf Monate bis zur formellen Annahme des Entwurfs durch den Rat wurden keine weiteren offiziellen Dokumente veröffentlicht, die einen Rückschluss auf die Motive des Rats der Europäischen Gemeinschaften für die nochmalige Änderung des Vorschlags zulassen würden. Auch in den zahlreichen Veröffentlichungen über die in Kraft getretene Europäische Fusionskontrollverordnungen Nr. 4064/89 wurde mit keiner Silbe die Beschneidung des Art. 3 Abs. 4 FKVO erwähnt, an dem zwischen dem 5. und 6. Entwurf im Jahr 1988 sogar noch gefeilt und insbesondere Art. 3 Abs. 4 lit. c FKVO — die Regelung über den Treuhänder — noch konkretisiert worden war.[442] Über die Motive für die endgültige Abstinenz einer expliziten Regelung der Treuhandverhältnisse in der FKVO kann letztlich nur gemutmaßt werden. Es sind mehrere Begründungsalternativen denkbar:

#### *aa. Kein Regelungswille - Ausschluss vom Anwendungsbereich der Fusionskontrolle*

Der Wegfall der ausdrücklichen Regelung über die Stellung des Treuhänders beim Kontrollerwerb könnte derart interpretiert werden, dass die Treuhandabrede grundsätzlich unbeachtlich für den Kontrolltatbestand sein sollte und allein auf die formelle dingliche Berechtigung des (Vollrechts-)Treuhänders abzustellen sei.

Für diese These würde der etwas merkwürdige Verlauf des Gesetzgebungsverfahrens sprechen. So sahen die Entwürfe für die FKVO 4064/89 unverändert über 15

---

438 ABl. 1990 L 257/14.

439 *Kommission*, ABl. 1989 C 22/14.

440 *Europäisches Parlament*, ABl. 1988 C 309/55.

441 *Wirtschafts- und Sozialausschuss*, ABl. 1988 C 208/11.

442 Keine Erwähnung beispielsweise in den sonst ausführlichen Darstellungen bei *Bechtold*, RIW 1990, S. 253; *Hitzler*, EuZW 1990, S. 369 ff, *Kirchhoff*, Beilage zu BB 1990, S. 1 ff.

Jahre hinweg vor, dass der Treuhänder dann als Eigentümer oder Anteilsinhaber die Kontrolle innehabe, wenn er die sich aus der formellen Position ergebenden Rechte auch ausübe. Dieser Regelungsvorschlag wurde im letzten offiziellen Entwurf nochmals dahingehend konkretisiert und verschärft, dass der zur Ausübung der Rechte befugte Treuhänder nur dann als Kontrollinhaber anzusehen sei, wenn er weisungsfrei handeln könne (Art. 3 Abs. 4 lit. c). Mit dieser Fassung sollte offensichtlich verstärkt der Wille zum Ausdruck gebracht werden, eine Umgehung der Fusionskontrolle über einen klassischen Strohmann nicht hinzunehmen. Der plötzliche, unkommentierte Wegfall der gesamten Regelung über den Treuhänder könnte darauf hindeuten, dass sich im Europäischen Rat politische Stimmen durchsetzten konnten, die diese rechtspolitische Linie zu verhindern wussten.

Diese These ist jedoch kaum haltbar, denn der europäische Gesetzgeber hatte es sich vorausschauend zum Ziel erklärt, eine effiziente Kontrollmöglichkeit zu schaffen und Umgehungsmöglichkeiten auszuschalten.[443] Gerade das Rechtsinstitut der Treuhand dient klassischerweise der Umgehung rechtlicher Hindernisse. Aus den Erfahrungen der deutschen Fusionskontrollpraxis (vgl. die Fälle Metro/Kaufhof und Klöckner/Seitz) konnte man im Jahr 1988 auch bereits die Lehre ziehen, dass der Treuhandvertrag auch tatsächlich im Bereich der Unternehmenszusammenschlüsse eingesetzt wird, um die Zusammenschlusskontrolle zu verhindern. Es erscheint daher unwahrscheinlich, dass hier bewusst ein Schlupfloch offen gelassen werden sollte.

### *bb. Fehlender Regelungsbedarf für einen Sondertatbestand wegen Art. 3 Abs. 3 litt. a und b*

Näherliegend ist vielmehr die Annahme, dass die zunächst noch im Entwurf aus dem Jahre 1988 vorgesehene Regelung des Art. 3 Abs. 4 lit. c FKVO später als überflüssiger Appendix der Norm betrachtet wurde.[444] Im Rahmen der oben bereits zitierten Entscheidung der Hohen Behörde zum EGKS, wurde die Regelung über die Treuhandverhältnisse in Art. 3 Abs. 1 Ziff. 3 DVO

> *„Artikel 3*
>
> *(1) Die in Artikel 1 aufgeführten Tatbestandsmerkmale begründen die Kontrolle eines Unternehmens für diejenigen Personen, Unternehmen oder Gruppen von Personen und Unternehmen*
>
> *1. die aus diesen Rechten oder Verträgen selbst berechtigt sind,*
>
> *2. die, obwohl sie aus diesen Rechten oder Verträgen nicht selbst berechtigt sind, die Befugnis haben, die sich daraus ergebenden Rechte auszuüben,*

443 *Bechtold*, RIW 1990, S. 253 (255); *Miersch*, Kommentar, S. 68; *Janicki*, WuW 1990, S. 195 (200); *Immenga* in: *Immenga/Mestmäcker*, EG-Wettbewerbsrecht, Art. 3 Rdnr. 28.

444 So *Riesenkampff*, WuW 1996, S. 5 (13).

*3. die als Treuhänder Eigentümer von Vermögensgegenständen eines Unternehmens oder von Anteilsrechten an einem Unternehmen sind und befugt sind, die sich daraus ergebenden Rechte auszuüben.“*[445]

schon „nur“ als „Sonderfall“[446] der Befugnis zur Ausübung fremder Rechte gesehen. Keppenne sah eine derartige direkte Bezugnahme auf den Treuhänder in der EG-Fusionskontrollverordnung sogar für überholt („suranné“) an.[447] Auch in dem sechsten Entwurf der FKVO aus dem Jahr 1988 bestand zwischen Art. 3 Abs.4 lit. a, b und c eine Wortlautparallele ähnlich der in der Entscheidung der Hohen Behörde. Ob der Treuhandfall tatsächlich von der verkürzten Norm erfasst wird, wird im Folgenden noch zu erörtern sein. Im hier vorliegenden Zusammenhang soll die Feststellung genügen, dass es möglich erscheint, dass sich auch der EG-Gesetzgeber von der Idee einer schlankeren Regelungstechnik leiten ließ. Wie die Generalklausel des Kontrollerwerbs zeigt, versuchten sich die Gestalter der FKVO von vornherein sich nicht in das Dickicht nationaler rechtlicher Besonderheiten einzulassen und vermieden die Formulierung einzelner Zusammenschlusstatbestände. Auch die anfangs noch zahlreichern gesetzlichen Beispiele für den Kontrollerwerb wurden im Laufe des Gesetzgebungsverfahrens im Sinne einer übersichtlichen Regelung reduziert.

### *cc. Keine materiellrechtliche Festlegung gewollt*

Der plötzliche Wegfall einer ausdrücklichen Regelung der rechtsgeschäftlichen Treuhandverhältnisse in der endgültigen Fassung der FKVO 4064/89 wird auch damit begründet, dass aus materiellrechtlichen Gründen auf die relativ konkrete und detaillierte Vorschrift des Art. 3 Abs. 4 lit. c aus dem sechsten und letzten Entwurf für die FKVO 4064/89 aus dem Jahre 1988 verzichtet werden sollte.[448] Die dort gewählten Abgrenzungskriterien der Widerruflichkeit des Auftrags und der Weisungsgebundenheit des Treuhänders hätten der Entscheidungspraxis ein zu strenges Korsett auferlegt. Es wird argumentiert, die Kommission habe sich die Möglichkeit offenhalten wollen, je nach dem zu beurteilenden Fall eine gerechte Einzelfallentscheidung treffen zu können.[449] Diese Auffassung ist aus deutscher Sicht sehr plausibel, da auch im Anwendungsbereich des GWB schon zum damaligen Zeitpunkt das Kriterium der Weisungsgebundenheit stark umstritten war. Unklar bleibt jedoch nach dieser Begründung, warum die Regelung über den Treuhänder in Art. 3 Abs. 4 lit. c des 6. Entwurfes aus dem Jahr 1988 ganz gestrichen wurde und nicht nur der erst in jenem letzten Entwurf der Kom-

---

445 *Hohe Behörde*, E. v. 6. 5. 1954, ABl. EGKS 1954, S. 345 ff.

446 *Kern*, S. 89.

447 *Keppenne*, CDE 1991, S. 42 (56).

448 *Miersch*, Die europäische Fusionskontrolle, S. 117.

449 *Duursma*, S. 69.

mission eingefügte Zusatz über das Weisungsfreiheit und die Abrufbarkeit des Treuhänders.

### *dd. Lösung des Sonderproblems der Treuhänderstellung auf anderem Wege*

Ein weiteres Motiv dafür, auf die Sondervorschrift über den Treuhänder in der letzten Phase des Gesetzgebungsverfahrens zu verzichten, wurde bereits mit den Überlegungen unter Punkt B I angedacht: Es könnte darin liegen, dass man aufgrund des weiten materiellen Tatbestandes des Kontrollerwerbs in Abs. 3 des Art. 3 FKVO des 6. Entwurfs aus dem Jahr 1988 keinen gesonderten Regelungsbedarf mehr für die Problematik des mittelbaren Erwerbs von Kontrolle sah. Dagegen spricht jedoch, dass die Regelung über die Inhaberschaft der Kontrolle als solche gemäß den Entwürfen beibehalten wurde. Der Rat hielt folglich grundsätzlich an der – nach hier vertretener Ansicht unnötigen - Differenzierung zwischen der Frage der Kontrollbegründung und der Kontrollinhaberschaft fest.

### *ee. Zwischenergebnis*

Im Ergebnis erscheint das gesetzgerberische Motiv einer schlanken Regelung am plausibelsten. Der Gesetzgeber ging davon aus, mit der zuletzt verabschiedeten Fassung des Art. 3 Abs. 3 FKVO 4064/89 alle im Rahmen von mittelbaren Erwerbsstrukturen auftretenden Probleme lösen zu können, also auch das des Treuhänders. Dafür spricht nicht zuletzt auch die 4. Mitteilung der Kommission über den Zusammenschlussbegriff[450]. Hier werden in Textziffer 10 erläuternd näher die Konstellationen angeführt, die unter Art. 3 Abs. 4 FKVO 4064/89 (nunmehr Art. 3 Abs. 3 FKVO 139/2004) fallen sollen. Dazu gehört auch der Fall,

> *„wenn ein Unternehmen eine Person oder ein Unternehmen vorschiebt, um eine Beteiligung zu erwerben, die ihm die Kontrolle über das andere Unternehmen sichert, und die Kontrolle über diese vorgeschobene Person ausübt, auch wenn formal diese Person der Rechtsinhaber ist."*

Zwar wird auch hier der Treuhänder nicht namentlich erwähnt, er lässt sich jedoch entgegen der Auffassung von *Karl*[451] unter die dort beispielhaft genannte Fallkonstellation subsumieren: Die vorgeschoben formal berechtigte Person ist gleichzusetzen mit dem Vollrechtstreuhänder. Das vorschiebende Unternehmen ist gleichzusetzen mit dem Treugeber, der gegebenenfalls Kontrolle über den Treuhänder ausüben kann.

---

450 *Kommission*, Mitteilung über den Zusammenschlussbegriff, ABl. 1998 C 66/5.

451 *Karl*, S. 188, bezieht die Formulierung anscheinend rein auf die Fälle der allein zum Erwerb errichteten Holdinggesellschaften.

## 2. Dogmatische Unsicherheit

Auch wenn die Problematik der Erwerbstreuhand im Bereich der europäischen Zusammenschlusskontrolle vom Schrifttum bislang stets an der Vorschrift des Art. 3 Abs. 4 FKVO 4064/89 (nunmehr Art. 3 Abs. 3 FKVO 139/2004) festgemacht wurde, sind deren Normzweck und ihre rechtliche Wirkungsweise weitgehend unklar.

So wird die Vorschrift bisweilen als Zurechnungsklausel[452] qualifiziert. Teilweise liest man auch, die Norm *beschränke* den Kreis der am Zusammenschluss Beteiligten.[453] Andere Autoren meinen hingegen, Art. 3 Abs. 4 FKVO 4064/89 (Art. 3 Abs. 3 n. F. FKVO) *erweitere* den Kontrollbegriff der FKVO; demnach sei es möglich, dass *neben* den direkt Berechtigten *auch* Dritte als Kontrollinhaber in Betracht kommen.[454] Anders wiederum die Formulierung bei *Immenga*: „gemäß Art. 3 Abs. 4 lit. b wird die Kontrolle für die nur materiell berechtigten Personen *begründet*". *Thurnher* stellt im Rahmen seiner Untersuchung über die „Zurechnung des Treuguts im Fusionskontrollrecht" die Frage, „wem die Unternehmensbeteiligung zuzurechnen ist oder wem der beherrschende Einfluss oder die Kontrolle tatsächlich zukommt"[455], und bringt damit bewusst oder unbewusst die dogmatische Unsicherheit zum Ausdruck, die mit der Norm offensichtlich verbunden ist. Umso weniger verwundert es, dass die Europäische Kommission — soweit erkennbar — diese Norm noch nie in einer veröffentlichten Entscheidung zitiert hat.

Die Frage nach der exakten rechtstechnischen Wirkungsweise der Norm ist unabdingbar, um die Kontrollinhaber und damit den Kreis der am Zusammenschluss beteiligten Personen festzustellen. So geht beispielsweise eine Ansicht, davon aus, dass Treugeber und Treuhänder beide gleichzeitig Kontrolle erlangen können.[456] Der Gedanke der gemeinsamen Kontrollbegründung wäre allerdings nur schwerlich mit der Rechtstechnik der Zurechnung vereinbar, soll durch den normativen Vorgang der Zurechnung von rechtlich bedeutsamen Positionen doch gerade in der Regel eine eindeutige Entscheidung über die Zuordnung getroffen werden. So führt beispielsweise die Zurechnung im Steuerrecht gemäß § 39 Abs. 2 Nr. 1 AO dazu, dass entweder dem Steuerpflichtigen A oder dem Steuerpflichtigen B gewisse Wirtschaftsgüter zugerechnet werden, aber nie beiden zugleich.

---

452 *Stockenhuber*, S. 101; *Niemeyer*, S. 16; *Karl*, S. 187; *Gugerbauer*, S. 139; *Staudenmayer*, S. 137.

453 *Krimphove*, S. 262.

454 *Miersch*, Kommentar, S. 85. Von einer Ausdehnung des Kreises von Personen und Unternehmen auf die nicht unmittelbar an der Transaktion Beteiligten spricht auch *Karl*, S. 186. Für die Montanunion *Kern*, S. 88.

455 *Thurnher*, WuW 1994, S. 303.

456 *Pohlmann*, S. 165; *Plaß*, S. 38.

### a. *Art. 3 Abs. 4 FKVO als Zurechnungsklausel*

Eine Zurechnungsnorm kann zum einen einer Person bestimmte Objekte zurechnen (wie beispielsweise § 39 Abs. 2 Nr. 1 AO die Wirtschaftsgüter dem Steuerschuldner), zum anderen können einer Person auch Handlungen anderer Personen zugerechnet werden (zu denken ist dabei etwa nur an § 278 BGB). Sieht man Art. 3 Abs. 3 FKVO als Zurechnungsnorm, stellt sich die Frage, was zugerechnet werden soll: die Erwerbshandlung, die erworbenen Güter und Rechte oder etwa die Kontrolle als solche.

#### *aa. Kontrolle als Zurechnungsobjekt*

Stockenhuber[457] und Karl[458] gehen davon aus, dass gemäß Art. 3 Abs. 4 FKVO 4064/89 (nunmehr Art. 3 Abs. 3 FKVO 139/2004) die Kontrolle als solche zugerechnet werde. Das erstaunt, findet doch in der Regel Zurechnung in der Weise statt, dass ein gewisser fraglicher Bestand an Gütern oder Rechtspositionen einem Rechtssubjekt zugeordnet wird. Diese Zuordnung bildet dann die Grundlage für die Ermittlung der Rechtsfolgen, die an die Innehabung der Rechtsgüter anknüpfen. Dies gilt z. B. für die Zurechnung von Treugut im Steuerrecht, im Insolvenzrecht oder in der Zwangsvollstreckung.

Die Kontrolle selbst ist hingegen keine feststehende Rechtsposition, die in dem Sinn zugerechnet werden kann. Die Rechtsgüter, die im Zusammenhang eines Unternehmenszusammenschlusses verteilt und zugeordnet werden können, sind vielmehr die Anteile, Vermögenswerte und vertraglichen Rechtspositionen. Erst an diese knüpft als Rechtsfolge der bestimmende Einfluss, die Kontrollposition an.

Sollte es in der Vorschrift des Art. 3 Abs. 3 FKVO tatsächlich um die „Zurechnung“ von Kontrolle in dem Sinn gehen, ob dem treugebenden Unternehmen A oder dem treuhänderisch agierenden Unternehmen B die Kontrollposition zustehen soll, dann wäre die Norm als kontrollbegründender Tatbestand einzuordnen und nicht als Zurechnungsnorm.

#### *bb. Erwerbshandlung als Zurechnungsobjekt*

Fraglich ist, ob gemäß Art. 3 Abs. 3 FKVO die Erwerbshandlungen zugerechnet werden sollen. Dies wäre etwa in dem Sinn denkbar, dass stets demjenigen die Handlung des Ankaufs von Anteilen oder Vermögen zugerechnet wird, der letztlich die Rechte aus dem Vertrag ausübt. Soweit geht die Vorschrift aber offensichtlich nicht. Sie stellt vielmehr zwei Möglichkeiten der Kontrollbegründung alternativ nebeneinander. Kontrolle wird für die aus der rechtlichen Erwerbshandlung selbst Berechtigten (a) be-

---

457 *Stockenhuber*, S. 101.

458 *Karl*, S. 187.

gründet *oder* für diejenigen, die die sich aus den Rechten und Verträgen ergebenden Rechte ausüben dürfen (b).

### *b. § 3 Abs. 3 FKVO als Restriktion des Art. 3 Abs. 2 FKVO*

Angesichts der gerade dargestellten alternativen Formulierung des Art. 3 Abs. 3 FKVO ist auch nur schwer verständlich, wie die Norm den Kreis der am Zusammenschluss beteiligten Personen begrenzen sollte[459]. Dem Wortlaut der Vorschrift ist dies jedenfalls nicht zu entnehmen; dieser eröffnet vielmehr neben Art. 3 Abs. 2 FKVO explizit noch eine andere Art der Kontrollbegründung, nämlich die der Ausübung kontrollbegründender Rechte ohne deren Rechtsinhaberschaft.

Eine restriktive Wirkung des Art. 3 Abs. 3 FKVO wäre nach hier vertretener Ansicht nur so zu begründen, wenn durch die alternative Formulierung dem formalen Rechtsinhaber grundsätzlich die Möglichkeit des Kontrollerwerbs verwehrt würde, soweit es einen Treugeber gibt, der die Rechte ausübt. Das „oder" in Art. 3 Abs. 3 FKVO müsste der Gesetzgeber dann im Sinn eines „entweder-oder" verstanden haben wissen wollen. Dieser gedanklichen Richtung scheint auch die Kommission zu folgen, wenn sie in der 4. Mitteilung über den Zusammenschlussbegriff in Tz. 10 schreibt:

> *„In der Regel übernehmen jedoch Personen oder Unternehmen die Kontrolle, wenn sie Recht innehaben oder ausüben können, die ihnen Kontrolle ermöglichen (Art. 3 Abs. 4 Buchstabe a)). Ausnahmsweise braucht der Inhaber der Beteiligung, die ihm Kontrolle über das andere Unternehmen sichert, nicht identisch zu sein mit dem, der die Rechte tatsächlich ausübt. Dies ist dann der Fall, wenn ein Unternehmen eine Person oder ein Unternehmen vorschiebt, um eine Beteiligung zu erwerben die ihm die Kontrolle über das andere Unternehmen sichert, und die Kontrolle über diese vorgeschobenen Person ausübt, auch wenn formal diese Person der Rechtsinhaber ist. Hier liegt die Kontrolle in Wirklichkeit bei dem Unternehmen, das im Hintergrund bleibt, aber faktisch das Zielunternehmen kontrolliert (Artikel 3 Absatz 4 Buchstabe b)).“*

Wenn die Kontrolle in diesen Fällen „in Wirklichkeit" bei dem Treugeber-Unternehmen liegen soll, ist dies wohl so zu interpretieren, dass die treuhänderisch agierende Person „in Wirklichkeit" zugleich keine Kontrolle innehat.

459 So aber *Krimphove*, S. 262.

### c. Art. 3 Abs. 3 FKVO als Erweiterung des Kontrolltatbestandes

Die bereits oben angeführte Formulierung von Miersch[460], dass Art. 3 Abs. 4 FKVO 4064/89 (Art. 3 Abs. 3 n. F. FKVO) den Kontrollbegriff erweitere, ist nur dann richtig, wenn der mittelbare Kontrollerwerb andernfalls noch nicht unter den Kontrollbegriff des Art. 3 Abs. 2 FKVO fiele. Nach hier vertretener Ansicht ist der materielle Kontrolltatbestand aber so weit dehnbar, dass auch die Fälle der Erwerbstreuhand grundsätzlich unter ihn gefasst werden können. Vgl. dazu oben unter Gliederungspunkt B I.

Gegen den Charakter eines echten kontrollbegründenden Tatbestandes spricht auf den ersten Blick auch der Wortlaut des Art. 3 Abs. 3 FKVO. Die Definition der Kontrolle und die Beschreibung der Art ihrer Begründung erfolgt bereits in Art. 3 Abs. 2 FKVO: „Die Kontrolle" (...) „wird *durch*" (...) „begründet."). Die Formulierung in Absatz 3: „Die Kontrolle wird *für*" (...) „begründet", scheint in eine andere Richtung zu zielen.

### d. Art. 3 Abs. 3 FKVO als Umgehungsverbot

Schon die Kommentarliteratur zu Art. 3 der Entscheidung 24/54 der Kommission zum Zusammenschlussbegriff in der Montanunion, also zur Parallelvorschrift des heutigen Art. 3 Abs. 3 FKVO ging davon aus, dass die Vorschrift eine Umgehung der Kontrolle verhindern solle.[461] Diese Ansicht wurde allgemein auch in Bezug auf Art. 3 Abs. 4 FKVO 4064/89 vertreten.[462]

### e. Eigene Ansicht

Die alternative Aufzählung der Kontrollbegründungsmöglichkeiten in Art. 3 Abs. 3 FKVO (formelle Berechtigung oder Ausübung der Rechte aus der formellen Berechtigung) spricht gegen eine fixe, normative Zurechnung von unternehmerischen Ressourcen. Der Begriff der Zurechnungsklausel wird dem Inhalt des Art. 3 Abs. 3 FKVO daher meines Erachtens nicht gerecht. Auch die Qualifikation der Norm als Umgehungsverbot ist nicht zutreffend. Zwar ist es mit Sicherheit richtig, dass der europäische Gesetzgeber generell den Anwendungsbereich der Kontrollmöglichkeiten möglichst breit anlegen wollte. Er sah jedoch davon ab, ein echtes Umgehungsverbot (z. B. ähnlich § 42 AO) in die Verordnung aufzunehmen. Stattdessen wurde vielmehr der Zusammenschlusstatbestand sehr weit gefasst, so dass für eine Gesetzesumgehung schon be-

460 *Miersch*, Kommentar, S. 85. Von einer Ausdehnung des Kreises von Personen und Unternehmen auf die nicht unmittelbar an der Transaktion Beteiligten spricht auch *Karl,* S. 186. Für die Montanunion *Kern*, S. 88.

461 *Kern*, S. 88 ff.

462 *Krimphove*, S. 262; *Miersch*, Kommentar, S. 85.

grifflich kein Raum bleibt, da die potentielle „Umgehungshandlung" bereits von der gesetzlichen Regelung mitumfasst wird.

Art. 3 Abs. 3 FKVO hat vielmehr eine klarstellende Funktion; er kommentiert gleichsam den Kontrollerwerbstatbestand in Art. 3 Abs. 2 FKVO. So stellt die Vorschrift in ihrer Differenzierung nach der Kontrollinhaberschaft klar, dass man eine unternehmerische Kontrollposition auf verschiedene Arten (als Inhaber einer formalen Rechtsstellung oder durch die Ausübung der daraus resultierenden Rechte) verwirklichen kann. Die Frage nach der Person, die die Kontrolle ausübt, fällt stets mit der Frage zusammen, in welcher Form Kontrolle begründet werden kann. Eine Aufspaltung dieser beiden Punkte in Art. 3 Abs. 2 und Abs. 3 FKVO wäre nach hier vertretener Ansicht denklogisch eigentlich nicht notwendig.[463]

Art. 3 Abs. 3 FKVO dient schließlich vor allem der Rechtssicherheit. Denn Henssler stellt zur Treuhandproblematik allgemein treffend fest, dass für den Juristen die „Pflicht zur argumentativen Rechtfertigung" bestehe, „weshalb es ausnahmsweise nicht auf die rechtliche, sondern auf die wirtschaftliche Situation ankommen soll"[464]. Diese Rechtfertigung ergibt sich für die europäische Fusionskontrolle aus dem Willen des Gesetzgebers, der in Art. 3 Abs. 3 FKVO niedergelegt wurde Ähnlich wie beispielsweise § 39 Abs. 2 Nr. 1 AO[465] im deutschen Steuerrecht regelt die FKVO dort explizit, dass es eben nicht nur bzw. nicht unbedingt auf die formelle Berechtigung an Vermögenswerten/Beteiligungen ankommen soll. Auch hier wird eine Zuordnung, um mit Hensslers[466] Worten zu sprechen, in Abweichung von bürgerlich-rechtlichen Prinzipien bewusst gesetzlich eröffnet. Der Weg einer anderweitigen Zuordnung der formellen Rechte steht also für die Unternehmen erkennbar offen und erhöht daher die Rechtssicherheit der Unternehmen.

## 3. Materieller Aussagegehalt des Art. 3 Abs. 3 FKVO

Es ist fraglich, ob die gefundene Regelungstechnik des Europäischen Gesetzgebers im Hinblick auf die Problematik des rechtsgeschäftlichen Treuhänders als geglückt bewertet werden kann. Geglückt wäre die Vorschrift dann, wenn die Konstellation des treuhänderischen Erwerbs vom Wortlaut des Art. 3 Abs. 3 FKVO erfasst würde und den oben unter § 3 C geschilderten unterschiedlichen Gestaltungsmöglichkeiten eines Treuhandvertrages Rechnung getragen würde.

---

463 So im Ergebnis auch *Pohlmann*, S. 165 und wohl auch *Bos/Stuyck/Wytinck*, S. 164 f.

464 *Henssler*, AcP 196 (1996), S. 37 (52).

465 Dieser Vorschrift zollt *Henssler* besonderes Lob: *„Das vielgeschmähte Steuerrecht zeigt ein ausgeprägtes methodologisches Gewissen, indem es der gewünschten Betrachtungsweise eine klare gesetzliche Grundlage gibt."*, AcP 196 (1996) S. 37 (52).

466 *Henssler*, AcP 196 (1996) S. 37 (52).

## *a. Versuch einer Subsumtion*

### *aa. Treuhänder als der aus den Verträgen Berechtigte im Sinn des Art. 3 Abs. 3 lit. a FKVO*

Der Erwerbstreuhänder ist Vollrechtsinhaber. Erwirbt der Treuhänder Gesellschaftsanteile oder wird ihm Unternehmensvermögen übereignet, geht eine Ansicht im Schrifttum davon aus, dass der Treuhänder „aus diesen Rechten oder Verträgen" selbst berechtigt im Sinn des Art. 3 Abs. 3 lit. a FKVO sei. Den Tatbestand des Art. 3 Abs. 3 lit. b FKVO kann er deshalb konsequenterweise nicht verwirklichen.[467]

### *bb. Treuhänder als zur Ausübung der Rechte Befugter im Sinn des Art. 3 Abs. 3 lit. b FKVO*

#### (1) Die Ansicht von Stockenhuber, Duursma, und Karl

Ganz anders jedoch ein anderer Teil der Literatur[468]: Der Erwerb von Anteilen oder Vermögen durch den Vollrechtstreuhänder sei nicht unter Art. 3 Abs. 3 lit. a FKVO zu subsumieren. Vielmehr ergebe sich *für den Treuhänder* eine Kontrollausübungsbefugnis im Sinn des Art. 3 Abs. 3 lit. b FKVO aus dem Treuhandvertrag.[469] Offen bekennt *Duursma* zwar in einer Fußnote, dass die Subsumtion des Treuhänders unter lit. b zunächst fragwürdig erscheinen würde, da nach herkömmlichen Verständnis der Treuhänder als Vollrechtsinhaber unter die Alternative des lit. a fallen müsse[470]. Begründet wird diese Ansicht historisch vor dem Hintergrund von Art. 3 Abs. 1 Nr.3 der Entscheidung der Hohen Behörde 24/54 zum Zusammenschlussbegriff in der Montanunion.[471] Dort hieß es, dass Kontrolle für diejenigen Personen oder Unternehmen begründet werde,

> *„die als Treuhänder Eigentümer" (...) „sind und befugt sind, die sich daraus ergebenden Rechte auszuüben".*

Namentlich *Stockenhuber* schließt daraus, dass der Vollrechtstreuhänder auch im Sinne der EG-Fusionskontrollverordnung nur zur Ausübung der Eigentumsrechte „be-

---

467 So noch zu Art. 3 Abs. 4 FKVO 4064/89 (heute Art. 3 Abs. 3 FKVO 139/2004): *Pohlmann*, S. 162 f.; *Immenga* in: *Immenga/Mestmäcker*, EG-Wettbewerbsrecht, Art. 3 FKVO Rdnr. 22; *Schütz* in: *Gemeinschaftskommentar*, Art. 3 Rdnr. 23.

468 So noch zu Art. 3 Abs. 4 FKVO 4064/89 (heute Art. 3 Abs. 3 FKVO 139/2004): *Stockenhuber*, S. 102 ff.; *Karl*, S. 186; *Duursma*, S. 68 f; *Schröer* in: *Frankfurter Kommentar*, Art. 3 FKVO Rdnr. 22.

469 *Krimphove*, S. 263.

470 *Duursma*, S. 69, Fußnote 227.

471 *Hohe Behörde*, E v. 6. 5. 1954, ABl. EGKS 1954, S. 345 ff.

fugt“ im Sinne des Art. 3 Abs. 3 lit. b FKVO und nicht „berechtigt“ im Sinn des lit. a sei.[472] Als Argument für die Subsumtion des Vollrechtstreuhänders unter Art. 3 Abs. 3 lit. b FKVO führen die Autoren zudem an, dass es im Zuge einer wortlautnäheren Subsumtion des Vollrechtstreuhänders unter lit. a nicht möglich sei, bei Umgehungsfällen dem Treugeber die Kontrolle zuzurechnen.[473] „Zurechnungssubjekt“[474] sei immer der unmittelbar Beteiligte, also der Treuhänder, der seine Befugnisse zur Kontrollausübung aus dem Treuhandvertrag (wohlgemerkt also nicht aus der dinglichen Berechtigung) ableite.[475]

Wo die beiden genannten Autoren sich noch um eine Interpretation der FKVO aus ihrem eigenen Wortlaut und Ziel heraus bemühen, argumentiert *Karl* aus der nationalen Rechtsordnung heraus. Er ist der Ansicht, allein Art. 3 Abs. 3 lit. b FKVO erfasse die Treuhandverhältnisse, da eine Übertragung von Eigentumsrechten auf den Treuhänder diesen nicht zum Volleigentümer mache.[476]

### (2) Eigene Ansicht

Die Argumentation Karls krankt an einem falschen zivilrechtlichen Verständnis der Treuhand. Die dingliche Verfügungsmacht bzw. die gesellschaftsrechtliche Stellung des Vollrechtstreuhänders unterscheidet sich gegenüber Dritten eben nicht von der eines nicht treuhänderisch gebundenen Eigentümers bzw. Gesellschafters. Vgl. dazu oben unter § 3 C I. Der Begriff der Befugnis in Art. 3 Abs. 3 FKVO bezieht sich richtigerweise auf denjenigen, der nicht schon formell berechtigt ist. In dieser Art und Weise differenziert auch die Kommission in ihrer Mitteilung über den Zusammenschlussbegriff in Tz. 10 gerade zwischen dem formalen Rechtsinhaber und demjenigen, der als nicht formal berechtigter Hintermann die Rechte ausübt.

> *(...)„Ausnahmsweise braucht der Inhaber der Beteiligung, die ihm Kontrolle über das andere Unternehmen sichert, nicht identisch zu sein mit dem, der die Rechte tatsächlich ausübt. Dies ist dann der Fall, wenn ein Unternehmen eine Person oder ein Unternehmen vorschiebt, um eine Beteiligung zu erwerben, die ihm die Kontrolle über das andere Unternehmen sichert, und die Kontrolle über diese vorgeschobenen Person ausübt, auch wenn formal diese Person der Rechtsinhaber ist.“(...)*

---

472 *Stockenhuber*, S. 105.

473 *Duursma*, S. 68 f.; *Stockenhuber*, S. 105.

474 *Stockenhuber*, S. 105.

475 So wohl auch *Krimphove*, S. 263.

476 *Karl*, S. 186.

Nur ausnahmsweise ist danach *der Treugeber* als nur mittelbar Beteiligter Kontrollinhaber, der sich bestimmte Befugnisse zur Ausübung der Rechte vorbehält.[477]

Dieses Regel-Ausnahme-Verhältnis sah im Übrigen im Ergebnis auch die Entscheidung Nr. 24/54 der Kommission zur Zusammenschlusskontrolle in der Montanunion vor. Art. 3 Abs. 1 dieser Entscheidung ging davon aus, dass in der Regel in der Person des Vollrechtstreuhänders die Kontrolle begründet werde. Dieser konnte aber diese Vermutung durch den Nachweis der Weisungsabhängigkeit bzw. der Widerruflichkeit seiner Rechtsposition nach Abs. 2 widerlegen:

> *„(2) Beruht die Befugnis, Rechte anderer auszuüben, auf Rechtsgeschäft, so gilt Absatz (1) Nr. 2 und 3 nicht, wenn der Ermächtigte nachweist,*
>
> *1. dass diese Befugnis jederzeit widerruflich ist,*
>
> *2. und dass er an bestimmte Weisungen seines Machtgebers gebunden ist,*
>
> *3. und dass er befugt ist, der Hohen Behörde auf deren Wunsch Namen und Anschrift seines Machtgebers mitzuteilen."*[478]

## cc. *Treugeber als Berechtigte im Sinn des Art. 3 Abs. 3 lit. a FKVO*

Konsequenterweise geht die Meinung, die den Vollrechtstreuhänder nur als zur Ausübung von Rechten Befugten im Sinn von Art. 3 Abs. 3 lit. b FKVO ansieht davon aus, dass Art. 3 Abs. 3 lit. a unter den „selbst berechtigten" Personen oder Unternehmen die „materiell selbst berechtigten" Beteiligten versteht.[479] Insofern wäre nach dieser Ansicht in der Regel der Treugeber Kontrollinhaber.

Hiergegen spricht jedoch der Wortlaut des lit. a. Es ist nicht ersichtlich, warum die Frage der Berechtigung im Sinn des Art. 3 Abs. 3 lit. a FKVO als eine materiellrechtlich verstanden werden sollte. Der Wortlaut der Vorschrift deutet eindeutig in eine andere Richtung. So soll sich die Berechtigung im Sinn des Art. 3 Abs. 3 lit. a FKVO „aus diesen" (formellen) Rechten oder Verträgen gemäß Art. 3 Abs. 2 FKVO ergeben, die einen bestimmenden Einfluss auf das Zielobjekt vermitteln, also insbesondere den Eigentums- oder Anteilsrechten am Zielobjekt. Die materielle Berechtigung des Treugebers ergibt sich aber nicht direkt aus diesen Rechten, denn sie stehen dem Treugeber gerade nicht zu; die materielle Berechtigung ergibt sich höchstens aus dem treuhänderischen Innenverhältnis bzw. gesonderten Rechten des treugebenden Unternehmens gegenüber dem Zielobjekt.

---

477 So auch *Berlin*, Tz. 151; *Downes/Ellis*, S. 46.

478 *Hohe Behörde*, E v. 6. 5. 1954, ABl. EGKS 1954, S. 345 ff.

479 *Stockenhuber*, S. 101 f.; *Matthies*, S. 103.

*dd. Treugeber als zur Ausübung der Rechte Befugter*

In konsequenter Fortsetzung der obigen Argumentationslinie kann nach Stockenhuber der hinter dem Treuhänder stehende wahre Einfluss habende Treugeber „ohne Zweifel“[480] nicht als der zur Rechtsausübung Befugte im Sinn des Art. 3 Abs. 3 lit. b FKVO angesehen werden.

Nach der hier vertretenen Ansicht kann hingegen der nicht formell aus den Anteils- oder Vermögensrechten berechtigte Treugeber nur unter Art. 3 Abs. 3 FKVO gefasst werden. Zu klären bleibt jedoch, wann der Treugeber „die Befugnis zur Ausübung“ der fremden Rechte hat.

(1) Der Begriff der Befugnis

Grundsätzlich orientiert sich die Auslegung eines Gesetzestextes am Wortlaut. Dieser wird durch die Mehrsprachenauthentizität[481] des europäischen Sekundärrechts jedoch stark relativiert. Der Begriff der Befugnis in der deutschen Fassung der FKVO wirft zudem besondere Probleme auf, weil er der Rechtssprache des öffentlichen Rechts entliehen ist und in seiner konkreten, zivilrechtlichen Verwendung in Art. 3 Abs. 3 FKVO nur auf den allgemeinen Sprachgebrauch zurückgegriffen werden kann. Der Begriff der Befugnis impliziert in gewisser Weise, dass es sich um eine rechtliche Befähigung handeln muss, die aus der Übertragung oder Verleihung von Rechtspositionen hervorgeht.[482] Zu denken wäre also insbesondere an eine Vollmacht, eine Ermächtigungen oder eine Legitimationszession im Sinn des Aktiengesetzes. Diese These ist jedoch anhand eines auf die englische und französische Sprache beschränkten Textvergleichs zu überprüfen:[483] So verlangt die englische Fassung für die Kontrollbegründung nur *„the power to exercise the rights deriving therefrom“*, die französische Fassung spricht vom *„pouvoir d'exercer les droits qui en découlent“*. Beide Termini der *„power“* und der *„pouvoir“* umfassen sowohl die Bedeutung des rechtlichen Dürfens im Sinn einer Ermächtigung oder Vertretungsbefugnis, aber auch das tatsächliche Können im Sinn des Vermögens etwas zu tun.[484] Insofern legen sie einen weiteren Auslegungsspielraum frei als man allein aufgrund des deutschen Wortlauts angenommen hätte.

Von einem weiteren Begriffsverständnis geht auch die Kommission aus. Diesen Schluss legt ihre Mitteilung über den Zusammenschlussbegriff in Textziffer 10 nahe. Hier liest man, dass die Kontrolle in Wirklichkeit bei dem Unternehmen liegen könne,

---

480 *Stockenhuber*, S. 105.

481 Vgl. dazu bereits oben, Gliederungspunkt § 3 D III 2 a bb.

482 So auch *Staudenmayer*, S. 141.

483 Vgl. zu den Auslegungsgrundsätzen mehrsprachiger Gemeinschaftsvorschriften *Weber* in: *Groeben/Thiesing/Ehlermann*, Art. 248 EGV Rdnr. 13 ff.

484 *v. Beseler/Jacobs-Wüstenfeld*, S. 1266; *Dietl/Lorenz*; S. 623; *Doucet/Fleck*, S. 579.

das im Hintergrund bleibe, *„aber* ***faktisch*** *das Zielunternehmen kontrolliert (Artikel 3 Absatz 4 Buchstabe b* [FKVO 4064/89, Anmerkung des Verfassers])*"*[485] [Hervorhebung nicht im Original]. Auch hier scheint der entscheidende Auslegungsfaktor das telos der Norm zu sein. Um die Kontrollmöglichkeiten offenzuhalten, ist es ratsam, den Begriff der Befugnis möglichst weit auszulegen, so dass von ihm nicht nur das rechtliche Dürfen, sondern auch das faktische Können umfasst wird.

(2) Der Begriff der Ausübung

Was unter dem Begriff der „Ausübung" der sich aus den kontrollbegründenden Rechten und Verträgen ergebenden Rechte zu verstehen ist, ist umstritten. So wird vertreten, dass unter Ausübung die *Wahrnehmung der Rechte nach außen* zu verstehen sei und nicht die Entscheidung über ihre Ausübung im Innenverhältnis.[486] Insofern könne der Treugeber nur dann als Ausübungsberechtigter angesehen werden, wenn er über das Eigentum gegenüber Dritten aufgrund einer eigenen Verfügungsberechtigung verfügen könnte bzw. seine materiellen Anteilsrechte gegenüber der Gesellschaft und den übrigen Gesellschaftern geltend machen könnte. Dass und wie dies gesellschaftsrechtlich möglich ist, wurde oben unter § 6 B dargestellt. Der „normale" Treugeber, der nicht über zusätzlich vereinbarte, direkte Einflussrechte auf den Willensbildungsprozess der Gesellschaft verfügt, sondern nur über das mittelbare Einflussmittel des Weisungsrechts gegenüber dem Treunehmer, wäre nach dieser Ansicht nicht unter Art. 3 Abs. 3 lit. b FKVO zu subsumieren.

Die andere Ansicht im Schrifttum geht ohne dogmatischen Begründungsaufwand hingegen davon aus, dass die Ausübung der sich aus den kontrollbegründenden Rechten und Verträgen ergebenden Rechte auch durch die *Wahrnehmung der Rechte des Treugebers aus dem Innenverhältnis* der Treuhandabrede folgen könne.[487] Ebenso ist auch die Kommission offensichtlich der Meinung, eine Einflussnahme auf den mittelbaren Erwerber sei ausreichend. So schreibt sie in der Mitteilung über den Zusammenschlussbegriff in Tz. 10 zum Tatbestand des Auseinanderfallens von Erwerb und Besitz von Kontrolle im Sinn von Art. 3 Abs. 3 lit. b FKVO:

> *„Dies ist dann der Fall, wenn ein Unternehmen eine Person oder ein Unternehmen vorschiebt, um eine Beteiligung zu erwerben, die ihm die Kontrolle über das andere Unternehmen sichert,* ***und die Kontrolle über diese Person ausübt****, auch wenn formal diese Person Rechtsinhaber ist."* [Hervorhebung nicht im Original]

Da davon auszugehen ist, dass durch die Vorschrift des Art. 3 Abs. 3 FKVO auch die treuhänderischen Sachverhalte erfasst werden sollen, in denen sich das treugeben-

485 *Kommission*, Mitteilung über den Zusammenschlussbegriff, Tz. 10.

486 So *Pohlmann*, S. 163.

487 *Schütz* in: *Gemeinschaftskommentar*, Art. 3 FKVO Rdnr. 23; *Karl*, S. 186 ff.

de Unternehmen hinter dem Treuhänder versteckt, wäre es kontraproduktiv, den Begriff der Ausübung besonders eng zu fassen. Die Konstellation der indirekten Kontrolle zeichnet sich in der Regel gerade dadurch aus, dass das dahinterstehende Unternehmen keine direkten Einflussmöglichkeiten auf die unternehmerischen Ressourcen erlangt. Insofern ist der Begriff der „Ausübung" auch auf die Ausübung der Rechte im Innenverhältnis zu erstrecken.

(3) Zwischenergebnis

Das treugebende Unternehmen erwirbt dann Kontrolle über das Treugut, wenn es rechtlich oder tatsächlich die Möglichkeit besitzt, auf das Treugut direkt oder über die Einflussnahme auf den Treuhänder einzuwirken.

### *b. Das Alternativverhältnis des Art. 3 Abs. 3 FKVO*

Art. 3 Abs. 3 FKVO liefert auf die Frage, für wen Kontrolle begründet wird, zwei Antworten. Diese stehen sprachlich in einem Alternativverhältnis. Die Verbindung der beiden Möglichkeiten der Kontrollinhaberschaft — nämlich Berechtigung und Ausübungsbefugnis trotz fehlender Berechtigung — durch die Konjunktion „oder" bringt zwangsläufig die weitere Frage mit sich, in welchen Fällen der Berechtigte und in welchen Fällen der zur Ausübung Befugte als Kontrollinhaber anzusehen sei. Sowohl die Vorgängervorschrift des Art. 3 der Entscheidung der Kommission zum Zusammenschlussbegriff in der Montanunion sowie der 6. Entwurf FKVO aus dem Jahr 1988 sahen eine Lösungsansatz für die Frage vor, wie das Alternativverhältnis aufzulösen sei. So enthielt die Durchführungsverordnung in Art. 3 Abs. 2 die Beweislastverteilungsregelung

> *„(2) Beruht die Befugnis, Rechte anderer auszuüben, auf Rechtsgeschäft, so gilt Absatz (1) Nr. 2 und 3 nicht, wenn der Ermächtigte nachweist,*
>
> *1. dass diese Befugnis jederzeit widerruflich ist,*
>
> *2. und dass er an bestimmte Weisungen seines Machtgebers gebunden ist,*
>
> *3. und dass er befugt ist, der Hohen Behörde auf deren Wunsch Namen und Anschrift seines Machtgebers mitzuteilen.".*[488]

Der 6. Entwurf für die FKVO sah folgende Regelung vor:

> *„(4) Die Kontrolle wird für diejenigen Personen, Unternehmen oder Gruppen von Personen oder Unternehmen begründet,*
>
> *a) [...]*

488 ABl. EGKS 1954, S. 345 ff.

*b) [...]*

*c) die als privatrechtliche Treuhänder Eigentümer von Vermögensgegenständen eines Unternehmens oder von Anteilsrechten an einem Unternehmen sind und die Befugnis haben die sich daraus ergebenden Rechte auszuüben, es sei denn, daß ihre Befugnis jederzeit widerruflich ist oder dass sie an bestimmte Weisungen ihres Machtgeber gebunden sind.* "[489]

Auf derartige Regelungen wurde in der endgültigen Fassung der FKVO Nr. 4064/89 sowie in der FKVO 139/04 verzichtet.

Die Frage nach der endgültigen Zuordnung der Kontrollinhaberschaft müsste nur dann nicht gestellt werden, wenn Art. 3 Abs. 3 FKVO so zu verstehen wäre, dass entweder der Berechtigte Kontrollinhaber ist oder, falls ein anderer zur Ausübung seiner Rechte befugt ist, ganz schematisch stets dieser zur Ausübung Befugte als Kontrollinhaber anzusehen sei.[490] Dieser Erklärungsversuch scheint jedoch angesichts der Vorgeschichte der Norm ausgeschlossen. Auch bisher ging man — wie die oben zitierte Entscheidung der Hohen Behörde Nr. 24/54 und der 6. Entwurf für die FKVO Nr. 4064/89 zeigen — davon aus, dass der Bestand eines Treuhandverhältnisses allein noch nichts Endgültiges über die tatsächliche Kontrolle und die tatsächliche Gefährdung der wettbewerbsrechtlichen Marktstruktur aussage. Auch gesetzes-systematische Erwägungen stützen die These von einer Aufzählung unabhängiger Varianten. So hat die Verbindung verschiedener Varianten durch das Bindewort „oder" in der FKVO regelmäßig nicht die Rechtsfolge der Ausschließlichkeit einer Variante zur Folge haben, sondern ist vielmehr in der Regel als Aufzählung unabhängiger Varianten zu verstehen.[491]

Eine endgültige Zuordnung der Kontrollinhaberschaft erfolgt m. E. durch Art. 3 Abs. 3 FKVO nicht.

### c. *Fazit: Regelungsgehalt und Defizite des Art. 3 Abs. 3 FKVO*

Die vorangegangenen Ausführung führen vor Augen, dass Art. 3 Abs. 3 FKVO mehr Fragen aufwirft als er positive Regelungen trifft. Insofern ist es kaum verwunderlich, dass die Vorschrift bislang noch nie in einer Entscheidung der Kommission zitiert wurde[492]. Weder berief sich die Kommission in den oben einleitend geschilderten Ver-

489 ABl. EG 1989 C 22/14 (17).

490 Für eine streng schematische Betrachtung auch *Stockenhuber* S. 103, wobei *Stockenhuber*, wie unter § 7 B II 3 a bb (1) ausgeführt, davon ausgeht, dass der Treuhänder nicht berechtigt im Sinn des Art. 3 Abs. 4 FKVO 4064/89 (nunmehr Art. 3 Abs. 3 FKVO) ist, sondern höchstens zur Ausübung von Rechten befugt.

491 Vgl. dazu bei *Plaß*, S. 38.

492 Zum Negativbefund für den Entscheidungszeitraum 1990-1995 kommt auch *Karl*, S. 187.

fahren Rhodia/Donau Chemie/Albright & Wilson oder KLM/Air U. K. auf die Norm, noch in den Entscheidungen, in denen es um die Konstellation des sogenannten „legal vehicle“ ging, also dort, wo allein zum Zweck des Erwerbs des Zielobjekts von dahinterstehenden Unternehmen eine Holdinggesellschaft zur Umgehung der Aufgreifkriterien gegründet wurden.[493]

Wird zur Lösung derartiger ureigenster Fragen der Kontrollinhaberschaft nicht an die zu deren Regelung vorgesehene Norm angeknüpft, offenbart sich hierin ihre Schwäche. Dass man die aktuelle Revision der FKVO nicht dazu genützt hat, den Absatz inhaltlich zu reformieren, lässt sich nur damit erklären, dass die Kommission schon bisher den Großteil ihrer Probleme durch die extensive Anwendung der Generalklausel des Kontrollerwerbs gelöst hat, auf ihr selbst geschaffene Interpretation über die Kontrollinhaberschaft in der Mitteilung über den Zusammenschlussbegriff zurückgreift oder wie im Fall der sogenannten legal vehicle einfach durch bestimmte rechtliche Konstruktionen „hindurchschaut“[494].

Eine eigenständige Bedeutung kommt Art. 3 Abs. 3 FKVO nach hier vertretener Ansicht nur insofern zu, als er zusätzlich zu Art. 3 Abs. 2 FKVO erläuternd klarstellt, dass auch allein die Ausübung von aus formellen Positionen resultierenden Rechten Kontrolle begründen kann. Anders als die Vorgängernorm in der Entscheidung Nr. 24/54 der Hohen Behörde zum Zusammenschluss in der Montanunion und auch anders als im sechsten und endgültigen Entwurf der Kommission für eine EG-FKVO aus dem Jahr 1988, bezieht Art. 3 Abs. 3 FKVO keine weitergehende, wertende Stellung, wer im Konfliktfall als Inhaber der Kontrolle anzusehen sei, der formell berechtigte Vollrechtstreuhänder oder der zur Ausübung der Rechte befugte Treugeber. Eine rechtsgestaltende, normative Funktion fehlt Art. 3 Abs. 3 FKVO.

## III. Die maßgeblichen Kriterien für die Zuordnung der Kontrollinhaberschaft

Egal ob man die Konstellation der Erwerbstreuhand schon mit der Generalklausel des Art. 3 Abs. 2 FKVO zu lösen versucht (vgl. Teil B I), oder zusätzlich die Vorschrift des Art. 3 Abs. 3 FKVO heranzieht (vgl. Teil 3 II), müssen in jedem Fall Zuordnungskriterien gefunden werden, ob im konkreten Einzelfall die unternehmerischen Ressourcen der formell Berechtigten (treunehmenden) Person oder dem die formellen Rechte ausübenden (treugebenden) Unternehmen normativ zuzuordnen sind.

493 Vgl. dazu *Drauz/Schroeder*, S. 2 ff.

494 *Drauz/Schroeder*, S. 3.

## 1. Allgemeine gedankliche Einführung

Der gut gemeinte Rat, man müsse die Kontrolle „je nach dem Umständen des Einzelfalls" zurechnen[495] hilft nur beschränkt weiter. Ziel der folgenden Ausführungen muss es vielmehr sein, Kriterien herauszuarbeiten, mit denen im Einzelfall die endgültige Zuordnung der Kontrollinhaberschaft zum Treugeber oder Treunehmer erfolgen kann.

Die Frage nach der Zuordnung der Kontrollinhaberschaft muss sich an den Zielen der Fusionskontrolle orientieren, d. h. einer Verhinderung der Verschiebung des Marktgefüges zu wettbewerbsschädlichen Marktstrukturen. Eine derartige Verschiebung ergibt sich zum einen durch die Übertragung von unternehmerisch genutzten Ressourcen und zum anderen durch die Einräumung von Einfluss auf diese Ressourcen, der Übertragung von Leitungsmacht.[496] Im Hinblick auf die Problematik der Zuordnung kann man folglich zum einen an den reinen Verschiebungs-/Übertragungsprozess anknüpfen und zum anderen an den Aspekt der Verwendung und des Umgang mit den Ressourcen.

Sowohl die Entscheidung Nr. 24/54 der Hohen Behörde der Montanunion als auch die Europäische Kommission haben, wie oben bereits festgestellt, verschiedene Zuordnungskriterien herausgearbeitet. Diese sowie weitere mögliche Zuordnungskriterien sind im Folgenden unter diesem Aspekt auf ihre Aussagekraft hin zu untersuchen.

## 2. Die Weisungsgebundenheit des Treuhänders

Sowohl die Entscheidung der Kommission Nr. 24/54 zum Zusammenschlussbegriff in der Montanunion sowie der sich darauf stützende 6. Entwurf einer EG- Fusionskontrollverordnung der Kommission aus dem Jahr 1988 sahen als entscheidendes Element für die Kontrollbegründung an, ob der Treuhänder an „bestimmte Weisungen" seines Machtgebers gebunden sei. Zum Wortlaut der beiden Vorschriften vgl. bereits oben unter § 3 D III 2 a.

### *a. Art der Weisungen*

Auch wenn die Klausel letztlich nicht in die Verordnung übernommen wurde, ist zu überlegen, wie der unbestimmte Begriff der „bestimmten Weisungen" auszulegen gewesen wäre, wäre die Formulierung des letzten Entwurfes in Kraft getreten. Wie oben[497] dargelegt, ist der Treuhänder wegen des dem Treuhandverhältnis zugrunde liegenden Geschäftsbesorgungs- oder Auftragsverhältnisses schon per Gesetz den Weisungen des Treuhänders unterworfen (vgl. §§ 665, 675 Abs. 1 BGB). Insofern wird

495 So *Kutsukis*, S. 111, *Gugerbauer*, S. 140, Tz. 29.

496 Vgl. *Mestmäcker/Veelken* in: *Immenga/Mestmäcker*, GWB-Kommentar, § 37 Rdnr. 107.

497 Vgl. Gliederungspunkt § 6 A I 1.

man korrekterweise nicht zu fragen haben, welchen bestimmten Weisungen der Treuhänder unterliegt, sondern vielmehr als negative Fragestellung, welchen „bestimmten Weisungen“ er aufgrund eines vertraglichen Ausschlusses des Weisungsrechts nicht unterliegt.

In dem zitierten 6. Entwurf der Kommission aus dem Jahre 1988 blieb im Dunkeln, welche „bestimmten“ Weisungen es sein sollen, die zu einer veränderten Sicht der Kontrollbefugnisse führen. Das können unter dem Aspekt der Systemimmanenz nur solche Weisungsrechte sein, die kontrollbegründende Vorgänge betreffen. Die Weisungsrechte des treugebenden Unternehmens wären kontrollbegründend, wenn es sich durch sie einen bestimmenden Einfluss auf die wesentlichen strategischen geschäftspolitischen Entscheidungen des Unternehmens sichern könnte. Damit kommen vor allem Stimmrechtsweisungen in Betracht, die sich auf die Stimmabgabe in den entscheidungsrelevanten Gremien zu den Themen der Besetzung der Unternehmensleitung und der Finanzplanung beziehen. Zur Zulässigkeit derartiger Stimmrechtsweisungen im Gesellschaftsrecht kann hier auf die obigen Ausführungen unter § 6 A I 2 verwiesen werden. Dass das weisungsgebundene Handeln des Treuhänders dem Wohl der Gesellschaft nicht zuwiderlaufen darf und insofern gesellschaftsrechtlich gewisse Grenzen gezogen sind, ist für die Kontrollmöglichkeit als solche jedoch unbedeutend, denn auch legale Weisungen können dem Treugeber bereits den wettbewerbsrelevanten Einfluss au das Unternehmen verschaffen.

### *b. Bewusste Abkehr vom Zuordnungskriterium der Weisungsabhängigkeit?*

Angesichts der Modifizierung des sechsten letzten Entwurfs der Kommission zur FKVO 4064/89 durch den Rat der Europäischen Gemeinschaften sowie die damit verbundenen — zumindest formelle — Abkehr von der Entscheidung Nr. 24/54 der Hohen Behörde[498] ist zu diskutieren, ob in diesem gesetzgeberischen Verhalten eine inhaltliche bewusste Abkehr vom Zuordnungskriterium der Weisungsabhängigkeit zu sehen ist.[499]

Dafür spricht, dass die Kommission nicht einmal mehr in ihrer Mitteilung über den Begriff des Zusammenschlusses im Zusammenhang mit der Ermittlung der Kontrollinhaberschaft nach Art. 3 Abs. 4 FKVO 4064/89 (nunmehr Art. 3 Abs. 3 FKVO 139/2004) das Kriterium der Weisungsgebundenheit erwähnt, sondern als mögliche Kriterien für das Vorliegen indirekter Kontrolle explizit nur „Finanzquellen oder Verwandtschaftsbeziehungen“ nennt.[500]

498 *Hohe Behörde,* E. v. 6. 5. 1954, ABL. EGKS 1954, S. 345 f.

499 *Riesenkampff,* WuW 1996, S. 5 (13).

500 *Kommission,* Mitteilung über den Zusammenschlussbegriff, Tz. 10.

Dagegen spricht jedoch, dass sich die Europäische Kommission in anderem Zusammenhang weiterhin ausdrücklich des Gradmessers der Weisungsabhängigkeit bedient, wenn es um die Frage der kontrollrechtlichen Zuordnung von unternehmerischen Ressourcen geht: so nämlich im Rahmen der oben unter § 3 D III 1 geschilderten Zusagenpraxis. Wie oben geschildert, forderte die Kommission im Fall der Abhilfemaßnahme der Veräußerung durch den Treuhänder in der Regel, dass der Treuhänder zu diesem Zweck von den Weisungen des veräußernden Unternehmens freigestellt werde.[501] Hierin zeigt sich das Vertrauen der Kommission darauf, dass die Weisungsfreiheit des Treuhänders tatsächlich dazu führt, dass auf den Treuhänder übertragene Unternehmensteile dem Einflussbereich des treugebenden Unternehmens entzogen werden. Diese Aussage ist zwar insofern deshalb zu relativieren, weil sich die Kommission daneben auch noch mit anderen rechtlichen Mitteln dahingehend absichert, dass die zugesagte Veräußerung tatsächlich vonstatten geht, ohne dass das Veräußerungsobjekt zuvor seines Marktpotentials beraubt wird — zu diesen anderen rechtlichen Mitteln gehört z. B. ihr Recht zur Genehmigung der Wahl des Treuhänders sowie der Wahl des Käufers. Dennoch lässt die Kommission durch ihre Entscheidungspraxis erkennen, sie erachte das Kriterium der Weisungsgebundenheit grundsätzlich als einen geeigneten Gradmesser für die Zuordnung unternehmerischer Ressourcen. Diese Haltung muss von ihr auch im Bereich des Zusammenschlusstatbestandes erwartet werden dürfen.

Eine ganz andere Erklärung für den Wegfall des Kriteriums der Weisungsabhängigkeit in der endgültigen Fassung der FKVO 4064/89 findet Krimphove. Er stellt fest:

> *„das Fehlen des Weisungsrechts des Treugebers (welches i. S. d. VO-Entwurfs die Kontrollmöglichkeit des Treunehmers begründete)"* ist *„nur eine (negative) Umschreibung für eine (positive) Befugnis des Treunehmers, nach eigenem Belieben mit der Kontrollausübung umzugehen"*[502]

Die Befugnis zur Ausübung der Rechte ist nach hier vertretener Ansicht (vgl. oben unter § 7 B II 3 a dd) ein auslegungsbedürftiger Begriff. Soweit man mit der Kommission annimmt, dass er auch Befugnisse erfasse, die sich aus dem Innenverhältnis zwischen Berechtigten und Befugtem ergeben, wird hierunter auch das Weisungsrecht fallen. Die Befugnis zur Ausübung fremder Rechte umfasst aber mehr als nur das Weisungsrecht. Eine Identität der Begriffe liegt folglich nicht vor.

501 *Kommission*, Mustervertrag „Trustee Mandate" v. 12. 7. 2002, Section H, Tz. 20.

502 *Krimphove*, S. 263, Fn. 156.

### c. *Kritik am Kriterium der Weisungsgebundenheit*

#### *aa. Disponibilität des Weisungsbegriffs*

In der Literatur wird das Kriterium der Weisungsgebundenheit heftig kritisiert. Die Kritik rührt vor allem daher, dass zur Feststellung der Kontrollinhaberschaft auf das Innenverhältnis der Treuhandparteien abgestellt wird. Dies stünde aufgrund seines schuldrechtlichen Charakters zur Disposition der Parteien und könne somit jederzeit abgeändert werden, so dass letztlich auch die fusionskontrollrechtliche Zuordnung vom Parteiwillen abhinge.[503] Aus diesem Grund eigne sich das Kriterium kaum dafür, Umgehungsversuche zu verhindern, sondern animiere eher zu weiteren Umgehungsversuchen, durch eine faktische Abänderung der schriftlichen Treuhandverträge hin zu einer Vertragsgestaltung, die den fusionskontrollrechtlichen Zielen am Nähesten kommt. Auf was für einen Entscheidungsfindungsprozess die Stimmabgabe eines Treuhänders in der Gesellschafter- oder Aktionärsversammlung beruht, sei in praxi nur schwer nachweisbar. So werde sich ein formal unabhängig und weisungsfrei agierender Treuhänder bei eigenen finanziellen (Provisions-)Interessen wohl überlegen, ob er die „Anregungen“ (Anführungszeichen im Original)[504] seines Treugebers umgehend befolge.

#### *bb. Zuordnung nach faktischem Weisungsverhältnis*

Um die Kritik an der Disponibilität des Weisungsverhältnisses auszuräumen, möchte ein Teil der Literatur[505] statt auf die juristische Ausgestaltung des Innenverhältnisses darauf abstellen, ob der Treugeber im Einzelfall die rein faktische Möglichkeit zur Weisungserteilung hat. „Die Befugnis zur Kontrollausübung des Treunehmers[506]“ läge danach immer dann vor, „wenn der Treugeber keine tatsächliche Möglichkeit hat, auf die konkrete Ausübung der Unternehmenskontrolle durch den Treugeber einzuwirken, oder anders ausgedrückt, der Treunehmer sich gegen jede Intervention des Treugebers bei der Kontrollausübung wehren kann“[507].

---

503 *Krimphove*, S. 263; *Kutsukis*, S. 110 f; *Miersch*, Kommentar, S. 85, Die europäische Fusionskontrolle, S. 117.

504 *Stockenhuber*, S. 104.

505 *Krimphove*, S. 264.

506 Zu der problematischen Qualifizierung des Treunehmers als Befugten vgl. oben unter § 7 B 3 a bb.

507 *Krimphove*, S. 264.

## d. Eigene Stellungnahme

Die unter Berufung auf *Mestmäcker*[508] gebetsmühlenartig wiederholte Kritik an der Disponibilität des Weisungsrechts erscheint auf den ersten Blick plausibel. Ihr Einwand richtet sich jedoch nicht sachlich gegen das Zuordnungskriterium als solches, sondern problematisiert nur seine Durchsetzbarkeit.

Interessanterweise hielt das Problem der erschwerten Überprüfung der Kongruenz von Vertrag und tatsächlicher Umsetzung die Hohe Behörde in ihrer Entscheidung aus dem Jahre 1954 über den Zusammenschluss in der Montanunion[509] auch nicht davon ab, dem Treuhänder die Möglichkeit des Freibeweises über die Weisungsgebundenheit zu eröffnen. Allein die Gefahr, dass eine Vorschrift missachtet und umgangen werden kann, darf den Gesetzgeber nicht davon abhalten, eine an sich sinnvolle Regelung zu erlassen. Die pragmatische Frage der Durchsetzbarkeit der Norm sollte der Frage nach dem rechtspolitischen Sinngehalt der Norm hintanstehen. Zu Recht relativiert auch *Riesenkampff* die angebliche Gefahr der Disponibilität indem er darauf hinweist, dass jeder Zusammenschluss zwangsweise einer Disposition der Parteien entspringt: *„Ohne Vertrag kein Zusammenschluss und ohne Zusammenschluss keine Zusammenschlusskontrolle"*[510].

Zwar ist den Autoren, die auf die rein faktische Möglichkeit der Weisungserteilung abstellen wollen, darin zuzustimmen, dass auf diese Weise rechtliche Manipulationen und Umgehungsgeschäfte verhindert werden; jedoch wird der Nachweis eines Weisungsverhältnisses auch nicht ernsthaft erleichtert, wenn man statt der rechtlichen Beziehung auf die Faktizität der Beziehung abstellt.

Das Problem der Überprüfbarkeit löst sich im Übrigen auch nicht, wenn man wie der deutschen Bundesfinanzhof im Zusammenhang mit der Zuordnung von Einkünften aus dem Treugut darauf abstellt, ob der Treugeber das Weisungsrecht auch tatsächlich nutzt.[511] Dies wird schon von einem Teil des steuerrechtlichen Schrifttums kritisch betrachtet.[512] Schlussfolgerungen für die europäische Fusionskontrolle lassen aber erst recht nicht aus dieser Rechtsprechung ziehen, als der Kontrollbegriff im Sinn des Art. 3 Abs. 2 FKVO eindeutig davon ausgeht, dass die Möglichkeit der Einflussnahme ausreicht. An dieser gesetzlichen Vorgabe lässt sich nicht rütteln.

Das Kriterium der Weisungsabhängigkeit des Treuhänders ist grundsätzlich geeignet, eine positive Aussage über die Einflussmöglichkeiten des treugebenden Unternehmens zu treffen. Das Kriterium der Weisungsunabhängigkeit ist hingegen aus dem Gesamtzusammenhang der europäischen Fusionskontrolle zu relativieren, denn die

508 *Mestmäcker* in: *Immenga/Mestmäcker*, GWB-Kommentar, München 1981, § 23 Rdnr. 228 ff.

509 *Hohe Behörde,* E. v. 6. 5. 1954, ABl. EGKS 1954, Art. 3 Abs. 2.

510 *Riesenkampff*, WuW 1996, S. 5 (8).

511 *BFH*, DStR 1993, S. 830 (831 f.).

512 *Heidner*, S. 115 Rdnr. 254.

Weisungsunabhängigkeit ist nicht unbedingt mit einem Mangel an Kontrolle gleichzusetzen ist. Wie oben unter § 7 A V 1 a cc ausgeführt, unterliegt beispielsweise auch der Vorstand einer Aktiengesellschaft in Fragen der Geschäftsführung nicht den Weisungen der Hauptversammlung oder des Aufsichtsrates. Dennoch geht die absolut herrschende Ansicht davon aus, dass ein Mehrheitsaktionär kontrollierenden Einfluss auf die Aktiengesellschaft habe.

## 3. Einwirkungsmöglichkeiten auf das Treugut über das Weisungsrecht hinaus

Wie im allgemeinen Teil dargestellt, hat das treugebende Unternehmen über das Weisungsrecht hingegen noch anderweitige Möglichkeiten, auf das Treugut Einfluss zu nehmen. Zu denken ist an die Stimmrechtsvertretung, die Stimmrechtsabtretung, die Legitimationszession, den Sitz in außerordentlichen Leitungsorganen und — mit den oben unter § 6 B I dargestellten Vorbehalten — sogar an eigene Stimmrechte. Werden diese Möglichkeiten genutzt, kann die formell-rechtliche Position des Treuhänders derart ausgehöhlt werden, dass am Erwerb der Kontrollinhaberschaft beim treugebenden Unternehmen keine Zweifel mehr bestehen.

## 4. Die Widerruflichkeit des Treuhandvertrages

Neben dem Kriterium der Weisungsab- bzw. Weisungsunabhängigkeit differenzierte sowohl Art. 3 Abs. 2 Nr. 1 der Entscheidung der Hohen Behörde der Montanunion Nr. 24/54 sowie Art. 3 Abs. 4 lit. c des 6. FKVO-Entwurfs der EG-Kommission aus dem Jahre 1988 für die Frage nach der Kontrollinhaberschaft danach, ob das Treuhandverhältnis „jederzeit widerruflich" sei oder nicht. Sei es jederzeit widerruflich, sei der Treugeber als Inhaber der Kontrolle anzusehen, sei es nicht jederzeit widerruflich, spräche die Vermutung dafür, dass der Treunehmer als Kontrollinhaber anzusehen sei.

### *a. Begriff der jederzeitigen Widerruflichkeit*

Was die Kommission unter dem Begriff der Widerruflichkeit verstand, ist durch Auslegung des Entwurfstextes zu ermitteln. Auch ein Verordnungsentwurf ist wie das geltende sekundäre Europarecht nach europarechtlichen Auslegungsgrundsätzen auszulegen. Dazu gehört auch eine autonome europäische Begriffsbestimmung.[513] In diesem Sinne wäre es falsch, würde man unter dem Begriff der „Widerruflichkeit" nur die Beendigungsmöglichkeit durch den Widerruf verstehen; zumal damit noch nicht viel ge-

513 Zur autonomen Begriffsbestimmung *Anweiler*, S. 164 f.; *Bleckmann*, Rdnr. 540; *Oppermann*, Rdnr. 682.

wonnen wäre, da der Begriff des Widerrufs schon im deutschen Recht nicht einheitlich verwendet wird[514]. Nach einer teleologischen Auslegung der Norm ist darunter vielmehr jegliche einseitige Beendigungsmöglichkeit einer Vertragsbeziehung zu verstehen. Nach dem Sinn und Zweck der vorgeschlagenen Regelung, nämlich der Erleichterung der Erkennung mittelbarer Kontrollstrukturen, wäre es nicht auf die genaue Bezeichnung der einseitigen Willenserklärung angekommen (z. B. Kündigung, Widerruf, Rücktritt), sondern vielmehr darauf, dass die einseitige Beendigungsmöglichkeit des Treugebers „jederzeit", d. h. innerhalb des geltenden Treuhandvertrages und ohne Grund erfolgen kann. Die Möglichkeit der außerordentlichen Kündigung bzw. des außerordentlichen Widerrufs aus wichtigem Grund besteht nach deutscher Rechtslage stets bei jedem Dauerschuldverhältnis[515] und kann folglich nicht von der Kommission gemeint gewesen sein, da sonst stets das treugebende Unternehmen die Kontrolle innehätte. Der bestimmende Einfluss des Treugebers offenbart sich nur dann, wenn er ohne bestimmten Anlass die Entscheidungsbefugnisse über das Treugut wieder an sich ziehen kann.

### *b. Beendigung von Treuhandverhältnissen nach dem deutschen Recht*

Soweit dem Treuhandverhältnis ein *Auftrag* zugrunde liegt, sieht das Gesetz in § 671 BGB vor, dass der Treu-/ und Auftraggeber den Auftrag jederzeit kündigen kann. Insofern gilt ähnlich wie bei dem Zuordnungskriterium der Weisungsgebundenheit, dass die Treuhandparteien die gesetzliche Regelung abbedingen müssten, sollte nicht automatisch der Treugeber als Kontrollinhaber betrachtet werden. Ein derartiger vertraglicher Widerrufsverzicht soll im deutschen Recht nach heute herrschender Meinung für den Auftraggeber nur dann möglich sein, wenn der Beauftragte, d. h. der Treunehmer selbst ein Interesse an dem Auftrag hat, da der Auftraggeber sich sonst dem Beauftragten ausliefern würde.[516] Das Problem des Ausgeliefertseins ist in den Fällen der echten Treuhand besonders hoch, da der Treunehmer gegenüber Dritten zu Verfügungen befugt ist. Nach deutschem Recht wäre es, wäre man dem 6. Entwurf der FKVO gefolgt, daher kaum möglich gewesen, als Erwerbstreuhänder in eigener Person einen Kontrolltatbestand zu verwirklichen.

Für den Fall, dass der Treuhandvertrag eine *entgeltliche Geschäftsbesorgung* für den Treunehmer darstellt oder einen *Dienstvertrag* beinhaltet, besteht nach deutschem Recht gesetzlich keine jederzeitige Widerrufbarkeit. Eine entsprechende Anwendung

---

514 So ist den zahlreichen Verwendungsarten (z. B. §§ 130 Abs. 1, 355, 671 BGB) nur gemein, dass sie stets eine einseitige Form der Beendigung einer rechtlichen Beziehung darstellen, die ohne Nennung eines Grundes möglich ist. Teilweise wird der Begriff des Widerrufs sogar synonym mit dem Kündigungsbegriff verwendet, vgl. so z. B. bei § 671 Abs. 1 BGB.

515 *Heinrichs* in: *Palandt*, Einl. v. § 241 Rdnr. 18.

516 *Seiler* in: *Münchener Kommentar* zum BGB, § 671, Rdnr. 7.

des § 671 BGB auf andere Vertragstypen wird einhellig abgelehnt.[517] Möglich ist in diesen Fällen neben der Kündigung aus wichtigem Grund nur die ordentliche Kündigung. Diese kann gemäß § 621 bzw. §§ 621, 675 BGB jedoch nur unter bestimmten Fristen erfolgen. Die Kündigungsfristen des § 621 BGB sind jedoch uneingeschränkt abdingbar.[518] Eine extrem kurze Kündigungsfrist steht einer jederzeitigen Widerruflichkeit in ihrer Wirkung selbstverständlich nicht nach.

### c. *Bewusste Abkehr vom Kriterium der Widerruflichkeit des Treuhandverhältnisses?*

Ebenso wie bei der Frage nach der Entscheidungserheblichkeit des Kriteriums der Weisungsabhängigkeit stellt sich auch hier die Frage, ob der europäische Gesetzgeber durch die unterlassene Übernahme der von der Kommission vorgeschlagenen Formulierung im 6. Entwurf für die FKVO Nr. 4064/89 aus dem Jahre 1988 in die endgültige Fassung der FKVO 4064/89 inhaltlich eine Aussage dahingehend treffen wollte, dass die jederzeitige Widerruflichkeit des Treuhandverhältnisses für die Frage der Kontrollinhaberschaft irrelevant sei. Für diese These gibt es jedoch keine positiven Anhaltspunkte in der Gesetzesgenese. Die Kommission zumindest erachtet das Kriterium der Widerruflichkeit des Treuhandverhältnisses auch heute noch im Rahmen der Zusagenpraxis für ein geeignetes Mittel, um sicherzustellen, dass der Treuhänder unbeeinflusst vom treugebenden Unternehmen agieren kann. So soll das zu Zwecken der Veräußerung im Rahmen einer Abhilfemaßnahme einzugehende Mandat zum Verkauf eines Unternehmensteiles durch einen Treuhänder laut Textziffer 12 der Mitteilung der Kommission über Abhilfemaßnahmen „unwiderruflich“ sein. Die Argumentation, die Einräumung einer unwiderruflichen Position des Treuhänders führe zu einem Machtverlust beim treugebenden Unternehmen, muss sich die Kommission auch im Bereich des Zusammenschlusstatbestandes entgegenhalten lassen.

### d. *Eigene Bewertung des Kriteriums der Widerruflichkeit des Treuhandvertrages*

Der Rückschluss von der Widerruflichkeit des Treuhandverhältnisses auf einen bestimmenden Einfluss des treugebenden Unternehmens ist meines Erachtens nur dann gerechtfertigt, wenn die Beendigung des Treuhandverhältnisses unmittelbar zu einer Stärkung der unternehmerischen Position des treugebenden Unternehmens führen würde. Dazu gehört im Fall des treuhänderischen Anteilserwerbs, dass das Mitgliedschaftsrecht nach der Beendigung des Treuhandverhältnisses weiterbesteht und tatsächlich an den Treugeber fällt. Nur in diesem Fall kann von einem schon anhaltenden

517 *Seiler* in: *Münchener Kommentar* zum BGB, § 671 Rdnr. 15; *Sprau* in: *Palandt*, § 671 Rdnr. 1.

518 *Schwerdtner* in: *Münchener Kommentar* zum BGB, § 621 Rdnr. 22.

bestimmenden Einfluss des treugebenden Unternehmens auf das Zielobjekt ausgegangen werden. Der Widerruf des Erwerbstreuhandvertrages als solcher führt beim Treugeber noch zu keinem Zuwachs von unternehmerischen Rechten.

So müssen im Fall der Beteiligung an einer Personengesellschaft die Anteile nach der Beendigung des Treuhandvertrages erst noch dinglich auf den Treugeber übertragen werden; wobei für die Abtretung unter Umständen bestimmte Zustimmungserfordernisse zu berücksichtigen sind.[519]. Das Kriterium der Widerruflichkeit des Treuhandvertrages hat im Übrigen nur dann einen echten Aussagewert, wenn die Beendigungsmöglichkeit nicht durch anderweitige vertragliche Vereinbarungen wie eine Entschädigung des Treuhänders bei vorzeitiger Beendigung des Treuhandvertrages erheblich erschwert wird.[520]

Für die Kapitalgesellschaften gilt: Sowohl die Übertragung von (Namens-)Aktien (§ 68 Abs. 2 AktG) als auch die von GmbH-Geschäftsanteilen (§ 15 Abs. 5 GmbHG) kann durch Vinkulierung an die Zustimmung der Gesellschaft gebunden werden. In solch einem Fall ist das dingliche Übertragungsgeschäft, durch das der Treugeber den bestimmenden Einfluss in seine Hände zurückzuführen gedenkt, nicht nur vom Willen des Treugebers abhängig.

Die Widerrufbarkeit des Treuhandverhältnisses bedeutet abschließend für sich gesehen nicht zwangsläufig, dass der Treugeber ein Druckmittel gegenüber dem Treuhänder in der Hand hat und bei Beendigung der Treuhand selbst unmittelbar Einfluss auf das Zielobjekt ausüben kann. Ob das treugebende Unternehmen selbst indirekt Einfluss auf die Geschäftsstrategie des Zielobjekt Unternehmens nehmen kann, hängt in diesem Zusammenhang immer auch von den statuatorischen Vorraussetzungen der Gesellschaft bezüglich eines Beteiligungswechsels ab.

Die Frage der Widerruflichkeit ist daher niemals isoliert, sondern immer eingebettet in die gesellschaftsvertraglichen Gegebenheiten zu betrachten.

## 5. Zuordnung der Kontrollinhaberschaft nach den Finanzierungsquellen

### *a. Die Mitteilung der Kommission über den Zusammenschlussbegriff*

Die Kommission weist in ihrer Mitteilung über den Zusammenschlussbegriff im Rahmen ihrer Erläuterung zu Art. 3 Abs. 4 FKVO 4064/89 (nunmehr Art. 3 Abs. 3 FKVO 139/2004) darauf hin, dass das Vorliegen indirekter Kontrolle durch die Art der Finanzierung des Erwerbs nachgewiesen werden könne.

519 *Armbrüster*, S. 156.

520 Als Beispielsfall für eine durch Entschädigungszahlungsverpflichtung erschwerte Beendigungsmöglichkeit vgl. *BFH*, DStR 1993, S. 830 (831).

*„Das Vorliegen indirekter Kontrolle kann unter anderem durch Finanzierungsquellen oder Verwandtschaftsbeziehungen nachweisbar sein."*[521]

Nun zeichnet sich ein Treuhandverhältnis grundsätzlich dadurch aus, dass „auf fremde Rechnung gehandelt wird". Die Frage nach den Finanzierungsquellen dient folglich primär nur dazu, festzustellen, ob überhaupt ein Treuhandverhältnis vorliegt. Denkt man die Formulierung der Kommission in diesem Sinn logisch weiter, „kann" das Vorliegen eines Treuhandverhältnisses dem Nachweis dienen, dass das treugebende Unternehmen indirekter, eigentlicher Kontrollerwerber ist. Mit dieser Aussage wird ersichtlich nicht viel an Rechtssicherheit hinzugewonnen. Anders wäre es dann, wenn die FKVO selbst als verbindlichen Gesetzestext eine echte widerlegbare Vermutung dahingehend beinhielte, dass jedes Handeln auf fremde Rechnung im Zweifel einen indirekten Kontrollerwerb des Finanziers zur Folge habe.[522] Die Mitteilung der Kommission hat aufgrund ihrer Rechtsnatur hingegen nur eine beschränkte rechtliche Bedeutung. Im Gegensatz zu den sogenannten Protokollerklärungen[523] ist sie als solche nicht in den ursprünglichen Rechtssetzungsprozess eingebunden. Sie erlangt ihre Bedeutung erst in der Vollzugsphase. Die zum Vollzug der FKVO zuständige Kommission bezeichnet ihre Mitteilungen selbst als offizielle Leitfäden[524] zur Auslegung der Verordnung. Sie[525] selbst wies in einem von *Herdegen* als „etwas grandseigneural" bezeichneten Hinweis auch darauf hin, dass ihre Bekanntmachung der Rechtsauffassung des Europäischen Gerichtshofs nicht vorgreifen würden und betonte damit die Letztentscheidungskraft des EuGH in Auslegungsfragen.

Zurecht wird im Schrifttum jedoch vereinzelt darauf hingewiesen, dass die Mitteilungen der Kommission nicht unbedingt als Auslegungsregeln zu werten seien, sondern vielmehr auch als eine dem konkreten Vollzug im Einzelfall vorweggenommene Normkonkretisierung durch die normanwendende Behörde.[526] Verbindliche Wirkung könnten die Mitteilungen aber nur dann haben, wenn der Kommission tatsächlich ein Spielraum zur Normkonkretisierung durch unbestimmte Rechtsbegriffe zustehe. Im vorliegenden Fall handelt es sich bei der Frage, ob der formell Berechtigte oder der zur Ausübung der Rechte Befugte als Kontrollerwerber anzusehen ist, nicht um die Konkretisierung eines unbestimmten Rechtsbegriffes, sondern um eine schlichte Interpretation der Verordnung. Diese konkurriert mit anderen Auslegungsansätzen Dritter.

---

521 *Kommission*, Mitteilung über den Zusammenschlussbegriff, Tz. 10.

522 So der Vorschlag *Pohlmanns*, S. 165.

523 Vgl. dazu *Karl*, JZ 1991, S. 593 ff.; *Streinz*, Rdnr. 420.

524 So in der Einleitung zur Mitteilung über den Zusammenschlussbegriff, Tz. 1.

525 *Kommission*, Bekanntmachung über Nebenabreden, Tz. 2 sowie in der Bekanntmachung über Konzentrations- und Kooperationstatbestände, Tz. 5.

526 *Herdegen*, S. 56 f.; *Karl*, S. 69.

### *b. Eigene Bewertung des Kriteriums*

Ob sich die Zuordnung der Kontrollinhaberschaft nach der wirtschaftlichen Zugehörigkeit der Beteiligung bzw. der wirtschaftlichen Zugehörigkeit des Vermögens überhaupt in das System der europäischen Fusionskontrolle einfügt, wird hier bezweifelt. Ausgehend vom materiellen Zusammenschlussbegriff, der an die Einflussmöglichkeiten auf gewisse unternehmerische Ressourcen anknüpft, wird die Frage der Zugehörigkeit der Ressourcen selbst — egal ob die wirtschaftlich-finanzielle oder die rechtliche — Zugehörigkeit in den Hintergrund gedrängt. Der Kontrollbegriff setzt gedanklich einen Schritt weiter an: wie Art. 3 Abs. 3 FKVO deutlich zum Ausdruck bringt, definiert sich der der Zusammenschluss nach dem Willen des europäischen Gesetzgebers eben nicht primär über die formelle Innehabung von Ressourcen, sondern über die Einflussnahme auf diese Ressourcen, mit anderen Worten die Leitungsmacht. Die finanzielle oder formelle Innehabung der Ressourcen muss denknotwendig nicht mit der Leitungsmacht zusammenfallen. Der Wille zur Leitungsmacht wird bei der Übernahme des finanziellen Risikos zugegebenermaßen zumeist höher einzuschätzen sein. Das entbindet jedoch nicht von der Untersuchung der tatsächlich bestehenden rechtlichen oder faktischen Einflussmöglichkeiten.

## 6. Differenzierung nach der Person des Treuhänders

Die Person des Treuhänders spielt unter dem Aspekt seiner Beeinflussbarkeit durch den Treugeber und damit unter dem Gesichtspunkt der faktischen Leitungsmacht eine Rolle. Je nach dem Grad der persönlichen Verbundenheit des Treugebers zum Treuhänder können unter Umständen Schlussfolgerung auf das Innenverhältnis der beiden Vertragsparteien gezogen werden, selbst wenn dessen Ausgestaltung im Detail nicht bekannt ist.

### *a. Familienangehörige*

Neben den Finanzierungsquellen hält die Kommission auch eventuelle Verwandtschaftsbeziehungen für ein Anzeichen eines indirekten Kontrollerwerbs.

> *„Das Vorliegen indirekter Kontrolle kann unter anderem durch Finanzquellen oder Verwandtschaftsbeziehungen nachweisbar sein."*[527]

Dieser Aussage liegt die These zugrunde, dass familiäre Bindungen zwischen Gesellschaftern unterschiedlicher Unternehmen gleichzeitig einen Gleichlauf der Interessen der Gesellschaften und damit ein abgestimmtes Vorgehen der Unternehmen am Markt

527 *Kommission*, Mitteilung über den Zusammenschlussbegriff, Tz. 10.

indizieren. Die These der Kommission ist insofern interessant, als sie bislang vom Bundeskartellamt[528], der deutschen Kartellrechtsrechtsprechung[529] und der Literatur[530] eher kritisch beäugt wurde. Als Beispiel sei hier auf den oben unter § 1 D geschilderten ersten Übernahmeversuch des Westdeutschen Allgemeinen Zeitungsverlags mit dem Iserlohner Kreisanzeiger verwiesen. Auch hier wurde erörtert, ob man aus der Identität der an beiden Unternehmen beteiligten Familienstämme auf ein treuhänderisches Verhältnis schließen dürfe. Der Bundesgerichtshof entschied dahingehend, dass allein durch die Zugehörigkeit der Gesellschafter der die IKZ-Anteile haltenden Personengesellschaft zu den beiden Anteilsfamilien der WAZ kein Fall der Personenidentität vorliege. Für die Gesellschafterstellung müsse man auf das Individuum abstellen. Die Familienzugehörigkeit vermöge eine einheitliche Willensbildung bis in die — die streitgegenständlichen IKZ Anteile haltende — Personengesellschaft nicht zu erzwingen.[531] In dem oben im ersten Teil unter § 1 H geschilderten Verfahren Tagesspiegel/Berliner Zeitung hielt es das Bundeskartellamt jedoch zumindest im Rahmen der Würdigung der Gesamtumstände für erwähnenswert, dass sich die *„langjährige enge freundschaftliche Verbindung von Dr. Gerckens zur Familie Dieter von Holtzbrinck seit 1974“... „unter anderem mit wechselseitigen Patenschaften für jeweils eines der Kinder von Dr. Gerckens und der Familie Dieter von Holtzbrinck dokumentiert“.*[532]

Dass die Familie kein Garant für eine einheitliche Willensbildung ist, dürfte als allgemeiner Erfahrungssatz zu werten sein. Besteht neben der familiären Verbindung jedoch zugleich eine finanzielle Verbundenheit ist eine Dominanz des Treugebers zumindest dann anzunehmen, wenn der treuhänderisch agierende Angehörige in geschäftlichen Dingen unerfahren ist.

### *b. Arbeitnehmer*

Das Potential der erhöhten Beeinflussbarkeit und damit der indirekten Kontrolle besteht nicht nur im Verwandtschaftsverhältnis, sondern auch dann, wenn (ehemalige) Arbeitnehmer als Erwerber für den dahinterstehenden Arbeitgeber tätig werden.

Aus der europäischen Fusionskontrollpraxis sind hier keine Entscheidungen bekannt. Zur Verdeutlichung der Problematik sollen hier aber Beispiele aus der deutschen Kartellrechtspraxis herangezogen werden. So kann z. B. auf das Verfahren Re-

528 Trotz familiärer Bindungen wurden der Söhnlein-Rheingold KG beim Erwerb der Sektkellerei Henkell & Co. auch nicht die Umsätze des Oetker-Konzerns zugerechnet: *BKartA* TB 1985/86, S. 76.

529 *BGH* WUW/E 2882 (2886 f.) – WAZ/IKZ I.

530 *Kleinmann/Bechtold*, § 23 Rdnr. 251 ff; *Thurnher*, S. 303 (312 ff.).

531 *BGH* WUW/E 2882 (2886 f.); trotz familiärer Bindungen wurden der Söhnlein-Rheingold KG beim Erwerb der Sektkellerei Henkell & Co. nicht die Umsätze des Oetker-Konzerns zugerechnet: *BKartA* TB 1985/86, S. 76.

532 *BKartA* WuW/W/E DE-V 871 (881), Punkt 1.2.1.2 – Tagesspiegel/Berliner Zeitung II.

we Leibrand/Uhren Christ verwiesen werden. Eine Übernahme der Christ GmbH durch die Rewe Leibrand-Gruppe wäre nach Angabe des Bundeskartellamts auf Ablehnung gestoßen. Stattdessen wurden 60 % der Anteile an Uhren-Christ über einen Poolvertrag von zwei Generalbevollmächtigten der REWE-Handelsgesellschaft Leibrand OHG sowie 40 % von zwei minderjährigen Kindern[533] des Komplementärs der REWE-Handelsgesellschaft Leibrand OHG erworben. Dieses Vorgehen war nach Ansicht des Bundeskartellamtes fusionskontrollrechtlich nicht zu erfassen,[534] eine Zurechnung der Umsätze der Rewe Gruppe kam nicht in Betracht. Das Bundeskartellamt stellte zur Begründung auf die Tatsache ab, dass die beiden Generalbevollmächtigten keinen Einfluss auf die Geschäftsführung von Rewe hätten. Das Bundeskartellamt untersuchte also die Einflussmöglichkeiten der beiden natürlichen Personen auf die Rewe Gruppe. Richtig wäre aber wohl ein anderer gedanklicher Ansatz gewesen; nämlich, ob Rewe über seinen Arbeitnehmer einen bestimmenden Einfluss auf die Christ GmbH gewann.

Auch in dem unter § 1 H geschilderten Verfahren Tagesspiegel/Berliner Zeitung hatte sich das Bundeskartellamt mit der Frage des (früheren) Arbeitnehmers als Treuhänder zu beschäftigen. Der Treuhänder Dr. Gerckens war hier zum Zeitpunkt der Übertragung des Treuguts zwar nur noch freiberuflich beratend für den Holtzbrinck Konzern tätig[535] und legte nach Presseberichten wohl alle daraus resultierenden Aufgaben zeitgleich mit den ersten Überlegungen eines Kauf des Tagesspiegels nieder. Dennoch ließ das Bundeskartellamt in seinem Beschluss nicht außer Acht, dass Dr. Gerckens „fast seine gesamte berufliche Laufbahn“ bei Holtzbrinck verbracht hatte. Er zog diese Tatsache vielmehr bewusst und ausführlich zur Begründung im Rahmen der Würdigung der Gesamtumstände (Punkt 1.2.1.2. des Beschlusses) heran.

Im Gegensatz dazu betont *Thurnher* zu Recht, die Privatautonomie des Arbeitnehmers sei anzuerkennen und eine private Beteiligung an Konkurrenzunternehmen (soweit arbeitsvertraglich erlaubt) nicht grundsätzlich dem Arbeitgeber zuzurechnen.[536] Dem ist zuzustimmen. Für eine Anerkennung des Arbeitnehmers als eigenständigen Unternehmer kann auch dessen großes Fachwissen und ein hoher Informationsstandard sprechen. Beides beinhaltet das Potential für eine eigene unternehmerische Gestaltung und ein Handeln im eigenen Interesse, das über das einer rein finanziellen Beteiligung hinausgeht.

Auf der anderen Seite ist zu beachten, dass sich der Arbeitnehmer, der beim Konkurrenzunternehmen beschäftigt bleiben würde, schnell Konflikten im Zusammenhang mit seinen arbeitsvertraglichen Treuepflichten aussetzte. Wird eine grundsätzlich kontrollvermittelnde Beteiligung des Arbeitnehmers beim Konkurrenzunter-

---

533 Bei den beiden minderjährigen Kindern war die Ergänzungspflegschaft angeordnet worden.

534 *BKartA* TB 1985/86, S. 76.

535 *BKartA* WuW/E DE-V 871 (880 ff.), Punkt 1.2.1.2 – Tagesspiegel/Berliner Zeitung II.

536 *Thurnher*, WuW 1994, S. 303 (314).

nehmen vom Arbeitgeber akzeptiert, spricht alles dafür, dass der Arbeitgeber die Beteiligung im Interesse des Arbeitgebers hält.

### *c. Finanzinstitute*

Ist das treuhänderisch erwerbende Unternehmen ein Finanzinstitut oder eine Versicherungsgesellschaft stellt sich die Frage nach dem Anwendungsbereich der Legalausnahme des Art. 3 Abs. 5 lit. a FKVO. Wie die einleitend geschilderten Entscheidungen zeigen, ist es häufig ein Finanzinstitut, respektive die Hausbank, die von dem treugebenden Unternehmen damit beauftragt wird, für oder neben dem Unternehmen selbst Anteile am Zielobjekt zu erwerben.

#### *aa. Unmittelbarer Anwendungsbereich des Art. 3 Abs. 5 lit. a FKVO*

Die Legalausnahme[537] des Art. 3 Abs. 5 lit. a FKVO sieht vor, dass in bestimmten wettbewerbsneutralen Fällen ausnahmsweise kein Zusammenschlusstatbestand angenommen wird (obwohl eigentlich formell ein kontrollbegründender Tatbestand vorliegen würde). Dies ist unter anderem nach Art. 3 Abs. 5 lit. a FKVO dann der Fall, wenn ein Kreditinstitut, ein Finanzinstitut oder eine Versicherungsgesellschaft, deren normale Tätigkeit Geschäfte und den Handel mit Wertpapieren für eigene oder fremde Rechnung einschließt, im Rahmen dieser Geschäfte Wertpapiere erwirbt. Die Wertpapiere müssen dabei zum Zwecke der Veräußerung erworben werden. Das erwerbende Unternehmen darf seine Stimmrechte nicht ausüben, um das strategische Marktverhalten des Zielunternehmens zu bestimmen, oder nur, um die Veräußerung der Gesamtheit oder von Teilen des Unternehmens oder seiner Vermögenswerte oder die Veräußerung der Anteile vorzubereiten.

##### (1) Personelle Einschränkung des Anwendungsbereichs

Der Begrifflichkeiten Kreditinstitut und Finanzinstitut sind in der FKVO nicht definiert. Die Begriffsbestimmung orientiert sich nach herrschender Ansicht[538] in Anlehnung an die Richtlinien zur Harmonisierung des Bankenrechts auf europäischer Ebene, die zum Teil detaillierte Definitionen bereithalten[539]. Die Auslegung des Art. 3 Abs. 5

---

537 Zum Charakter der Legalausnahme vgl. bereits oben unter Punkt § 7 A VI.

538 *Stockenhuber*, S. 178 f.; *Karl*, S. 190 f.

539 Vgl. beispielsweise für die Definition des Kreditinstituts Art. 1 lit. a der RL 2000/12/EG vom 20. 03. 2000 über die Aufnahme und Ausrichtung der Tätigkeit der Kreditinstitute, ABl. 2000 L 126/1; Art. 1 der RL 77/780/EG vom 12. 12. 1977 über die Koordinierung der Rechts- und Verwaltungsvorschriften über die Aufnahme und Ausübung der Tätigkeit der Kreditinstitute, ABl. 1977 L 322/30. Für die Definition des Finanzinstituts Art. 1 Nr. 6 der zweiten RL

lit. a FKVO hat nach einhelliger Ansicht wegen seines Ausnahmecharakters restriktiv zu erfolgen, so dass die Termini „Kredit-„ und „Finanzinstitut“ funktional, nämlich ganz im Sinne der Vorschrift danach zu bestimmen sind, ob der Bereich des transitorischen Wertpapierhandels tatsächlich zum normalen Geschäft des jeweiligen Institutes gehört.

(2) Erwerb zum Zwecke der Veräußerung

Die Ausnahmenbestimmung erfasst ihrem ursprünglichen Sinn zum Schutz des Wertpapier- und Emissionsschutzhandels nach vor allem die Fälle, in denen die Bank bei Gründung oder Kapitalerhöhung eines Unternehmens zunächst sämtliche Aktien zeichnet und sie dann Interessenten anbietet.

(3) Stimmrechtsausübung ohne Ziel der Wettbewerbsbeeinflussung

Ein privilegierter Kontrollerwerb durch ein Finanzinstitut gemäß Art. 3 Abs. 5 lit. a FKVO kommt nur dann in Betracht, wenn das treuhänderisch erwerbende Finanzinstitut wettbewerbsneutral zu handeln vermag. Wettbewerbsneutral handelt es nach der Vorstellung des Gesetzgebers dann, wenn gemäß Art. 3 Abs. 5 lit. a FKVO die *„Stimmrechte nicht ausgeübt werden, um das Wettbewerbsverhalten des Unternehmen zu bestimmen“* bzw. die Stimmrechte nur ausgeübt werden, *„um die Veräußerung der Gesamtheit oder von Teilen des Unternehmens oder seiner Vermögenswerte oder die Veräußerung der Anteile vorzubereiten“*.

Die Unterscheidung, wann Stimmrechte ausgeübt werden, um das Wettbewerbsverhalten zu beeinflussen und wann Stimmrechte aus anderen Gründen ausgeübt werden, gilt als schwierig und kaum praktikabel[540], da sich jedes Stimmverhalten in der Hauptversammlung auf den Wettbewerb auswirken könne[541].

### *bb. Anwendung des Privilegs auf das erwerbstreuhänderisch handelnde Finanzinstitut*

Vorliegend interessiert die Frage, ob die Legalausnahme des Art. 3 Abs. 5 lit. a FKVO auch dann Anwendung finden soll, wenn das Finanzinstitut die Wertpapiere schon treuhänderisch für einen bestimmten Auftraggeber erwirbt oder nur dann, wenn das Finanzinstitut zunächst auf eigene Rechnung Wertpapiere erwirbt, um sie dann mit zeitlicher Verzögerung weiter zu veräußern.

---

89/646/EG vom 30. 12. 1989 zur Koordinierung der Rechts- und Verwaltungsvorschriften über die Aufnahme und Ausübung der Tätigkeit der Kreditinstitute, ABl. 1989 L 386/1.

540 *Stockenhuber*, S. 182.

541 *Duursma*, S. 105.

(1) Keine Privilegierung nach der überwiegenden Ansicht

Mit der Frage beschäftigen sich nur wenige Autoren. Ein Teil von ihnen geht davon aus, dass Art. 3 Abs. 5 lit. a FKVO für Treuhandverhältnisse nicht anwendbar sei[542] oder sieht es zumindest als Problem an, wenn zum Zeitpunkt des Erwerbs der künftige Erwerber bereits konkret bestimmt ist. Auch hier drohe nämlich — wie bei jeder anderen Treuhänderkonstellation auch — die Gefahr, dass ein Dritter eine Beteiligung, die ihm aus wettbewerbsrechtlichen Gründen verwehrt ist, „parkt", bevor er als endgültiger Erwerber nach außen in Erscheinung tritt.[543]

(2) Die andere Ansicht Rathjens

Anderer Ansicht ist wohl *Rathjen*. Für die deutsche Bankenklausel lehnt er eine derartige „ergebnisorientiert erscheinende" Auffassung ab.[544] Bei seinen Ausführungen zur europäischen Bankenklausel nimmt er entsprechend darauf Bezug.[545] Er ist der Ansicht, dass wirtschaftlich gleichgelagerte Sachverhalte nicht unterschiedlich behandelt werden dürften. Für die Situation der Bank selbst mache es keinen Unterschied, ob der Erwerber bereits bekannt sei oder nicht. Hinzu komme, dass gerade in den Fällen, in denen der Erwerber bekannt und damit die Weiterveräußerung sicher und der Zeitraum bis zur Veräußerung unter Umständen sehr kurz sei, die Zusammenschlusskontrolle an Sinn verliere.

(3) Eigene Ansicht

Die von einigen Autoren gesehene Gefahr eines systematischen „Anteils-Parkens" ist nicht zu leugnen. Andererseits erwähnt der Wortlaut des Art. 3 Abs. 5 lit. a FKVO selbst den Fall, dass die Banken im Rahmen ihrer normalen Geschäftstätigkeit Wertpapiere „auf Rechnung erwerben". Auch der treuhänderische Erwerb ist ein Erwerb auf fremde Rechnung und fällt nach hier vertretener Ansicht deshalb grundsätzlich unter die normale Geschäftstätigkeit der privilegierten Erwerber. Die Privilegierung des treuhänderischen Erwerbs von Wertpapieren durch ein Finanzinstitut gemäß Art. 3 Abs. 5 lit. a FKVO könnte aber deshalb beanstandet werden, weil es zweifelhaft erscheint, ob ein erwerbstreuhänderisch handelndes Kreditinstitut tatsächlich „zum Zwecke der Veräußerung" im Sinn von Art. 3 Abs. 5 lit. a FKVO erwirbt. Vielmehr könnte man argumentieren, dass das Kreditinstitut nur erwerbe, um seiner Verpflichtung aus dem bereits bestehenden Treuhandvertrag nachzukommen. Unter einer Veräußerung im Sinn dieser Vorschrift versteht die herrschende Ansicht den Entzug der Anteile aus

542 *Plaß*, S. 39; *Gugerbauer*, ÖBA 1993, S. 751 (755).

543 *Duursma*, S. 112.

544 *Rathjen*, S. 90 ff.

545 *Rathjen*, S. 167 f.

dem wettbewerbsneutralen Einflussbereich des privilegierten Unternehmens durch Übertragung des Eigentums an den Anteilen.[546] Vereinzelt geht man aber auch davon aus, dass selbst die Bündelung von Anteilen zum Zwecke einer Nachfolgeregelung noch unter den Begriff „zum Zwecke der Veräußerung“ falle.[547] Versteht man den Begriff so weit, kann die Veräußerung grundsätzlich auch in der Herausgabe des Treuguts durch Übertragung der Anteile auf den Treugeber gesehen werden.

Die Anwendung der Legalausnahme scheidet nach hier vertretener Ansicht aber wegen ihrer subjektiven Voraussetzungen aus. Bei der bisherigen Erörterung der Treuhandproblematik wurde bislang nur die Frage aufgeworfen, ob der Treuhänder *oder* der Treugeber bestimmenden Einfluss auf das Zielobjekt nimmt. *Dass* eine unternehmerische Einflussnahme im Sinn der ersten Alternative grundsätzlich zu erwarten ist, war sozusagen die unausgesprochene Prämisse der Untersuchung, denn schließlich ergibt die Mehrheitsbeteiligung an einem Unternehmen nur dann Sinn, wenn man sie wirtschaftlich im eigenen Sinne nutzt. Durch die Treuhandabrede wird die Bank schon vertraglich dazu gezwungen, bis zur Herausgabe der Anteile an den Treugeber die Stimmrechte in seinem Interesse und eben nicht wettbewerbsneutral auszuüben. Allein in dem Fall, in dem die Treuhandabrede vorsieht, dass die treuhänderisch tätige Bank die Stimmrechte überhaupt nicht ausübt, könnte man überlegen, ob Art. 3 Abs. 5 lit. a FKVO Anwendung findet. Aber auch der Schein trügt. Anschaulich macht Thurnher[548] darauf aufmerksam, dass die Nichtausübung von Stimmrechten einer Bank, die gezielt von ihrem Bankenprivileg Gebrauch macht, zu einem „zufälligen“ Kontrollererwerb eines anderen Gesellschafters führen kann.

Ein Erwerbstreuhänder übt die Stimmrechte auch nicht aus, „um die Veräußerung der Gesamtheit oder von Teilen des Unternehmens oder seiner Vermögenswerte oder die Veräußerung der Anteile vorzubereiten“. Mit dieser Variante des Art. 3 Abs. 5 lit. a FKVO soll die spätere, reibungslose Abwicklung eines Anteils- oder Vermögenserwerbs der sich zusammenschließenden Unternehmen gesichert werden.[549] Gemeint sind damit beispielsweise Maßnahmen, die bestehende rechtliche oder tatsächliche Hindernisse einer Veräußerung beseitigen oder solche, die durch Umgestaltung des Veräußerungsobjekts den Zusammenschluss vereinfachen.[550] Anders als der transitorische Erwerber, der erwirbt, um eine spätere Veräußerung an einen Dritten vorzubereiten, mittelt der Erwerbstreuhänder schon bei Erwerb sofort dem Dritten die Anteile. Der strukturelle Unterschied zwischen mittelbarem und transitorischen Erwerb besteht darin, dass nach der hier vertretenen Auffassung der mittelbare Erwerb bereits unter Umständen zu einem Zusammenschluss zwischen dem Treugeber und dem Zielobjekt führen kann, sobald der mittelbare Erwerber die Anteile innehat. Der

546 *Duursma*, S. 109.

547 *Schröer* in: *Frankfurter Kommentar*, Art. 3 FKVO Rdnr. 99.

548 *Thurnher*, WuW 1994, S. 303 (318).

549 *Krimphove*, S. 266.

550 *Duursma*, S. 107.

transitorische Erwerber steht im Zeitpunkt des Anteilserwerbs hingegen noch nicht in einer derartigen Beziehung zu dem späteren Erwerber.

Im Ergebnis soll hier eine Anwendung des Art. 3 Abs. 5 lit. a FKVO auf die erwerbstreuhänderisch handelnde Bank abgelehnt werden. Selbst bei einer Anwendung der Norm ist aber zu beachten, dass nur die treuhänderisch erwerbende Bank selbst durch die Privilegierung des Art. 3 Abs. 5 lit. a FKVO von der Anmeldepflicht befreit würde, und nicht gleichzeitig auch das treugebende Unternehmen. Dessen potentiell bestehende und aus dem Treuhandvertrag resultierende Anmeldepflicht wird von der Privilegierung nicht erfasst.

## 7. Kriterium der Informationsdichte

### *a. Die Bedeutung von Information und Sachkenntnis*

Die Möglichkeit, bestimmenden Einfluss auszuüben, ergibt sich nicht allein aus der rechtlichen oder faktischen Einwirkungsmöglichkeit selbst. Bestimmender Einfluss auf ein Unternehmen kann in effizienter Weise nur durch denjenigen ausgeübt werden, der über die nötige Kenntnis hinsichtlich der Unternehmensstruktur und der Unternehmensabläufe verfügt. Getreu dem geflügelten Wort „Wissen ist Macht" lässt sich der Apparat „Unternehmen" nur dann zu eigenen Zwecken nutzen, wenn man dessen Aktivitäten, seine Funktionsweise, Struktur und Organisation kennt, und über Veränderungen auf dem Laufenden gehalten wird. Als Kontrollinhaber kann das treugebende Unternehmen nur dann angesehen werden, wenn es seine Möglichkeiten der Einflussnahme durch Weisungsrecht, Stimmrechtsvertretung oder Legitimationszession, etc. durch ein entsprechend breites Wissen um das treuhänderisch gehaltene Unternehmens wirkungsvoll in seinem Sinne zu gestalten vermag. Dies umfasst vor allem die Kenntnis der Daten über die bisherige wirtschaftliche und rechtliche Entwicklung eines Unternehmens, dessen Geschäfts- und Liquidationsplanung, Bilanzen und das Wissen um seine aktuelle Positionierung und Ausrichtung am Markt und ein spezifisches Wissen über das Tätigkeitsfeld des Unternehmens. Angesichts der Tatsache, dass sich der bestimmende Einfluss in der Regel auf die langfristigen Planungen beziehen soll (vgl. oben unter § 7 A V 1 b), sind Kenntnisse über das aktuelle Tagesgeschäft unerheblich.

Entstammt das treuhänderisch tätige Unternehmen einer anderen Branche als das Zielobjekt (und das treugebende Unternehmen) lässt sich nicht von vornherein die Fähigkeit der Einflussnahme auf das Zielobjekt mangels Branchenkenntnis ablehnen.[551] So ist beispielsweise auch eine Bank, die ein bankfremdes Sortiment an Unternehmensbeteiligungen hält, grundsätzlich in der Lage, sich die notwendige Sachkenntnis über das Unternehmen zu verschaffen, an dem es für einen Kunden treuhänderisch

551 So auch *KG* WuW//E OLG 2517 (2519).

Anteile hält. Pauschalisierende Urteile über die Fähigkeit, ein Unternehmen zu beeinflussen sind zu vermeiden.

Geschäftsstrategien entstehen nicht von heute auf morgen, sondern sind vielmehr Resultat eines längeren Willensbildungsprozesses. Dieser Willensbildungsprozess wird nicht nur durch offizielle Gesellschafterversammlungen geprägt, sondern lebt auch von informellen Kommunikationsforen und -Wegen. Der verdeckte Treugeber ist von derartigen Strukturen als auch von den offiziellen Gesellschafterversammlungen naturgemäß ausgeschlossen, da seine Stellung unbekannt bleiben soll. Nur der Treugeber in einem qualifizierten Treuhandverhältnis (vgl. hierzu oben unter § 3 IV 3) ist in der Lage, seine materielle Eigentümerstellung auch unternehmerisch zu nutzen.

### *b. Formelle und informelle Information*

Hinsichtlich der *formellen Informationsrechte* kann man danach unterscheiden, ob der Treugeber nur über den Treuhänder als Mittler über das Geschehen unterrichtet wird oder, ob ihm eigene Informationsrechte von dem Zielobjekt eingeräumt wurden (vgl. dazu oben unter § 6 B II). Durch eigene Informationsrechte werden Übertragungszeiten verkürzt und die Gefahr einer falschen oder unvollständigen Übermittlung gemindert und somit die Position des Treugebers als möglicher Kontrollinhaber deutlich gestärkt.

Hinsichtlich der *informellen Willensbildungsprozesse* wird man im Einzelfall darauf abstellen müssen, wie der Übermittlungsweg zwischen dem Treugeber und dem Treuhänder funktioniert. Sind beispielsweise regelmäßige informatorische Treffen zwischen den beiden vorgesehen und, wenn ja, in welchen Abständen ist der Treuhänder verpflichtet, den Treugeber über aktuelle Vorgänge des Unternehmens auf dem Laufenden zu halten? Je nach dem Grad des vorgesehenen Informationsaustauschs erhöht sich der Informationsstandard des treugebenden Unternehmens und damit dessen Kontrollmöglichkeiten.

Wie oben unter § 6 A IV ausgeführt, ist der Treuhänder als formeller Gesellschafter aus dem gesellschaftsrechtlichen Treueverhältnis heraus verpflichtet, keine Informationen nach außen weiterzugeben, die der Gesellschaft schaden könnten. Sollte der Treuhänder durch Vereinbarungen mit der Gesellschaft darüber hinausgehenden Verschwiegenheitspflichten unterliegen, wird das treugebende Unternehmen in seinen Einflussmöglichkeiten eingeengt.

## 8. Zuordnung der Kontrolle zum Treugut nach der Geschäftschancenlehre

Ausgehend von den Grundsätzen der ökonomischen Analyse des Rechts warf bislang, soweit erkennbar, als erster *Grundmann* in seiner 1997 erschienenen Habilitationsschrift explizit die Frage auf, inwieweit die Zuordnung von Treugutpositionen zum

Treugeber oder zum Treunehmer unter utilitaristischen Gesichtspunkten betrieben werden könne.[552] Er geht davon aus, dass sich die Frage nach der Zuordnung des Treuguts zumindest auch (neben dem klassisch rechtsethischen Ansatz über den Einsatz von Rechtsgütern, d. h. nach dem Kriterium der Investition[553]) nach dem Kriterium der ökonomischen Effizienz beantworten lasse.[554] Die Zuordnung von Treugut unter utilitaristischen Gesichtspunkten ist vor allem im Bereich des Kartellrechts interessant, denn Auswirkungen für den Wettbewerb sind immer dann zu erwarten, wenn die beteiligten Unternehmen das Treugut für ihre Zwecke effizient zu nutzen wissen.

Im U.S.-amerikanischen Wettbewerbsrecht findet sich der Gedanke der Zuordnung von Nutzungsmöglichkeiten unter anderem in der sogenannten Geschäftschancenlehre[555] wieder. Diese wurde von den U.S.-amerikanischen Gerichten für den rechtlichen Problembereich der Wettbewerbsverbote, insbesondere des Konkurrenzverhältnisses zwischen Verwaltungsmitgliedern einer Corporation und der Corporation selbst entwickelt.[556] Demgemäß wird eine wettbewerbsrechtlich erhebliche Loyalitätsverletzung des Verwaltungsmitglieds gegenüber der Gesellschaft dann angenommen, wenn die von ihm genutzte Geschäftschance eigentlich dem Unternehmen zuzuordnen wäre. Ausschlaggebend soll dabei nach der Rechtsprechung unter anderem sein, ob die Geschäftschance in die Business-Line der Corporation fällt und damit von ihr — sofern die entsprechenden finanziellen Mittel vorhanden sind — entsprechend genutzt werden kann[557]:

> „*Where a corporation is engaged in a certain business, and an opportunity is presented to it embracing an activity as to which it has fundamental knowledge, practical experience and ability to pursue, which logically and naturally, is adaptable to its business having regard for its financial position, and is one that is*

---

552 *Grundmann*, Der Treuhandvertrag, S. 44 ff.

553 Vgl. dazu oben unter § 7 B III 5.

554 Grundmann selbst zieht dieses Kriterium vor allem bei dem geldwerten Treugut der Infomationsposition heran, *Grundmann*, Der Treuhandvertrag, S. 117. Für die Frage der Zuordnung der Entscheidungs- und Kontrollposition, die er im Sinn einer zivilrechtlichen Verfügungsbefugnis versteht, stelle man seiner Ansicht nach zu Recht hingegen in der Regel nicht die Frage, wem die Position mehr Nutzen bringe. Zur Begründung führt er an, dass die Entscheidungsmacht (eben die zivilrechtliche Verfügungsbefugnis) schon Bestandteil der treuhänderischen Organisation sei. Das ist grundsätzlich richtig. Die Frage nach der fusionskontrollrechtlichen Zuordnung von Kontrolle im Sinn von Art. 3 Abs. 2 FKVO basiert jedoch gerade auf der Annahme, dass die formelle Entscheidungs- und Kontrollposition im Sinn von Grundmann (also die zivilrechtliche Verfügungsbefugnis) nicht unbedingt etwas über die Entscheidungs- und Kontrollposition im Sinn von Art. 3 Abs. 3 FKVO aussagt. Der Kontrollbegriff der Fusionskontrollverordnung ist ein materieller, der sich nicht auf die formelle Berechtigung beschränkt.

555 Vgl. hierzu *Polley*, S. 19 ff.; *Weisser*, S. 32 ff.

556 Mit Hinweis auf die reiche Kasuistik vgl. *Weisser*, S. 29 ff.

557 Zur Zuordnung nach der sogenannten „Line of Business" ausführlich *Polley*, S. 48 ff.; *Weisser*, S. 39 ff.

*consonant with its reasonable needs and aspirations for expansions, it may be properly said that the opportunity is in the line of the corporation's business."*[558]

Es lässt sich die Frage aufwerfen, ob diese Lehre von der Zuordnung der Geschäftschance nicht auch sinngemäß für die Zuordnung der durch den treuhänderischen Erwerb erlangten unternehmerischen Ressourcen herangezogen werden kann. So könnte man darüber nachdenken, die treuhänderisch erworbenen Anteile immer dann dem treugebenden Unternehmen zurechnen, wenn dieses die unternehmerischen Ressourcen nutzen kann. Gemeint ist dabei nicht der mittelbare Nutzen, der in der Realisierung des Wertes durch Verkauf bestünde, sondern der unternehmerische Nutzen. Für den Fall, dass das treuhänderisch erworbene Zielobjekt in den Geschäftskreis, d. h. in das Tätigkeitsfeld des treugebenden Unternehmens fällt, spricht nach allgemeiner Lebenserfahrung vieles dafür, dem treugebenden Unternehmen wegen möglicher Synenergieeffekte die durch den Treuhänder vermittelten unternehmerischen Ressourcen zuzurechnen. Gibt man sich jedoch mit dieser Indizwirkung nicht zufrieden und stellt die Frage nach den tatsächlichen Nutzen des Anteilserwerbs für das treugebende Unternehmen, verlässt man eigentlich bereits den Bereich der formellen Kontrolle. Es würden dann Wertungen vorweggenommen, die in der Regel erst im Rahmen der materiellen Beurteilung des Zusammenschlusses zu prüfen sind. Die materiellrechtliche Beurteilung eines Zusammenschlusses unterliegt den Vorschriften der Art. 2 FKVO und ist Teil eines ausgearbeiteten normativen Gesamtkonzepts. Es wäre nicht systemkonform, würde man im Bereich der formellen Zusammenschlusskontrolle bereits einzelne Bewertungskriterien herausgreifen. Die formelle Kontrolle verlangt nach klareren, eher technischen Prüfungsmaßstäben. Die utilitaristischen Erwägungen sind daher im Bereich der materiellen Kontrolle zu berücksichtigen. Für den Bereich der formellen Kontrolle können sie nur Indizwirkung haben.

## 9. Auswahl des Zielobjekts durch den Treugeber

Ein entscheidendes Kriterium für die Frage nach der endgültigen Zuordnung der Kontrollinhaberschaft im Rahmen von Erwerbstreuhandverhältnissen ist die Auswahl des Treuguts. Je nach dem, ob das treugebende Unternehmen die Auswahl selbst trifft, oder die treuhänderisch tätige Person in die Auswahl der jeweils zu erwerbenden Beteiligung oder des zu erwerbenden Unternehmens miteinbezogen wird, lässt sich ableiten, inwiefern das treuhänderisch agierende Unternehmen selbst an einer eigenen Einflussnahme auf das Treugutunternehmen als solches interessiert ist. Weder die Europäischen Kommission noch das Bundeskartellamt hat bislang diesen Gesichtspunkt herausgearbeitet. Damit beschäftigt hat sich jedoch der deutsche Bundesfinanzhof anlässlich der Frage der Zurechnung von Mieteinkünften im Rahmen des Einkommensteuerrechts. Er stellte fest, dass es für die Frage nach der Zurechnung der Einkünfte ent-

558 *Guth v. Loft*, 5 A.2d 503, 503, 514 (1939).

scheidend sei, wer das Marktgeschehen beherrsche. Der Treugeber beherrsche das Marktgeschehen nur dann, wenn er wesentlichen Einfluss auf die vertragliche Ausgestaltung des Treuhandverhältnisses habe, gegenüber dem Treuhänder ein Weisungsrecht besitze und dieses auch tatsächlich nutze, *bei der Erwerbstreuhand die Auswahl des Treuguts bestimme* und das Treugut jederzeit herausverlangen könne.[559]

In der Tat gibt es Treuhandverhältnisse, in denen der Treugeber an der konkreten Auswahl des Treuobjekts uninteressiert ist. Dies sind primär die Fälle der Publikumspersonengesellschaften, bei denen die Treugeber als Kapitalgeber allein am Treugut als Kapitalanlage interessiert ist, dessen Auswahl jedoch nicht mehr mitbestimmt, da das Kapitalanlage-Projekt als solches schon detailliert ausgearbeitet ist. Dieser Fall ist für die Fusionskontrolle jedoch zu vernachlässigen. In den Fällen des echten Strohmann-Erwerbs wählt naturgemäß stets das treugebende Unternehmen das Treuhandobjekt aus. Zwischen diesen beiden Extremfällen sind jedoch Gestaltungen denkbar, die eine praktische Relevanz des Kriteriums begründen können.

## 10. Die Motivlage der Treuhandvertragsparteien als subjektives Kriterium

Sowohl Art. 3 Abs. 5 lit. a FKVO (vgl. dazu soeben bereits unter Gliederungspunkt 6 c) als auch Art. 3 Abs. 5 lit. c FKVO differenzieren für die Frage nach der Anmeldepflicht danach, aus welchen subjektiven Motiven heraus die aus der formellen Berechtigung fließenden Stimmrechte ausgeübt werden sollen. So stellt Art. 3 Abs. 5 lit. a FKVO darauf ab, ob die Stimmrechte ausgeübt werden *„um das Wettbewerbsverhalten des Erwerbsobjekts zu bestimmen"*. Nach Art. 3 Abs. 5 lit. c FKVO werden Beteiligungsgesellschaften vom Zusammenschluss ausgenommen, sofern ihre Stimmrechte in den Unternehmen, an denen die Beteiligung besteht *„nur zur Erhaltung des vollen Wertes der Investition und nicht dazu benutzt werden, unmittelbar oder mittelbar das Wettbewerbsverhalten dieser Unternehmen zu bestimmen."*

Beide Vorschriften sind Legalausnahmen zum Kontrolltatbestand. Eine analoge Anwendung des Art. 3 Abs. 5 FKVO wird aufgrund des Ausnahmecharakters der Norm und der ihr zugrunde liegenden politische Wertentscheidung grundsätzlich abgelehnt[560] und wird hier auch nicht weiter verfolgt.[561] Aufgeworfen werden soll jedoch die Frage, ob es für die Frage der Zuordnung der Kontrollinhaberschaft eine Rolle spielen kann, aus welchen Motiven das treuhänderisch agierende Unternehmen die ihm formell zustehenden Stimmrechte ausübt.[562].

559 *BFH*, DStR 1993, S. 830 (831) m. w. N.

560 *Monopolkommission*, SGA 17, Tz. 75.

561 *Monopolkommission*, SGA 17, Tz. 75.

562 So ähnlich angedacht auch bei *Plaß*, S. 39.

Der subjektive Ansatz nach dem Zweck der Stimmrechtsausübung wird allerdings schon im originären Normzusammenhang des Art. 3 Abs. 5 FKVO kritisch betrachtet.[563] Kernpunkte der Kritik sind, dass die Unterscheidung zwischen wettbewerbsrelevantem Stimmverhalten und anderem Stimmverhalten kaum möglich ist.[564] Die Eingrenzung über das subjektive Moment des Motivs der Stimmabgabe sei kaum praktikabel.[565] Zudem verwische dieses subjektive Tatbestandselement, wie oben schon angedeutet, den Kontrollbegriff des Art. 3 Abs. 3 FKVO, nach dem für den Kontrollbegriff bereits die Möglichkeit der bestimmenden Einflussnahme in den maßgeblichen Entscheidungsgremien ausreichend sei[566].

Eine Ausweitung des Anwendungsbereichs dieses subjektiven Differenzierungsmerkmals erscheint schon aus diesen Gründen nicht ratsam. Hinzu kommt, dass die Motive des Treuhänders gerade nicht autonom motiviert sind, sondern sich an den Interessen des Treugebers zu orientieren haben. Auch wenn man also davon ausgehen kann, dass der Treuhänder/das treuhänderische Unternehmen selbst kein eigenständiges Interesse an der Beeinflussung des Zielobjekts hat, wird es in der Hauptversammlung stets die identischen Interessen — nämlich die des Treugebers — geltend machen.

Im Ergebnis stellt sich das subjektive Element des Zwecks der Einflussnahme für den Bereich der Erwerbstreuhand nicht als ein geeignetes Kontrollzurechnungskriterium dar.

## 11. Differenzierung nach der Dauer des Erwerbstreuhandverhältnisses

Der Erwerb von Unternehmen oder Unternehmensanteilen durch einen Treuhänder kann wie gezeigt (vgl. § 4) auf unterschiedlichen Beweggründen basieren. Je nach Motiv, ist das Treuhandverhältnis einmal auf Dauer angelegt und ein anderes mal als reines Durchgangsstadium gedacht. Kann oder darf das treugebende Unternehmen z. B. selbst nicht erwerben und ist nicht zu erwarten, dass das Erwerbshindernis durch Auflagen oder Abhilfemaßnahmen in absehbarer Zeit beseitigt werden kann, liegt in aller Regel ein auf Dauer angelegtes Treuhandverhältnis vor. Vorstellbar ist jedoch auch der Fall, dass der Treuhänder nur zeitlich begrenzt eingesetzt wird und als Zwischenlösung nur so lange die Anteile halten soll, bis der Treugeber sie in absehbarer Zeit selbst erwerben kann. So beispielsweise dann, wenn der Treugeber sich für die Dauer des Fu-

563 Vgl. zum Beispiel bei *Rathjen*, S. 160 ff.

564 *Duursma*, S. 105.

565 *Stockenhuber*, S. 182.

566 So bereits *Monopolkommission*, SGA 17, Tz. 75.

sionskontrollverfahrens die Möglichkeit des Zugriffs auf das angestrebte Erwerbsobjekt sichern, aber gleichzeitig das Vollzugsverbot wahren will.[567]

Zwar ist richtig, wie *Riesenkampff* feststellt, dass vieles dafür spricht, dass das treugebende Unternehmen in den Fällen, in denen der Treuhänder auf Dauer die Anteile hält, nicht nur das wirtschaftliche Risiko tragen will, sondern sich auch die Leitungsmacht vertraglich absichern wird, „weil der Erwerb andernfalls für ihn wenig sinnvoll wäre“[568]. Ebenso ist aber auch richtig, dass in den Fällen des Übergangserwerbs der Verzicht auf Einflussnahme auf das Treugut in der Regel ernst gemeint sein wird. Die Frage der Zuordnung der Kontrollinhaberschaft zum Treuhänder oder zum Treugeber stellt sich letztlich aber überhaupt nicht in der Form, wenn das treuhänderisch agierende Unternehmen von Anfang an nur für einen begrenzten Zeitraum beauftragt wird: Wie oben bereits unter § 7 A VI erörtert, sieht Art. 3 Abs. 1 FKVO nunmehr vor, dass ein Zusammenschluss dadurch bewirkt wird, dass eine dauerhafte Veränderung stattfinden soll. Steht also von Anfang an fest, dass der Treuhänder die Anteile nur für kurze, begrenzte Zeit halten wird und eine spätere Übertragung auf das treugebende Unternehmen im Raum steht, kommt von vornherein nur das treugebende Unternehmen als Kontrollinhaber in Betracht.

## 12. Ergebnis

Allein aus dem Bestand einer Treuhandvereinbarung kann nicht pauschal geschlussfolgert werden, dass das treugebende Unternehmen die Kontrolle über das Treugut ausübt. Der Treuhänder ist nicht auf die Rolle des legal vehicle zu reduzieren. Im Rahmen einer Gesamtwürdigung des Sachverhalts muss vielmehr anhand unterschiedlicher Kriterien die tatsächliche Kontrollinhaberschaft ermittelt werden.

Aufgrund des materiellen Kontrollbegriffs der FKVO ist den Kriterien besondere Bedeutung beizumessen, die auf die Erfassung der Verteilung von Einflussmöglichkeiten auf die Entscheidungsfindung des Treugutunternehmens abstellen, wie dem Kriterium der Weisungsfreiheit des Treunehmers, der Widerruflichkeit des Treuhandverhältnisses, der Sachkenntnis der Treuhandvertragsparteien, die Auswahl des Treuguts und die Dauer der treuhänderischen Verwaltung, die sich an den treuhänderischen Erwerb anschließt. Von geringerem Wert ist hingegen das Kriterium der Finanzierungsquellen, da sich aus diesem nur mittelbar Rückschlüsse auf Einflussmöglichkeiten ziehen lassen. Dem Sinn einer zügigen, effizienten formellen Kontrolle und der Gesetzessystematik widerspricht es, für die Zuordnung von Kontrolle bei der Erwerbstreuhand auf die Motive des Treuhänders und den persönlichen unternehmerischen Nutzen aus dem Treugut für Treuhänder oder Treugeber abzustellen.

---

567 *Riesenkampff*, S. 6 und 12; *Pohlmann*, S. 165.

568 *Riesenkampff*, S. 12.

# C. Übertragungstreuhand und Zusammenschlussbegriff

## I. Gedankliche Einführung

Von der Frage des mittelbaren Erwerbs von Kontrolle über den Treuhänder als Mittler ist der Fall der Übertragungstreuhand zu unterscheiden. Hier erwirbt der Treuhänder nicht das Treugut für den Treugeber, sondern der Treugeber überträgt dem Treuhänder direkt eigene Rechtspositionen, sei es eine Vollrechtsstellung an seinem Unternehmensvermögen, eine Beteiligung (II) oder zumindest eine begrenzte Rechtszuständigkeit am Treugut (III). Eine derartige Übertragung ist für die treugebende Person mit einem gewissen Verlust an wirtschaftlichen Ressourcen verbunden. Die Beschneidung des Treugebers durch die dingliche Übertragung des Rechts führt zugleich zu einem Zuwachs von wirtschaftlichen Ressourcen in der Hand des Treuhänders. Ob die Verschiebung von Unternehmensvermögen und Anteilen zugleich auch zu einer Verschiebung von Kontrollpositionen führt, und damit zu einem anmeldepflichtigen Kontrollerwerb des Treuhänders, ist im Folgenden zu untersuchen[569].

Die Übertragungstreuhand dient vor allem kurz- oder mittelfristigen Übergangslösung zum Zwecke der Sanierung von Unternehmen, der Umplatzierung oder Bündelung von Anteilen (beispielsweise zum Vollzug von Nachfolgeregelungen) oder auch der Umgehung von Wettbewerbsverboten, die an die Person geknüpft werden. Ein wichtiger Fall der Übertragungstreuhand ist zudem der Fall der Kreditsicherung.

Mittelbar kann die Konstruktion der Übertragungstreuhand im Rahmen von Abhilfemaßnahmen auch dem Ziel der Erweiterung der Marktstellung des treugebenden Unternehmens dienen. Erinnert sei an den im ersten Teil unter § 1 H geschilderten Fall Tagesspiegel/Berliner Zeitung. Auch außerhalb von mit den Kartellbehörden offiziell vereinbarten Maßnahmen und Auflagen kann ein Unternehmen wegen eines geplanten Zusammenschlusses schon im Voraus daran interessiert sein, sich „pro forma" von eigenen Unternehmensteilen zu trennen, um die eigenen Umsatzzahlen oder den Marktanteil zu minimieren.

569 Die Frage nach der Verwirklichung des Zusammenschlusstatbestandes durch eine Übertragungstreuhand wurde bislang kaum weiter verfolgt. Ausführungen finden sich bei *Pohlmann*, S. 162 und *Karl*, S. 219.

## II. VOLLRECHTSTREUHAND

### 1. Die Begründung eines Treuhandverhältnisses als Fusion

Der Vollständigkeit halber angerissen, aber sogleich verneint werden, muss die Frage, ob die Übertragung eines Unternehmens vom treugebenden Unternehmen auf ein treuhänderisch agierendes Unternehmen den Zusammenschlusstatbestand der Fusion verwirklichen kann. Zwischen dem Treuhänder und dem Treugeber findet keine Fusion im gesellschaftsrechtlichen Sinn statt, denn durch eine Treuhandabrede werden die eigenständigen Rechtspersönlichkeiten von Treuhänder und Treugeber nicht berührt.

Auch eine Fusion im wirtschaftlichen Sinn (vgl. dazu oben § 7 A IV 2) kommt nicht in Betracht, da sich Treuhänder und Treugeber nicht einer gemeinschaftlichen Leitung unterwerfen, sondern durch den Treuhandvertrag das treuhänderisch agierende Unternehmen in der Regel den Weisungen des Treugebers unterworfen wird bzw. ausnahmsweise gerade durch eine weiträumige Weisungsfreiheit des Treuhänders eine Trennung des Unternehmens von der unternehmerischen Einflussnahme des treugebenden Unternehmens erreicht werden soll.

### 2. Die Begründung eines Treuhandverhältnisses als Kontrollerwerb durch das Treuhandunternehmen

#### *a. Formelle Kontrollposition des Treunehmers und sonstige Zuordnungskriterien*

*Paschke*[570] hat die These aufgestellt, die Übertragung des Treuguts vom Treugeber auf den Treuhänder stelle regelmäßig keinen Zusammenschluss zwischen dem Treuhänder und dem Treugut dar. Dies ist kritisch zu hinterfragen, bekommt doch das treuhänderisch agierende Unternehmen vom treugebenden Unternehmen Vermögen übereignet oder Gesellschaftsanteile übertragen. Allein aufgrund der Übertragung dieser dinglichen Rechtspositionen erfüllt der Treuhänder an sich vom Wortlaut den Regeltatbestand des Kontrollerwerbs gemäß Art. 3 Abs. 2 FKVO — sofern die Rechtsposition grundsätzlich einen kontrollbegründenden Umfang erreichen. Er wird formeller Eigentümer bzw. formeller Gesellschafter des Unternehmens.

Eine Verlagerung der Kontrollrechte vom Treugeber auf den Treuhänder kommt nur dann nicht in Betracht, wenn die den Beispieltatbeständen des Art. 3 Abs. 2 FKVO unterfallenden formellen Erwerbsvorgänge ausnahmsweise doch keine materielle Kontrollposition mitsichbringen, weil der Treugeber seinen bisherigen bestimmenden Ein-

570 *Paschke* in: *Frankfurter Kommentar*, § 23 GWB Rdnr. 168.

fluss trotz der formellen Übertragung auf den Treuhänder weiterhin geltend macht. Auch in diesem Zusammenhang kommt es darauf an, ob die formelle Berechtigung des Treuhänders durch das obligatorische Innenverhältnis der Parteien ausgehöhlt wird, also auf die Intensität der Bindung nach innen und die tatsächliche Ausübung der kontrollbegründenden Rechte analog Art. 3 Abs. 3 FKVO. Direkt findet Art. 3 Abs. 3 FKVO seinem Wortlaut nach keine Anwendung, denn im Fall der Vollrechtsübertragung vom Treugeber auf den Treuhänder wird keine Kontrolle für Treugeber „begründet“: er behält entweder seine bestehende Kontrollposition (trotz der Treuhandvereinbarung) oder er verliert sie (wegen der Treuhandvereinbarung).[571]

Die Frage, ob die Kontrollinhaberschaft letztlich dem Treugeber oder dem Treunehmer zugeordnet werden kann, richtet sich grundsätzlich nach denselben Gesichtspunkten, die bereits bei der Erwerbstreuhand erörtert wurden. Vgl. dazu oben unter § 7 B III. Unterschiede in der Zuordnung der Kontrollinhaberschaft können sich aber dadurch ergeben, dass die Übertragungstreuhand anders als die Erwerbstreuhand unmittelbar nicht auf den Zuwachs unternehmerischer Ressourcen ausgerichtet ist. Die Beeinflussung des Wettbewerbs durch die treuhänderische Übertragung von Ressourcen kann jedoch ein nicht beabsichtigtes Nebenprodukt sein.

Das Innenverhältnis des Treugebers zum Treunehmer wird bei der Übertragungstreuhand im erheblichen Ausmaß vom jeweiligen Zweck der treuhänderischen Übertragung und den Interessen desjenigen geprägt, dem die Übertragung im Einzelnen dienen soll. Auf diesen besonderen Aspekt der Übertragungstreuhand ist im Folgenden näher einzugehen.

### *b. Differenzierung nach dem Zweck des Treuhandverhältnisses in Anlehnung an Art. 3 Abs. 5 FKVO*

Dass der Zweck einer Übertragung von Anteilen oder Vermögensgegenständen in der FKVO grundsätzlich eine gewisse Bedeutung für die Verwirklichung des Zusammenschlusstatbestands hat, offenbart die Ausnahmeklausel des Art. 3 Abs. 5 lit. b FKVO.[572] Nach Art. 3 Abs. 5 lit. b FKVO soll der Träger eines öffentlichen Mandats dann nicht die Kontrolle erwerben, wenn er zum Zwecke der Unternehmensabwicklung eingesetzt wird. Dieser Tatbestand ist nach dem Verordnungstext personell auf den Fall des öffentlichen Mandatsträgers beschränkt. Insofern ist die Vorschrift für den

---

571 Anders aber wohl *Downes/Ellison*, S. 46 f. Dort wird der Fall der Sicherungsübereignung als ein Anwendungsfall des Art. 3 Abs. 4 FKVO 4064/89 abgehandelt. Eine Allgemeingültigkeit der Aussage läßt sich jedoch nicht daraus ableiten, denn der dort behandelte Fall betrifft die besondere Konstellation, in der das durch Sicherheiten kontrollerwerbende Unternehmen selbst von einem anderen Unternehmn kontrolliert wird.

572 Eine Differenzierung nach dem Zweck des Treuhandverhältnisses schwebt anscheinend auch *Ruppelt* vor, wenn er schreibt, dass eine einheitliche kartellrechtliche Beurteilung von Treuhandverhältnissen nicht möglich sei, da diese unterschiedlichen Zwecken dienten. Diesen Gedanken führt er allerdings nicht fort. Vgl. *Ruppelt* in: *Langen/Bunte*, § 37 Rdnr. 36.

rechtsgeschäftlichen privatrechtlichen Treuhänder nicht direkt anwendbar. Gerade der Fall der Unternehmensabwicklung in Art. 3 Abs. 5 lit. b FKVO zeigt jedoch, dass es Fälle geben kann, in denen einer Person oder einem Unternehmen größtmögliche Leitungsrechte über ein Unternehmen eingeräumt werden, ohne dass die beauftragte Person ein eigenes wirtschaftliches Interesse an dem Unternehmen verfolgt.[573] Wie oben bereits unter Gliederungspunkt B III 6 c dargestellt, handelt es sich bei Art. 3 Abs. 5 FKVO um eine restriktive Ausnahmevorschrift. Sie enthält aber eine normative Grundentscheidung des Gesetzgebers dahingehend, dass nicht jede Übertragung von unternehmerischen Ressourcen eine Kontrolltätigkeit der Behörden erforderlich macht. Diese These wird auch bestätigt durch Art. 3 Abs. 3 FKVO. Auch aus Art. 3 Abs. 3 FKVO lässt sich nämlich folgern, dass nicht jede Übertragung einer formellen Berechtigung inhaltlich einen Kontrollerwerb begründen muss, solange eine andere Person die Rechte aus der formellen Berechtigung ausübt. Die Frage, wann die Übertragung des Treuguts auf den Treuhänder zu einem anmeldepflichtigen Zusammenschlusstatbestand führt, erfordert eine normative Entscheidung. Neben den bereits oben herausgearbeiteten Kriterien kann meines Erachtens auch der Zweck der Übertragung die Zuordnung beeinflussen.

An verschiedenen Formen der Übertragungstreuhand soll die Geeignetheit dieses Kriteriums überprüft werden.

### *aa. Sicherungsübereignung*

Die Sicherungsübereignung von Unternehmensteilen[574] sowie die Übertragung von Gesellschaftsanteilen[575] oder Aktien[576] als Kreditsicherheit sind als Fälle der eigennützigen Treuhand zu qualifizieren. Der Erwerb von Gesellschaftsanteilen zur Kreditsicherung erfolgt vor allem durch die Banken. Er wird jedoch nicht durch die Bankenklausel privilegiert[577], da der Erwerb nur der Absicherung eines Kreditverhältnisses dient und zumindest nicht ursprünglich — anders ist es bei Eintritt des Sicherungsfalls — auf Weiterveräußerung gerichtet ist[578] (auch wenn diese im Sicherungsfall nicht auszuschließen ist).

---

573 Auch das österreichische Kartellgesetz privilegiert interessanterweise gewisse treuhänderische Anteilsübertragungen. So sieht § 42 e Abs. 1 Ziffer 2 des österreichischen Kartellgesetzes vor, dass die Übertragung von Unternehmensanteilen auf Banken zum Zwecke der Sanierung einer notleidenden Gesellschaft oder der Sicherung von Forderungen gegen das Erwerbsobjekt, nicht anmeldepflichtig sei.

574 Die Sicherungsübereignung eines ganzen Unternehmens ist wegen der unbeschränkten persönlichen Haftung des Sicherungsnehmers kaum anzutreffen. So *Eden*, S. 286.

575 Vgl. dazu *Liebich/Mathews*, S. 294 ff.

576 Vgl. dazu *Liebich/Mathews*, S. 290 ff.

577 Anders als im östereichischen Recht, vgl. dazu bereits Fn. 573.

578 So zur deutschen Bankenklausel nach dem alten GWB *Purrucker*, S. 78.

Obwohl die Verfügungsberechtigung mit der dinglichen Übertragung von *Vermögensgegenständen* auf den Sicherungsnehmer übergeht, geht die überwiegende Ansicht davon aus, dass die Übereignung zum Zweck der Sicherung zu keinem Zusammenschluss von Treunehmer und Sicherungsgut führt, da die Sicherungsverträge in der Regel so gestaltet seien, dass das Recht zur Nutzung des Treuguts beim Treugeber verbleibt, was im Interesse beider Parteien liege, denn so werde das Treugut erhalten und optimal genutzt. Im Ergebnis fehle es daher am bestimmenden Einfluss des Sicherungsnehmers, soweit dieser das Recht zur Nutzung beim Treugeber belasse.[579] *Ruppelt* geht sogar soweit, dass in diesem Fall nicht einmal vom Tatbestandsmerkmal des „Erwerbs" gesprochen werden könne.[580]

Die Trennung von dinglicher Verfügungsmacht und Nutzung des Treuguts gilt in Reinform nur für die Sicherungsübereignung von Gegenständen. Werden zur Kreditsicherung jedoch keine Gegenstände, sondern *Gesellschaftsanteile* übertragen, tut man sich mit dieser Differenzierung schwer. Deren Nutzung besteht nämlich in der Ausübung der damit verbundenen Mitgliedschaftsrechte. Auf Grund des Abspaltungsverbotes sind diese an die Anteilsinhaberschaft geknüpft und stehen damit dem Sicherungsnehmer zu. Dieser kann jedoch durch die schuldrechtliche Abrede dazu gezwungen werden, die Anteile nur nach Weisung des Treugebers auszuüben, soweit dadurch nicht sein Sicherungsinteresse gestört wird.

Festzuhalten ist, dass allein aus dem Sicherungszweck nur eine Vermutung dahingehend begründet werden kann, dass die Kontrolle vom Sicherungsgeber ausgeübt wird. Eine genauere Aussage kann jedoch nur durch die konkrete Analyse des sich aus dem Sicherungsvertrag ergebenden Innenverhältnisses im Einzelfall getroffen werden.[581]

### *bb. Treuhänder im Rahmen der Sanierung*

Für den Fall, dass ein Unternehmen zur Sanierung Kreditmittel benötigt, kommt es vor, dass die Banken sich nur dann zur Gewährung (weiterer) Kreditmittel bereit erklären, wenn sich die Gesellschafter ihrerseits damit einverstanden erklären, ihre Anteile auf einen Treuhänder zu übertragen, der diese treuhänderisch sowohl für die beteiligten Banken sowie für die bisherigen Gesellschafter hält.[582] Zum Teil werden speziell für derartige Zwecke Treuhandgesellschaften erst gegründet.[583]

---

579 *Pohlmann*, S. 163.

580 Allerdings für den deutschen Erwerbstatbestand *Ruppelt* in: *Langen/Bunte*, § 37 Rdnr. 12; *Kleinmann/Bechtold*, § 23 Rdnr. 35.

581 Vgl. hierzu die differenzierten Ausführungen zu Sicherungsübereignung und Zusammenschlusstatbestand bei *Rümker/Franke*, S. 34 f; *Purrucker*, S. 78 ff.

582 *Breuer*, MittRhNotK 1988, S. 79 (89); ähnlich wohl auch die von *Cook/Kerse* als „rescue-operation" bezeichnete Situation, in der die Schulden eines bestehenden Unternehmens auf ein drittes Unternehmen transferiert werden, über das ein Bankensyndikat gemeinsam die Kontrolle

In den Fällen der Sanierung wird bewusst die Leitungsmacht des Unternehmens in dritte, fachlich kompetente Hände gelegt. Der Treuhänder/die Treuhandgesellschaft wird daher in der Regel in derartigen Konstellationen weisungsfrei gestellt werden, um möglichst effizient wirken zu können. Die Sanierung eines Unternehmens erfordert eine Vielzahl unternehmerischer Grundentscheidungen, insbesondere solche, die eine Neu-Positionierung im Markt betreffen, so dass eine Anmeldung der Übertragung bei dem Vorliegen entsprechender Umsatzzahlen grundsätzlich angezeigt ist.

#### *cc. Treuhänder zur Überbrückung gesellschaftsinterner Streitigkeiten*

In dem oben unter § 4 C II 1 geschilderten Fall Klöckner/Balli wurde die Treuhandgesellschaft Droege & Comp. zur Bereinigung gesellschaftsinterner Unstimmigkeiten eingesetzt. In einem solchen Fall ist den treugebenden Parteien erkennbar daran gelegen, andere Gesellschafter vom Einfluss auf das Treugut auszuschließen. Da in derartigen Fällen das Unternehmen dennoch nicht ruder- und führungslos werden soll, ist grundsätzlich davon auszugehen, dass dem Treuhänder ein relativ großes Maß an bestimmenden Einfluss gewährt wird. Auch im Fall Klöckner/Balli wurde die Treuhandgesellschaft weisungsfrei gestellt. Auch hier spricht eine begründete Vermutung dafür, dass der Treuhänder tatsächlich für die Zeit seines Mandats als Kontrollinhaber anzusehen ist.

#### *dd. Zwischenergebnis:*

Es lässt sich die These aufstellen, dass der Übertragungstreuhänder in der Regel dann als Inhaber der Kontrolle zu qualifizieren ist, wenn er nicht nur im einseitigen Interesse des Treugebers handelt, sondern vielmehr von mehreren Treugebern Vertrauen in die Neutralität und Sachkunde seiner Person gesetzt wird.

### c. *Kein Zusammenschlusstatbestand wegen mangelnder Dauerhaftigkeit*

Je nach dem Zweck, der mit dem Treuhandverhältnis verbunden wird, richtet sich die Dauer der treuhänderischen Übertragung und damit das Einflusspotential des Treuhänders/der Treuhandgesellschaft. Ein möglicher Kontrollerwerb des Treuhänders über das Treugut hat daher unter Umständen nur vorübergehenden Charakter. So begrenzt beispielsweise der Sicherungszweck die Übertragung der unternehmerischen Ressourcen auf den Zeitraum bis zur Erfüllung der Verbindlichkeiten des Sicherungsgebers. Die Dauer der treuhänderischen Innehaltung der Anteile richtet sich nach den

---

über das gerettete Unternehmen erwirbt: *Cook/Kerse*, S. 54. Die Bankenklausel in Art. 3 Abs. 5 FKVO soll in diesem Fall nicht anwendbar sein.

583 Vgl. bei *Thurnher*, DB 1994, S. 1709 (1713) unter Hinweis auf *BGHZ* 107, 7 ff.

Konditionen des Sicherungsvertrages und kann sich unter Umständen über mehrere Jahre hinziehen.

Auch bei der treuhänderischen Übertragung zu Sanierungszwecken erfolgt die Übertragung der Anteile in der Regel nicht auf Dauer. Spätestens mit dem Abschluss der Unternehmenssanierung entfällt der Treuhandzweck. Es liegt im Interesse der Banken, einen zeitlichen Rahmen für den Sanierungsversuch festzustecken, d. h. das Treuhandverhältnis zeitlich zu begrenzen. Denkbar sind aber auch Konstellationen, in denen der Treuhänder/die treuhänderische Gesellschaft nach Abschluss der Sanierung selbst das Unternehmen erwirbt, bzw. sich über die Sanierung hinaus in irgendeiner Weise Einfluss in dem Unternehmen sichert.[584]

Auch in dem Fall, in dem ein Treuhänder zur Bereinigung gesellschaftsinterner Streitigkeiten eingesetzt wird, ist die treuhänderische Übertragung der Gesellschaftsanteile in der Regel naturgemäß keine dauerhafte Lösung. In dem bereits oben unter § 4 C II 1 angeführten Fall Klöckner/Balli wurde beispielsweise die doppelseitigen Übertragung der Unternehmensanteilen explizit auf ein Jahr begrenzt; in dieser Zeit sollte ein Käufer für die Anteile gefunden werden. Umgekehrt sind natürlich auch Gestaltungen denkbar, in denen der Treuhänder dauerhaft den Treugeber als Gesellschafter ersetzten soll und nur so der Ausschluss des ursprünglichen Gesellschafters auf Dauer verhindert wird.

Die Dauer des treuhänderischen Verhältnisses ist deshalb nicht unbedeutend, weil — wie oben unter § 7 A VI bereits dargestellt — das Kriterium der Dauer des Zusammenschlusses durch die Novellierung der FKVO aufgewertet wurde. In Anlehnung an den bisherigen Erwägungsgrund Nr. 23 der FKVO 4064/89 wurde nunmehr in Art. 3 Abs. 1 FKVO 139/2004 der Grundsatz kodifiziert, dass eine Verschiebung der Wettbewerbsverhältnisse nur dann zu erwarten sei, wenn die Verschiebung der Unternehmensressourcen eine gewisse Beständigkeit erreicht.

Eine Annäherung an der Begriff des dauerhaften Kontrollwechsels soll hier über die Jahresfrist des Art. 3 Abs. 5 lit. a FKVO erfolgen. Zwar gilt Art. 3 Absatz 5 lit. a FKVO als Ausnahmetatbestand und damit — wie oben bereits erörtert — als restriktiv anwendbar. Eine restriktive Anwendung von Ausnahmevorschriften ist aber nur dann sinnvoll und nachvollziehbar, wenn ansonsten der Regelungsgehalt, d. h. das Regel-Ausnahmeverhältnis eines Vorschriftenkomplexes umgekehrt würde.[585] Warum der transitorische Erwerb von Banken oder der zeitlich bis zur Beendigung der Abwicklung des insolventen Unternehmens beschränkte Erwerb eines öffentlich betrauten Unternehmen gemäß Art. 3 Abs. 5 lit. b FKVO anders zu behandeln seins soll als der zeitlich beschränkte Erwerb von anderen Unternehmen ist seit dem Inkrafttreten der FKVO 139/2004 nicht mehr nachvollziehbar, denn durch diese Novellierung der

584 In diesem Sinn sieht das österreichische Kartellgesetz in § 42 e Abs. 2 Ziffer 2 vor, dass die Entbindung der Banken von der Anmeldepflicht in § 42 Abs. 1 Ziffer 2 im Fall des Sanierungserwerbs nur dann gelten solle, wenn die Bank nach der Beendigung des Sanierungszwecks die Anteile weiterveräußere.

585 So zur Ausnahmevorschrift des § 23 Abs. 3 Satz 2 GWB *Rathjen*, S. 68 ff.

FKVO wurde die Dauerhaftigkeit des Kontrollwechsels gemäß Art. 3 Abs. 1 FKVO zum allgemeines Merkmal des Zusammenschlusses.

Ein Kontrollerwerb des Übertragungstreuhänders ist nach hier vertretener Ansicht stets in den Fällen zu verneinen, in denen die treuhänderische Übertragung der Unternehmensbeteiligung, des Unternehmensteils oder der Vermögenswerte zeitlich auf ein Jahr begrenzt wird und die Stimmrechte des Treuhänders allein im Interesse des Treugebers ausgeübt werden.

## III. Vollmacht- oder Ermächtigungstreuhänder

Anders als der Vollrechtstreuhänder erwirbt der Ermächtigungstreuhänder keine Anteile oder Vermögen im eigenen Namen. Er wird vielmehr vom Treugeber und Rechtsinhaber — beschränkt oder in vollem Umfang — ermächtigt, dessen Rechte gegenüber Dritten in eigenem Namen wahrzunehmen. Der Ermächtigungstreuhänder wird folglich auch nicht selbst Gesellschafter bzw. Aktionär, sondern ihm werden (beim Anteilserwerb) nur die sich aus der Gesellschafterstellung ergebenden Rechte treuhänderisch übertragen bzw. wird er (im Fall des Vermögenserwerb) zu Verfügungen über das Vermögen berechtigt. Aufgrund des materiellen Rechts und insbesondere des deutschen Abspaltungsverbots ist diese Art der Treuhandgestaltung jedoch nur in engem Umfang möglich.

### 1. Versuch einer Subsumtion unter Art. 3 Abs. 3 lit. b FKVO

#### a. *Rechtsgeschichtlicher Hintergrund*

Schon die Entscheidung der Hohen Behörde über den Zusammenschlussbegriff in der Montanunion aus dem Jahre 1954, die der Vorschrift des Art. 3 Abs. 4 FKVO 4064/89 (nunmehr Art. 3 Abs. 3 FKVO) Pate stand[586], hatte den Ermächtigungstreuhänder im Blick.[587] Vor dem Hintergrund der amerikanischen Entscheidungspraxis zum Trustrecht[588] wollte man zum damaligen Zeitpunkt insbesondere den Fall verhindern, dass die Inhaber von Beteiligungen an unterschiedlichen Unternehmen gemeinsam einen Dritten ermächtigen, ihre Stimmrechte nach eigenem Ermessen auszuüben. Dieser Dritte sei nämlich in der Lage — so wurde argumentiert —, mehrere Unternehmen zu kontrollieren, ohne als Inhaber von Beteiligungen oder sonstigen Rechten in Erscheinung zu treten. Auch wenn die praktische Bedeutung dieses Falles heute eher als mar-

586 *Hohe Behörde*, E. v. 6. 5. 1954, ABl. EGKS 1954, S. 345 f.

587 *Kern*, S. 87 f.

588 *Kern*, S. 88; für die EG-FKVO *Miersch*, Die europäische Fusionskontrolle, S. 116 f.

ginal einzustufen ist, lässt sich auch heute noch der Ermächtigungs- bzw. auch der Vollmachtstreuhänder unter den Wortlaut des Art. 3 Abs. 3 lit. b FKVO subsumieren. Er ist zwar nicht selbst aus den Verträgen des Anteilserwerbs oder des Vermögenserwerbs berechtigt gemäß Art. 3 Abs. 3 lit. a FKVO, er hat jedoch gemäß Art. 3 Abs. 3 lit. b FKVO die Befugnis, die sich daraus ergebenden Rechte auszuüben. Ob der Ermächtigungstreuhänder jedoch tatsächlich in jedem Fall als Kontrollinhaber zu qualifizieren ist, ist im Folgenden zu untersuchen.

### *b. Die Ansicht der Literatur: Teleologische Reduktion*

Im Gegensatz zu der aktuellen Regelung eröffnete Art. 3 Abs. 2 der Entscheidung der Hohen Behörde aus dem Jahr 1954 dem Ermächtigungstreuhänder die Möglichkeit, sich durch Freibeweis der Vermutung des Kontrollerwerbs gemäß Abs. 1 zu entledigen,[589] wenn die Befugnis jederzeit widerrufbar und der Ermächtigte an bestimmte Weisungen des Treugebers gebunden war sowie der zur Ausübung Befugte der Hohen Behörde auf deren Wunsch Namen und Anschrift seines Machtgebers mitteilen konnte:

> *„(2) Beruht die Befugnis, Rechte anderer auszuüben, auf Rechtsgeschäft, so gilt Abs. 1 Nr. 2 und 3 nicht, wenn der Ermächtigte nachweist,*
>
> *1. daß diese Befugnis jederzeit widerruflich ist,*
>
> *2. und daß er an bestimmte Weisungen seines Machtgebers gebunden ist,*
>
> *3. und daß er befugt ist, der Hohen Behörde auf deren Wunsch Namen und Anschrift seines Machtgebers mitzuteilen."*

Im Schrifttum zur EG-FKVO finden sich kaum Ausführungen darüber, ob oder unter welchen Konditionen der Ermächtigungs- bzw. Vollmachtstreuhänder allein als Kontrollinhaber im Sinn von Art. 3 Abs. 2 und 3 FKVO angesehen werden kann. Namentlich *Stockenhuber* – ohne sich dabei konkret auf den Ermächtigungstreuhänder zu beziehen - fordert eine teleologische Reduktion des Art. 3 Abs. 3 lit. b FKVO für den Fall, dass die Befugnis zur Ausübung der Rechte sich tatsächlich in der reinen Ausführungshandlung beschränke, d. h. der zur Ausübung Berechtigte nicht selbst — nach eigener Willensbildung und aus eigener Entscheidungskraft heraus — Einfluss auf die wettbewerbsrechtlich-relevanten Aktivitäten des Zielobjekts nehme, sondern gleichsam nur „Sprachrohr"[590] des Machtgebers sei. Wann der Treuhänder nur reines Sprachrohr sei, entnimmt Stockenhuber der Entscheidung der Hohen Behörde Nr. 24/54. Er gibt dem Rechtsanwender jedoch noch ein weiteres Indiz mit an die Hand. Dann, wenn der zur Ausübung der Rechte Befugte (Ermächtigungstreuhänder) allein

---

589 Für den Wortlaut vgl. oben unter § 7 B II 1 b bb.

590 *Stockenhuber*, S. 104.

über die fachliche Kompetenz zur Ausübung der Kontrolle verfüge und der Berechtigte (Treugeber) als Träger des wirtschaftlichen Risikos nur an der Ausschüttung der Dividende interessiert sei, würde der Befugte tatsächlich den relevanten bestimmenden Einfluss ausüben.[591]

Auch *Pohlmann* greift, ohne die Entscheidung der Hohen Behörde Nr. 24/54 in diesem Zusammenhang explizit zu erwähnen, auf die dort ermittelten Kriterien zurück. Solange wie der Rechtsinhaber die Befugnis besitze, durch Widerruf der Bevollmächtigung bzw. der Ermächtigung oder durch Weisungen jederzeit auf das Verhalten des Treuhänders Einfluss zu nehmen, sei die dem Treuhänder eingeräumte Befugnis nicht kontrollbegründend. Dem Ermächtigungstreuhänder fehle es dann nämlich an dem gegenüber dem Treugeber durchsetzbaren Recht, die unternehmensleitenden Entscheidungen durchzusetzen.[592]

## c. *Eigene Ansicht*

Meines Erachtens bestehen aus mehreren Gründen Zweifel daran, dass ein Unternehmen der Kontrolle eines Vollmachts- oder Ermächtigungstreuhänders unterliegen kann.

So hat weder der Vollmachts- noch der Ermächtigungstreuhänder die Möglichkeit, in ausreichendem Maße seinen Willen gegenüber dem Treugeber durchzusetzen. Nach dem herrschenden Verständnis muss der bestimmende Einfluss im Sinn des Art. 3 Abs. 2 FKVO so geartet sein, dass es dem Erwerber allein möglich ist, seine Interessen gegenüber allen anderen durchzusetzen.[593] Wird aber ein Treuhänder ermächtigt oder bevollmächtigt, die Befugnisse des Rechtsinhabers auszuüben, bleibt der Rechtsinhaber daneben stets selbst zur Ausübung seiner Rechte berechtigt und wird nie völlig aus seiner Machtposition verdrängt (vgl. dazu bereits oben unter § 3 C I 2). Der Ermächtigte kann sich nicht dagegen wehren, dass der Rechtsinhaber in der konkreten Entscheidung z. B. selbst von seinem originären Recht der Stimmabgabe Gebrauch macht. Weder der Ermächtigungstreuhänder noch der Vollmachtstreuhänder hat in der Regel ein geeignetes Druckmittel gegenüber dem Treugeber in der Hand. Genauso wenig wie die formelle Berechtigung sagt auch die Befugnis zur Ausübung von Rechten für sich genommen noch nichts darüber aus, ob jemand tatsächlich die Möglichkeit des bestimmenden Einflusses hat.

Wie oben unter § 6 A I 2 ausgeführt, ist es darüber hinaus gesellschaftsrechtlich sowohl für den Kapitalgesellschafter als auch für die Personengesellschafter nur mög-

---

591 *Stockenhuber*, S. 104.

592 *Pohlmann*, S. 159.

593 *Immenga* in: *Immenga/Mestmäcker*, EG-Wettbewerbsrecht, Art. 3 FKVO Rdnr. 29 m.w.N. Anders nur dann, wenn ein Fall der sogenannten „gemeinsamen Kontrolle" vorliegen würde. Dazu aber unten.

lich, widerrufliche Stimmrechtsvollmachten zu erteilen. Wegen des Abspaltungsverbots darf es keinesfalls zu einer Verdrängung des Gesellschafters/Aktionärs aus seiner gesellschaftlichen Stellung kommen. Die Wahrscheinlichkeit, dass ein Vollmachtstreuhänder trotz dieser rechtlichen Beschränkungen im Einzelfall tatsächlich bestimmenden Einfluss über ein Unternehmen erlangt, ist nach hier vertretener Ansicht daher sehr gering einzuschätzen.

## 2. Das Bankenstimmrecht als Beispiel für die Vollmachtstreuhand

### a. *Allgemeine wettbewerbsrechtliche Einordnung*

Das soeben ermittelte Ergebnis, dass der Vollmachts- oder Ermächtigungstreuhänder nur in seltenen Fällen bestimmenden Einfluss über die Anteile am Zielobjekt erlangen kann, mag angesichts der Kritik an der Stimmrechtsausübung durch Kreditinstitute auf den Hauptversammlungen von Nichtbanken verwundern. Langezeit wurde der rechtspolitische Vorwurf erhoben, dass die Banken durch die Ausübung fremder Stimmrechte ohne eigenen Vermögenseinsatz Einfluss auf bestimmte Unternehmen nehmen könnten[594], was unter Umständen Einwirkungen auf die Marktstruktur zur Folge hätte.

Die konkrete wettbewerbsrechtliche Gefahr aus einem Zusammenschluss einer Bank mit einer Nichtbank arbeitet *Duursma* heraus.[595] Sie besteht sowohl aus konglomerativen wie auch aus vertikalen Aspekten. Durch zusätzliche Kapitalressourcen und günstigere Finanzierungsmöglichkeiten kann sich beispielsweise die Nichtbank im Wettbewerb stärker behaupten; hinzukommt, dass die Bank durch ihre Machtposition als potentielle Kreditgeberin Druck auf Wettbewerber der Nichtbank ausüben kann. Auf das Problem der Bankenmacht hatte bereits lange zuvor die Monopolkommission in ihrem Hauptgutachten aus dem Jahre 1976/1977 hingewiesen: Durch die Depotstimmrechte könnten — neben dem eigenen Beteiligungsbesitz — ein wesentlicher Einflussfaktor der Banken auf Unternehmen entstehen.[596] Die Gefahr besteht naturgemäß aber nur dann, wenn eine Homogenität der Stimmrechtsausübung zu beobachten ist.

---

594 Vgl. dazu *Hüffer*, Aktiengesetz, § 135 Rdnr. 3; Begr. RegE. (Gesetz zur Kontrolle und Transparenz im Unternehmensbereich), BT-Ds. 13/9712, S. 19.

595 *Duursma*, S. 168 ff. Vgl auch *Purrucker*, S. 169 ff; zu den Anreizen zur Ausübung fremder Stimmrecht durch die Banken vgl. auch *Fraune*, S. 18 ff.

596 *Monopolkommission,* HGA II, Tz. 603; hierzu auch bereits *Stockenhuber*, S. 119.

### *b. Rechtliche Einordnung als Treuhand und die Vorgaben des Aktiengesetzes*

Das Depotstimmrecht stellt einen Fall eines Treuhandverhältnisses dar.[597] Der Kunde beauftragt als Treugeber das Kreditinstitut seines Vertrauens auf Dauer[598], seine Aktienbestände zu verwahren und zu verwalten. Dazu gehört in aller Regel auch die Ausübung des Stimmrechts in der Hauptversammlung der Publikumsgesellschaften. Da die Banken gemäß §§ 5, 6 Depotgesetz kein Eigentum an den durch sie verwahrten und verwalteten Aktien übertragen bekommen, sondern die Aktionäre vielmehr (Mit-)Eigentum an dem Depotbestand beibehalten, liegt kein Fall der Vollrechtstreuhand und damit auch kein Fall des transitorischen Erwerbs im Sinn von Art. 3 Abs. 5 lit. a FKVO[599] vor. Die Möglichkeit der Ausübung der Stimmrechte durch die Stimmrechtsvollmacht begründet vielmehr einen Fall der Vollmachtstreuhand.

Das Vollmachtstimmrecht der Banken ist in § 135 AktG gesetzlich verankert. Es wird regelmäßig als verdeckte Vollmacht „für den, den es angeht" ausgeübt,[600] ansonsten im Namen des Aktionärs gemäß § 135 Abs. 4 AktG. Gemäß § 135 Abs. 5 AktG kann der Aktionär der Bank Weisungen erteilen. Tut er dies nicht, hat die Bank dem Aktionär Vorschläge für die Ausübung des Stimmrechts zu machen und um Weisung zu bitten. Der Rücklauf auf diese Anfragen ist jedoch äußerst gering (die Zahlenangaben hierzu schwanken zwischen 1-5%[601]), so dass in den meisten Fällen letztlich die Bank im Sinn von § 135 Abs. 5 AktG das Stimmrecht gemäß ihren eigenen Vorschlägen ausübt. Für den Fall, dass das Kreditinstitut selbst an der betreffenden AG beteiligt ist, bzw. einen Aufsichtsratsposten besetzt, kann ein derartiges Stillverhalten der Aktionäre theoretisch dazu führen, dass das Kreditinstitut seine Interessen sowohl durch eigene als auch durch die anvertrauten Stimmrechte bündeln kann. Mit einer Neuregelung des § 135 Abs. 1 AktG im Jahre 1997 hat der Gesetzgeber diese Gefahr der Mehrung der Einflussmöglichkeiten jedoch — unter erheblicher Kritik[602] — ausgemerzt. So sieht § 135 Abs. 1 S. 3 AktG für den Fall, dass die Bank für ihren Kunden und Treugeber an der Hauptversammlung einer Gesellschaft teilnehmen soll, an der sie selbst mit mehr als 5% des Grundkapitals unmittelbar oder mittelbar über eine Mehrheitsbeteiligung beteiligt ist, nunmehr vor, dass sie nur dann sowohl ihre eigenen und die fremden Stimmrechte ausüben darf, wenn der Treugeber eine explizite Weisung zu

---

597 *Grundmann*, Der Treuhandvertrag, S. 285 m.w.N.; *Kümpel*, Rdnr. 11.299; *Liebich/Mathews*, S. 370 f.; *Plaß*, S. 36. Die Qualifizierung als Treuhandverhältnis ist bei *Plaß* allerdings etwas problematisch, da sie entgegen der eindeutigen Gesetzeslage in § 135 Abs. 4 AktG davon ausgeht, dass das Kreditinstitut bei der Stimmrechtsausübung regelmäßig im eigenen Namen tätig werde.

598 Die frühere Befristung des Stimmrechts auf längstens 15 Monate ist weggefallen.

599 Dazu *Plaß*, S. 44.

600 *Peltzer*, JZ 1996, S. 842 (844).

601 Vgl. die Zahlen bei *Peltzer*, Fußnote 21; *Baums*, AG 1996, S. 11 ff.

602 *Schröer* in: *Münchener Kommentar*, AktG, § 135 Rdnr. 75 m. w. N.

allen Punkten der Tagesordnung erteilt hat. Andernfalls hat die Bank sich zu entscheiden, ob sie ihre eigenen Stimmrechte nach eigenem Belieben oder die Stimmrechte ihrer Kunden gemäß ihren eigenen Vorschlägen ausübt.

Durch die geschilderte Novellierung des Aktiengesetzes durch das Gesetz zur Kontrolle und Transparenz im Unternehmensbereich aus dem Jahre 1998 wurde die Möglichkeit der verstärkten Einflussnahme der Banken auf Nichtbanken durch die Kumulierung verschiedener Einflussmöglichkeiten wie eigenen Beteiligungen der Banken an Nicht-Banken, Vollmachtsstimmrechten und Aufsichtsratsposten[603] stark begrenzt. Die fusionskontrollrechtliche Auswirkung der Regelung ist im Folgenden herauszuarbeiten.

### c. *Die Einräumung des Bankenstimmrecht als Zusammenschlusstatbestand*

#### *aa. Konstellation 1*

Der Bankkunde verfügt selbst schon über eine kontrollbegründende Anzahl von Stimmrechten. Er lässt diese jedoch von seiner Bank ausüben.

Dieser Fall ist nur von theoretischer Bedeutung. Die Depotverwaltung stellt sich vor allem als eine Serviceleistung gegenüber den Kleinaktionären dar. Der Großaktionär ist in der Regel selbst in der Hauptversammlung vertreten. Unbenommen dieser Tatsache unterfiele dieser Sachverhalt Art. 3 Abs. 3 FKVO. Kontrollbegründend wären zum einen die Anteilsrechte des Treugebers gemäß Art. 3 Abs. 3 lit. a FKVO. Als Kontrollinhaberin käme aber auch die Bank in Betracht, die im Sinn des Art. 3 Abs. 3 lit. b FKVO befugt ist, die sich daraus ergebenden Rechte auszuüben.

#### *bb. Konstellation 2*

Die Bank erlangt nur durch die in ihrer Hand gebündelte Summe der Depotstimmrechte die Möglichkeit, Stimmrechte auszuüben, die insgesamt eine kontrollbegründende Anzahl an Stimmrechten darstellen.[604]

Angesichts der Zersplitterung des Bankgewerbes geht *Marsch-Barner* davon aus, dass ein einzelnes Kreditinstitut nur äußerst selten Vollmachtstimmen in Höhe von mehr als 5 % des Grundkapitals auf sich vereinen wird. Auch diese Konstellation ist daher hypothetischer Natur.

603 Dazu auch *Duursma*, S. 170; *Peltzer*, JZ 1996, S. 842 ff.

604 *Marsch-Barner* in: Festschrift für Peltzer, S. 261 (268).

### *cc. Konstellation 3*

Die Bank erlangt nur im Zusammenspiel der Stimmrechte aus ihrer eigenen Beteiligung und der Summe der Depotstimmrechte eine kontrollbegründende Mehrheit der Stimmrechte.

Die einzelnen Aktionäre kommen in dieser Konstellation alleine von vornherein nicht als Kontrollinhaber in Betracht, da sich aus ihren Beteiligungen für sich betrachtet kein bestimmender Einfluss ergibt. Als Kontrollinhaber kommt allein die Bank in Betracht. Insofern stellte sich nicht die Zuordnungsfrage, also die Frage, ob dem Aktionär oder dem Bevollmächtigten die Kontrolle zuzuordnen ist. Es stellt sich vielmehr allein die Frage, ob es im Rahmen von Art. 3 Abs. 2 FKVO zur Kontrollbegründung ausreicht, dass die Bank als Treuhänderin von einer Masse an individuell treugebenden Kleinanlegern mit der Ausübung deren Stimmrechte betraut wurde und ihr zusätzlich eigene Anteile an dem Anlageobjekt zustehen. Es geht also um das „Wie“ der Kontrollbegründung. Die Frage nach dem Kontrollinhaber lässt sich im Grunde aber nicht von der Frage nach der Art der Kontrollbegründung trennen. Wenn grundsätzlich durch Art. 3 Abs. 3 lit. b FKVO anerkannt wird, dass die Möglichkeit besteht, dass Kontrolle „für Personen“ begründet werden kann, die lediglich zur Ausübung von Stimmrechten berechtigt sind, dann gilt dies auch allgemein für die Frage der Kontrollbegründung. Der Aussagewert von Art. 3 Abs. 3 lit. b FKVO lässt sich mit anderen Worten nicht auf die Konstellation beschränken, in der es darum geht, ob A oder B Kontrolle erlangt, sondern er gilt auch dann, wenn es um die Frage geht, wie und ob eine Person überhaupt Kontrolle erlangen kann.

In der Zusammenschau des Art. 3 Abs. 2 und Abs. 3 FKVO ist davon auszugehen, dass Unternehmen grundsätzlich auch dadurch einen bestimmenden Einfluss an einem Unternehmen erlangen können, indem sie durch die Ausübung einer Vielzahl einzelner Stimmrechte („zusammen“, Art. 3 Abs. 2 FKVO), die jeweils für sich allein nicht ausreichend wären, um einen bestimmenden Einfluss zu erlangen, Kontrolle erwerben.

### *dd. Maßgebliche Entscheidungskriterien*

In jeder der drei oben genannten Konstellationen kommt ein Kontrollerwerb durch die Bank nur dann in Betracht, wenn die durch das treuhänderische Depotverhältnis begründete Möglichkeit der Stimmrechtsausübung den Banken materiell einen bestimmenden Einfluss im Sinn des Art. 3 Abs. 2 FKVO vermittelt, der dem aus eigenen Stimmrechten in etwa gleichwertig ist.

Hierzu gilt grundsätzlich nichts anderes als bereits für andere Treuhandkonstellationen festgestellt wurde: Ein eigener Einfluss des Treuhänders ist nur dann zu bejahen, wenn die Vollmacht nicht jederzeit widerrufbar ist, der Treuhänder fachlich kompetent ist und er auch weisungsfrei gewisse Entscheidungen allein treffen kann. Von anderen Treuhandverhältnissen unterscheidet sich der Fall des Depotverhältnisses jedoch dadurch, dass es ein fester Bestandteil des standardisierten Massenbankgeschäfts und damit im Gegensatz zur anderen Treuhandverhältnissen detailliert gesetzlich geregelt ist. Über den faktischen Vorgang der Bankenstimmrechtsvertretung existiert eine große Menge an empirischen Datenmaterial. Aufgrund dieser Umstände fällt es in diesem Bereich leichter, verlässliche Aussagen über die rechtliche und faktische Ausgestaltung dieses speziellen Treuhand-Typus zu treffen.

### (1) Widerruflichkeit der Vollmacht

Der treugebende Aktionär ist rechtlich nie an der eigenen Stimmabgabe gehindert. § 135 Abs. 2 AktG stellt klar, dass das Bankenstimmrecht jederzeit widerrufbar ist. Noch am Tag der Hauptversammlung können Aktionäre ihr Stimmrecht wieder an sich ziehen bzw. umgekehrt noch zusätzliche Stimmrechtsvollmachten an die Banken übertragen werden. Auch Auflösungen oder Umschichtungen von Depots wirken sich auf die Zahl der Stimmrechte aus. Der genaue prozentuale Umfang der Stimmrechte, die von einem Kreditinstitut wahrgenommen werden, steht immer erst in der Hauptversammlung selbst fest. Insofern ist die Dauerhaftigkeit der Kontrolle gemäß Art. 3 Abs. 1 FKVO durch die erhöhte Instabilität der möglichen absoluten oder relativen Mehrheiten in der Hauptversammlung kaum gewährleistet.[605] Zwar hat die Kommission für die ähnliche Problematik instabiler Mehrheiten bei Minderheitengesellschaftern mit dem Abstellen auf die Grundlage vergangener Hauptversammlungen[606] einen Weg aufgezeigt, wie in der Praxis mit dem Problem dieser Instabilität umgegangen werden kann. In dem besonderen Fall der Stimmrechtsvollmachten rührt die Instabilität jedoch nicht allein von äußeren Faktoren (nämlich die Präsenz anderer Kleinaktionäre, Kapitalveränderungen der Gesellschaft) her, sondern vielmehr auf der Qualität des Kontrollmittels Stimmrechtsvollmacht selbst.

### (2) Weisungsverhältnis

Bestimmender Einfluss einer Großbank auf ein Nicht-Bankenunternehmen ist nur dann zu erwarten, wenn es der Bank tatsächlich gelingt, ihre originären Interessen (evtl. als eigene Anteilsinhaberin) durchzusetzen. Das ist dann nicht der Fall, wenn die Bank ihren Kunden und Treugebern gegenüber weisungsgebunden ist und sie auch Weisungen erhält, mit denen die Aktionäre ihre individuellen Interessen durchsetzen.

Die Kreditinstitute unterliegen gemäß § 135 Abs. 5 AktG — aber auch schon aus dem Treueverhältnis heraus — den Weisungen der Kunden. Die gesetzliche Regelung kann von den Kreditinstituten nicht abbedungen werden.[607] Anders als bei sonstigen individuellen rechtsgeschäftlichen Treuhandverhältnissen hat man im Bereich des Bankenstimmrechts nicht die Schwierigkeit, dass eine mögliche Diskrepanz zwischen formel-

605 So auch *Schröer* in: *Frankfurter Kommentar*, Art. 3 FKVO Rdnr. 23.

606 *Kommission*, Mitteilung über den Zusammenschlussbegriff, Tz. 14.

607 *Hüffer*, Aktiengesetz, § 135 Rdnr. 19.

ler rechtlicher Regelung des Weisungsrechts und tatsächlicher Handhabung nur schwer nachweisbar ist. Die große Zahl der bekannten passiven Kleinaktionäre deutet vielmehr auf den ersten Blick darauf hin, dass es zumindest nicht der originäre Wille der Aktionäre ist, der auf den Hauptversammlungen vertreten wird. Dieser Vermutung wird jedoch dadurch der Wind aus den Segeln genommen, als der deutsche Gesetzgeber für den Fall einer fehlenden Weisung des Aktionärs geregelt hat, dass die Banken verpflichtet sind, gemäß den Abstimmungsvorschlägen abzustimmen, die sie dem Treugeber zuvor mit der Aufforderung zur Weisung zu unterbreiten haben, § 135 Abs. 2 und 5 AktG. Die fehlende explizite Weisungserteilung des Aktionärs könnte insofern in eine konkludente Weisungserteilung umgedeutet werden, nach diesen Vorschlägen abzustimmen. Eine Weisung setzt aber eine echte Willensbildung voraus. Der passive Aktionär müsste folglich zumindest seine Aktionärsinteressen selbständig definieren und in dem Abstimmungsvorschlag der Banken wiederfinden. Von einem bestimmenden Einfluss der Banken wäre hingegen dann auszugehen, wenn der Abstimmungsvorschlag sich allein an den Interessen der Depotbanken orientieren würde.

Nach Ansicht *Purruckers* ist es unvorstellbar, dass der einzelne Aktionär in dem Stimmverhalten der Bank seinen Willen wiederfindet. Der Begriff des Aktionärsinteresses sei nicht fassbar,[608] so dass die Depotbanken grundsätzlich als die eigentlichen Träger des Einflussmittels Stimmrecht anzusehen seien. Die unterschiedlichen Typen von Aktionären (z. B. Anlage-, Spekulationsaktionär) würden die Annahme eines einheitlichen Aktionärsinteresses unmöglich machen, weil die jeweiligen Ziele der Aktionäre divergieren (z. B. schnelle Kurssteigerung, langfristiges Investitionsinteresse).[609]

Zwar ist es richtig, dass Individualinteressen eines Aktionärs durch das formularmäßig abgewickelte Vollmachtstimmrecht nicht berücksichtigt werden, sondern sich am „hypothetischen Interesse eines Durchschnittsaktionärs“[610] orientieren. Die Argumentation *Purruckers* überzeugt aber dennoch nicht. Allein die Tatsache, dass mit den Vorschlägen nicht in jedem Fall 100% das Interesse des Aktionärs getroffen wird, bedeutet nicht gleichzeitig, dass sich in den Abstimmungsvorschlägen das ureigene Interesse der Bank verkörpert.

Die Novellierung des Aktiengesetzes im Jahre 1998 trug im Übrigen durch organisationsrechtliche Vorgaben dafür Sorge, dass sich die Banken bei der Erstellung ihrer Abstimmungsvorschläge nicht von ihren ureigenen Interessen leiten lassen.[611] So schreibt § 128 Abs. 2 Satz 3 AktG vor, dass sich das Kreditinstitut bei seinen Vorschlägen vom Interesse des Aktionärs leiten zu lassen und organisatorische Vorkehrung dafür zu treffen habe, dass Eigeninteressen aus anderen Geschäftsbereichen der Bank nicht einfließen. Die Einhaltung dieser Pflichten ist durch ein Mitglied der Geschäftsleitung zu überwachen. Die Fremdnützigkeit des Treuhandverhältnisses wird

608 *Purrucker*, S. 106.

609 *Purrucker*, S. 100 ff.

610 Begr. RegE. (Transparenz und Wettbewerbsgesetz), BT-Drs. 13/367, S. 20.

611 Vgl. dazu auch *Marsch-Barner*, in: Festschrift für Peltzer, S. 261 (266 f.).

somit nicht nur gesetzlich bestätigt, sondern sie wird zudem durch eine organisatorische Trennung gegenüber anderen Geschäftsbereichen der Kreditinstitute wie dem Kreditgeschäft, der Beteiligungsverwaltung und dem Emissionsgeschäft abgesichert, aus denen Eigeninteressen der Bank herrühren und die die Stimmabgabe beeinflussen könnten.[612]

### *ee. Ergebnis*

Die Regelung des § 135 Abs. 1 Satz 3 AktG hat bereits Wirkung gezeigt; so ist ein deutlicher Rückgang der Stimmrechtsvertretungen in den Fällen zu verzeichnen, in denen das Kreditinstitut Stimmrechte aus einer Eigenbeteiligung in Höhe von über 5 % ausübt.[613] Die großen privaten Banken haben ihre Beteiligungen in der Zwischenzeit weiter reduziert. Aufgrund der strikten deutschen Gesetzeslage ist es daher nicht überzeugend, die bevollmächtigten Kreditinstitute als Kontrollinhaber anzusehen.

Für die dritte und allein praxis-relevante Konstellation der Einflusskumulation ergibt sich dies schon aus § 135 Abs. 1 Satz 3 AktG. Erteilt der Aktionär eine Weisung, kann die Bank sich nicht vorwerfen lassen, eigene Interessen durchzusetzen. Verzichtet der Aktionär auf eine Weisung, muss sich die Bank entscheiden, ob sie ihr eigenes Stimmrecht oder das des Aktionärs gemäß ihrem Abstimmungsvorschlag geltend macht. Eine Kumulation des Einflusses wird so unterbunden.

Für die beiden anderen theoretischen Konstellationen ist ausschlaggebend, dass das System mittlerweile eine ganze Reihe an Kontrollmechanismen vorsieht, die eine Einflussnahme der Banken auf das Nicht-Bankunternehmen durch Kundenstimmrechte verhindern. Ein bestimmender Einfluss der Banken ist nur noch so vorstellbar, dass die Banken ihre originären Interessen argumentativ gegenüber den Aktionären und der Kontrollinstanz als die eines vernünftigen Aktionärs zu verkaufen wissen, obwohl sie es nicht sind, oder die bankeninterne Aufsicht versagt. Allein die Tatsache, dass die Möglichkeit gesetzeswidrigen Stimmverhaltens trotz aller gesetzlichen Vorkehrungen besteht, darf jedoch nicht dazu führen, den Banken pauschal Vollmachtsstimmrechte im Rahmen einer Zusammenschlussprüfung zuzurechnen.[614] Dem einzelnen Verdachtsfall ist jedoch selbstverständlich auch weiterhin von der Kontrollbehörde nachzugehen.

---

612 Begr. RegE. (Gesetz zur Kontrolle und Transparenz im Unternehmensbereich), BT-Drs. 13/9712, S. 20.

613 *Marsch-Barner* in: Festschrift für Peltzer, S. 261 (270).

614 Auf die Problematik der Orientierung am gesetzeswidrigen Ausnahmefall weist auch *Schröer* in: *Frankfurter Kommentar*, Art. 3 FKVO Rdnr. 23. Er übersieht jedoch, dass Art. 3 Abs. 4 FKVO gerade den Umgehungsfall erfassen soll. Insofern ist es aber auch unabdingbar, sich der Problematik der Zurechnung über den gesetzeswidrigen Fall anzunähern.

## 3. Der unechte Betriebsführungsvertrag als Beispiel für die Ermächtigungstreuhand

Der Betriebsführungsvertrag stellt in der Form des reinen Managementvertrages im Interesse und für Rechnung des Eigentümerunternehmens einen Fall der Ermächtigungstreuhand dar. Das Eigentümerunternehmen behält das Eigentum am Unternehmen (vgl. hierzu oben unter § 3 III 1 b cc). Das betriebsführende Unternehmen erhält im Gegensatz zum Pächter kein Nutzungsrecht an dem Unternehmen im Sinn von Art. 3 Abs. 2 lit. a FKVO, da es den Betrieb nicht für eigene, sondern für Rechnung der Eigentümergesellschaft führt. Der Betriebsführungsvertrag selbst kann jedoch gemäß Art. 3 Abs. 2 FKVO ein Mittel zum Kontrollerwerb darstellen, wenn der Betriebsführer aufgrund des Vertrages bestimmenden Einfluss auf das zu führende Unternehmen erlangt. Nur klargestellt sei, dass ein Kontrollerwerb im Sinn der Fusionskontrollverordnung nur dann in Betracht kommt, wenn der Betriebsführer selbst ein Unternehmen ist oder er gemäß Art. 3 Abs. 1 lit. b FKVO als natürliche Person bereits ein oder mehrere andere Unternehmen kontrolliert und die entsprechenden Umsatzwerte vorliegen.

### *a. Die Entscheidungspraxis der Kommission*

Die Kommission hatte sich bereits zweimal mit Verträgen zu befassen, die unter den deutschen Begriff des unechten Betriebsführungsvertrags fallen. Beide Male war die französische Hotelgruppe Accor beteiligt:

In der Entscheidung Accor/Wagon-Lits[615] hatte die Europäische Kommission darüber zu entscheiden, ob dem Unternehmen Accor im Rahmen der Verbundklausel, Art. 5 Abs. 4 FKVO, auch die Umsätze der Hotels zuzurechnen seien, die zwar nicht in seinem Eigentum standen, in denen es aber die Betriebsleitung unter eigenem Firmenzeichen übernommen hatte. Im Rahmen des — in der deutschen Fassung der Entscheidung als „Geschäftsführungsauftrag" bezeichneten — Betriebsführungsvertrages sollte Accor zunächst für zehn Jahre für den Betrieb, den Absatz, den Verkauf, das Finanz- und Rechnungswesen, die Betriebsprüfung sowie für juristische, verwaltungsmäßige und steuerliche Fragen zuständig sein.[616] Die Kommission sah den Eigentümer durch die spezielle Vertragsgestaltung nur mehr auf die Rolle des Geldgebers beschränkt, der auf die Geschäftsführung selbst keinerlei Einfluss nehme. Sie ging in Folge dessen davon aus, dass die Verbundklausel in Art. 5 Abs. 4 lit. b, 4. Spiegelstrich erfüllt sei und rechnete Accor sämtliche Umsätze zu, die aufgrund dieser Betriebsführungsverträge erwirtschaftet wurden.

---

615 *Kommission,* E. v. 28. 4. 1992, IV/M.126, ABl. EG 1992, L 204/1, 2 (Tz. 6) – Accor/Wagon-Lits.

616 Vgl. zu den Details des Falles anschaulich bei *Karl*, S. 21 f.

Auch wenn in diesem Verfahren nicht über die hier in Rede stehende Frage zu entscheiden war, ob durch den Abschluss eines Betriebsführungsvertrag ein Zusammenschlusstatbestand verwirklicht wird, kann aus der Begründung der Kommission zur Anwendung der Verbundklausel doch zumindest gefolgert werden, dass sich die Rolle des Betriebsführers nicht in jedem Fall auf die eines reinen Dienstleistenden beschränken lässt.

In der zweiten Entscheidung Accor/Blackstone/Colony/Vivendi[617] fasst die Kommission den Sachverhalt wie folgt zusammen:

> *„On 4 June 1999, Anjou Services SNC and various legal entities (the „Sellers"), on the one hand, and Accor, Colony and Blackstone (the "Purchasers"), on the other hand, entered into a Share Purchase Agreement. It provides that the Purchaser will acquire directly or indirectly all the assets of the Sellers's activity consisting in the ownership and/****or management**** of hotels operated under the brand names Libertel and Demeure (the "Hotels"), including (i) the 40 hotels owned by the sellers (ii) ****the management agreements pursuant to which Vivendi, through Compagnie Générale d'Hôtellerie et des Services (CHG), currently operates 8 hotels owned by third parties**** (iii) the commercialisation agreements pursuant to which CGH currently commercialises 4 hotels owned by third parties under the name Horset, and (iv) trademarks associated with the operation all the hotels."* [Hervorhebung nicht im Original]

Die verkaufende französische Gruppe war nach dieser Darstellung also nicht die Eigentümerin aller von ihr geführten Hotels, so dass sie auch nicht das Eigentum an allen Hotels übertragen konnte, sondern logischerweise bei den betreffenden Objekten nur ihre Rechte aus den entsprechenden Managementverträgen. Die Kommission schien, was die Subsumtion unter den Zusammenschlusstatbestand betraf, nicht weiter nach diesen unterschiedlichen Konstellationen differenzieren zu wollen, sondern stufte den Vorgang insgesamt als einen gemeinsamen Kontrollerwerb ein.[618] Aufgrund dieser Vorgehensweise ist davon auszugehen, dass die Kommission grundsätzlich den Erwerb von bestimmenden Einfluss über den Abschluss eines Betriebsführungsvertrages für möglich hält.

### *b. Die Erwägungen in der Literatur und eigene Ansicht*

Eine andere Ansicht wird jedoch vom überwiegenden Schrifttum vertreten. Dieses geht davon aus, dass das betriebsführende Unternehmen in aller Regel keine Kontrolle

---

617 *Kommission,* E. v. 8. 9. 1999, Comp/M.1596 = Celex Nr. 399M1596, Tz. 8.

618 *Kommission,* E. v. 8. 9. 1999, Comp/M.1596 = Celex 399M1596, Tz. 11 ff - Accor/Blackstone/Colony/Vivendi.

über das Eigentümerunternehmen erwirbt.[619] Der betriebsführende Treuhänder, der als allein das Tagesgeschehen managende Kraft wirke, erwerbe in der Regel zumindest dann keinen unmittelbaren Einflusses auf das zu managende Objekt, wenn die Zuständigkeit für die strategischen unternehmerischen Entscheidungen bei der Eigentümergesellschaft bleibe.[620]

Für die Möglichkeit eines Kontrollerwerbs durch das betriebsführende Unternehmen spricht hingegen das in der Regel überlegene Know-how des betriebsführenden Unternehmens, das die formellen Möglichkeiten der rechtsgeschäftlichen Ermächtigung materiell intensiviert.[621] Nichtsdestotrotz stellen die Fälle der treuhänderischen Betriebsführung im Grunde nichts anderes als den Einkauf von Managementleistungen, also einen Vertrag mit Dienstleistungscharakter dar.[622] Deshalb wird das betriebsführende Unternehmen in aller Regel an die Weisungen der Unternehmenseigner gebunden und ist kündbar (§ 627 BGB).

Ob ein Zusammenschluss vorliegt, hängt letztlich von der konkreten Ausgestaltung des Vertrages ab. Neben dem Weisungsverhältnis ist dabei entscheidend, welcher Tätigkeitsbereich genau auf den Betriebsführer übertragen wurde und welche Entscheidungskompetenz er im Rahmen dessen besitzt.[623]

## D. Gemeinschaftlicher Kontrollerwerb von Treugeber und Treunehmer

Die Regelung des Art. 3 Abs. 3 FKVO sieht vor, dass die Kontrolle für diejenige Person begründet wird, die aus den Rechten oder Verträgen selbst berechtigt ist *oder* für die, die obwohl sie aus den Rechten und Verträgen nicht selbst berechtigt ist, die Befugnis hat, die sich daraus ergebenden Rechte auszuüben. Die Verknüpfung durch die Konjunktion „oder“ wirft die Frage auf, ob die Frage nach der Zuordnung der Kontrolle stets als eine entweder- (der Treugeber) oder- (der Treuhänder) Antwort ausgestaltet sein muss, oder ob auch Konstellationen denkbar sind, in denen der Treuhänder und der Treugeber gemeinsam/gleichzeitig als Kontrollinhaber anzusehen sind.

619 *Pohlmann*, S. 138 f.; *Frisch*, S. 366; *Stockenhuber*, S. 134. A. A. wohl *Staudenmeyer*, S. 94 f.

620 *Cook/Kerse*, S. 39 f.; *Karl*, S. 213; *Stockenhuber*, S. 134. A. A. *Staudenmeyer*, S. 95. Vgl. zum Umfang der beeinflussten Unternehmenstätigkeit bereits oben unter Punkt § 7 A V 1 b

621 Vgl. zu dem Gedanken allgemein beim Ermächtigungstreuhänder: *Stockenhuber*, S. 104.

622 *Emmerich/Sonnenschein/Habersack*, Konzernrecht, S. 206.

623 So auch *Stockenhuber*, S. 134.

## I. GEMEINSAME KONTROLLE

Es wird die Ansicht[624] vertreten, dass durch den Treuhandvertrag theoretisch gemeinsame Kontrolle begründet werden könne. Der gemeinsame Kontrollerwerb ist in der FKVO nicht definiert; die Möglichkeit des gemeinsamen Kontrollerwerbs wird jedoch allgemein anerkannt, da Art. 3 Abs. 1 FKVO explizit vorsieht, dass Kontrolle auch durch mehrere Unternehmen zusammen erworben werden kann. Der Tatbestand des gemeinsamen Kontrollerwerbs erfasst nach allgemeiner Ansicht die Fälle, in denen eine Person nicht allein, sondern nur im Zusammenwirken mit der anderen Person bestimmenden Einfluss ausüben kann — die Beteiligten also „aufeinander angewiesen sind“[625]. Bestimmender Einfluss bedeute bei der gemeinsamen Kontrolle in der Regel die Möglichkeit, Aktionen blockieren zu können, die das strategische Wirtschaftsverhalten eines Unternehmens bestimmen.[626] *Karl* spricht griffig von einer „Vergemeinschaftung“ der Kontrolle.[627]

In dem Fall, in dem die Frage der Zuordnung der Kontrollinhaberschaft möglich ist, scheidet nach hier vertretener Ansicht von vornherein eine Doppelzurechnung aus.[628] Bildlich gesehen höhlt dann nämlich der übermächtige Treugeber die formelle Berechtigung des Treunehmers soweit aus, dass dieser nicht frei über die wirtschaftlichen Ressourcen verfügen kann, und erlangt aus dieser Schmälerung der Rechtsstellung des anderen seinen eigenen bestimmenden Einfluss. Von einer „Vergemeinschaftung“ der Kontrolle kann hier nicht die Rede sein. Ein Kräfteungleichgewicht besteht in den Treuhandkonstellationen im Unterschied zu den klassischen Fällen der gemeinsamen Kontrolle schon deshalb, da der Treugeber das Treuhandverhältnis beenden und dadurch im Regelfall das Treugut und die daraus ableitbaren Rechte ganz an sich ziehen kann.

Nach anderer Ansicht läge der Fall der gemeinsamen Beteiligung hingegen dann vor, wenn der Treuhänder sowohl im Interesse des Treugebers als auch in seinem eigenen Interesse handle[629] bzw. wenn der Treugeber sich nur für bestimmte Geschäfte ein Zustimmungsrecht zurückbehalten habe und ansonsten dem Treuhänder freie Hand lasse[630]. Das Beispiel des teilweisen Zustimmungsrechts des Treugebers zeigt, dass die Literatur vielfach Fälle im Kopf hat, in denen die Frage nach der Zuordnung der Kon-

---

624 *Kleinmann/Bechtold*, § 23 Rdnr. 115; *Pohlmann*, S. 165; *Thurnher*, WuW 1994, S. 303 (310).

625 *Kommission*, Bekanntmachung über Konzentrations- und Kooperationstatbestände, Tz. 11.

626 *Kommission*, Mitteilung über den Zusammenschlussbegriff, Tz. 19.

627 *Karl*, S. 232.

628 So auch *Kleinmann/Bechtold*, § 23 Rdnr. 115.

629 *Pohlmann*, S. 165.

630 *Thurnher*, WuW 1994, S. 303 (310).

trolle sich als besonders schwierig, da uneindeutig erweist.[631] Diese Konstellation ist aber nicht gleichzusetzen mit dem klassischen Fall des gemeinsamen Kontrollerwerbs.

## II. Treuhänder und Treunehmer als "unternehmerische Einheit"

Einen anderen Lösungsweg für die Fälle, in denen sich die Leitungsmacht nicht schwerpunktmäßig zuordnen lässt, denkt (bezogen auf das deutsche Fusionskontrollrecht) *Böhlk* an.[632] Dieser erwägt, in derartigen Fällen den Treuhänder und den Treugeber als „unternehmerische Einheit" anzusehen. Dies entspricht jedoch nicht den Tatsachen. Das Treuhandverhältnis zeichnet sich gerade durch eine strikte personelle Trennung aus. Eine gesellschaftsrechtliche Einheit etwa in Form einer Gesellschaft des bürgerlichen Rechts ist in aller Regel gerade nicht das Ziel der Treuhandabrede.

## III. Zusammenschluss jeweils mit dem Treuhänder und dem Treugeber

Fraglich bleibt jedoch, ob es in Zweifelsfällen Sinn ergeben kann, sowohl einen Zusammenschluss mit dem Treugeber als auch einen Zusammenschluss mit dem Treunehmer anzunehmen. In diese Richtung tendiert letztlich auch *Böhlk*[633]. Dies führte jedoch über die Zurechnung der Umsätze der beiden Unternehmen auf der Erwerberseite dazu, dass der Zusammenschluss rechnerisch zu einem Ballon aufgebläht wird, der nicht der wirtschaftlichen Realität entspricht, da der Treuhänder bei aller Weisungsfreiheit im Interesse und für Rechnung des Treugebers handelt.

## IV. Zwangsweise Beteiligung des Treunehmers

Anders als der Rest des Schrifttums geht *Plaß* davon aus, dass der Treunehmer in jedem Fall am Zusammenschluss beteiligt ist.[634] Der Treugeber kann demnach nur zusätzlich zum Treunehmer am Zusammenschluss beteiligt sein. Diese Theorie beruht darauf, dass *Plaß* davon ausgeht, dass der Treuhänder anders als noch in der Entscheidung der Hohen Behörde Nr. 25/54, Art. 3 Abs. 2, zum Zusammenschlussbegriff im EGKSV nicht die Vermutung durch Antritt des Entlastungsbeweises widerlegen kön-

---

631 So auch *Schröer* in: *Frankfurter Kommentar*, Art. 3 FKVO Rdnr. 24.

632 *Böhlk*, S. 70 f.

633 *Böhlk*, S. 72.

634 *Plaß*, S. 40 f.

ne. In der Tat wurde diese Regelungstechnik der Vermutung der Beteiligung des Treuhänders mit der Möglichkeit der Entlastung durch Offenlegung des Innenverhältnisses aufgegeben. Nach der hier vertretenen Ansicht ist diese Regelungstechnik aber auch nicht nötig, da sich die Frage nach der Beteiligung alleine über den Kontrollbegriff des Art. 3 Abs. 2 FKVO lösen lässt.

### V. EIGENE ANSICHT

Die aufgezeigten Lösungsalternativen überzeugen nicht. Insofern ist im Ergebnis *Thurnher* zustimmen, der davon ausgeht, dass die Lösung dieser Fälle auf dem Wege gesucht werden muss, dass man auf das Übergewicht der Entscheidungsbefugnis abstellt, auch wenn diese Entscheidung von Fall zu Fall mit Schwierigkeiten verbunden sein mag.[635]

Ein Fall des gemeinsamen Kontrollerwerbs ist meiner Ansicht ausnahmsweise dann vorstellbar, wenn die Stellung des treuhänderisch tätigen Unternehmens über einen gewissen Zeitraum vom treugebenden Unternehmen nicht angetastet werden kann, so dass sich ein gewisses Kräftegleichgewicht und das Interesse an einer gemeinsamen Entscheidungsfindung zwischen den beiden Unternehmen einstellen kann.

## E. DIE AUSWIRKUNGEN BESTEHENDER TREUHANDVERHÄLTNISSE BEIM ZUSAMMENSCHLUSS MIT DRITTEN UNTERNEHMEN

### I. PROBLEMAUFRISS

Bereits bestehende Treuhandverhältnisse sind für die Fusionskontrolle beispielsweise dann von Relevanz, wenn das treugebende Unternehmen beabsichtigt, die Kontrolle über ein drittes Unternehmen zu erwerben. Im Rahmen der Ermittlung der Aufgreifkriterien und der damit verbundenen Umsatzberechnung gemäß Art. 5 Abs. 4 FKVO stellt sich die Frage, ob die Umsätze aus den, dem Treugeber materiell-rechtlich zustehenden Treugut den Umsatzzahlen hinzuzurechnen sind, die aus den dem treugebenden Unternehmen selbst und unmittelbar zustehenden Unternehmensanteilen resultieren. Dieselbe Frage stellt sich umgekehrt auch dann, wenn das treuhänderisch agierende Unternehmen seinerseits an einem Zusammenschluss mit einem dritten Unternehmen interessiert ist. Muss sich das Treuhänderunternehmen die Umsätze zurechnen lassen, die das Unternehmen erzielt, das unter seiner treuhänderischen Kontrolle steht?

---

635 *Thurnher*, WuW 1994, S. 303 (310).

Die Problematik der Umsatzzurechnung ergibt sich immer nur dann, wenn der Treugeber nicht selbst dinglich an dem fraglichen Unternehmen beteiligt oder nicht selbst Unternehmensträger ist. In einem derartigen Fall würde nämlich die Verbundklausel des Art. 5 Abs. 4 FKVO direkt eingreifen. Die Untersuchung kann an dieser Stelle also auf den Vollrechtstreuhänder beschränkt werden.

## II. Erste Konstellation: Treugeber-Unternehmen fusioniert mit Drittem

### 1. Methodik der Umsatzermittlung nach Art. 5 Abs. 4 FKVO

Der Umsatz der beteiligten Unternehmen setzt sich gemäß Art. 5 Abs. 4 FKVO zusammen aus den Umsätzen der beteiligten Unternehmen und deren sogenannten verbundenen Unternehmen.

#### a. *Beteiligte Unternehmen*

Beteiligte Unternehmen sind nur die Unternehmen, die gemäß der Zusammenschau von Art. 5 Abs. 4 FKVO und der Bekanntmachung über den Begriff der beteiligten Unternehmen direkt am Zusammenschluss beteiligt sind, d. h. der Erwerber und das zu erwerbende Unternehmen.[636] In der hier zu analysierenden Konstellation ist der Treuhänder gerade nicht am Zusammenschluss mit dem Dritten beteiligt. Es drängt sich jedoch die Frage auf, ob zu den Umsätzen des „beteiligten Unternehmens“ nicht auch die Umsätze gehören, die das Unternehmen erwirtschaftet, an denen das treugebende Unternehmen über einen Treuhänder kontrollbegründende Anteile hält oder an dem es einem Treuhänder Treuhandeigentum eingeräumt hat. Man könnte an eine Art wirtschaftliche Identität der Umsätze denken, schließlich werden die sich unter anderem aus den Umsatzzahlen ergebenden Erträge aus diesem Unternehmen an das treugebende Unternehmen abgeführt. Dagegen spricht jedoch schon der Unternehmensbegriff der FKVO. Wie oben unter § 7 A II erläutert, ist unter einem Unternehmen eine *organisatorische Zusammenfassung von personellen und sachlichen Mitteln zu verstehen, mit denen auf Dauer ein bestimmter wirtschaftlicher Zweck verfolgt wird.* Das Unternehmen, an dem das treugebende Unternehmen über einen Treuhänder eine Mehrheitsbeteiligung hält, bleibt trotz eines eventuell bestehenden bestimmenden Einflusses eine eigenständige organisatorische Einheit mit eigenen Umsatzzahlen unter der Ägide eines Unternehmensträgers, der materiell-rechtlich nicht identisch mit dem treugebenden Unternehmen ist.

---

636 *Kommission,* Mitteilung über den Begriff der beteiligten Unternehmen, Tz. 5.

### *b. Verbundklausel*

(1) Grammatische und systematische Auslegung des Art. 5 Abs. 4 FKVO

Zu dem Umsatz eines beteiligten Unternehmens zählen gemäß Art. 5 Abs. 4 FKVO auch die Umsätze der verbundenen Unternehmen, in denen das beteiligte Unternehmen unmittelbar oder mittelbar entweder

- *mehr als die Hälfte des Kapitals oder des Betriebsvermögens besitzt oder*
- *über mehr als die Hälfte der Stimmrechte verfügt oder*
- *mehr als die Hälfte der Mitglieder des Aufsichtsrats der zur gesetzlichen Vertretung berufenen Organe bestellen kann oder*
- *das Recht hat, die Geschäfte des Unternehmens zu führen.*

Der Treuhänder selbst ist mit dem treugebenden Unternehmen nicht verbunden. Selbst eine möglicherweise bestehende Weisungsgebundenheit des Treuhänders führt nicht dazu, dass das treuhänderisch tätige Unternehmen als solches als ein mit dem Treugeber verbundenes Unternehmen anzusehen ist, da sich die Bindung nur auf die Treuhandtätigkeit, d. h. die vertraglich festgelegte Verwaltungstätigkeit, nicht aber auf die Geschäftsführung der Treuhandgesellschaft im Ganzen bezieht.

Eine maßgebliche Verbindung besteht jedoch zwischen dem Treugeber und dem Treugut. Das treugebende Unternehmen ist in wirtschaftlicher Hinsicht Eigentümer bzw. wirtschaftlicher Anteilsinhaber. Ob diese Verbindung verbundbegründend im Sinn von Art. 5 Abs. 4 FKVO ist, hängt grundsätzlich davon ab, ob die Treuhandkonstruktion unter dem Begriff „mittelbar" gemäß Art. 5 Abs. 4 lit. b FKVO subsumiert werden kann, gleichwohl das Vermögen oder die Anteilrechte am Treugut nicht über eine eigene Beteiligung am Mittler (dem Treuhänder) vermittelt werden, sondern nur über die schuldrechtliche Treuhandabrede.

Das Begriffspaar mittelbar und unmittelbar wird im Rahmen der FKVO in verschiedenen Kontexten gebraucht. In Art. 5 Abs. 4 FKVO assoziiert die Entscheidungspraxis und die Literatur mit dem Begriff der mittelbaren Verbindung in Art. 5 Abs. 4 lit. b FKVO vor allem die Enkelgesellschaften[637]. Der Begriff der Mittelbarkeit bezieht sich nach herrschender Meinung also primär auf die Konzernstufen.[638] Ob sich darin aber die Bedeutung des Wortlauts erschöpft, ist fraglich.

In der Literatur nimmt, soweit ersichtlich, alleine *Pohlmann* zu der Frage Stellung. Sie ist der Ansicht, dass Art. 5 Abs. 4 FKVO direkt anwendbar sei, wenn jemand „bestimmenden Einfluss auf ein Unternehmen über einen Treuhänder" ausübe. Auch

637 *Immenga* in: *Immenga/Mestmäcker*, EG-Wettbewerbsrecht, Art. 5 FKVO Rdnr. 31.

638 *Schütz* in: *Gemeinschaftskommentar,* Art. 5 FKVO Rdnr. 25. Vgl. hierzu auch die Erläuterungen in der Mitteilung der Kommission über die Berechnung des Umsatzes, Tz. 36 ff.

hierbei handele es sich um eine mittelbare Innehabung der in den Spiegelstrichen genannten Einflusspositionen.[639]

Dies klingt auf den ersten Blick überzeugend, wirft aber auf den zweiten Blick insofern Probleme auf, als für die Zurechnung nach Art. 5 Abs. 4 FKVO eine materielle Prüfung im Sinne von Art. 3 Abs. 2 und 3 FKVO dahingehend nötig werden würde, ob der Treugeber tatsächlich einen bestimmenden Einfluss auf das Treugut ausübt. Ob dies mit der vom europäischen Gesetzgeber gewählten Regelungstechnik vereinbar ist, ist äußerst fraglich. In der Regel wird die Feststellung des Umsatzes nach der Verordnungssystematik nämlich erst dann relevant, wenn die Beteiligten eines Zusammenschlusses feststehen und bereits entschieden wurde, wer einen bestimmenden Einfluss auf das Erwerbsobjekt hat. An ihr bemisst sich nicht der Kontrollerwerb als solcher, sondern vielmehr die wirtschaftliche Macht der beteiligten Unternehmen insgesamt. Dementsprechend wird als Merkmal der Verbundenheit in Art. 5 Abs. 4 FKVO auch nicht auf die materiellen Kriterien des Kontrollerwerbs verwiesen. Die in Art. 5 Abs. 4 FKVO genannten Kriterien sind vielmehr formal gehalten und bleiben daher hinter den weiteren Maßstäben des Art. 3 Abs. 2 FKVO zurück.[640] Ein Grund für diese legislative Grundentscheidung wird darin gesehen, dass mit dem Kriterium der Umsatzzahlen gerade ein leicht durch die Unternehmen selbst überprüfbarer transparenter Maßstab gewählt werden sollte, der eine gewisse Rechtssicherheit bietet.[641] Auch der europäische Gesetzgeber selbst äußert sich dahingehend, dass mit der Regelung des Art. 5 FKVO ein „einfacher und objektiver Maßstab“[642] geschaffen werden sollte. Aus diesem Grund ist es zumindest nicht zwingend, dass die Zurechnung des Umsatzes aus dem Treugut nach denselben Kriterien zu erfolgen hat wie die Zurechnung des bestimmenden Einflusses.[643]

Der Aspekt der Rechtssicherheit und der Handhabbarkeit des Aufgreifkriteriums spricht eher für eine Alles-oder-Nichts-Entscheidung in dem Sinn, dass Umsatzzahlen, die aus dem Treugut stammen, bei der Umsatzberechnung für das Treugeber-Unternehmen grundsätzlich unberücksichtigt zu bleiben haben oder grundsätzlich miteinzubeziehen sind. Andererseits hat die Auslegung des Art. 3 Abs. 2 FKVO nach einhelliger Ansicht die Entscheidungspraxis zu Art. 5 Abs. 4 FKVO entscheidend geprägt.[644] Häufig differenziert die Kommission selbst nicht mehr streng zwischen Art. 3 Abs. 2 FKVO und Art. 5 Abs. 4 FKVO.[645] Die herrschende Ansicht in der Literatur ist

---

639 *Pohlmann*, S. 314.

640 *Pohlmann*, S. 304 m. w. Nachweisen.

641 *Völcker* in: *Frankfurter Kommentar*, Art. 5 FVKO Rdnr. 41; *Jones/Gonzalés-Díaz*, S. 27.

642 *Kommission,* Mitteilung über die Berechnung des Umsatzes, Tz. 5.

643 So an anderer Stelle auch *Pohlmann*, S. 307.

644 *Löffler* in: *Langen/Bunte*, Art. 5 FKVO Rdnr. 9; *Pohlmann*, S. 304; *Völcker* in: *Frankfurter Kommentar*, Art. 5 FVKO Rdnr. 41.

645 Vgl. die Nachweise bei *Immenga* in: *Immenga/Mestmäcker*, EG-Wettbewerbsrecht, Art. 5 FKVO Rdnr. 31. Bezeichnend ist auch, dass die *Kommission* im Formblatt CO unter dem Ab-

sogar der Ansicht, dass die zu Art. 3 FKVO entwickelten Kriterien der Kontrolle auch im Rahmen von Art. 5 Abs. 4 FKVO anwendbar sein sollen, „auch wenn dies im Einzelfall auf Kosten der Rechtssicherheit gehen kann“[646]. Das Rechtssicherheitsargument sei nicht schwerwiegend, schließlich wüssten die beteiligten Unternehmen am besten, welche Unternehmen sie kontrollierten.[647] Im Hinblick darauf wäre auch die von *Pohlmann* angestrebte Lösung einer direkten Anwendung des § 5 Abs. 4 FKVO gangbar. Ob sie allerdings auch wünschenswert ist, hängt letztlich davon ab, ob eine derartige Lösung dem materiellen Sinn und Zweck der Norm entspricht.

### (2) Teleologische Auslegung

Die Höhe des Umsatzes dient als Aufgreifkriterium zur Bestimmung der gemeinschaftsweiten Bedeutung des Zusammenschlusses. Der Wahl des Kriteriums des Umsatzes erfolgte vor dem gedanklichen Hintergrund, dass durch diese Größe der Umfang der bei einer Fusion zusammengeführten wirtschaftlichen Ressourcen und Wirtschaftstätigkeiten sichtbar werde;[648] ist es doch erklärtes Ziel der Kommission, die „Wirtschaftskraft der beteiligten Unternehmen so genau wie möglich widerzuspiegeln“[649].

Auch speziell die Verbundklausel des Art. 5 Abs. 4 FKVO dient dazu, die realitätsnahe wirtschaftliche Bedeutung der beteiligten Unternehmen zu erfassen. Die Norm geht von dem Gedanken aus, dass sich die Wirtschaftsmacht eines Unternehmens nicht nur auf die eigene Tätigkeit beschränken lässt, sondern auch in den Ressourcen und Umsätzen der mit dem beteiligten Unternehmen in einer bestimmen Art und Weise verbundenen Unternehmen festgemacht werden muss. Insofern entspräche es dem Sinn von Art. 5 Abs. 4 FKVO, auf die rechtlichen und tatsächlichen Einflussmöglichkeiten des Treugebers abzustellen. Denn diese geben, wie oben festgestellt, Auskunft darüber, ob der Treugeber tatsächlich wirtschaftlich über die Ressourcen verfügen kann. Selbst wenn das Treugeber-Unternehmen aber keinen Einfluss auf den Treuhänder hat bzw. de facto keinen Einfluss nimmt, ist es zumindest wirtschaftlich an dem Schicksal des Unternehmens beteiligt. Hohe Umsatzzahlen kommen wirtschaftlich gesehen allein dem Treugeber-Unternehmen zugute, wirtschaftliche Fehlentscheidungen fallen negativ auf sein Portefeuille zurück und wirken sich insofern auch mittelbar auf das Treugeber-Unternehmen und dessen Wirtschaftskraft selbst aus.

---

schnitt 3 „Eigentum und Kontrolle“ sowohl auf Art. 3 Abs. 3, Art. 3 Abs. 4, Art. 3 Abs. 5 und Art. 5 Abs. 4 FKVO verweist.

646 *Immenga* in: *Immenga/Mestmäcker*, EG-Wettbewerbsrecht, Art. 5 FKVO Rdnr. 38 m. w. N.; vgl. auch *Pohlmann*, S. 308 f.

647 *Pohlmann*, S. 309.

648 *Kommission,* Mitteilung über die Berechnung des Umsatzes, Tz. 3.

649 *Kommission,* Mitteilung über die Berechnung des Umsatzes, Tz. 7.

## 2. Fazit

In der Zusammenschau des materiellen (Feststellung der Wirtschaftskraft) und des rechtstechnischen Ziels der Vorschrift (einfacher, transparenter Maßstab), ist es angezeigt, die Umsatzzahlen des Treugutunternehmens an denen der Treugeber mehrheitlich über einen Treuhänder beteiligt ist, in jedem Fall zum Umsatz des Treugeberunternehmens hinzu zu zählen. Eine inzidente Prüfung der rechtlichen und tatsächlichen Einflussmöglichkeiten des Erwerbers auf ein drittes Unternehmen ist zu vermeiden, um das Verfahren nicht unnötig in diesem Verfahrensstadium zu belasten. Eine extensive Anwendung des Aufgreifkriteriums „Umsatz“ verstärkt nur die Kontrollmöglichkeiten und entspricht daher dem gesetzgeberischen Ziel effizienter Kontrolle. Ob der Treugeber bestimmenden Einfluss auf das Treugut hat, muss im Fall der Eröffnung des Kontrollverfahrens in jedem Fall noch im Rahmen der Eingreifkriterien geprüft werden, wenn es darum geht, den Marktanteil des Erwerbers zu ermitteln. Marktanteile verbundener Unternehmen müssen den beteiligten Unternehmen in dem Maße zugerechnet werden, wie sie sich auf deren Marktstellung auswirken. Dies hängt maßgeblich von der Möglichkeit der Beeinflussung des verbundenen Unternehmens ab.[650] Das muss auch für die Treuhandgestaltung gelten. Nur, wenn Einflussmöglichkeiten auf das Marktverhalten des Unternehmens bestehen, an dem das treugebende Unternehmen wirtschaftlich beteiligt ist, wirkt sich der Marktanteil des Treugut-Unternehmens auch auf die Marktstellung der an der Fusion beteiligten Unternehmen aus.

## III. Treuhänder-Unternehmen fusioniert mit Drittem

Im Fall, dass ein treuhänderisch tätiges Unternehmen selbst einen Zusammenschluss mit einem dritten Unternehmen anmeldet, fällt unter den eigenen Umsatz des treuhänderisch tätigen Unternehmens gemäß Art. 5 Abs. 1 und 3 FKVO das Entgelt, das das Unternehmen für seine treuhänderische Tätigkeit erhält.

Für den Fall, dass das Treugut als solches an einem Unternehmen X Kontrolle begründet, ist dem Treuhänderunternehmen gemäß dem Wortlaut des Art. 5 Abs. 4 FKVO auch der Umsatz des Unternehmens X zuzurechnen, denn er ist formell Berechtigter an der kontrollvermittelnden Beteiligung. Art. 5 Abs. 4 FKVO könnte unter Umständen aber teleologisch reduziert werden.[651] Art. 5 Abs. 4 FKVO soll die wirtschaftliche Macht eines Unternehmens erfassen, die sich aus der Verfügungsbefugnis über unternehmerische Ressourcen ergibt. Eine teleologische Reduktion wäre folglich dann zu bedenken, wenn ein treuhänderisch tätiges Unternehmen beispielsweise trotz

---

650 *Völcker* in: *Frankfurter Kommentar*, Art. 2 FVKO Rdnr. 158; *Immenga* in: *Immenga/Mestmäcker*, EG-Wettbewerbsrecht, Art. 2 FKVO Rdnr. 106; *Drauz/Schroeder*, S. 105.

651 Vgl. zum Gedanken der teleologischen Reduktion in anderen Konstellationen *Pohlmann*, S. 308.

einer Mehrheitsbeteiligung keine Kontrolle über das Marktverhalten des Unternehmens im Sinn von Art. 3 Abs. 2 und 3 FKVO erlangt, sondern vielmehr allein der Treugeber.

Wie oben herausgearbeitet, spielen die beiden Aspekt der Rechtssicherheit und der effizienten Kontrolle für die Anwendung des Art. 5 Abs. 4 FKVO jeweils eine entscheidende Rolle. Im Sinn einer effizienten Kontrolle liegt es, auch das treuhänderisch tätige Unternehmen zur Angabe der Umsatzzahlen des Unternehmens anzuhalten, an dem es mit einer kontrollbegründenden Mehrheit in jedem Fall formell beteiligt ist. Ob der Treuhänder materiell tatsächlich Einfluss auf das formell von ihm kontrollierte Unternehmen nimmt, ist besser im Rahmen der materiellen Prüfung zu begutachten. Da diese Vorgehensweise dem Wortlaut der Norm entspricht, werden auch die Anforderungen an die Rechtssicherheit gewahrt.

In Konsequenz führt diese Ansicht dazu, dass grundsätzlich sowohl der Vollrechtstreuhänder als auch das treugebende Unternehmen jeweils den Umsatz aus der treuhänderischen Beteiligung anzugeben haben, wenn sie sich mit dritten Unternehmen zusammenschließen.

## F. Die Auflösung eines Treuhandverhältnisses als Zusammenschlusstatbestand

Auch durch die Auflösung eines Treuhandverhältnisses kann der Tatbestand des Kontrollerwerbs verwirklicht werden. In den Fällen der Vollrechtstreuhand erfolgt im Zuge der Beendigung eines Treuhandverhältnisses eine dingliche Übertragung des Treuguts auf den Treugeber bzw. eine dritte Person, die wiederum einen Anknüpfungspunkt für einen Erwerbstatbestand darstellt. Denknotwendig stellt die Rückübertragung von Unternehmensanteilen an das treugebende Unternehmen nur dann einen Kontrollerwerb durch das treugebende Unternehmen dar, solange während des Treuhandverhältnisses nicht das treugebende, sondern das treuhänderisch tätige Unternehmen als Kontrollinhaber angesehen wurde. In den Fällen der Ermächtigungstreuhand, insbesondere im Fall des Betriebsführungsvertrages, kann alleine die Beendigung des Betriebsführungsvertrags und der damit verbundene Rückfall von Entscheidungsbefugnissen auf das treugebende Unternehmen ausreichen, um von einem Rückerwerb der Kontrollposition auszugehen. Die Problematik der Rückübertragung von bestimmenden Einflussmöglichkeiten ist kartellrechtlich insbesondere deshalb im Auge zu behalten, da bei einer Änderung der Wettbewerbs- und Marktverhältnisse dem treugebenden Unternehmen unter Umständen der Rückerwerb untersagt werden kann.

## G. Zusammenfassung

Die privatrechtliche Vereinbarung eines Treuhandverhältnisses wirft unter dem Blickwinkel der Kontrolle von Unternehmenszusammenschlüssen diverse Fragen auf. Der Form nach lassen sich die Problemkreise Erwerbstreuhand, Übertragungstreuhand und — unabhängig vom Begründungsakt der Treuhand — die Zurechnung bestehender treuhänderisch gehaltener Anteile beim Zusammenschluss mit dritten Unternehmen differenzieren.

Auch wenn sich die Fragen vom systematischen Ansatz und der gesetzlichen Verankerung der Thematik her unterscheiden, dreht es sich inhaltlich dem Grunde nach stets um dieselbe Frage nach der Zuordnung des Treuguts und der mit diesem zusammenhängenden oder aus ihm resultierenden Möglichkeiten. Die Zuordnung des Treuguts ist eine normative Frage. Sie richtet sich primär nach dem Sinn und Zweck der Regelung, in dessen Normzusammenhang sie sich stellt.

Erwirbt ein Treuhänder für ein anderes Unternehmen treuhänderisch Unternehmensanteile, ein Unternehmen oder einen Unternehmensteil, richtet sich die Frage, ob das Treugut dem treunehmenden oder dem treugebenden Unternehmen zuzuordnen ist, nach dem europäischen Kontrollbegriff. Dieser ist bewusst weit gefasst und orientiert sich an den Möglichkeiten des Erwerbers, bestimmenden Einfluss auf das Zielobjekt auszuüben — also der Leitungsmacht. Der Treuhandvertrag kann verbunden mit dem formellen Erwerb der Anteile zum Kontrollerwerb des Treugebers gemäß Art. 3 Abs. 2 FKVO führen. Ein Rückgriff auf Art. 3 Abs. 3 FKVO ist nicht nötig, denn die Frage nach der Kontrollbegründung ist nicht von der der Frage nach der Kontrollinhaberschaft zu trennen. Art. 3 Abs. 3 FKVO hat im Wesentlichen nur eine kommentierende, klarstellende Funktion im Hinblick auf Art. 3 Abs. 2 FKVO. Eine eigenständige Bedeutung kommt Art. 3 Abs. 3 FKVO jedoch insofern zu, als durch die kommentierende Funktion ein gewisses Mehr an Rechtssicherheit für die beteiligten Unternehmen gewonnen wird. So stellt Art. 3 Abs. 3 FKVO klar, dass sowohl der formell Berechtigte als auch derjenige, der nicht formell Berechtigter ist, Kontrolle erwerben kann. Aus der Verordnung selbst ergibt sich jedoch nicht, wem von beiden im konkreten Fall die Kontrolle zuzuordnen ist. Für diese Frage ist im Rahmen einer Gesamtwürdigung der Umstände auf die Kriterien des Umfangs der Weisungsabhängigkeit des Treuhänders, der Widerruflichkeit des Treuhandverhältnisses, der Auswahl des Zielobjekts, der Sachkenntnis der Treuhandparteien und der Dauer des Treuhandverhältnisses abzustellen.

Auch im Fall der Übertragung eines Vollrechts vom Treugeber an den Treunehmer richtet sich die Frage nach dem Kontrollerwerb des Treuhänders nach diesen Kriterien. Zusätzlich ist in dieser Konstellation auch das Motiv für die treuhänderische Übertragung zu beachten, dass bei der Übertragungstreuhand besonderen Einfluss auf das Innenverhältnis der Treuhandvertragsparteien hat. Die treuhänderische Bevollmächtigung oder Ermächtigung zur Verfügung über Anteilsrechte oder Unternehmen führt in der Regel nicht zum Kontrollerwerb des Treuhänders.

Beim Zusammenschluss eines anderweitig als Treuhänder oder als Treugeber agierenden Unternehmers mit einem dritten Unternehmen sind die aus dem Treugut resultierenden Umsatzzahlen stets gemäß der Verbundklausel des Art. 5 Abs. 4 FKVO vom potentiell anmeldepflichtigen Unternehmen in die Berechnung seiner Umsatzzahlen miteinzubeziehen.

# § 8 Die Treuhand in der deutschen Fusionskontrolle

Wie in der europäischen Fusionskontrolle ist auch im deutschen Recht die Problematik um die Treuhandverhältnisse primär in der formellen Kontrolle anzusiedeln. Bereits in den 70er Jahren verhängte das Bundeskartellamt mehrmals Bußgelder, weil Unternehmen Geschäftsanteile am Zielobjekt über einen Treuhänder erwerben ließen, ohne unverzüglich ihrer Anmeldepflicht nachzukommen.[652]

Im Jahre 1998 wurde die deutsche Fusionskontrolle im Zuge der sechsten GWB-Novelle den europäischen Fusionskontrollvorschriften insbesondere im Bereich der formellen Kontrolle angenähert.[653] Auch die anstehende 7. GWB-Novelle orientiert sich an den Veränderungen, die das europäische Rechts durch den Erlass der neuen FKVO 139/2004 erfahren hat.[654] Ebenso wie die europäische Fusionskontrolle wirkt auch das deutsche Kontrollverfahren präventiv und verlangt die Anmeldung eines jeden Zusammenschlusses, der die Aufgreifkriterien erfüllt, wobei sich die Aufgreifkriterium wiederum wie bei der FKVO an den Umsatzschwellenwerten der beteiligten Unternehmen orientieren. Durch die Verwandtschaft des deutschen mit dem europäischen Fusionskontrollrecht können die folgenden Gliederungspunkte zum Teil kürzer ausfallen.

## A. Der Zusammenschlussbegriff

Durch die sechste GWB-Novelle hat vor allem der deutsche Zusammenschlusstatbestand erhebliche Veränderungen erfahren. Dieser war zuvor in § 23 a. F. GWB geregelt und definierte den Zusammenschluss nach rein formellen Kriterien. Der nunmehr aktuelle Zusammenschlusstatbestand findet sich in § 37 GWB und setzt sich sowohl aus formellen Tatbestandsalternativen (Nr. 1 und Nr 3) als auch aus materiellen Tatbeständen zusammen (Nr. 2 und Nr. 4). Durch diese Kombination sollte ein maximales

652 Vgl. *BKartA* WuW 1974, S. 679 – Mannesmann; WuW 1974, S. 754 - Ceag/Dominit.

653 Kritisch hierzu allerdings *Schütz* in: *Gemeinschaftskommentar*, §§ 35-43 GWB, Einführung, Rdnr. 21. Er spricht sogar von einer „Deharmonisierungsnovelle".

654 Vgl. *Bundesministerium für Wirtschaft und Arbeit*, Entwurf von Eckwerten einer 7. GWB-Novelle, WuW 2003, S. 379.

Schutzniveau für den Wettbewerb erzielt werden.[655] Dem Gebot der Effizienz der Zusammenschlusskontrolle, das in den materiellen Tatbeständen seine Ausformung gefunden hat, steht das Gebot der Rechtssicherheit gegenüber, das im Beibehalt der formellen Tatbestände zum Ausdruck kommt. Die 7. GWB-Novelle wird nach dem vom Bundeskabinett am 26. Mai 2004 verabschiedeten Entwurf die Regelung des § 37 GWB unberührt lassen.

Im Einzelnen beinhaltet § 37 Abs. 1 Satz 1 GWB die folgenden vier Zusammenschlusstatbestände, die sich zum Teil weiträumig überschneiden[656]: Den Vermögenserwerb (Nr. 1), den Kontrollerwerb (Nr. 2), der vom Wortlaut her weitgehend dem Kontrollerwerbstatbestand der FKVO entspricht, den Anteilserwerb (Nr. 3) sowie den Erwerb von wettbewerblich erheblichem Einfluss (Nr. 4). Der Zusammenschlussbegriff des GWB wird allgemein als weitreichender als der der FKVO bewertet, da insbesondere auch der Anteilserwerb als Zusammenschluss anzumelden ist, der nicht ausreichend ist, um Kontrolle über das Beteiligungsunternehmen zu erlangen, § 37 Abs. 1 Satz 1 Nr. 3 GWB.[657]

Ein treuhänderischer Erwerb ist theoretisch bei allen Erwerbstatbeständen vorstellbar.[658] Die größte Relevanz hat er jedoch beim Anteilserwerb. Inwiefern die bestehende Regelungsdichte eine adäquate Lösung für die Sonderkonstellation der Treuhandverhältnisse bereithält, ist im Rahmen dieser Untersuchung zu analysieren. Die bislang zu der Thematik verfassten Abhandlungen von Riesenkampff[659] und Thurnher[660] stammen beide aus der Zeit vor der sechsten GWB-Novelle. Ob ihre Aussagen auch noch nach der 6. GWB-Novelle vollumfänglich Geltung beanspruchen können, wird zu untersuchen sein.

## I. Der Unternehmensbegriff

### 1. Relevanz der Fragestellung

Parallel zu der Vorschrift des Art. 1 FKVO bestimmt sich auch der Anwendungsbereich der deutschen Fusionskontrolle gemäß § 35 GWB nach den Umsatzwerten der „beteiligten Unternehmen“. Den beteiligten Unternehmen wiederum wird gemäß § 39

655 Begr. RegE. (Sechstes Gesetz zu Änderung des GWB), BT-Drs. 13/9720, S. 57.

656 *Emmerich*, Kartellrecht, S. 265.

657 *Commichau/Schwartz*, Rdnr. 451.

658 So auch *Schütz* in: *Gemeinschaftskommentar*, § 37 Rdnr. 5.

659 *Riesenkampff*, WuW 1996, S. 5 ff.

660 *Thurnher*, WuW 1994, S. 303 ff.

Abs. 2 Nr. 1 GWB die Verpflichtung der Anmeldung des Zusammenschlusses auferlegt.

Auch nach dem Gesetz gegen Wettbewerbsbeschränkungen gilt: Kann der Treuhänder nicht als Unternehmen qualifiziert werden und erwirbt er Einflussmöglichkeiten auf das Unternehmen, läge kein (anmeldepflichtiger) Zusammenschluss vor, so dass hierdurch eine Möglichkeit zur Umgehung der Fusionskontrolle eröffnet wird.[661]

## 2. Begriffsbestimmung

Der Unternehmensbegriff ist weder speziell in den §§ 35 ff GWB noch allgemein im deutschen Kartellrecht definiert. Nach herrschender Ansicht ist der Begriff funktional zu verstehen, um einen umfassenden Schutz des Wettbewerbes zu erzielen.[662] Er umfasst daher jegliche *„Rechtsträger, die sich am marktwirtschaftlichen Leistungsaustausch nicht nur als private Haushalte beteiligen"*[663] und selbständig geschäftlich tätig sind, d. h. Einzelkaufleute genauso wie Handels- und Aktiengesellschaften.

Nicht immer eindeutig ist die Unternehmereigenschaft in den Fällen festzustellen, in denen der Erwerber nicht ein Unternehmen kraft Rechtsform, sondern eine natürliche Person oder eine Personenvereinigung ist. Die sogenannte „Flick-Klausel" fingiert in § 36 Abs. 3 GWB die Unternehmenseigenschaft für die Personen oder Personenvereinigungen, soweit sie — vor dem Zusammenschluss[664] — bereits eine Mehrheitsbeteiligung an einem anderen Unternehmen hielten. Wie im Gemeinschaftsrecht gilt auch für das GWB, dass nur dann eine natürliche Person zumindest dann den Zusammenschlusstatbestand als Unternehmen verwirklichen kann, wenn sie zuvor bereits Leitungsmacht in einem Unternehmen hatte; denn die Marktstrukturkontrolle ergibt nur dann Sinn, wenn sie sich mit Zusammenschlüssen auseinandersetzt, die zu einer Addition der Markteinflüsse führen. Allein der Austausch von Ressourcen stellt für sich noch keine Gefahr für den Wettbewerb dar. Die Flick-Klausel ist nach allgemeiner Ansicht nicht abschließend.[665] Nach dem Großteil des Schrifttums sind natürliche Personen und Personenvereinigungen als Anteilsinhaber unter Umständen auch dann als Unternehmen einzustufen, wenn ihre bisherige Beteiligung unter dem Schwellenwert der Mehrheitsbeteiligung zurückbleibt, aber der Anteilsinhaber trotz der Minderheitsbeteiligung unternehmerische Leitungsmacht ausübt, die über die normale Verwaltung der Beteiligung hinausgeht, und es daraufhin durch den neuen Zusammen-

661 Vgl. zu dem Gedanken auch schon *Kleinmann/Bechtold*, § 23 Rdnr. 387.

662 *Emmerich*, Kartellrecht, S. 14.

663 *Ruppelt* in: *Langen/Bunte,* § 35 Rdnr. 6.

664 *Bechtold*, § 36 Rdnr. 42; *Richter* in: *Wiedemann*, Hdb. Kartellrecht, § 19 Rdnr. 21.

665 *Mestmäcker/Veelken* in: *Immenga/Mestmmäcker,* GWB, § 36 Rdnr. 29; *Becker*, S. 43; *Paschke* in: *Frankfurter Kommentar*, § 36 GWB 1999 Rdnr. 102.

schluss zu einer Addition von Markteinflüssen in der Hand des Gesellschafters kommt.[666]

Eine Ausdehnung hat der Unternehmensbegriff des deutschen Fusionskontrollrechts auch hinsichtlich von Personengruppen, insbesondere dem Familienverband, erfahren. Diese „Unternehmensform" ist im Hinblick auf diese Untersuchung relevant, weil es sich zum Zwecke der Umgehung von Kontrollvorschriften anbietet, vertraute Familienangehörige als Treuhänder zu eigenen Zwecken einzuspannen. Vgl. dazu auch bereits oben unter § 7 B III 6 a. Familien als solche sind keine Personenvereinigungen im Sinne von § 36 Abs. 3 GWB. Ein Familienstamm gilt jedoch nach der Rechtsprechung dann als Unternehmen im Sinn der Fusionskontrolle, wenn er einen bestimmenden Einfluss auf ein Unternehmen besitzt[667], und diese Beteiligung des Familienstammes nicht die einzige ist, sondern, *„wenn eine wirtschaftliche Interessenbindung außerhalb der Gesellschaft hinzukommt, die stark genug ist, um die ernste Besorgnis zu begründen, der Aktionär oder Gesellschafter könne einen sich wettbewerbsbeschränkenden Einfluss geltend machen"*[668].

Es ist festzuhalten: Fungieren Banken, sonstige Finanzinstitute, gewerbliche Treuhandunternehmen wie Unternehmensberatungen oder andere Gesellschaften als Treuhänder steht die Unternehmenseigenschaft der Person des Treuhänders und damit seine Beteiligtenfähigkeit im Bereich des Kontrollverfahrens und eine eventuell damit verbundene Anmeldepflicht außer Frage. Aus der Sicht des umgehungswilligen Unternehmens ist der ideale Strohmann eine natürliche Person, die bislang nicht Anteilsinhaber war. Beispielhaft kann hier auf den einleitend geschilderten Fall WAZ/IKZ II verwiesen werden, in dem der WAZ-Konzern Herrn Wichelmann als natürliche Person damit beauftragte, für sie nach und nach Anteile an der IKZ-KG zu erwerben.[669] Hinzuweisen ist auch auf den Fall Tagesspiegel/Berliner Zeitung: hier versuchte der Holtzbrinck-Konzern Teile des eigenen Unternehmens auf die Privatperson Herrn Gerckens zu verlagern, um sich dadurch nicht dem Verdacht der marktbeherrschenden Stellung am Berliner Markt für Tageszeitungen auszusetzen und den Erwerb des Berliner Verlags genehmigt zu erhalten.

---

666 *Bechtold*, § 35 Rdnr. 22; *Paschke* in: *Frankfurter Kommentar*, § 36 GWB 1999 Rdnr. 102; *Mestmäcker/Veelken* in: *Immenga/Mestmmäcker*, GWB, § 36 Rdnrn. 11, 29 ff.; *Becker*, S. 47.

667 *KG*, AG 1992, S. 159 (161).

668 *BGHZ* 74, 359 (365).

669 Vgl. dazu die ausführlichere Sachverhaltsdarstellung in WuW/E DE-V 40.

## II. DER BEGRIFF DES „BETEILIGTEN“ UNTERNEHMENS

Die Beteiligung des Unternehmens ist im materiellen Sinne zu verstehen und richtet sich nach den verschiedenen Zusammenschlussformen.[670] Im Rahmen eines Vermögenserwerbs nach § 37 Abs. 1 Satz 1 Nr. 1 GWB sind beteiligt das erwerbende Unternehmen sowie der Veräußerer, wobei beim Erwerb eines Unternehmensteils für die Umsatzerlöse gemäß § 38 Abs. 5 GWB allein auf den veräußerten Teil abzustellen ist.[671] Im Rahmen des Kontrollerwerbs im Sinn von § 37 Abs. 1 Satz 1 Nr. 2 GWB sind, wie auf europäischer Ebene, der oder die Kontrollinhaber sowie das kontrollierte Unternehmen beteiligt.[672] Beim Anteilserwerb nach § 31 Abs. 1 Satz 1 Nr. 3 GWB sind der Erwerber sowie, so der Rückschluss auch § 39 Abs. 2 Nr. 2 GWB, das Unternehmen, an dem Anteile erworben werden, beteiligt.[673] Bei den sonstigen Unternehmensverbindungen nach § 31 Abs. 1 Satz 1 Nr. 4 GWB ist danach zu differenzieren, ob ein Unternehmen allein wettbewerblich erheblichen Einfluss auf ein anderes Unternehmen erlangt oder ob der Einfluss von mehreren Unternehmen erlangt wird. Im ersten Fall sind beteiligte Unternehmen das einflussnehmende und das beeinflusste Unternehmen; im zweiten Fall liegen nach herrschender Meinung mehrere Zusammenschlüsse vor, an denen jeweils auch das einflussnehmende und das beeinflusste Unternehmen als Beteiligte einzustufen sind.[674]

Im Fall der Erwerbstreuhand ist der Treuhänder formell derjenige, der mit dinglicher Rechtswirkung Vermögen oder Anteile erwirbt und damit als Beteiligter im Sinn der formellen Zusammenschlusstatbestände des GWB anzusehen wäre. Im Rahmen der materiellen Zusammenschlusstatbestände des GWB, insbesondere des Kontrollerwerbs gemäß §37 Abs. 1 Satz 1 Nr. 2 GWB, ist es jedoch im Hinblick auf die obigen Ausführungen zum wortidentischen Kontrolltatbestand in Art. 3 Abs. 2 FKVO fraglich, ob nicht auch oder nur der Treugeber als Beteiligter des Zusammenschlusses anzusehen ist. Mögliche Widersprüche, die sich aus der speziellen deutschen Regelungstechnik der Kombination von formellen und materiellen Tatbeständen ergeben, sind im Rahmen dieser Untersuchung nach Möglichkeit aufzulösen.

## III. DER ANTEILSERWERB

Der Tatbestand des Anteilserwerbs gemäß § 37 Abs. 1 Satz 1 Nr. 3 GWB umfasst den Erwerb von Anteilen oder Stimmrechten an Personen- und Kapitalgesellschaften so-

670 So auch *Bechtold*, GWB, § 35 Rdnr. 24.

671 So auch *Ruppelt* in: *Langen/Bunte*, § 35 Rdnr. 14; anders *Bechtold*, GWB, § 35 Rdnr. 24.

672 *Ruppelt* in: *Langen/Bunte*, § 35 Rdnr. 15; *Bechtold*, GWB, § 35 Rdnr. 24.

673 *Emmerich*, Kartellrecht, S. 255; *Bechtold*, GWB, § 35 Rdnr. 24.

674 *Bechtold*, GWB, § 35 Rdnr. 24.

wie Personenvereinigungen. Er überschneidet sich mit dem Zusammenschlusstatbestand des Kontrollerwerbs. Eine eigenständige Bedeutung hat er eigentlich nur noch für die Fälle der Minderheitsbeteiligungen, durch die nicht zugleich auch schon bestimmender Einfluss auf ein Unternehmen im Sinn von § 37 Abs. 1 S. 1 Nr. 2 GWB erworben wird.[675] Der Fall des Erwerbs einer Mehrheitsbeteiligung erfüllt stets zugleich den Tatbestand des Kontrollerwerbs in § 37 Abs. 1 S. 1 Nr. 2 GWB.

Fraglich ist, wie der Begriff des „Erwerbs" auszulegen ist. In Betracht kommt eine Auslegung im wirtschaftlichen/materiellen Sinn bzw. eine im formellen Sinn. Der Erwerbsbegriff wurde und wird weiterhin von der herrschenden Ansicht als ein Vollrechtserwerb im Sinn des Zivilrechts verstanden.[676] Für diese Auslegung im formellen Sinn spricht die parallele Existenz von materiellen Tatbeständen in § 37 Abs. 1 Nr. 2 und 4 GWB. Für den formellen Erwerbsbegriff im Sinn eines juristischen Vollrechtserwerbsvorgangs spricht vor allem aber auch die Zurechnungsklausel des § 37 Abs. 1 Nr. 3 Satz 2 GWB, die in dieser Form nicht nötig wäre, wenn jeder Erwerb auf fremde Rechnung von vornherein als ein Erwerb im Sinn des § 37 Abs. 1 Nr. 3 Satz 1 anzusehen wäre.

## IV. Der Kontrollerwerb

Der Kontrolltatbestand fand im Jahre 1998 mit der 6. GWB-Novelle nach dem Vorbild des Art. 3 Abs. 1 bis 3 FKVO 4064/89 Eingang in die deutsche Fusionskontrolle. Die Bundesregierung nahm in ihrer Begründung des Gesetzesentwurfs schon damals bewusst Bezug auf die Konkretisierung, die der Kontrollbegriff seit Inkrafttreten der FKVO 4064/89 am 21. September 1990 bereits durch die Praxis der Europäischen Kommission erreicht hatte, und regte das Bundeskartellamt zur Berücksichtigung dieser Auslegungspraxis bei der eigenen Interpretation der neuen deutschen Norm an.[677] Auch wenn es dem deutschen Gesetzesanwender trotz der Anregung frei steht, von der Auslegungspraxis der Europäischen Institutionen abzuweichen, war dies bislang, soweit erkennbar, nicht in größerem Umfang der Fall. Insofern kann für die Frage des Begriffs des Kontrollerwerbs auf die ausführlichen Ausführungen zu den Begrifflichkeiten des Kontrollerwerbs im Gemeinschaftsrecht unter § 7 A V verwiesen werden.

Der Zusammenschlusstatbestand des Kontrollerwerbs gemäß § 37 Abs. 1 Nr. 2 GWB entspricht im Wesentlichen dem Wortlaut des Zusammenschlusstatbestand des

---

675 Begr. RegE. (Sechstes Gesetz zur Änderung des GWB), BT-Drs. 13/9720, S. 57; *Emmerich*, Kartellrecht, S. 271; *Mestmäcker/Veelken* in: *Immenga/Mestmäcker*, GWB-Kommentar, § 37 Rdnr. 44.

676 *Bechtold*, GWB, § 37 Rdnr. 22; *Ruppelt* in: *Langen/Bunte*, § 37 Rdnr. 35; *Mestmäcker/Veelken* in: *Immenga/Mestmäcker*, GWB-Kommentar, § 37 Rdnr. 44. Zusammenfassend noch zur alten Rechtslage vor der 6. GWB-Novelle: *Becker*, S. 64 ff.

677 Begr. RegE. (Sechstes Gesetz zur Änderung des GWB), BT-Drs. 13/9720, S. 57.

Kontrollerwerbs im Gemeinschaftsrecht gemäß Art. 3 Abs. 1 lit. b und Abs. 2 FKVO. So findet man in § 37 Abs. 1 Nr. 2 Satz 2 GWB die aus dem Gemeinschaftsrecht bereits bekannte Definition der Kontrolle:

> *„Die Kontrolle wird durch Rechte, Verträge oder andere Mittel begründet, die einzeln oder zusammen unter Berücksichtigung aller tatsächlichen und rechtlichen Umstände die Möglichkeit gewähren, einen bestimmenden Einfluss auf die Tätigkeit eines Unternehmens auszuüben"*

und im Folgenden eine Aufzählung von Mitteln des Kontrollerwerbs. Wie in der FKVO ist die Aufzählung nur exemplarisch.

Ebenso wie in der FKVO können auch nach § 37 Abs. 1 Nr. 2 Satz 2 GWB mehrere rechtliche und tatsächliche Mittel zusammenspielen, solange die Einwirkungsmöglichkeiten nur beständig und auf Dauer angelegt sind.[678] Das Mittel des Kontrollerwerbs ist gleichgültig. Maßgeblich ist nur, ob der Erwerber rechtlich oder tatsächlich die wesentlichen Entscheidungen des erworbenen Unternehmens inhaltlich beeinflussen kann. Der Hauptanwendungsfall des Kontrollerwerbs ist der Mehrheitserwerb.

## V. Der Vermögenserwerb

Verallgemeinernd versteht man unter dem Vermögenserwerb gemäß § 37 Abs. 1 Nr. 1 GWB den Wechsel der Inhaberschaft im Hinblick auf den betreffenden Vermögensgegenstand — in der Regel im Wege der Einzelrechtsnachfolge. Von dem Tatbestand erfasst werden somit die Fälle des Verschmelzung und der Umwandlung, obwohl diese im Gegensatz zu § 23 Abs. 2 Nr. 1 a. F. GWB nicht mehr genannt sind, sowie der Erwerb auf andere Weise. Der Erwerb von schuldrechtlichen, aber selbst auch von dinglichen Verwertungs- und Nutzungsrechten fällt nach allgemeiner Meinung nicht darunter.[679] Der Vermögenserwerb ist, wie der Anteilserwerb auch, ein formaler Tatbestand, der nach dem Willen des Gesetzgebers im Rahmen der 6. GWB-Novelle bewusst neben dem materiellen Zusammenschlusstatbestand des Kontrollerwerbs beibehalten wurde.

## VI. Der Erwerb von wettbewerblich erheblichem Einfluss

Der Zusammenschlusstatbestand des § 37 Abs. 1 Nr. 4 GWB umfasst, schon verbal die Subsidiarität des Tatbestands klarstellend,

---

678 *Bechtold,* GWB, § 37 Rdnr. 11; *Emmerich*, Kartellrecht, S. 268.

679 *Mestmäcker/Veelken* in: *Immenga/Mestmäcker*, GWB-Kommentar, § 37 Rdnr. 15; *Schütz* in: *Gemeinschaftskommentar*, § 37 Rdnr. 19; *Bechtold*, GWB, § 37 Rdnr. 4.

*„jede **sonstige** Verbindung von Unternehmen, auf Grund deren ein oder mehrere Unternehmen mittelbar oder unmittelbar einen wettbewerblich erheblichen Einfluss auf ein anderes Unternehmen ausüben können.“* [Hervorhebung nicht im Original]

Die Norm dient nach der Intention des Gesetzgebers als notwendiges Korrektiv zur Verhinderung von Umgehungskonstruktionen.[680] Eingeführt wurde der Tatbestand mit einer im Rahmen der 6. GWB-Novelle weggefallenen Subsidiaritätsklausel bereits im Zuge der 5. GWB Novelle im Jahre 1989 in der Fassung des § 23 Abs. 2 Nr. 6 a. F. GWB. Als Hauptanwendungsfall wurde und wird dabei vor allem an die Anteilserwerbsvorgänge gedacht, die unter dem Schwellenwert von 25% zurückbleiben, bei denen der Erwerber jedoch durch sonstige „Plusfaktoren“[681] wie Informations-, Mitsprache- und Kontrollrechte einen erheblichen Einfluss des Erwerbers am Zielobjekt begründet. Gedacht war aber auch an die Fälle, in denen der Erwerb von Minderheitsbeteiligungen begleitet wurde vom parallelen Erwerb von Minderheitsbeteiligungen durch nahestehende Banken oder Versicherungen.[682]

So charakterisiert die Regierungsbegründung aus dem Jahr 1989 den Begriff des wettbewerblich erheblichen Einflusses mit dem Wort „Beziehungsgeflecht“.

*„Eine Unternehmensverbindung vermittelt einen wettbewerblich erheblichen Einfluss immer dann, wenn aufgrund des zwischen den Unternehmen bestehenden gesamten Beziehungsgeflechts zu erwarten ist, dass der Wettbewerb zwischen den beteiligten Unternehmen so wesentlich eingeschränkt wird, dass die Unternehmen nicht mehr unabhängig am Markt auftreten.“*[683]

Nach dem Gesetzgeber[684] muss dieser Einfluss gesellschaftsrechtlich vermittelt sein, um den Tatbestand nicht ins Uferlose auszuweiten.

Der aktuelle Tatbestand in der Fassung des § 37 Abs. 1 Nr. 4 GWB wurde bewusst an den bisherigen § 23 Abs. 2 Nr. 6 a. F. GWB angelehnt.[685] Insofern kann für die Untersuchung auch auf die entsprechende Literatur zu § 23 Abs. 2 Nr. 6 a. F. GWB zurückgegriffen werden.

---

680 Begr. RegE. (Sechstes Gesetz zur Änderung des GWB), BT-Drs. 13/9720, S. 43.

681 So *Stein*, S. 164; *Bechtold*, GWB, § 37 Rdnr. 40.

682 *Mestmäcker/Veelken* in: *Immenga/Mestmäcker*, GWB-Kommentar, § 37 Rdnr. 86.

683 Begr. RegE. (Fünftes Gesetz zur Änderung des GWB), BT-Drs. 11/4610, S. 20.

684 Vgl. Begr. RegE. (Sechstes Gesetz zur Änderung des GWB), BT-Drs. 13/9720, S. S. 57.

685 Begr. RegE. (Sechstes Gesetz zur Änderung des GWB), BT-Drs. 13/9720, S. 57.

# B. Erwerbstreuhand und Zusammenschlussbegriff

## I. Einleitende Gedanken

Obwohl die Definition des Kontrollerwerbs gemäß Art. 3 Abs. 3 FKVO 4064/89 (nunmehr Art. 3 Abs. 2 FKVO 139/2004) als solche mit beinahe identischem Wortlaut im Zuge der 6. GWB-Novelle 1998 in das GWB (§ 37 Abs. 1 Satz 1 Nr. 2) übernommen wurde, verzichtete der deutsche Gesetzgeber auf die Übernahme der dazugehörigen Regelung des Art. 3 Abs. 4 FKVO 4064/89 (nunmehr Art. 3 Abs. 3 FKVO 139/2004) über die Kontrollinhaberschaft.

Beibehalten wurde aber die Zurechnungsvorschrift des § 37 Abs. 1 Nr. 3 Satz 2 GWB (vormals § 23 Abs. 2 Nr. 2 Satz 2 a. F. GWB) im formellen Zusammenschlusstatbestand des Anteilserwerbs. Diese Regelung gilt sowohl der Literatur als auch der Praxis des Bundeskartellamtes und der Rechtsprechung als Anknüpfungspunkt für beinah jegliche Treuhandgestaltungen im Rahmen der Fusionskontrolle. Gemäß ihrem Wortlaut rechnet die Norm dem Anteile erwerbenden Unternehmen die Anteile zu, die einem anderen Unternehmen für dessen Rechnung gehören. Die Vorschrift des § 37 Abs. 1 Nr. 2 Satz 2 GWB unterscheidet sich in ihrer Regelungsstruktur somit deutlich von Art. 3 Abs. 3 FKVO. Sie setzt nicht am Begriff des (Kontroll-)Erwerbers als solchen an, sondern rechnet dem Erwerber vielmehr fremde Anteile zu.

§ 37 Abs. 1 Nr. 3 Satz 2 GWB differenziert nicht danach, aus welchem Grund das dritte Unternehmen die Anteile für fremde Rechnung hält, die zugerechnet werden sollen. Die Art der Begründung des Treuhandverhältnisses (Vereinbarungs-, Übertragungs- oder Erwerbstreuhand) ist insofern irrelevant.

Der „Andere" im Sinn des § 37 Abs. 1 Nr. 3 Satz 2 GWB muss nicht notwendig ein Unternehmen sein.[686] Infolgedessen erfolgt eine Zurechnung der Anteile grundsätzlich auch dann, wenn der Treuhänder eine Privatperson ist

Da § 37 Abs. 1 Nr. 3 Satz 2 GWB den einzigen gesetzlichen Ansatzpunkt für die Behandlung von Treuhandgestaltungen bietet, soll zunächst die Rolle des Erwerbstreuhänders beim *Anteilserwerb* untersucht werden, um dann gegebenenfalls Rückschlüsse auf die Behandlung des Treuhänders bei anderen Zusammenschlusstatbeständen ziehen zu können.

---

686 *Schütz* in: *Gemeinschaftskommentar*, § 37 Rdnr. 53.

## II. Treuhänder beim Anteilserwerb

### 1. Der direkte Anwendungsbereich des § 37 Abs. 1 Nr. 3 Satz 2 GWB: Treugeber erwirbt nach dem Treuhänder

Die Problematik des treuhänderischen Anteilserwerbs lässt sich in § 37 Abs. 1 Nr. 3 Satz 2 GWB verorten. Dieser lautet:

> *„Zu den Anteilen die dem Unternehmen gehören, rechnen auch die Anteile, die einem anderen für Rechnung dieses Unternehmens gehören und, wenn der Inhaber des Unternehmens ein Einzelkaufmann ist, auch die Anteile, die sonstiges Vermögen des Inhabers sind."*

Die Zurechnungsnorm des Satz 2 bezieht sich mit der Formulierung „auch" auf den vorhergehenden Text im Satz 1 von § 37 Abs. 1 Nr. 3. Dort heißt es

> *(Ein Zusammenschluss liegt in folgenden Fällen vor:)*
>
> *„3. Erwerb von Anteilen an einem anderen Unternehmen, wenn die Anteile allein oder zusammen mit sonstigen dem Unternehmen* ***bereits gehörenden*** *Anteilen*
>
> *a) 50 vom Hundert*
>
> *b) 25 vom Hundert*
>
> *des Kapitals oder der Stimmrechte des anderen Unternehmens erreichen."* [Hervorhebung nicht im Original]

Nach dem Wortlaut der Vorschrift bezieht sich die Regelung folglich direkt nur auf die Fälle, in denen das treugebende Unternehmen aktuell als Anteilserwerber an einem Zielobjekt X auftritt und der Treuhänder bereits Anteile für Rechnung des erwerbenden Unternehmens an dem selben Zielobjekt X hält.[687]

Ob sich der Regelungszweck der Vorschrift darin erschöpft, ist umstritten. Nach der grammatischen Auslegung liegt der Schluss nahe, dass dies so ist und die Zurechnung tatsächlich nur bei zukünftigen Zusammenschlüssen des Treugebers erfolgen soll und nicht schon zeitlich vorher beim Erwerb des Treuguts durch den Treuhänder.[688] *V. Friessen* spricht in diesem Zusammenhang von dem „statischen Zustand" der Zurechnung.[689]

---

687 Es ist dabei wohl auch vorauszusetzen, dass der Treuhänder bei seinem zeitlich vorangegangenen Erwerb noch nicht die Schwellenwerte des § 37 Abs. 1 Nr. 3 GWB überschritten hat, da ansonsten schon zu diesem Zeitpunkt eine Anmeldung zwingend gewesen wäre.

688 So auch *Becker*, S. 93 f.; *Ruppelt*: in *Langen/Bunte*, § 37 Rdnr. 37. So auch schon zur zu § 23 a. F. GWB: *Würdinger*, WuW 1973, S. 731 (737 f.).

689 v. *Friesen*, DB 1977, S. 1125 (1126).

Die mögliche Bedarf einer weitergehenden, möglicherweise analogen Anwendung der Zurechnungsnorm des § 37 Abs. 1 Nr. 3 Satz 2 GWB lässt sich in drei Fragestellungen präzisieren:

- Ist die Zurechnungsnorm (analog) auch dann anwendbar, wenn zunächst der Treugeber auf eigene Rechnung einer Minderheitsbeteiligung erwirbt, die unter einem Beteiligungsanteil von 25 % bleibt, und dann erst der Treuhänder zusätzlich Anteile für Rechnung des Treugebers erwirbt? (Gliederungspunkt 2)
- Findet die Zurechnungsnorm auch im Fall des gleichzeitigen konzertierten Erwerbs von Anteilen durch das treugebende und das treunehmende Unternehmen Anwendung? (Gliederungspunkt 3)
- Trifft die Zurechnungsnorm inzident oder analog eine Regelung für den Fall, dass nur der Treuhänder für Rechnung des Treugebers Anteile erwirbt, die für sich allein schon den Schwellenwert des Zusammenschlusstatbestandes des § 37 Abs. 1 Nr. 3 GWB erreichen? (Gliederungspunkt 4)
- Müssen aus der Zurechnungsnorm Schlussfolgerungen für die Konstellation gezogen werden, in der der Erwerbstreuhänder auf einen Schlag eine Mehrheitsbeteiligung am Zielobjekt für Rechnung des Treugebers erwirbt und (auch) der Tatbestand des Kontrollerwerbs gemäß § 37 Abs. 1 Nr. 2 GWB Anwendung findet? (Gliederungspunkt IV).

## 2. Erweiterter Anwendungsbereich von § 37 Abs. 1 Nr. 3 Satz 2 GWB?

### *a. Treugebendes Unternehmen erwirbt zeitlich vor dem Treuhänder*

#### *aa. Analoge Anwendung durch das Bundeskartellamt und das Kammergericht*

Das Bundeskartellamt sowie die zuständigen Gerichte hatten sich bereits mehrmals mit der Konstellation zu beschäftigen, dass zunächst der spätere Treugeber eine Minderheitsbeteiligung am Zielobjekt erwirbt, die unter dem Schwellenwerten des Anteilserwerb in § 37 Abs. I Nr. 3 zurückbleibt, und im Anschluss daran ein Erwerbstreuhänder für ihn weitere Anteile erwirbt. So hielten beispielsweise sowohl die Metro Vermögensverwaltungs GmbH & Co. KG als auch die Obergesellschaft der WAZ Gruppe in den im ersten Teil der Arbeit unter § 1 B und E geschilderten Verfahren Metro/Kaufhof II und WAZ/IKZ II bereits Anteile an den Zielobjekten, als sie einen Treuhänder mit dem Erwerb weiterer Anteile beauftragten. Die Entscheidungspraxis bezüglich der Anwendung der Zurechnungsklausel in derartigen Konstellationen hat sich im Laufe der Jahre gewandelt.

So vertrat das Kammergericht Berlin in den 70er Jahren noch eine sehr restriktive Haltung zur Anwendung der Zurechnungsklausel. Es stellte in einem Fall der indirekten Beteiligung im Jahre 1977 von der damaligen — vom Wortlaut her mit § 37 Abs. I Nr. 2 Satz 2 n. F. GWB identischen — Zurechnungsklausel des § 23 Abs. 2 Satz 2 a. F. GWB fest:

> *„Diese Bestimmung regelt nur, inwieweit zu den Anteilen, die dem Unternehmen bereits gehören, auch die ihm mittelbar gehörenden Anteile hinzuzurechnen sind. Sie bestimmt nicht, dass bei den zu erwerbenden Anteilen ebenfalls etwaige nur mittelbar zu erwerbende Beteiligungen hinzuzurechnen und als Erwerb von Anteilen im Sinn von § 23 Abs. 1 Satz 1 GWB anzusehen seien.“*[690]

In einer Entscheidung aus dem Jahre 1988 ließ es immerhin noch offen, ob die Zurechnungsklausel extensiver anzuwenden sei. Dort heißt es:

> *„Selbst wenn der die genannte Vorschrift [§ 23 Abs. 2 Nr. 2 Satz 1 a. F. GWB, Anmerk. des Verfassers] nicht anwendbar wäre, weil ihr Wortlaut im Hinblick auf die Formulierung von § 23 Abs. 2 Nr. 2 Satz 1 auf die dem erwerbenden Unternehmen bereits gehörenden, nicht aber auf die durch den Zusammenschluss erworbenen Anteile abstellen könnte, ändert sich dadurch die Einordnung des Anteilserwerbs durch den Beschwerdeführer zu 3) nicht.“*[691]

Im Jahr 2000 hingegen stellten sowohl das Bundeskartellamt als auch das Kammergericht fest, dass nicht nur *„wie es nach dem Wortlaut der Zurechnungsklausel den Anschein haben könnte“*[692] die Anteile zuzurechnen sind, die dem anderen bereits vor dem Zusammenschluss gehören, sondern auch die, die ein anderer für Rechnung erst noch erwirbt:

> *„Die Klausel gilt auch für die Anteile, die Gegenstand des Zusammenschlusses sind und deshalb dem anderen nicht für Rechnung eines Unternehmens gehören, sondern erst erworben werden.“*[693]

Vor dem Hintergrund der der vormals engen Auslegung des Wortlauts der Zurechnungsklausel gehen das Bundeskartellamt als auch das Kammergericht offensicht-

---

690 *KG* WuW/E OLG 2113 (2144) - Steinkohle-Stromerzeuger. So auch schon zu § 23 a. F. GWB *Würdinger,* WuW 1973, S. 731 (737 f.).

691 KG WUW/E OLG 4095 (4097) – W+i Verlag/Weiss Druck.

692 *BKartA* TB 1999/ 2000, S. 19; so auch das *KG*, AG 2000, S. 81 – WAZ/IKZ.

693 *KG*, AG, 2000, 81 – WAZ/IKZ II. Ähnlich auch *KG* WuW DE-R 451 (454) – Herlitz/Landré.

lich nunmehr von einer analogen Anwendung des § 37 Abs. 1 Nr. 3 Satz 2 GWB aus, ohne jedoch die Analogie zu thematisieren oder gar zu begründen.

### *bb. Die Literatur*

Auch wenn die hier in Rede stehende Reihenfolge des Anteilserwerbs nicht vom Wortlaut des § 37 Abs. 1 Nr. 3 Satz 2 GWB erfasst wird, kann nicht bezweifelt werden, dass die Einflussnahmemöglichkeiten des Treugebers unter der Prämisse derselben Gestaltung des Innenverhältnisses der Treuhandparteien identisch sind. Mit guten Gründen weist *Becker* deshalb darauf hin, dass es wertungswidersprüchlich sei, die beiden Konstellationen im Ergebnis anders zu behandeln.[694] Für eine dogmatische Herleitung des Ergebnisses bemüht er jedoch keine Analogie, sondern legt den Wortlaut des § 37 Abs. 1 Nr. 3 Satz 2 GWB extensiv aus.

Wurde die Formulierung „rechnen auch die Anteile" hier bislang im Sinn einer Berechnungsvorschrift verstanden, also im Sinn einer Addition der Anteilszahlen des Treuhänders zu denen des treugebenden Unternehmens, denkt *Becker* an eine Art normative Zurechnung der Kontrollmöglichkeiten.[695] Dabei sei nicht nur der Begriff des „Zurechnens" normativ zu verstehen, sondern auch der Begriff des „Erwerbs". Der Erwerbsbegriff sei nicht an ein zivilrechtliches Vorverständnis gebunden, sondern weit und materiell nach der Möglichkeit der Einflussnahme auszulegen.[696] In Folge dessen fällt nach seiner Auffassung unter die Zurechnungsklausel nicht nur der Fall, dass zunächst das treugebende Unternehmen und dann der Treuhänder Anteile erwirbt, sondern auch der Fall, in dem der Treuhänder zeitgleich mit oder nach dem Treugeber Anteile erwirbt. Die Vorschrift gelte darüber hinaus auch schon zum Zeitpunkt des Erwerbs durch den Treuhänder.

Auch *Ruppelt* möchte in ähnlicher Weise den Erwerbsbegriff ausdehnen. Ebenso wie *Becker* hält er es für widersprüchlich, den durch den Zusammenschluss geschaffenen Zustand bei zukünftigen Zusammenschlüssen zu berücksichtigen, ihn bei dem ursprünglichen Zusammenschluss aber außer Betracht zu lassen. Zur Vermeidung eines derartig paradoxen Ergebnisses sei deshalb auch hinsichtlich der formellen Prüfung des (ersten) Zusammenschlusses von einem mittelbaren Erwerb der Anteile des dritten Unternehmens auszugehen.[697]

Eine andere Ansicht vertritt *Schütz* im Gemeinschaftskommentar. Seiner Auffassung nach finde die Zurechnungsvorschrift nur für bereits bestehende Treuhandverhältnisse Anwendung.[698]

---

694 *Becker*, S. 94.

695 *Becker*, S. 94.

696 *Becker*, S. 185.

697 *Ruppelt* in: *Langen/Bunte*, GWB, § 37 Rdnr. 38.

698 *Schütz* in: *Gemeinschaftskommentar*, § 37 Rdnrn. 5 und 53 f.

### cc. *Eigene Ansicht*

#### (1) Zu einer extensiven Auslegung des § 37 Abs. 1 Nr. 3 Satz 2 GWB

Der von Teilen des Schrifttums vertretenen extensiven Auslegung der Zurechnungsnorm und insbesondere des Erwerbsbegriffes wird hier nicht gefolgt. Die äußerste Grenze einer verfassungskonformen Auslegung stellt der noch mögliche Wortsinn einer Norm dar.[699] § 37 Abs. 1 Nr. 3 Satz 2 GWB geht gemäß seiner Formulierung davon aus, dass der Treugeber durch den Ersterwerb von Anteilen durch den Treuhänder noch nicht selbst am Zusammenschluss beteiligt war, denn sonst müssten ihm diese Anteile zu einem späteren Zeitpunkt, nämlich zum Zeitpunkt seiner eigenen Erwerbshandlung nicht mehr zugerechnet werden.

Die Interpretation des Anteilserwerbs im Sinn eines materiellen Erwerbs ist im Regelungszusammenhang verfehlt. Ein materieller Erwerbstatbestand macht die Zurechnung zwar tatsächlich hinfällig. Er findet in § 37 Abs. 1 Nr. 3 jedoch keine Stütze. Die Versuche einer möglichst weiten Interpretation des Erwerbsbegriffs durch *Becker* mögen sich daraus erklären, dass sie aus der Zeit vor der 6. GWB-Novelle stammen. Heute widerspricht es aber dem Verständnis des § 37 Abs. 1 Nr. 3 GWB als einem bewusst als formellen Zusammenschlusstatbestand beibehaltenen Tatbestand, diesen materiell auszulegen.

Der Wortlaut des § 37 Abs. 1 Nr. 3 Satz 2 GWB knüpft auch nicht am Erwerbsbegriff, sondern am Anteilsbegriff an. Zu Recht betont Kleinmann/Bechtold noch zu der vom Wortlaut identischen Zurechnungsklausel des § 23 Abs. 2 Satz 2 a. F. GWB: *„Die Zurechnung der Anteile durch Abs. 2 Nr. 2 Satz 2 enthält keine Ausdehnung des Kreises der „beteiligten Unternehmen“*[700]. Das ist richtig; im Gegensatz zu Art. 3 Abs. 3 FKVO rechnet die deutsche Zurechnungsklausel nicht normativ den Erwerb von Einfluss als solchen zu, sondern gibt ihrem präzisen Wortlaut nach für die spezielle Konstellation des Erwerbs von Anteilen durch den Treugeber den Rechenweg für die Berechnung seiner Anteile vor. Eine Subsumtion der hier zur Diskussion stehenden Konstellation, dass zunächst der Treugeber und später der Treuhänder erwirbt, ist unter den bestehenden Wortlaut nicht möglich. Das räumt letztlich auch *Becker* ein, wenn er Satz 2 als eine *„leicht missverständliche Regelung“*[701] bezeichnet.

#### (2) Zu einer analogen Anwendung der Zurechnungsklausel

Die analoge Anwendung einer Norm setzt eine planwidrige Regelungslücke und eine vergleichbare Interessenlage voraus. Der nicht geregelte Sachverhalt muss dem geregelten rechtsähnlich sein.

---

699 *BVerfGE* 71, 108, 114; 73, 206, 236.

700 *Kleinmann/Bechtold*, § 23 Rdnr. 119.

701 *Becker*, S. 94.

(a) Gleiche Interessenlage

Gewiss lässt sich in den zeitlich unterschiedlich gelagerten Fällen eine parallele Interessenlage feststellen. Die Regelung des § 37 Abs. 1 Nr. 3 Satz 2 GWB dient ähnlich der Verbundklausel, auf die in der Begründung des Gesetzesentwurfs Bezug genommen wurde[702], der umfassenden Darstellung der wettbewerbsrechtlichen Situation der an dem Zusammenschluss beteiligten Unternehmen. Unter der Prämisse der gleichartigen Treuhandvertragsgestaltung ist die Möglichkeit der Verfügung über die Ressourcen für den Treugeber die gleiche. Es ist daher egal, ob das Treugut vor, nach oder zeitgleich mit dem eigenen Erweb erworben wird. Insofern dürfte es im Interesse des Gesetzgebers sein, auch beim Erwerb von Anteilen durch einen Treuhänder zu erfahren, ob dessen Treugeber bereits Inhaber von weiteren Anteilen ist.

(b) Analogieverbot

Gegen die analoge Anwendung der Vorschrift spricht aber das Analogieverbot nach Art. 102 Abs. 2 GG. Die strafrechtlichen Auslegungsgrundsätze, insbesondere das Analogieverbot, gelten dann, soweit Normen des GWB direkt oder indirekt bußgeldbewehrt sind.[703] Angesichts der Tatsache, dass die Anmeldeverpflichtung der beteiligten Unternehmen nach § 39 Abs. 2 GWB gemäß § 81 Abs. 1 Nr. 7 als Ordnungswidrigkeit mit Bußgeld bewehrt ist, ist das verfassungsrechtliche Bestimmtheitsgebot zu beachten, das auch für die Ordnungswidrigkeitstatbestände gilt.[704] Art. 103 Abs. 2 GG hält die strafende Gewalt an, den Gesetzgeber beim Wort zu nehmen und, soweit es zur Ausführung des Gesetzes nötig ist, es erforderlichenfalls fortzubilden, nie aber zu korrigieren; denn dies ist Aufgabe des Gesetzgebers selbst.[705] Selbst dann, wenn die Analogie dazu dienen soll, Gesetzesumgehungen entgegenzuwirken, ist sie gleichwohl verboten.[706] In dem speziellen Fall der Anmeldepflicht heißt das, dass ein Unternehmen von vornherein wissen muss, wann es einen Zusammenschluss anzumelden hat; es soll in der Lage sein, sein Verhalten nach der Rechtslage auszurichten[707]. Erwirbt zunächst der Treugeber für sich selbst eine Beteiligung in Höhe von 15 % an dem Unternehmen X und zeitlich versetzt ein Treuhänder auf Rechnung des Treugebers weitere 10 % der Anteile an dem Unternehmen X, ergibt sich aus dem Gesetzeswortlaut für den Treugeber keine Anmeldepflicht.

Der deutschte Gesetzgeber hielt gerade angesichts der unbestimmten Rechtsbegriffe in § 37 Abs. 1 Nr. 2 und 4 GWB auf der einen Seite und der bußgeldbewehrten

702 Begr. RegE. (Sechstes Gesetz zur Änderung des GWB), BT-Drs. 13/9720, S. 42.

703 *BGHSt* 24, 54, 62; *BGH* WuW/E 3006 (3008); *Bechtold*, GWB, Einf. Rdnr. 73.

704 *BVerfGE* 81, 132 (135); 87, 399 (411).

705 *BVerfGE* 71, 115; 73, 236.

706 *Stöckel*, ZRP 77, S. 135.

707 *Pieroth/Schlink*, Rdnr. 1174.

Anmelde- und Anzeigepflicht auf der anderen Seite aus Gründen der Rechtssicherheit für die beteiligten Unternehmen am formellen Tatbestand des Anteilserwerbs in der damaligen Form fest.[708]

> *„Hätte sich der Gesetzgeber mit § 37 Abs. 1 Nr. 2 und 4 begnügt, bestünde die Gefahr, dass die Kartellbehörde aufgrund einer abweichenden Beurteilung des Anteilserwerbs durch die beteiligten Unternehmen von kontrollbedürftigen Unternehmensverbindungen nichts erführe."*[709]

Das Ziel des Gesetzgebers verdient Unterstützung; allein die Umsetzung lässt zu wünschen übrig. Will man die Gefahr der Rechtunsicherheit wirklich bannen, bedarf es einer präzisen und eindeutigen gesetzlichen Regelung. Analogiebildungen sind in diesem Bereich der falsche, da ein verfassungswidriger Weg.

(c) Keine Regelungslücke

Eine analoge Anwendung der Zurechnungsnorm wäre zudem dann hinfällig, wenn der Fall anderweitig gesetzlich geregelt wäre. Zwar greift der materielle Zusammenschlusstatbestand des Kontrollerwerbs in der Regel erst im Fall einer Mehrheitsbeteiligung oder zumindest einer faktischen Mehrheit in der Hauptversammlung ein und deckt daher nicht die Fälle ab, in denen die Anteile von Treuhänder und Treugeber zusammen nicht die 50 % - Schwelle überschreiten. Als Auffangtatbestand wirkt in derartigen Fällen — ohne den Ausführungen unter § 8 B III vorgreifen zu wollen — jedoch § 37 Abs. 1 Nr. 4 GWB.

### *b. Der gleichzeitige konzertierte Erwerb Anteilen durch den Treuhänder und den Treugeber*

Besonders herauszustellen ist der Fall, dass das Treuhänder und der Treugeber in einer konzertierten Aktion gleichzeitig Anteile am Zielobjekt erwerben. So unterrichteten beispielsweise am 5. Dezember 1980 Vertreter der SBG (potentielle Erwerber) und der Commerzbank (Veräußerer) das Bundeskartellamt darüber, dass sowohl die Metro-Tochter Großpart als auch die SBG, die Hausbank der Metro, jeweils einen Anteil in Höhe von 24 % an der Kaufhof AG erwerben wollten.[710] In einem solchen Fall des zeitlich parallelen Erwerbs tritt das treugebende Unternehmen neben dem Treuhänder auch selbst als Erwerber auf. Im Rahmen dieses Anteilserwerbs ist deshalb eine additive Zurechnung gemäß dem Wortlaut des § 37 Abs. 1 Nr. 3 Satz 2 GWB möglich. Auch die Monopolkommission kam zu dem Ergebnis, dass die von der SBG für Rech-

---

708 Begr. RegE. (Sechstes Gesetz zur Änderung des GWB), BT-Drs. 13/9720, S. 43.

709 *Deichfuß*, WuW 2000, S. 834 (840).

710 Vgl. dazu oben unter § 1 A.

nung der Metro erworbenen Anteile der Metro-Tochter gemäß § 23 Abs. 2 Nr. 2 Satz 2 a. F. GWB zuzurechnen seien.[711]

### c. *Der alleinige Erwerb einer Beteiligung in Höhe von 25 % oder 50 % durch den Treuhänder an einem dritten Unternehmen*

Nicht vom Wortlaut des § 37 Abs. 1 Nr. 3 Satz 2 GWB erfasst, ist hingegen die Situation, in der der Treuhänder allein einen den Schwellenwert des § 37 Abs. 1 Nr. 3 GWB überschreitenden Anteil an einem Unternehmen X erwirbt, an dem das treugebende Unternehmen bislang selbst nicht direkt beteiligt ist.

#### *aa. Die herrschende Meinung*

Das Kammergericht Berlin[712] sowie das Schrifttum wenden jedoch auch in dieser Konstellation konsequenterweise § 37 Abs. 1 Nr. 2 Satz 2 GWB an. Sie gehen auch hier davon aus, dass die Anteile, die der Erwerbstreuhänder erwirbt, dem Treugeber gemäß § 37 Abs. 1 Nr. 3 Satz 2 GWB im Sinn einer normativen Zurechnung zugeschlagen werden können, sodass letztlich der Treugeber als am Zusammenschluss Beteiligter angesehen werden kann:

> *„Jedenfalls wäre der Zusammenschlusstatbestand des Kontrollerwerbs (§ 37 Abs. 1 Nr. 2 GWB) erfüllt, für den, sofern es sich um die Zurechnung von Anteilen handelt, die Zurechnungsklausel in § 37 Abs. 1 Nr. 3 S. 3, 2. Alt. GWB gleichermaßen gilt,* ***wie für den Erwerb einer Beteiligung von exakt 25 %*** *oder 50 %."*[713] [Hervorhebung nicht im Original]

Auch das Schrifttum, das einen extensiven, materiellen Anteilserwerbsbegriff favorisiert und die Zurechnung im Sinn des 37 Abs. 1 Nr. 2 Satz 2 GWB materiell begreift[714], möchte dem treugebenden Unternehmen die durch den Treuhänder erworbenen und gehaltenen Anteile im Rahmen über die Zurechnungsklausel zurechnen.

#### *bb. Eigene Ansicht*

Die Zurechnungsklausel in § 37 Abs. 1 Nr. 3 Satz 2 GWB hat in dieser Konstellation meines Erachtens keinen Aussagegehalt, denn hier werden die maßgeblichen Anteile erst gar nicht auf zwei Hände verteilt, sondern liegen von Anfang an in einer Hand.

711 *BKartA* TB 1981/1982, Tz. 539.

712 *KG*, AG, 2000, 81 – WAZ/IKZ II; *KG* WuW DE-R 451 (454) – Herlitz/Landré.

713 *KG* WuW DE-R 451 (454) – Herlitz/Landré.

714 Explizit zu dieser Konstellation, soweit erkennbar, nur *Becker*, S. 94 f.

Eine Zurechnung im Sinn einer Addition scheidet folglich aus. Gerade im Formalbereich der Fusionskontrolle kommt es — wie oben bereits unter Gliederungspunkt II 2 a cc (2) erörtert — entscheidend auf den Gesetzeswortlaut an. Eine analoge Anwendung des § 37 Abs. 1 Nr. 3 Satz 2 GWB ist als ein Verstoß gegen Art. 102 Abs. 2 GG abzulehnen, da der Anmeldeverpflichtete auf Grund der Bußgeldbewehrung der Anmeldepflicht aus dem Gesetz erkennen können muss, ob er einen Anteilerwerb durch einen Treuhänder anzumelden hat oder nicht.

Eine Ausweitung des Anwendungsbereichs des Zusammenschlusstatbestandes des Anteilserwerbs ist nicht nötig. Das GWB eröffnet noch andere Möglichkeiten, das treugebende Unternehmen in den Kreis der beteiligten Personen miteinzubeziehen. Zu verweisen ist auch in diesem Zusammenhang bereits auf die Auffangvorschrift des § 37 Abs. 1 Nr. 4 GWB.[715]

### *d. Zwischenergebnis*

Nach hier vertretener Ansicht findet § 37 Abs. 1 Nr. 3 Satz 2 GWB im Gegensatz zur herrschenden Meinung nur in den Fällen Anwendung, in denen der Treuhänder vor dem Treugeber oder gleichzeitig mit diesem Anteile am selben Unternehmen erwirbt.

## 3. Die inhaltlichen Kriterien für eine Zurechnung im Sinn der Zurechnungsklausel

### *a. Einführende Gedanken*

Nachdem der Anwendungsbereich der Zurechnungsklausel festgelegt wurde, ist zu erörtern, wann konkret die in Rede stehenden Beteiligungen im Sinne von § 37 Abs. 1 Nr. 3 Satz 2 GWB zugerechnet werden sollen.

In der Literatur ist seit langem streitig, wie der Begriff „für Rechnung" im Sinne der Zurechnungsklausel des § 37 Abs. 1 Nr. 3 Satz 2 GWB auszulegen ist bzw. wie der Begriff im Sinn der Vorgängernorm des § 23 Abs. 2 Nr. 2 Satz 2 a. F. GWB auszulegen war. Dieser Streit wird vor allem deshalb besonders heftig geführt, da die Literatur und das Bundeskartellamt — wie oben unter § 8 B II 2 a aa gezeigt — von einem sehr weiten Anwendungsbereich der Zurechnungsklausel ausgehen und über die Zurechnungsklausel den Erwerbsbegriff als solchen mitdefinieren. Beschränkt man, wie hier, die Bedeutung der Zurechnungsklausel auf die Fälle des nachgelagerten bzw. parallelen Erwerbs durch den Treugeber und verlagert die Lösung der anderen Treu-

715 Der Kontrollerwerbstatbestand scheidet in dieser Konstellation als Zusammenschlusstatbestand aus, weil der Kontrollbegriff im Sinne des § 37 Abs. 1 Nr. 2 GWB nur den bestimmenden Einfluss im Sinn des Mehrheitserwerbs umfasst.

handkonstruktionen auf die materiellen Zusammenschlusstatbestände, hat die Frage, wie der Terminus „für Rechnung“ auszulegen sei, zwar eine geringere Auswirkung. Ihr ist jedoch insofern nachzugehen, als es gilt, einen gewissen Gleichklang der Behandlung des rechtsgeschäftlichen Treuhänders innerhalb der unterschiedlichen Zusammenschlusstatbestände zu wahren.

Sowohl das Bundeskartellamt, das Kammergericht Berlin, der Bundesgerichtshof als auch das Schrifttum gehen davon aus, dass der Begriff „auf Rechnung“ zumindest beinhalte, dass das wirtschaftliche Risiko des Anteilserwerbs vom Treugeber getragen werde. Umstritten ist jedoch, ob neben dieser Voraussetzung auch noch andere Kriterien für die Frage der Zurechnung zu berücksichtigen sind oder nicht.

### *b. „Für Rechnung“ als Ausdruck der Übernahme des wirtschaftlichen Risikos*

Die Formulierung „für Rechnung“ findet sich in der deutschen Rechtsordnung an verschiedenen Stellen. Sie hat sich als fester terminus technicus neben der Beschreibung des klassischen Kommissionsgeschäfts in § 383 HGB vor allem für die durch die Legislative zu regelnden Konstellationen durchgesetzt, bei denen es gilt, das Auseinanderfallen von rechtlicher und wirtschaftlicher Zuordnung zu erfassen. Beispielhaft sei hier auf §§ 16 Abs. 4, 56 Abs. 1 AktG oder § 22 WpHG verwiesen.

Auch wenn die Auslegung des Begriffs „für Rechnung“ im Einzelnen von Gesetz zu Gesetz und von Norm zu Norm divergiert[716], lässt sich aus der allgemeinen Wortbedeutung des Begriffs doch ein gemeinsamer Nenner der Auslegung finden. Nach allgemeinem Sprachverständnis weist der Ausdruck einen unmittelbaren Vermögensbezug auf. Unter der Formulierung versteht man üblicherweise ein Handeln „auf Kosten und auf Risiko“ eines anderen, wobei das Risiko ein unmittelbar vermögensbezogenes, also ein wirtschaftliches Risiko darstellt[717].

#### *aa. Auf Kosten*

Eine Zurechnung der treuhänderisch gehaltenen Anteile ist nach allgemeiner Ansicht auch dann möglich und erfolgt „auf Kosten“ des Treugebers, wenn der Anteilserwerb nicht vom Treugeber direkt bezahlt wird. Nach der Kartellrechtsrechtsprechung und Praxis des Bundeskartellamtes reicht es vielmehr aus, dass die Bezahlung zumindest mittelbar mit Mitteln des Treugebers erfolgt, selbst wenn dies erst zeitlich versetzt bei der Ausübung eines vereinbarten Optionsrechts erfolgt[718]. Ein Handeln auf Kosten von

716 *Vedder*, S. 154 ff. und S. 211.

717 *Vedder*, S. 7.

718 So im Fall Klöckner Seitz (dazu oben bereits § 1 C): Hier war vereinbart worden, dass Klöckner bei Ausübung des vereinbarten Optionsrechts genau den Kaufpreis an die Bakola zahlen wür-

jemand anderen liegt auch schon dann vor, wenn der Treugeber den Erwerb dadurch finanziert, dass er dem Treuhänder ein Darlehen zur Verfügung stellt und die Rückzahlung so gut wie ausgeschlossen wird.[719] Beispielhaft sei aus dem Fall *Herlitz/Landré* verwiesen, der zeigt, wie komplex eine Finanzierung durch den Treugeber erfolgen kann, um den Verdacht des fremdnützigen Handelns abzuwenden[720].

### *bb. Auf Risiko*

Nach allgemeiner Ansicht des Bundeskartellamts sowie der Rechtsprechung soll es genügen, dass der Treugeber die „wesentlichen wirtschaftlichen Risiken des Anteilserwerbs"[721] übernimmt und dem Treunehmer auf der anderen Seite keine echten Gewinnchancen zustehen: *„Die Zurechnung treuhänderisch (»für Rechnung«) gehaltener Anteile setzt nicht voraus, dass sämtliche mit der Beteiligung verbundenen Risiken im Innenverhältnis übernommen werden."*[722]

Unter dem wirtschaftlichen Risiko von Unternehmensbeteiligungen versteht das Bundeskartellamt das Verlustrisiko und die Gewinnchancen im weitesten Sinne, das sogenannte Ertragsrisiko.[723] Daneben unterscheidet es das Erlös-, Insolvenz- und Kursrisiko.

#### (1) Die Risikoübernahme durch das Treugeberunternehmen am Beispiel von Klöckner/Seitz

In dem im ersten Teil unter § 1 C einleitend geschilderten Fall Klöckner/Seitz[724] stellte das Bundeskartellamt fest, dass die Badische Kommunale Landesbank bis zur Ausübung des Optionsrechts durch Klöckner weder das Ertrags- noch das Erlösrisiko an der Seitz Enzinger Noll Maschinenbau AG trage. So war in dem sogenannten Optionsvertrag durch die Einräumung einer jährlichen Vergütung für die Badische Kommunale Landesbank (kurz Bakola) durch Klöckner in Höhe eines bestimmten Zinssat-

---

den, den diese zuvor für den Erwerb der Seitz-Anteile selbst gezahlt hatte. Komplexer lief die Finanzierung auch im Fall Herlitz/Landré (vgl. oben unter § 1 G): Hier finanzierte Herlitz den Erwerb der Landré-Beteiligung dem Bankhaus Sal. Oppenheim durch den Kauf von Schuldverschreibungen. Bei deren Fälligkeit sollte Sal. Oppenheim berechtigt sein, an Stelle der Rückzahlung der Herlitz AG die Landré-Anteile zu Kauf anzubieten.

719 So im Fall WAZ /IKZ, *BKartA* WuW/E DE-V 40, 41 – WAZ/IKZ.

720 *BKartA*, WuW/E 2894 – Herlitz/Landré; *KG* WuW/DE-R 451 – Herlitz/Landré.

721 *BKartA* WuW/E DE-V 40, 41 – WAZ/IKZ II; *KG* WuW/E DE-R 336, 339 – WAZ/IKZ II; bestätigend *BKartA* WuW/E DE-V 871 (875), Punkt 1.2.1. – Tagesspiegel/Berliner Zeitung II.

722 *BKartA* WuW/E 2087, 2088 – Klöckner/Seitz.

723 *BKartA* WuW/E DE-V 40, 42 – WAZ/IKZ II. Mitunter bezeichnet es diese Risiken auch als Haftungsrisiko, so beispielsweise *BKartA* WuW/2894, 2896 - Herlitz/Landré.

724 Vgl. hierzu die Darstellung des Sachverhalts in *BKartA* WuW/E 2087 sowie ergänzend die Darstellung in *Monopolkommission*, SGA 15, S. 13 ff.

zes auf den von der Badischen Kommunalen Landesbank gezahlten Kaufpreis für die Seitz-Anteile, der Bakola eine Art Renditegarantie eingeräumt worden. Das *Ertragsrisiko* der Seitz-Anteile traf folglich nicht den Erwerber, die Badische Kommunale Landesbank, sondern vielmehr Klöckner. Daneben trug die Bank auch keinerlei *Erlösrisiko* bei der Weiterveräußerung der Anteile, weil das Optionsrecht von Seiten der Badischen Kommunalen Landesbank immer wieder nach Ablauf der Klöckner eingeräumten Frist verlängert werden konnte und sie folglich nicht darauf angewiesen war, die Seitz-Anteile an Dritte unter ihrem Einkaufspreis weiterzuveräußern. Gleichzeitig war es aber der Bakola auch nicht möglich, durch den Weiterverkauf der Seitz-Beteiligung an Klöckner Gewinn zu machen, denn die Bank hatte Klöckner das Optionsrecht zu exakt dem Preis eingeräumt, zu dem sie selbst die Anteile erworben hatte. Dass Klöckner nicht auch noch das *Konkursrisiko* der Seitz-Beteiligung trug, hielt das Bundeskartellamt nicht davon ab, eine Zurechnung der Anteile vorzunehmen.

#### (2) Die Risikoübernahme durch das Treugeberunternehmen am Beispiel von WAZ/IKZ II

Auch im Fall/WAZ II bestätigte der Bundesgerichtshof das Bundeskartellamt[725] und die Vorinstanz[726] in der Annahme, dass es sich bei dem sogenannten Darlehensvertrag zwischen Herrn Wichelhoven und der WAZ um keinen echten Darlehensvertrag handele. Anders als in einem gewöhnlichen Darlehensvertrag, wurde eine Darlehensrückzahlung nur für den Fall vereinbart, dass Herr Wichelhoven über seinen Anteil in einer den Vertragszweck gefährdenden Weise verfügt. Der Vertrag enthielt auch sonst keine Regelung über Zeitpunkt und Modalität der Rückzahlung. Das Gewinnrisiko lag nach dem Bundeskartellamt allein bei der WAZ-Gruppe, die sich von Herrn Wichelhoven garantieren ließ, dass ihr die auf die Anteile ausgeschütteten Gewinne bis zu einer Höhe von DM 200.000 p. a. zufließen. Ein Verlustrisiko wiederum bestand für den Treuhänder kaum. Im Fall der Liquidation sollte die WAZ gegen Herrn Wichelhoven Ausgleichsansprüche haben.

### c. *Darüber hinausgehender Bedeutungsgehalt des Begriffs „für Rechnung“*

Es ist umstritten, ob es für die Zurechnung nach der Zurechnungsklausel ausreicht, dass der Treuhänder für wirtschaftlich fremdes Risiko handelt oder ob ein weiteres Zurechnungselement in Form von rechtlichen oder tatsächlichen Einflussmöglichkeiten auf das Zielobjekt hinzutreten muss. Meinte das Bundeskartellamt hier schon eine

725 *BKartA* WuW/E DE-V 40, 42 – WAZ/IKZ II.

726 *KG* WuW/E DE-R 336– WAZ/IKZ II.

Streitbeilegung ausgemacht zu haben[727], scheint die Lage angesichts der jüngeren, sich eher bedeckt haltenden Kartellrechtsrechtsprechung längst nicht eindeutig.

### *aa. Die Ansicht des Bundeskartellamts*

Das Bundeskartellamt vertrat von jeher die Ansicht, die gesetzliche Zurechnungsklausel stelle allein auf die Verteilung des wirtschaftlichen Risikos ab, und nicht auf die Verteilung der Verwaltungs- und Stimmrechte. Als Argument verweist die Behörde zum einen auf den *Wortlaut* der Zurechnungsklausel. Der Terminus „auf Rechnung" umfasse allein den Aspekt der finanziellen Risikotragung.[728] Zum anderen führt das Bundeskartellamt zur Begründung seiner Rechtsansicht den *Zweck* der Vorschrift an. Dieser liege darin, eine Umgehung der Fusionskontrolle durch die Einschaltung von Treuhändern oder Strohmännern zu verhindern. Er würde verfehlt, wenn die Zurechnung von der vertraglichen Regelung der Stimmrechtsausübung abhängig gemacht würde, da dadurch Schlupflöcher für eine erfolgreiche Umgehung geschaffen werden könnten.[729]

Das Bundeskartellamt vertritt die Auffassung, aus der Übernahme des wirtschaftlichen Risikos an einer Beteiligung folge zugleich das Interesse an der wettbewerblichen und unternehmenspolitischen Einflussnahme auf das Beteiligungsunternehmen. Dieses Interesse genüge für eine Zurechnung der Anteile. Im Übrigen habe der Treuhänder auch ohne ausdrückliche Weisungsrechte des Treugebers bei der Ausübung der Verwaltungs- und Stimmrechte die Interessen des Treugebers zu verfolgen.[730]

### *bb. Die Ansicht der Monopolkommission*

Die Monopolkommission hat mittlerweile zweimal dezidiert zu der Frage der Zurechnung von Anteilen im Sinn der Zurechnungsklausel Stellung bezogen und stützte dabei stets die Entscheidungspraxis des Bundeskartellamtes. So zum ersten Mal bereits in ihrem Hauptgutachten für die Jahre 1980/1981 anlässlich der Einstellung des Verfahrens Klöckner/Seitz durch das Bundeskartellamt. Die Monopolkommission betonte damals, Metro seien die von ihrer Hausbank, der Schweizerischen Bankgenossenschaft (SBG), gehaltenen Anteile allein deshalb gemäß § 23 Abs. 2 Nr. 2 Satz 2 a. F. GWB zuzurechnen, weil das wirtschaftliche Risiko des Anteilseigners bei Metro liege. Es sei irrelevant, dass die SBG nach der internen Vereinbarung bei der Ausübung der Verwaltungs- und Stimmrechte in der Kaufhof AG unbeschränkt sei. Da das Innenverhältnis der freien Ausgestaltung durch die beiden Vertragsparteien unterliege, dürfe es für die Frage der Zurechnung der Anteile im Rahmen der staatlichen Fusionskontrolle

727 *BKartA* WuW/E DE-R 40, 41 – WAZ/IKZ II.

728 *BKartA* WuW/E 2087, 2089 – Klöckner/Seitz.

729 *BKartA* WuW/E 2087, 2089 – Klöckner/Seitz; WuW/E DE-R 40, 41- WAZ/IKZ II.

730 *BKartA* WuW/E DE-R 40, 42 – WAZ/IKZ II.

nicht ausschlaggebend sein. Diese würde ansonsten letztendlich selbst zur Disposition der Beteiligten gestellt.

Auch im Hauptgutachten aus den Jahren 1994/1995 hielt die Monopolkommission anlässlich des Beschlusses des Bundeskartellamtes im Fall T&N/Kolbenschmidt[731] an seiner Auffassung fest, dass die Frage der Zurechnung unabhängig von dem Bestehen oder Nichtbestehen von Weisungsrechten in dem Treuhandverhältnis sei.[732] Jener Fall wies jedoch die Besonderheit auf, dass es keine maßgeblichen Einflussrechte gab, die überhaupt hätten zugerechnet werden können, denn die Commerzbank AG hatte die für T&N erworbenen Anteile an Kolbenschmidt im Rahmen des Bankenprivilegs erworben. Wegen des damit verbundenen Verbots der Stimmrechtsausübung gemäß § 23 Abs. 3 Satz 3 a. F. GWB war die Commerzbank AG von Anfang an daran gehindert, die Stimmrechte aus den Anteilen auszuüben.[733] T&N wiederum hatte folglich auch nicht die Möglichkeit die Ausübung der Stimmrechte durch Weisung zu beeinflussen.

### *cc. Die Rechtsprechung*

Vergleicht man die Entscheidungspraxis des Bundeskartellamts mit der der Kartellgerichte, fällt auf, dass die Rechtsprechung im Gegensatz zur rigiden Spruchpraxis des Bundeskartellamts nicht geneigt ist, sich in der Frage der Zurechnungskriterien endgültig festzulegen. Bewusst lässt sowohl das Kammergericht Berlin als auch der Bundesgerichtshof offen, ob für eine Zurechnung von Anteilen nach § 37 Abs. 1 Nr. 3 Satz 2 GWB neben der Übernahme des wirtschaftlichen Risikos noch andere Faktoren hinzutreten müssen. Beide Gerichte prüften neben der Frage des wirtschaftlichen Risikos auch immer noch die Frage der Einflussmöglichkeit des treugebenden Unternehmens auf die mit dem Anteil verbundenen Stimmrechte.[734] Im Rahmen der Prüfung des Zusammenschlusstatbestandes des § 37 Abs. 1 Nr. 3 Satz 2 GWB seien

> *„einem Unternehmen die von einem Treuhänder erworbenen Anteile an einem anderen Unternehmen jedenfalls dann zuzurechnen, wenn es als Treugeber nicht nur das wirtschaftliche Risiko des Anteilserwerbs trägt, sondern auch in der Lage ist, die mit dem Anteil verbundene Leitungsmacht über das andere Unternehmen auszuüben".*[735]

---

731 *BKartA* WuW 2829 – T&N/Kolbenschmidt.

732 *Monopolkommission*, HGA XI (1994/95), Tz. 601.

733 *BKartA* WuW 2829 (2835) – T&N/Kolbenschmidt.

734 Vgl. *BGH* WuW/E DE-R 613, 615 - WAZ/IKZ sowie *KG* WUW/E DE-R 451, 453 - Herlitz/Landré.

735 *BGH* WuW/E DE-R 613 – WAZ/IKZ II.

Der Bundesgerichtshof folgte damit der Entscheidung des Kammergerichts Berlin in der Vorinstanz. Auch dieses hatte sich nicht festlegen wollen und hatte wie folgt formuliert:

> *„Jedenfalls dann, wenn das wirtschaftliche Risiko des Erwerbs vom Treugeber getragen wird und ihm die Möglichkeiten eröffnet sind, Einwirkungs- und Leitungsbefugnisse in den erworbenen Unternehmen auszuüben, ist ihm und nicht dem Treuhänder die Beteiligung zuzurechnen.“*[736]

Der Bundesgerichtshof ging in seinem Beschluss jedoch noch einen Schritt weiter. So stellte er die Vermutungsregel[737] auf, dass es im Allgemeinen der Natur eines Treuhandverhältnisses und des mit dieser Konstruktion verfolgten Zwecks entspräche, *„dass der Treuhänder die ihm aufgrund seiner Stellung als Gesellschafter zustehenden Rechte im allgemeinen in Abstimmung mit dem Treugeber und jedenfalls in dessen Interesse wahrnimmt“*.[738]

## *dd. Die Literatur*

### (1) Die das Bundeskartellamt stützende Ansicht

Im Schrifttum gibt es viele Stimmen, die sich der Argumentation des Bundeskartellamtes und der Monopolkommission angeschlossen haben, dass es allein auf die Verteilung des wirtschaftlichen Risikos und nicht auf die Ausübung der Verwaltungs- und Stimmrechte ankomme. Zu diesem Kreis von Autoren zählen vor allem Ernst-Joachim Mestmäcker, Hans-Jürgen Ruppelt, Andreas Albath und Edgar Stein.

#### (a) Das Argument der Disponibilität der Fusionskontrolle

Auch unter diesen Autoren überwiegt die Furcht vor einer Umgehung der Fusionskontrolle durch interne Abreden über das Weisungsverhältnis und die Ausübung der Mitgliedschaftsrechte.[739] Ihrer Argumentation liegt konkludent die die Einsicht zugrunde, dass die Einflussrechte des Treugebers tatsächlich je nach der Gestaltung des Treuhandvertrages unterschiedlich stark sein können. Auf der anderen Seite versuchen sie die Gestaltungsmöglichkeiten der Treuhandparteien jedoch als äußerst geringfügig darzustellen. So äußert sich namentlich *Ruppelt* dahingehend, dass der Treuhänder die Stimmrechte auch ohne Weisung des Treugebers in dessen Interesse auszuüben ha-

736 *KG* WuW/E DE-R 336, 337 - WAZ/IKZ II.

737 *Lange*, WuB V A. § 37 GWB n. F. 2.01., S. 590. In dem Sinn auch *Bechtold*, AfP 2001, S. 115 (116).

738 *BGH* WuW/E DE-R 613 (617) – WAZ/IKZ II.

739 *Mestmäcker/Veelken* in: *Immenga/Mestmäcker*, GWB-Kommentar, § 37 Rdnr. 107; *Ruppelt* in: *Langen/Bunte*, § 37 Rdnr. 37.

be[740]. Einen ähnlichen Ansatz, jedoch aus der Sicht des Treuhänders, wählt *Albath*. Er betont, selbst wenn der Treuhänder vom Treugeber rechtlich frei sei, von dem Verwaltungsrechten gegen die Vorstellung des Treugebers Gebrauch zu machen, sei dies unrealistisch. *„Denn ein Gesellschafter, der noch nicht einmal ein Finanzanlageinteresse an seiner Beteiligung hat, weil deren Chancen und Risiken ein anderer trägt, wird kaum eigenständige Vorstellungen zu den Geschäftsangelegenheiten entwickeln.“*[741]

(b) Grammatische Auslegung

Namentlich *Mestmäcker* stützt seine Argumentation auf den Wortlaut von § 37 Abs. 1 Nr. 3 Satz 2 GWB. Er ist der Überzeugung, dass der Begriff „für Rechnung“ nur verlange, dass derjenige, dem Gegenstände „für Rechnung“ eines anderen gehören, diese im Interesse des Treugebers verwalte und verpflichtet sei, ihm das so Erlangte herauszugeben. Die Auslegung, dass die Voraussetzung des „für Rechnung“-Haltens nur erfüllt sei, wenn der Treuhänder in der Ausübung der Stimm- und Verwaltungsrechte weisungsgebunden sei, qualifiziert er sogar als eine Auslegung contra legem.[742]

(c) Argumentum ex § 37 Abs. 1 Nr. 3 Satz 1 GWB

*Stein* hielt die Änderung des § 23 Abs. 2 Nr. 2 lit. a und b a. F. GWB (heute § 37 Abs. 1 Nr. 3 Satz 1 n. F. GWB) anlässlich der 5. GWB-Novelle für streitentscheidend.[743] Seit der damaligen Novellierung bedürfe auch allein der Erwerbs eines Kapitalanteils in Höhe von 25 % der Anmeldung, ohne dass daneben entsprechende Stimmrechte in Höhe von 25 % erlangt werden müssten. Diese Gesetzesänderung wurde von der Bundesregierung damals damit begründet, dass es eine Erfahrungstatsache gäbe, die besage, dass die Erhöhung einer Beteiligung an einem Unternehmen, auch wenn damit keine Erhöhung des durch die Stimmrechte vermittelten Einflusses verbunden sei, eine intensivere tatsächliche Einflussnahme zur Folge habe. Allein die Erhöhung der Beteiligung steigere das wirtschaftliche Interesse des Teilhabers am Marktverhalten des Beteiligungsunternehmens.[744] *Stein* schließt daraus, dass für die Zurechnungsklausel nichts anderes gelten könne. Auch in diesem Zusammenhang könne es konsequenterweise nicht auf die Ausübung der Stimmrechte ankommen. Diesen Gedankengang griff auch der Bundesgerichtshof in seiner jüngsten Entscheidung aus dem Jahre 2000 anlässlich des geplanten Zusammenschlusses der WAZ mit der IKZ auf.[745] Der

---

740 *Ruppelt* in: *Langen/Bunte*, § 37 Rdnr. 37.

741 *Albath*, S. 14.

742 *Mestmäcker/Veelken* in: *Immenga/Mestmäcker*, GWB-Kommentar, § 37 Rdnr. 35. Diese Ansicht wird geteilt von *Kerber*, S. 168.

743 *Stein*, S. 110.

744 Begr. RegE. (Fünftes Gesetz zur Änderung des GWB), BT-Drs. 11/4610, S. 19.

745 *BGH* WuW/E DE-R 613, 618 – WAZ/IKZ.

Bundesgerichtshof betonte vor allem auch die Tatsache, dass die Regelung im Zuge der 6. GWB-Novelle beibehalten worden sei.

(d) Keine Übernahme des wirtschaftlichen Risikos ohne faktische Leitungsmacht

Wie das Bundeskartellamt geht auch das Schrifttum[746] von dem Grundsatz aus „Wer zahlt, schafft an". Zwar sei ein Zusammenschluss mehr sei als nur die Übernahme wirtschaftlicher Risiken. Aus der Übernahme des finanziellen Risikos könne man aber auf die sogenannte faktische Leitungsmacht schließen, die die formellen Weisungsrechte substituiere. Derjenige, der ein wirtschaftliches Risiko eingehe, habe grundsätzlich auch finanzielle Interessen und wolle Rendite erzielen. Dies impliziere wiederum die Einflussnahme auf den Geschäftsbetrieb. Im Wege einer tatsächlichen Vermutung wird daher von diesen Autoren die Übernahme des wirtschaftlichen Risikos der faktischen Leitungsmacht gleichgesetzt. In logischer Konsequenz läuft diese Ansicht daher auf eine Pflicht des Treugebers hinaus, diese Vermutung zu widerlegen.

(2) Die Gegenmeinung

Ein beachtlicher Teil des Schrifttums widerspricht der Ansicht des Bundeskartellamtes.[747] Die Vertreter dieser Ansicht argumentieren vor allem mit dem Sinn und Zweck der Fusionskontrolle, die die Erhaltung von Verhaltensspielräumen für die Unternehmen sichern soll. Die Zurechnung von Anteilen setze voraus, dass der Treugeber ein gewisses Maß an unternehmerischer Leitungsmacht über das Zielobjekt erlange. Nur dann wäre der Treugeber in der Lage, das Unternehmen so zu beeinflussen, dass man von einer Verengung der Verhaltensspielräume des Treuguts sprechen könne.

(a) Zum Argument Disponibilität der Fusionskontrolle

Kritisch macht namentlich *Paschke* darauf aufmerksam, dass die Privatautonomie in ihrer Ausprägung der Dispositionsbefugnis über unternehmerische Leitungsmacht überhaupt erst die Grundlage für Zusammenschlusstatbestände bilde. Der Einwand, man dürfe die Fusionskontrolle nicht zur Disposition der Unternehmen stellen, ist somit schon im Ansatz angreifbar.[748]

---

746 *Thurnher*, WuW 1994, S. 303 (312); *Ruppelt* in: *Langen/Bunte*, § 37 Rdnr. 36 f.; *Bechtold*, GWB-Kommentar, § 35 Rdnr. 23.

747 *Paschke* in: *Frankfurter Kommentar*, § 23 GWB Rdnr. 172; *Kleinmann/Bechtold*, § 23 Rdnr. 114; *Becker*, S. 96; *Riesenkampff*, WuW 1994, S. 5 ff.; *Schütz* in: *Gemeinschaftskommentar*, § 37 Rdnr. 53; *Westrick* in: *Löwenheim/Belke*, § 23 Rdnr. 123.

748 *Paschke* in: *Frankfurter Kommentar*, § 23 GWB Rdnr. 172. Ähnlich auch *Riesenkampff*, WuW 1996, S. 5 (8).

(b) Zur grammatischen Auslegung

Ein großer Teil des Schrifttums vertritt die Auffassung, man dürfe sich bei der Auslegung der Zurechnungsklausel nicht auf deren Wortlaut beschränken.[749] Auch Riesenkampff betont, dass der Terminus „für Rechnung" es nicht ausschließe, die Zurechnung an weitere Voraussetzungen zu knüpfen, die sich aus einer teleologischen Auslegung ergäben. Der Sinn und Zweck der Fusionskontrolle erfordere es, in Anlehnung an § 23 Abs. 2 Nr. 6 a. F. GWB (= § 37 Abs. 1 Nr. 4 n. F. GWB) auf den wettbewerblich erheblichen Einfluss abzustellen, den das erwerbende Unternehmen auf das erworbene Unternehmen ausüben kann.[750] Als Generalklausel bilde diese Formulierung gleichsam den kleinsten gemeinsamen Nenner aller Zusammenschlusstatbestände.[751] Insofern sei es auch keine Auslegung gegen den Wortlaut, wenn man fordere, der Treugeber müsse neben dem wirtschaftlichen Risiko auch die Leitungsmacht übernehmen, wolle man ihm die vom Treuhänder erworbenen Anteile gemäß § 37 Abs. 1 Nr. 1 Satz 2 GWB zurechnen.

Wie oben bereits unter § 8 B II 2 a bb erörtert, geht auch *Becker* davon aus, dass der Begriff „für Rechnung" im Sinne von Einflussmöglichkeiten auszulegen sei.[752]

(c) Zum Argumentum ex § 37 Abs. 1 Nr. 3 S. 1 GWB

Der Argumentation *Steins* und des Bundesgerichtshofs, dass auch der Erwerb einer reinen Kapitalbeteiligung in Höhe von 25 % gemäß § 37 Abs. 1 Nr. 3 Satz 1 GWB der Anmeldung bedürfe und daher auch die Zurechnung nicht vom Bestand von Stimmrechten abhängen könne, hält Riesenkampff[753] entgegen, dass die beiden Konstellationen nicht vergleichbar seien und eine einheitliche Beurteilung daher nicht möglich. Der stimmrechtslose echte formelle Anteilsinhaber habe nämlich die Möglichkeit an Gesellschafter- und Hauptversammlungen teilzunehmen. Ihm stünden alle Mitgliedschaftsrechte außer dem Stimmrecht zu. Anders sei dies bei dem treugebenden Unternehmen, für dessen Rechnung gehandelt werde. Diese könne aufgrund fehlender Gesellschafterstellung nicht von diesen Mitgliedschaftsrechten Gebrauch machen.

(d) Keine unbedingte Identität von wirtschaftlichem Risiko und Leitungsmacht

Dem Bundeskartellamt und den ihm folgenden Autoren wird entgegengehalten, dass wirtschaftliches Risiko und Leitungsmacht zwar selten auseinanderfallen[754], aber eben

749 *Becker*, S. 96; *Kleinmann/Bechtold*, § 23 Rdnr. 28; *Riesenkampff*, WuW 1996, S. 5 (8).

750 *Riesenkampff*, WuW 1996, S. 5 (8).

751 Vgl. *Schütz* in: *Gemeinschaftskommentar*, § 37 Rdnr. 53.

752 *Becker*, S. 96.

753 *Riesenkampff*, WuW 1996, S. 5 (9).

754 Vgl. *Kleinmann/Bechtold*, § 23 Rdnr. 114.

nicht zwingend identisch sind. Die grundsätzliche Anerkennung der Möglichkeit von faktischer Leitungsmacht dürfe nicht dazu führen, dass eine Tatsachenvermutung dahingehend aufgestellt werde, dass wirtschaftliches Risiko und Leitungsmacht stets kongruent seien. Andernfalls gerieten die treugebenden Unternehmen in die Nachweispflicht dahingehend, dass sie keine Leitungsmacht besitzen.[755] Der Übernahme des wirtschaftlichen Risikos dürfe nur eine indizielle Bedeutung zukommen. Hätte die Übernahme des wirtschaftlichen Risikos nur Indizcharakter für die Kontrollmöglichkeiten, müsste das Kartellamt erst die Kontrollmöglichkeit des Treugebers nachweisen.[756] Auch die zuletzt im Verfahren WAZ/IKZ II aufgestellte Vermutungsregel des Bundeskartellamtes[757] wird dahingehend kritisiert, dass sie den Weg für eine differenzierte Betrachtung weitgehend versperre.[758]

(e) Verlagerung des Vollzugszeitpunkts

*Riesenkampff*[759] ist der Ansicht, die Konzentration auf den Zurechnungsfaktor der Übernahme wirtschaftlichen Risikos führe in ihrer Konsequenz zu einer neuen unerwünschten Verlagerung des Vollzugszeitpunkts allgemein. Normalerweise werde der Vollzug eines Erwerbsvorgangs zu dem Zeitpunkt angenommen, an dem die Einflussmöglichkeiten auf das Zielobjekt übergehen, und den es deshalb mit der präventiven Fusionskontrolle zu verhindern gelte. Gehe man jedoch wie das Bundeskartellamt davon aus, dass eine ZuRechnung von Anteilen immer schon dann erfolge, wenn eine andere Person das wirtschaftliche Risiko für diese Anteile übernehme, werde die Notwendigkeit des Kontrollvorgangs allgemein zeitlich nach vorne verschoben. Als Beispiel führt er das „sehr wohl vorstellbar und nicht unübliche“ Szenario an, dass die Vertragsparteien ihren Anteilskaufvertrag bewusst unter die aufschiebende Bedingung der Nichtuntersagung durch das Bundeskartellamt stellen, der Käufer jedoch auch dann den Kaufpreis voll bezahlen muss, wenn er die gekauften Anteile letztlich wegen der Untersagung durch das Bundeskartellamt doch nicht erwerben kann.[760] Eine derartige Vertragsgestaltung wäre angesichts des in § 43 GWB geregelten Vollzugsverbots dann nicht mehr denkbar.

(f) Rückschlüsse aus dem Institut des Entflechtungstreuhänders

Gegen die (alleinige) Relevanz der Übernahme des wirtschaftlichen Risiko wird in der Literatur zum Vergleich auf die in § 41 Abs. 4 GWB (vor der 6. GWB-Novelle § 24

755 *Riesenkampff*, WuW 1996, S. 5 (11).

756 *Riesenkampff*, WuW 1996, S. 5 (11).

757 Vgl. dazu oben unter § 8 B IV 2 b.

758 *Lange*, WuB V A. § 37 GWB n. F. 2.01, S. 590.

759 *Riesenkampff*, WuW 1996, S. 5 (10).

760 *Riesenkampff*, WuW 1996, S. 5 (10).

Abs. 7 Nr. 4 lit. a GWB) geregelte Figur des Entflechtungstreuhänders verwiesen.[761] Der Entflechtungstreuhänder ist kein rechtsgeschäftlich durch die Unternehmen bestellter Treuhänder, sondern leitet seine Rechtsmacht aus der Bestellung durch das Bundeskartellamt ab. Nur diesem ist er weisungsunterworfen.[762] Das wirtschaftliche Risiko eines Unternehmens trägt bis zur endgültigen Entflechtung jedoch selbstverständlich das zu entflechtende Unternehmen selbst, sodass die Anteile, stellte man für die Zurechnung allein auf die Übernahme des wirtschaftlichen Risikos ab, eigentlich immer noch den bisherigen Anteilsinhaber zugerechnet werden müssten. Dann wäre das Mittel des Entflechtungstreuhänders jedoch als untauglich zur Herbeiführung der Entflechtung anzusehen. Die Maßnahme wäre dann „gleichzeitig als unzulässiger Vollzug eines Zusammenschlusses und damit als Verstoß gegen das Vollzugsverbot wie auch als Maßnahme zur Auflösung eines Zusammenschlusses“[763] zu qualifizieren.

### *ee. Eigene Ansicht*

#### (1) Zur grammatischen Auslegung

Dem Bundeskartellamt und der es argumentativ stützenden Schrifttum ist insofern Recht zu geben, als die Formulierung „für Rechnung“ rein sprachlich allein die Verlagerung wirtschaftlicher Folgen erfasst. Das Festhalten an sprachlichen Gegebenheiten ist auf den ersten Blick nach der bislang verfolgten Argumentation auch sinnvoll, wenn man den Zusammenschlusstatbestand des Anteilserwerbs als einen formellen Tatbestand qualifiziert, der der Rechtssicherheit der beteiligten Unternehmen dienen soll. Anders als bei der Frage nach der Erweiterung des Anwendungsbereichs der Zurechnungsklausel als solcher durch eine über den Wortlaut hinausgehende „Auslegung“ bzw. Analogie (vgl. dazu oben unter § 8 B II 2 a), kommt man bei der Frage nach einer restriktiven Anwendung des Begriffs „für Rechnung“ aber nicht in Konflikt mit dem verfassungsrechtlichen Grundsatz der Bestimmtheit der Norm gemäß Art. 103 Abs. 2 GG. Zum einen würde sich eine restriktive Auslegung des Begriffs nur zu Gunsten des potentiell Anmeldeverpflichteten auswirken und zum anderen eröffnet der Begriff „für Rechnung“ als unbestimmter Rechtsbegriff gerade einen gewissen Beurteilungsspielraum. So bedarf der Terminus „für Rechnung“ insbesondere stets dann einer Konkretisierung, wenn seine Verwendung, wie im Rahmen von § 37 Abs. 1 Nr. 3 Satz 2 GWB, Umgehungsschutzfunktion hat. In diesen Fällen lässt sich der Begriff nie aus sich selbst heraus erklären. Vielmehr ist es so, dass der Regelungsgehalt nur im Kontext mit der Norm ermittelt werden kann, deren Umgehung verhindert werden soll.[764] Im Bereich der Fusionskontrolle geht es speziell darum, die Einflussnahme auf ein Unternehmen zu verhindern, die zu einer marktbeherrschenden Stellung führen

761 *Riesenkampff*, WuW 1996, S. 5 (11).

762 Dazu ausführlich *Kerber*, S. 324 f.

763 *Riesenkampff*, WuW 1996, S. 5 (11).

764 *Vedder*, S. 212.

würde. Ob allein aus der Übernahme wirtschaftlicher Risiken ohne gesellschaftsrechtliche Verankerung oder eine anderweitige Absicherung der Position eine derartige Einflussmöglichkeit entstehen kann, wird hier bezweifelt. Jeder der vier im GWB geregelten Zusammenschlusstatbestände geht in seinen Anforderungen über die reine Übernahme wirtschaftlicher Risiken hinaus.

Als Zwischenergebnis bleibt daher zunächst festzuhalten, dass sich aus dem Wortlaut allein nicht die Schlussfolgerung ziehen lässt, dass stets die Zurechnung des Treuguts zu erfolgen habe.

### (2) Zum Argumentum ex § 37 Abs. 1 Nr. 3 GWB

Der Bundesgerichtshof und einige Literaturstimmen verweisen darauf, dass gemäß § 37 Abs. 1 Nr. 3 Satz 1 GWB allein schon der Erwerb eines Kapitalanteils von 25 % ohne entsprechende Stimmrechte dem Erwerbsbegriff unterfällt und folgern daraus, die Ausübung der Stimmrechte sei auch im Rahmen der Zurechnungsklausel des § 37 Abs. 1 Nr. 3 Satz 2 GWB unerheblich (vgl. soeben unter Gliederungspunkt dd) (1) (c)). Zwar ist es zutreffend, dass der Gesetzgeber mit dem Erreichen der 25 %-Grenze generell die Möglichkeit einer staatlichen Kontrolle eröffnen wollte. Zum einen basiert — wie oben unter Gliederungspunkt dd (2) (c) bereits erörtert — diese Regelung jedoch auf der Tatsache, dass der stimmrechtslose Anteilseigner außer dem Stimmrecht alle anderen Gesellschaftsrechte wahrnehmen kann. Diese gesellschaftsrechtliche Position steht dem treugebenden Unternehmen im Regelfall nicht zu. Zum anderen weist der 1998 eingeführte materielle Tatbestand des § 37 Abs. 1 Nr. 2 GWB sowie die Auffangklausel des § 37 Abs. 1 Nr. 4 GWB in eine genau entgegengesetzte Richtung. Beide Vorschriften fordern gerade den Erwerb von bestimmenden bzw. zumindest wettbewerblich erheblichen *Einflussrechten*. Für den Kontrolltatbestand steht nach der gemeinschaftsrechtlichen Kartellrechtspraxis und der Literatur fest, dass im Fall einer Abweichung der Kapitalanteile von den Stimmrechten letztere entscheidend sind.[765] Sofern nicht andere Umstände hinzukommen, ist der Erwerb einer Beteiligung an einem anderen Unternehmen ohne Stimmrechtsmehrheit in der Regel nicht mit der Erlangung alleiniger Kontrolle gleichzusetzen.[766] Auch im Rahmen des Zusammenschlusstatbestandes des § 37 Abs. 1 Nr. 4 GWB wird gefordert, dass sich der Anteilserwerb nicht in einer reinen Kapitalbeteiligung erschöpft, sondern die Kapitalbeteiligung den Einfluss auf die langfristige Geschäftspolitik des Beteiligungsunternehmens vermitteln müsse.[767] Insofern lässt sich eine gewisse Diskrepanz innerhalb der Zusammenschlusstatbestände nicht leugnen.

---

765 *Löffler*, Art. 3 Rdnr. 25. Für das GWB *Mestmäcker/Veelken* in: *Immenga/Mestmäcker*, GWB-Kommentar, § 37 Rdnr. 34.

766 So die *Kommission,* Mitteilung über den Zusammenschlussbegriff, Tz. 13. Entsprechendes gilt jedoch auch für die wortgleiche Regelung des GWB.

767 *BKartA* WuW/E DE-V 1, 4 – ASV Stilke; *Stein*, S. 156.

Da das treugebende Unternehmen bei der gewöhnlichen Erwerbstreuhand als Dritter formal juristisch in keinem Verhältnis zur Gesellschaft steht, kann man ihm die Anteile meines Erachtens nur dann zurechnen, wenn es zumindest über einen Einfluss auf das Treugut verfügt, der die Anforderungen des Auffangtatbestandes des § 37 Abs. 1 Nr. 4 GWB als kleinsten gemeinsamen Nenner erfüllt. Einen wettbewerblich erheblichen Einfluss auf das Zielobjekt nimmt die herrschende Meinung — wie oben unter § 8 A VI dargelegt — jedoch in der Regel auch nur dann an, wenn tatsächlich in der Weise auf die Entscheidungsfindungen des Unternehmens Einfluß genommen werden kann, also der Einfluss gesellschaftsrechtlich in irgendeiner Form abgesichert ist. Aufgrund einer finanziellen Beteiligung allein ist dies nicht möglich.

### (3) Zum angeblich untrennbaren Zusammenhang von wirtschaftlichen Interessen und der Ausübung von Leitungsmacht

Die herrschende Meinung geht von einem gewissen Automatismus zwischen der Übernahme finanzieller Risiken und einer daraus resultierenden Leitungsmacht aus und relativiert dadurch weitgehend die eigenständige Bedeutung des Kriteriums der Leitungsmacht.

Ein unabdingbarer Zusammenhang zwischen der Übernahme des finanziellen Risikos und Leitungsmacht besteht meines Erachtens nicht in jeder Treuhandkonstellation. Vor allen in den Fällen, in denen der Treuhänder eine Schutz[768]- oder Schlichtungsfunktion[769] erfüllt, wird dem Treuhänder bei der Ausübung des Geschäftsbetriebs volles Vertrauen entgegengebracht und die treugebenden Unternehmen ziehen sich dementsprechend bewusst aus der Unternehmensleitung zurück. Zu denken ist auch an die Konstellationen, in denen es dem Treugeber an der Befähigung, Zeit, oder der Motivation zur Betriebsführung mangelt oder er an einer notwendigen Präsenz verhindert ist, jedoch gleichwohl finanziell interessiert und bereit ist, ein gewisses Risiko im Vertrauen auf den Treuhänder einzugehen. Auch in den Fällen, in denen allein die Möglichkeit des Erwerbs des Zielobjekts bis zum Zeitpunkt der Genehmigung durch das Bundeskartellamt angesichert werden soll, indem der potentielle Erwerber seine Hausbank mit dem vorläufigen Erwerb beauftragt und die wirtschaftlichen Risiken aus diesem Auftrag übernimmt[770], haben die potentiellen Erwerber gerade kein Interesse an der Ausübung der Stimmrechte. Dem potentiellen Erwerber ist vielmehr erkenntlich daran gelegen, das Fusionskontrollverfahren ordnungsgemäß durchzuführen.

Dass die Übernahme von wirtschaftlichen Risiken nicht immer mit dem Willen zur Einflussnahme einhergeht, zeigt sich augenscheinlich auch am Beispiel (und am Bedürfnis) des Bankenstimmrechts. Von dem Weisungsrecht der Aktionäre wird in

768 Vgl. zu den Begrifflichkeiten *Buchner*, S. 303.

769 *Breuer*, S. 80.

770 *Riesenkampff*, WuW 1996, S. 5 (6). Der Erwerb über den Treuhänder wird dann nötig, wenn der Vertragspartner nicht bereit ist, mit dem Verkauf bis zum Abschluss des Kontrollverfahrens zu warten und bereits andere Interessenten an der Hand hat.

den seltensten Fällen Gebrauch gemacht. Dass Leitungsmacht und wirtschaftliches Risiko auseinander fallen können zeigt sich — worauf Riesenkampff[771] zutreffend hinweist — auch im Fall des stimmrechtslosen Vorzugsaktionärs bzw. im Fall der Kreditvergabe an Unternehmen durch Banken allgemein. Nicht durch jedes Darlehen sichert sich eine Bank zugleich den Einfluss auf Unternehmensentscheidungen. Dieses Auseinanderfallen von finanziellen Mitteln und Entscheidungsmacht zeichnet sogar gerade das Risiko des Kreditgeschäfts aus.

Als Zwischenergebnis ist festzuhalten, dass allein aufgrund der Übernahme von wirtschaftlichen Risiken keine Aussage über die Möglichkeit der Einflussnahme durch den Treugeber getroffen werden kann. Der Begriff der faktischen Leitungsmacht ist darüber hinaus deshalb problematisch, weil er normalerweise Beherrschungsverhältnisse charakterisiert, die nicht auf rechtlicher Grundlage beruhen, sondern auf sonstiger Weise. Soweit zwischen zwei Personen jedoch ein Treuhandverhältnis vereinbart wurde, besteht eine rechtliche Grundlage für das Innenverhältnis. Diese muss zunächst Ausgangspunkt für eine fusionskontrollrechtliche Betrachtung sein, will man den Grundsatz der Privatautonomie nicht ins Leere laufen lassen.

#### (4) Die Relevanz des Weisungsverhältnisses

Das Bundeskartellamt sowie die ihm folgende Literaturmeinung halten das Innenverhältnis zwischen treugebenden und treunehmenden Unternehmen für irrelevant bzw. stellen die Behauptung auf, jedem Treuhandverhältnis wohne als Kehrseite inne, dass der Treuhänder bei der Ausübung der aus dem Anteil erwachsenden Rechte die Interessen des Treugebers zu wahren habe. Letztere These greift jedoch zumindest in den Fällen zu kurz, in den die Treuhandparteien wie beispielsweise Metro und die Schweizer Bankgenossenschaft explizit vereinbart haben, dass der Treuhänder nicht den Weisungen des Treugebers unterliegen soll (vgl. dazu im ersten Teil § 1 B). Hinzu kommt, dass auch das Bundeskartellamt in anderem Zusammenhang sehr wohl zwischen dem weisungsabhängigen und dem weisungsgebundenen rechtsgeschäftlich von den beteiligten Unternehmen bestellten Treuhänder differenziert; so z. B. im Bereich der früheren Zusagen- und heutigen Auflagenpraxis.

#### (a) Im Rahmen der Zusagen- bzw. Auflagenpraxis

Mit der 6. GWB-Novelle wurde dem Bundeskartellamt in Form von § 40 Abs. 3 GWB die Befugnis eingeräumt, die Untersagung durch Auflagen an die beteiligten Unternehmen abzuwenden. Mit dieser Gesetzesänderung wurde die damalige, gesetzlich nicht verankerte Zusagenpraxis hinfällig[772] — wobei natürlich auch Auflagen nur dann Sinn machen, wenn die beteiligten Unternehmen im Gespräch mit dem Bundeskartellamt die Bereitschaft zu derartigen Maßnahmen „zusagen". An der inhaltlichen Aus-

---

771 *Riesenkampff*, WuW 1996, S. 5 (6).

772 So auch *BKartA* TB 1999/2000, S. 23.

gestaltung der Umsetzung derartiger untersagungsabwendender Entflechtungen hat sich nichts geändert. Die beteiligten Unternehmen wählen weiterhin häufig den Weg der Veräußerung über einen von ihnen bestellten Treuhänder. Lässt sich das Bundeskartellamt auf eine derartige Zusage oder Auflage ein, betont es stets die Notwendigkeit der Zusicherung der Weisungsunabhängigkeit des Treuhänders.[773]

Schon vor der Implementierung des Fusionskontrollrechts in das GWB sah sich das Bundeskartellamt zum Verzicht auf die Untersagung des Zusammenschlusses der Osram GmbH mit der Siemens AG bereit, weil die Osram GmbH unter anderem zusagte, ihre Stimmrechte an dem belgischen Unternehmen E.M.G.O. NV,[774] einem Glühlampengaskolben herstellenden Gemeinschaftsunternehmen, an dem Osram mit 46 % beteiligt war, an einen *„neutralen, nicht weisungsgebundenen Treuhänder“*[775] zu übertragen. Ähnlich musste auch die Karstadt AG sich im Verfahren Karstadt/Neckermann verpflichten, ihre Anteile an der KS – Touristik- Beteiligungsgesellschaft mbH *„einem weisungsunabhängigen Treuhänder zu übertragen und das von Karstadt gehaltene Aufsichtsratsmandat bei der Tui niederzulegen“.*[776]

In einem Beschluss aus dem Jahre 1999, also nach der Novellierung des § 40 Abs. 3 GWB, erklärte sich das Bundeskartellamt zur Bewilligung des Erwerbs des Nürnberger Kolbenwerks der Alcan Deutschland GmbH durch die Federal-Mogul-Nürnberg GmbH unter der Auflage bereit, dass die Federal-Mogul Vermögensverwaltung GmbH aufgegeben werde und deren Anteile an der König Kommanditgesellschaft mbH & CO., Rankweil/Österreich, sowie deren Komplementärgesellschaft ELKO Motorenteile GmbH, Rankweil/Österreich, an einen oder mehrere Dritte verkauft würden. Das Bundeskartellamt hielt diese Auflage für ausreichend, weil die Federal Mogul ihre Kapitalbeteiligung an der König KG und der ELKO Motorenteile GmbH

---

773 So z. B. *BKartA*, WuW/E DE-V1117 (1127) – RWE/VEW. Dazu *Herfarth*, WuW 2004, S. 584 (593).

Gleiches gilt im Übrigen auch für den Fall, in dem die vorläufige Übertragung der Anteile auf einen Treuhänder dem Ziel dient, die Zeit des Vollzugsverbots bis zum Zeitpunkt der Genehmigung des Zusammenschlusses zu überbrücken. Auch in diesem vergleichbaren Fall legte das Bundeskartellamt Wert auf die konkrete Gestaltung der Treuhandabreden. So wurden bei dem geplanten Erwerb sämtlicher Geschäftsanteile der Centra-Bürkle GmbH durch eine Tochter der Honeywell Inc.; Honeywell Plaza, Minnesota, USA, vor dem Erwerb durch Honeywell zunächst alle Anteile bis zum Abschluss des Fusionskontrollverfahrens auf die Deutsche Bank AG übertragen. Gegen die ursprünglich dafür vorliegenden Verträge äußerte das Kartellamt Bedenken. Sie mussten in der Weise geändert werden, dass für den Zeitraum des Zwischenerwerbs durch die Deutsche Bank sowohl der überwiegende Teil des unternehmerischen Risikos als auch die wesentlichen Einflussmöglichkeiten bei den Altgesellschaftern verblieben, so dass diese weiterhin als wirtschaftliche Eigentümer anzusehen waren. Vgl. dazu *BKartA* TB 1983/84, S. 76.

774 Naamloze Vennootschap.

775 *BKartA* TB 1975, S. 38 - Osram/Siemens. Nach deutschen Gesellschaftsrecht wäre eine derartige gesonderte Übertragung allein der Stimmrechte nicht möglich; so auch *Kerber*, S. 175, Fußn. 43. Die Naamloze Vennootschap hat im deutschen Gesellschaftsrecht kein entsprechendes Pendant.

776 *BKartA* TB 1977, S. 80 f.

bereits vor der Entscheidung durch die Beschlussabteilung zum Zwecke der Weiterveräußerung unwiderruflich, zeitlich unbefristet und ohne Rückübertragungsmöglichkeit auf einem Treuhänder übertragen und auf die Ausübung ihrer Gesellschafterrechte vollständig verzichtet hat

> *„sowie dem Treuhänder bei der Wahrnehmung der Beteiligung keine wettbewerblich relevanten Weisungen erteilen"*[777].

durfte. Auf der anderen Seite — und insofern konsequent zur Argumentation beim Erwerbstreuhänder — hielt das Bundeskartellamt die Auflage der Veräußerung als solche wiederum für nötig,

> *„weil auch nach der Übertragung der Anteile auf einen Treuhänder das wirtschaftliche Interesse an den Beteiligungen bei Federal Mogul verbleibt."*

(b) Schlussfolgerungen aus der Zusagen- und Abhilfepraxis für den Erwerbstreuhänder

Die genannten Fälle der Übertragungstreuhand im Bereich der Zusagen-/Auflagenpraxis zeigen, dass das Bundeskartellamt in diesem Bereich das weisungsrechtliche Verhältnis zwischen dem treugebenden Unternehmen und dem Treuhänder nicht außer Acht lässt, sondern in seine Erwägungen mit einbezieht. Die beiden Einsatzgebiete des rechtsgeschäftlichen Treuhänders (Entflechtung und Erwerb) sind insofern vergleichbar, als es sich hier wie dort um die selbe Frage dreht, ob das Treugut dem Einfluss des treugebenden Unternehmens entzogen ist oder ob dieser mit dem Treugut seine Stellung am Markt zu einer marktbeherrschenden Stellung festigen kann. Auch *Kerber* vermutete mit Blick auf das Verfahren Metro/Kaufhof zutreffend, dass

> *„derartige umgehungsverdächtige Gestaltungen eine erhebliche Anzahl entflechtungspflichtiger Anteilserwerber zur Nachahmung animieren werden, um die faktische Wirkung der Veräußerung an Dritte möglichst gering zu halten."*[778]

In der Tat ist dieser Effekt nicht von der Hand zu weisen, wie der oben unter Punkt einleitend geschilderte Fall Tagesspiegel/Berliner Zeitung vor Augen führt. Eine unterschiedliche Behandlung der Treuhandvertragsparteien bei der Entflechtungs- und der Erwerbstreuhand ist meines Erachtens nicht gerechtfertigt.

---

777 Beschluss des *BKartA* vom 27. Mai 1999, B 5 – 34 301 U- 16/99. Zu dem Beschuss auch *Schultz/Wagemann*, Kartellrechtspraxis und Kartellrechtsrechtsprechung 2000/01, Rdnr. 346 f.

778 Auf den gedanklichen Zusammenhang der Zurechnungsklausel und der Entflechtung durch Übertragung von Anteilen auf einen Dritten weist auch *Kerber* hin, S. 166 f.

(5) Zum angeblich zwangsläufigen Desinteresse des Treuhänders an den Unternehmensangelegenheiten

Wenn *Albath* — vgl. hierzu oben unter Gliederungspunkt dd. (1) (a) — meint, es sei unrealistisch, dass eine Person, die weder eine Gewinn- noch Verlustbeteiligung an einem Unternehmen trage, eigenständige Vorstellungen über die Gesellschaftsangelegenheiten entwickle, entspricht dies nicht der allgemeinen Lebenserfahrung, auf die die Wirtschaft baut. Jedes Vorstandsmitglied einer AG, jeder Geschäftsführer und Manager nimmt treuhänderische Aufgaben im weitesten Sinn — vgl. dazu oben unter § 3 C 3 b — wahr. Auch wenn diese Entscheidungsträger „nur" durch einen Dienstvertrag verpflichtet sind, erwartet man von ihnen selbstverständlich zu einem gewissen Grad strategische Vorgaben und Pläne zu Erreichung einer bestimmten Zielvorstellung. Von Treuhandgesellschaften, die im Rahmen ihrer gewerblichen Tätigkeit für ihre jeweiligen Auftraggeber gegen Entgelt die zeitweise Verwaltung von Unternehmen übernehmen, wird gerade in bestimmten Situationen — wie der der unternehmerischen Lähmung durch gesellschaftsinterne Streitigkeiten oder eine gezielte Blockadepolitik eines Gesellschafters — erwartet, dass sie unternehmerische Entscheidungen treffen.

### *d. Zusammenfassung*

Dehnt man den Anwendungsbereich der Zurechnungsklausel in § 37 Abs. 1 Nr. 3 S. 2 GWB in dem Maße aus, wie es das Bundeskartellamt tut, und macht aus ihr auf diesem Wege gleichsam einen eigenständigen Zusammenschlusstatbestand, ist es unabdingbar, den Begriff „für Rechnung" restriktiv auszulegen, damit dieser neu geschaffene Zusammenschlusstatbestand nicht systemwidrig aus dem Muster der anderen Zusammenschlusstatbestände herausfällt. Insbesondere muss daher gefordert werden, dass dem Treugeber, der das finanzielle Risiko des Erwerbs trägt, tatsächlich auch die Möglichkeit wettbewerblich zumindest erheblichen Einflussnahme auf die maßgeblichen unternehmerischen Entscheidungen zukommt.

## 4. Die besondere Rolle der Banken als Treuhänder

Häufig sind es — wie z.B. im einleitend unter § 1 A geschilderten Fall Metro/Kaufhof I — Banken, die selbst oder durch Tochtergesellschaften als Treuhänder in einen Erwerbsvorgang eingespannt wurden. Die Banken genießen gemäß § 37 Abs. 3 GWB, ebenso wie im Gemeinschaftsrecht, das sogenannte Bankenprivileg, das es ihnen erlaubt, die Anteilserwerbsvorgänge nicht anzuzeigen, die dem Zwecke der Weiterveräußerung dienen. Anders als die FKVO (Art. 3 Abs. 5) differenziert das GWB nicht danach, zu welchen Zwecken die Stimmrechte ausgeübt werden, sondern gewährt das Privileg ausschließlich dann, wenn die Banken die Stimmrechte aus den Anteilen überhaupt nicht ausüben. Im Fall Metro/Kaufhof I zog sich die zwischengeschaltete

Hausbank erfolgreich auf ihr Bankenprivileg zurück, was unter anderem letztlich dazu beitrug, dass das Bundeskartellamt das Verfahren gegen die Metro Tochtergesellschaft Großpart und die Schweizerische Bankgesellschaft am 19. August 1981 einstellte.

Durch die 6. Novellierung des GWB im Jahre 1998 wurde das damals schon bestehende Bankenprivileg nochmals erweitert. Bis zur Gesetzesnovelle verlangte § 23 Abs. 3 Satz 2 a. F. GWB, dass die Weiterveräußerung „am Markt" erfolgen müsse. Daraus schloss die herrschende Meinung, dass zum Zeitpunkt des Erwerbs der Anteile durch das Kreditinstitut die Person des Erwerbers noch nicht konkret und endgültig feststehen dürfe und, dass der Erwerb erst recht nicht schon im Auftrag eines dritten Erwerbers erfolgen dürfe.[779] Mit der 6. GWB-Novelle entfiel diese Formulierung. Während die Begründung des Regierungsentwurfs angesichts der neuen Textfassung nur von redaktionellen Streichungen spricht[780], witterte die Anwaltschaft sofort Raum für *„neue Überlegungen zu Treuhandmodellen im Rahmen der präventiven Fusionskontrolle"*[781]. Das aktuelle Schrifttum folgert aus dem Wegfall der Formulierung mehrheitlich, dass das Kreditinstitut nunmehr von vornherein die Weiterveräußerung an einen oder mehrere bestimmte Bewerber beabsichtigen kann.[782] Zutreffend stellt *Schütz* fest, dass es dann nur noch eine Frage des Innenverhältnisses zwischen dem Kreditinstitut und dem endgültigen Erwerber sei, ob es sich in Wahrheit um eine Erwerbstreuhand handle oder nicht.[783] Ein Umgehungspotential würde durch § 37 Abs. 3 GWB in seiner neuen Gestalt aber nur dann eröffnet, wenn die Fälle der treuhänderischen Erwerbs tatsächlich nicht vom Sinn der Norm erfasst werden sollen.

Bei der Bankenklausel handelt es sich um eine begünstigende Norm. Die herrschende Ansicht geht davon aus, dass auch die Umgehung begünstigender Normen, die sogenannte „Tatbestandserschleichung", einen Unterfall der Gesetzesumgehung darstellt.[784] Die Fälle der Tatbestanderschleichung zeichnen sich allgemein dadurch aus, dass sie an sich unter den Wortlaut der betreffenden Norm subsumiert werden können, aber nicht von ihrem Sinn erfasst werden. Wie bereits oben unter § 7 B II 6 c bb (3) festgestellt, unterscheidet sich der transitorische vom mittelbaren Erwerb. Auch im nationalen Recht ist davon auszugehen, dass die Banken vom Gesetzgeber nur im Bereich des transitorischen Erwerbs zum Zweck des Emissions- und Wertpapierhandels privilegiert werden sollten. Die Streichung der Worte „am Markt" war nach Angaben des Gesetzgebers selbst nur redaktionell. Mit Nachdruck ist auch an dieser Stelle jedoch darauf hinzuweisen, dass selbst dann, wenn die Bank nicht zur Anmeldung verpflichtet wäre, ihr Kunde, das treugebende Unternehmen selbst zur

---

779 Vgl. dazu beispielsweise *Kleinmann/Bechtold*, § 23 Rdnr. 232; *Werner*, WuW 1996, S. 461 (468 f.).

780 Begr. RegE. (Sechstes Gesetz zur Änderung des GWB), BT-Drs. 13/9720, S. 57.

781 *Schulte*, AG 1998, S. 297 (305).

782 *Schütz* in: *Gemeinschaftskommentar*, § 37 Rdnr. 76; *Ruppelt*: in *Langen/Bunte*, § 37 Rdnr. 63; *Bechtold*, GWB, § 37 Rdnr. 48.

783 *Schütz* in: *Gemeinschaftskommentar*, § 37 Rdnr. 76.

784 Vgl. dazu bei *Teichmann*, S. 48 m.w.N.

Anmeldung verpflichtet sein kann, wenn es selbst einen Zusammenschlusstatbestand erfüllt. Der treugebende Kunde wird von der Privilegierung in jedem Fall nicht erfasst.

## III. Die Herbeiführung von wettbewerblich erheblichen Einfluss durch den Treuhänder

### 1. Herbeiführung eins Beziehungsgeflechts

Der Erwerb von wettbewerblich erheblichen Einfluss i. S. d. § 37 Abs. 1 Nr. 4 GWB beruht in der Regel auf einem gesellschaftsrechtlich vermittelten Beziehungsgeflecht.[785] Nach Stein stellt auch der indirekte und mittelbare Anteilserwerb ein derartiges Beziehungsgeflecht dar.[786] Als Beispiel für den Fall eines „Beziehungsgeflechts" in Form einer mittelbaren Beteiligung wird häufig auf den Fall Allianz/Dresdner Bank verwiesen.[787] Das Bundeskartellamt hatte in diesem Fall die Anwendung des § 23 Abs. 2 Nr. 6 a. F. GWB bejaht. Anlass dafür war eine Aufstockung der Minderheitsbeteiligung der Allianz AG an der Dresdner Bank von 19,1 % auf 22, 31%. Im Hinblick darauf, dass die Allianz jedoch zusammen mit „verbundenen und befreundeten Unternehmen"[788] eine faktische Hauptversammlungsmehrheit erreichte, sah das Bundeskartellamt diesen Erwerbsvorgang dennoch als den Gewinn eines wettbewerbserheblichen Einflusses durch die Allianz AG an.

Wenn bereits wie im Fall Dresdner Bank/Allianz die faktische Einflussnahmemöglichkeit über befreundete Unternehmen ausreichen kann, muss dies erst recht dann gelten, wenn zwischen zwei Unternehmen eine Treuhandvereinbarung getroffen wurde und das Treuhandunternehmen sogar vertraglich dazu gezwungen ist, im Interesse des Treugebers zu handeln. Auch in den Treuhandkonstellationen besteht für den Treugeber die Möglichkeit, über die Gesellschafterstellung des Treuhänders mittelbar Einfluss auf ein anderes Unternehmen zu nehmen, indem man das durch die Treuhandabrede bestehende Beziehungsgeflecht ausnutzt. Die Abhängigkeit des Zielobjekts ist in diesem Fall auch nicht nur wirtschaftlicher, faktischer Natur, sondern — wie vom Gesetzgeber gefordert[789] — über die Gesellschafterstellung des Treuhänders vermittelt.

---

785 Vgl. dazu oben unter Gliederungspunkt § 8 A IV.

786 *Stein*, S. 159. *Stein* denkt dabei allerdings weniger an Treuhandkonstellationen als an die Fallgruppe, dass ein Unternehmen A Anteile an dem Unternehmen B erwirbt, welches seinerseits Anteile an einem dritten Unternehmen C besitzt, wobei durch die mittelbare Beteiligung noch kein herrschender Einfluss durch A erreicht wird.

787 *BKartA*, TB 1991/92, S. 24; Vgl. dazu ausführlich auch *Stein*, S. 160 f.

788 *BKartA*, TB 1991/92, S. 24.

789 Begr. RegE. (Sechstes Gesetz zur Änderung des GWB), BT-Drs. 13/9720, S. S. 57.

§ 37 Abs. 1 Nr. 3 GWB fungiert daher als idealer Auffangtatbestand für all die Vertragsgestaltungen, die nicht vom Anwendungsbereich der Zurechnungsklausel in § 37 Abs. 2 Nr. 3 Satz 2 GWB erfasst werden. Dies gilt sowohl in den Fällen des zeitlich versetzten abgestimmten Erwerbs, wenn zunächst der Treugeber und dann der Treuhänder Anteile am selben Zielobjekt erwerben, die addiert einen Schwellenwert des § 37 Abs. 3 Nr. 3 Satz 1GWB erreichen, als auch in den Fällen, in denen der Treuhänder allein eine Beteiligung in Höhe von 25 % oder 50% für Rechnung des Treugebers erwirbt.

In den Fällen der Kombination des eigenen und treuhänderischen Erwerbs besteht gleichsam eine wirtschaftliche Identität der nacheinander oder zeitgleich erwerbenden Unternehmen. Sind wirtschaftliche Einheiten nur rechtlich getrennt, ist dies ein klassischer Umgehungsfall, der von dem Auffangtatbestand des § 37 Abs. 1 Nr. 4 GWB erfasst werden soll. Die Definition des wettbewerblich erheblichen Einflusses verlangt gleichwohl immer eine Einzelfallentscheidung: *„Wettbewerblich erheblich"* ist der Einfluss dann, wenn er *„es dem beteiligten Unternehmen ermöglicht, bei der Entscheidung über den Einsatz von Ressourcen des anderen Unternehmens die eigenen Wettbewerbsinteressen zur Geltung zu bringen."*[790] Infolgedessen ist jede Treuhandabrede daraufhin zu untersuchen, ob sie tatsächlich einen derartigen Einfluss gewähren kann. Gleiches gilt für die Konstellation, dass allein der Treuhänder Anteile am Zielobjekt erwirbt, die einen Schwellenwert im Sinn des § 37 Abs. 1 Nr. 3 Satz 1 GWB überschreiten. Auch hier erlangt das treugebende Unternehmen nur dann einen wettbewerblich erheblichen Einfluss auf das Zielobjekt, wenn es tatsächlich über den Treuhänder seine eigenen Wettbewerbsinteressen zur Geltung bringen kann.

## 2. Die maßgeblichen Kriterien für einen wettbewerblich erheblichen Einfluss des Treugebers auf das Zielobjekt

Der Tatbestand des § 37 Abs. 1 Nr. 4 GWB unterscheidet sich vom Kontrollerwerb in der Einflussintensität und dem expliziten Wettbewerbsbezug der Einflussnahme.[791] Die abstrakten Einflussmöglichkeiten eines Treugebers auf seinen Treuhänder bzw. direkt auf das Zielobjekt wurden bereits herausgearbeitet (vgl. dazu schon oben unter § 6). Ebenso wurden weitere Merkmale herausgearbeitet, aus denen auf die Innehabung einer Einflussposition des Treugebers geschlossen werden kann (vgl. hierzu § 7 B III). Diese Kriterien finden dem Grunde nach ebenso beim Zusammenschlusstatbestand des § 37 Abs. 1 Nr. 4 GWB Anwendung. Die Einflussnahme auf das Treugut durch den Treugeber kann aber unter dem Kontrollniveau zurückbleiben. Statt eines bestimmenden Einflusses genügt für § 37 Abs. 1 Nr. 4 GWB der erhebliche Einfluss des Treugebers. Die Einflussnahmemittel müssen sich wie beim Kontrollerwerb jedoch auf die

790 *Mestmäcker/Veelken* in: *Immenga/Mestmäcker*, GWB-Kommentar, § 37 Rdnr. 90.

791 Vgl. dazu *Henschen/Ewen*, WuW 1999, S. 941 (942).

Möglichkeit beziehen, an der Entscheidungsbildung des dem Einfluss unterworfenen Unternehmens mitzuwirken.[792]

Der Wettbewerbsbezug des Einflusses des Treugebers wird stets dann zu vermuten sein, wenn der Treugeber anders als das Treuhandunternehmen auf demselben Markt wie das Treugutunternehmen tätig ist. Nach der Entscheidungspraxis des Kartellamtes kann ein wettbewerblich erheblicher Einfluss auf ein Unternehmen aber auch dadurch erlangt werden, dass vertikale Unternehmensverbindungen geschaffen werden, die dem Erwerber einen besseren Zugang zu den Absatz- oder Beschaffungsmärkten ermöglichen und dies das Wettbewerbsverhältnis zu ungunsten der Wettbewerber beeinflusst.[793]

## IV. Treuhand beim Kontrollerwerb

### 1. Lösungsansätze der Rechtsprechung

Wie der einleitend unter § 1 G geschilderte Fall Herlitz/Landré zeigt, kommt es in der Praxis vor, dass auch eine gesamte Mehrheitsbeteiligung über einen Treuhänder erworben wird. In dem konkreten Fall hatte die Neptuno Verwaltungs- und Treuhandgesellschaft am 31. Januar 1993/1. Januar 1994 als Treuhänderin für die Herlitz AG die Mehrheitsbeteiligung an der Landré GmbH erworben.[794] Der Fall war zwar aufgrund der Übergangsbestimmungen noch nach altem Recht zu lösen, das Kammergericht Berlin wies in seinem Beschluss vom 20. Oktober 2000 jedoch ausdrücklich darauf hin, dass das Gericht auch nach neuem Recht nicht zu einem anderen Ergebnis kommen würde[795]:

> *„Die Anwendung des neuen Rechts würde im Übrigen zu keinem für die Bf. günstigerem Ergebnis führen. Dabei kann dahinstehen, ob der Erwerb einer Mehrheitsbeteiligung vom Wortlaut des § 37 Abs. 1 Nr. 3 a) GWB erfasst würde. Jedenfalls wäre der Zusammenschlusstatbestand des Kontrollerwerbs (§ 37 Abs. 1 Nr. 2 GWB) erfüllt, für den, sofern es sich um die Zurechnung von Anteilen handelt, die Zurechnungsklausel in § 37 Abs. 1*

---

792 *Bechtold*, GWB, § 37 Rdnr. 40. Anders aber wohl *Stein*, S. 143.

793 *Monopolkommission*, HGA 12 (1997/98), Tz. 347.

794 Vgl. zum Sachverhalt *BKartA* WuW/E 2894.

795 *KG* WuW/E DE-R 451 (454). Ein nach neuem Recht zu lösender Fall lag dem Kammergericht - soweit ersichtlich – noch nicht zur Entscheidung vor.

*Nr. 3 S. 3, 2. Alt. GWB gleichermaßen gilt, wie für den Erwerb einer Beteiligung von exakt 25 % oder 50 %."*[796]

## 2. Eigene Ansicht

Die Überlegung des Kammergerichts war insofern richtig, als — aufgrund der Irrelevanz des Mittels des Kontrollerwerbs — selbstverständlich auch der Erwerb der Kontrolle über einen Treuhänder möglich ist. Das Kammergericht bemühte zur Begründung seiner Beurteilung des Sachverhalts nach neuer Rechtslage jedoch auch hier zu Unrecht die Zurechnungsklausel in § 37 Abs. 1 Nr. 3 S. 3 GWB. Diese Klausel gelte gleichermaßen für jeden Anteilserwerb, egal ob er unter Nr. 3 oder Nr. 2 des ersten Absatzes des § 37 GWB falle. Im Schrifttum hat sich hierzu nur Bechtold[797] geäußert. Er ist der Ansicht, dass es für den Kontrollerwerb nicht auf die Differenzierung ankomme, ob die Anteile für Rechnung des einen oder des anderen erworben würden. Nach dem Wortlaut des Gesetzes sei vielmehr auf alle rechtlichen und tatsächlichen Umstände abzustellen.

Dieser Auffassung ist zuzustimmen. In der Tat ist die Konstruktion über die Zurechnungsklausel im Rahmen des Zusammenschlusstatbestands des Kontrollerwerbs nicht nötig. § 37 Abs. 1 Nr. 2 GWB knüpft als materieller Tatbestand wie im europäischen Recht an den irgendwie gearteten Erwerb der Möglichkeit bestimmenden Einflusses an und eröffnet schon dadurch die Möglichkeit der Subsumtion des treuhänderischen Erwerbs.

### *a. Keine gesonderte Regelung über die Kontrollinhaberschaft im GWB*

Das Fehlen einer Art. 3 Abs. 3 FKVO entsprechenden Regelung im GWB wirkt sich insofern auch nicht auf die Frage aus, ob auch das treugebenden Unternehmen Inhaber der Kontrolle und damit am Zusammenschluss Beteiligter sein kann. Wie oben schon für das Gemeinschaftsrecht hinsichtlich Art. 3 Abs. 3 FKVO dargelegt, gilt auch für die nationale Gesetzeslage: Die Tatsache der Kontrollinhaberschaft lässt sich von der Person des Kontrollinhabers nicht trennen. Aus diesem Grund konnte auf eine gesonderte Regelung über die Kontrollinhaberschaft im deutschen Recht verzichtet werden. Unter dem verfassungsrechtlichen Aspekt der Bestimmbarkeit der mit Bußgeld sanktionierten präventiven Anmeldepflicht wäre eine Klarstellung bezüglich der Person der Anmeldepflichtigen bei Treuhandkonstellationen aber zumindest wünschenswert. Die Grundentscheidung, zum Zweck der lückenlosen Kontrollmöglichkeit teilweise auf den Aspekt der Rechtsicherheit für die Anmeldepflichtigen zu verzichten, wurde da-

---

796 *KG* WuW DE-R 451 (454) – Herlitz/Landré.

797 *Bechtold*, AfP 2001, S. 115 (116).

durch getroffen, dass auch — trotz Kritik[798] — die beiden materiellen Zusammenschlusstatbestände des § 37 Abs. 1 Nr. 2 und Nr. 4 GWB der präventiven Kontrolle unterworfen wurden.[799] Eine strafbewehrte Generalklausel führt grundsätzlich zu einem Mangel an Rechtssicherheit, zumindest solange als noch keine gesicherte Entscheidungspraxis besteht.

### *b. Die maßgeblichen Kriterien für die Zuweisung der Kontrollinhaberschaft beim Treugeber*

Für die Frage der Zuordnung der Kontrollinhaberschaft kann, um Wiederholungen zu vermeiden, auf die Ausführungen zum Gemeinschaftsrechts unter § 7 B III verwiesen werden, da der Kontrollbegriff des GWB mit dem der FKVO übereinstimmt.

Selbst wenn die Zurechnungsklausel des § 37 Abs. 1 Nr. 3 Satz 2 GWB im Rahmen des Kontrollerwerbstatbestand keine direkte Anwendung findet, lässt sich jedoch die Frage aufwerfen, ob diese spezielle deutsche Regelung nicht zumindest einen gewissen Einfluss auf die Gewichtung der Kriterien für die Zuordnung der Kontrollinhaberschaft hat. Diese Frage drängt sich deshalb auf, weil die Zusammenschlusstatbestände in § 37 Abs. 1 Nr. 2 und 3 GWB gewisse Schnittmengen (vor allem beim Erwerb einer Mehrheitsbeteiligung) bilden.

So scheint auch der Bundesgerichtshof für den Kontrolltatbestand aus § 37 Abs. 1 Nr. 3 Satz 2 GWB eine gewisse Vermutung für die Kontrollinhaberschaft ziehen zu wollen. So bemerkt auch Bechtold:

> *„Wenn jemand für Rechnung eines anderen die Kontrolle an einem Unternehmen erwirbt, wird sich nach der vom BGH begründeten Vermutung jedenfalls aus den Gesamtumständen des Falls ergeben, dass in Wahrheit die Kontrolle demjenigen zusteht, für dessen Rechnung (und Risiko) gehandelt wurde."*[800]

Genauso wie im Hinblick auf § 37 Abs. 1 Nr. 3 Satz 2 GWB festgestellt wurde, dass die Zurechnung nicht schon dann berechtigt ist, wenn nur das finanzielle Risiko verlagert wird, gilt auch für den Kontrolltatbestand des GWB nichts anderes.

Die Frage, ob die Verlagerung des wirtschaftlichen Risikos allein zur Kontrollbegründung genügt, wird im Übrigen auch in einer anderen Konstellation diskutiert, nämlich bei den sogenannten Gewinnabführungsverträgen soweit diese nicht schon innerhalb eines Abhängigkeitsverhältnisses, d. h. nicht schon aufgrund bestehender

798 *Deichfuß*, WuW 2000, S. 834 (841); *Schulte*, AG 1998, S. 297 (303).

799 Die Verfassungsmäßigkeit der bußgeldbewehrten präventiven Kontrolle ist angesichts der materiellen und daher relativ unbestimmten Zusammenschlusstatbestände eine komplexe Frage für sich, der wegen ihrer Grundsätzlichkeit im Rahmen dieser Arbeit nicht weiter nachgegangen werden kann.

800 *Bechtold*, AfP 2001, S. 115 (116).

Kontrolle abgeschlossen werden. Mit dem Abschluss eines Gewinnabführungsvertrages verpflichtet sich ein Unternehmen, das Geschäft im eigenen Namen weiterzuführen, den Gewinn bzw. den Verlust jedoch an ein anderes Unternehmen abzuführen. Auch hier ist umstritten, ob allein mit diesen Verträgen zwingend zugleich wirtschaftliche Leitungsmacht für das gewinnprofitierende Unternehmen verbunden ist. Dies wird teilweise verneint[801] oder nur dann angenommen, wenn nach dem Marktverhältnis im Einzelfall Investitionen einen entscheidenden Aspekt des unternehmerischen Wettbewerbsverhaltens darstellen.[802] So betont *Paschke* zu Recht, dass der durch einen Gewinnabführungsvertrag Berechtigte grundsätzlich keine Leitungsmacht oder sonstige Weisungsrechte gegenüber der gewinnabführenden Gesellschaft erhalte, also deren Verhalten im Markt nicht steuere.[803]

Diejenigen, die die Gewinnabführungsverträge ohne weiteres als Zusammenschluss qualifizieren wollen[804], rücken den Aspekt in den Vordergrund, dass der deutsche Gesetzgeber auch die Zusammenfassung finanzieller Ressourcen kontrolliert wissen wollte.[805]

> *„Die Fusionskontrolle hat nicht nur die Übertragung unternehmerischer Leitungsmacht, sondern auch die Übertragung unternehmerisch genutzter Ressourcen zum Gegenstand.“*[806]

Bis zur 6. GWB-Novelle sei es nicht auf gesonderte Kontrollmöglichkeiten des Berechtigten über den Abführungsverpflichteten angekommen.[807] Vielmehr habe § 23 Abs. 2 Nr. 3 lit. b a. F. GWB eindeutig vorgesehen, dass auch der Gewinnabführungsvertrag als Zusammenschluss gelte. Daran habe die Gesetzesnovellierung nichts ändern wollen; der Gewinnabführungsvertrag werde in jedem Fall vom Kontrollbegriff umfasst. Nach hier vertretener Ansicht ist aber davon auszugehen, dass sich durch die Einführung des Kontrollerwerbstatbestandes die Rechtslage sehr wohl verändert hat. Es erscheint notwendig, dass dem Erwerber nachgewiesener Maßen gewisse bestimmende Einflussmöglichkeiten auf das Unternehmen zustehen. Die Übertragung finanzieller Ressourcen führt als solche nach hier vertretener Ansicht nicht mehr zwangsläufig allein zum Zusammenschluss.

---

801 So zu Art. 3 FKVO *Karl*, S. 209 f.; *Pohlmann*, S. 154.

802 Zu Art. 3 FKVO *Miersch*, Kommentar, S. 80.

803 *Paschke* in: *Frankfurter Kommentar*, § 23 GWB Rdnr. 78.

804 So wohl *Immenga/Mestmäcker* in: *Immenga/Mestmäcker*, GWB-Kommentar, § 37 Rdnr. 38.

805 So *Commichau/Schwartz*, Rdnr. 465.

806 *Mestmäcker* in: *Immenga/Mestmäcker*, GWB-Kommentar, 2. Auflage, § 23 Rdnr. 180.

807 So *Richter* in: *Wiedemann*, Hdb. Kartellrecht, § 19 Rdnr. 86.

## V. Treuhand beim Vermögenserwerb, § 37 Abs. 1 Nr. 1 GWB

Auch der Zusammenschlusstatbestand des Vermögenserwerbs in § 37 Abs. 1 Nr. 1 GWB enthält keine Zurechnungsklausel. Eine analoge Anwendung des § 37 Abs. 1 Nr. 3 Satz 2 GWB wurde in diesem Zusammenhang bislang nie diskutiert. Wie bereits im Rahmen des Gemeinschaftsrechts erörtert, ist es auch kaum vorstellbar, wie ein Treuhänder im Rahmen einer Fusion oder einer Umwandlung integriert werden kann.[808] Vorstellbar ist jedoch die Gestaltung, dass ein Treugeber einen Treuhänder mit dem Kauf eines fremden Unternehmens in Form eines asset deals und daran anschließend mit der Führung des Betriebs beauftragt.

Der Vermögenserwerb ist wie der Anteilserwerb ein formaler Tatbestand, der nach dem Willen des Gesetzgebers im Rahmen der 6. GWB-Novelle bewusst neben den beiden materiellen Erwerbstatbeständen beibehalten wurde. Insofern spricht vieles dafür, unter den Begriff des Erwerbers des Vermögens tatsächlich auch nur den dinglichen Erwerber, d. h. den Treuhänder zu fassen. Die wirtschaftlichen Verfügungsrechte des Treugebers unterscheiden sich bis auf das obligatorische Recht, die Übereignung des Vermögens zu verlangen, de facto während ihres Bestands auch nicht sonderlich von den Nutzungs- und Verwertungsrechten, deren Erwerb wie oben unter § 8 A V erläutert, nach überwiegender Ansicht nicht unter den Tatbestand des Vermögenserwerbs fällt.

Anders scheinen hingegen die Kommentatoren *Mestmäcker* und *Veelken*, davon ausgehen zu wollen, dass bei einem Auseinanderfallen der Berechtigung und der wirtschaftlichen Verfügungsmöglichkeit im Rahmen von § 37 Abs. 1 Nr. 1 GWB danach zu differenzieren sei, *„bei wem nach den getroffenen Vereinbarungen das Schwergewicht der unternehmerischen Dispositionsbefugnisse liegt“*[809]. Sie lassen also materielle Fragen in den formellen Zusammenschlusstatbestand des Vermögenserwerbs Einklang finden. In Konsequenz zu der bislang im Rahmen dieser Arbeit vertretenen Ansicht, sind derartige Fragen jedoch besser im Rahmen des materiellen Tatbestands des Kontrollerwerbs bzw. im Rahmen des materiellen Auffangtatbestands des § 37 Abs. 1 Nr. 4 GWB zu fassen. In diesen Tatbeständen wurden bereits gewisse materielle Grundentscheidungen für die Frage der Kontrollrelevanz vom Gesetzgeber getroffen, wie beispielsweise, dass bereits die Möglichkeit des bestimmenden Einflusses auf die Tätigkeit eines Unternehmens ausreichen solle. Aus verfassungsrechtlichen Gründen ist es angesichts der Sanktionierung der präventiven Anmeldepflicht wünschenswert und sogar erforderlich, eine gewisse Gleichbehandlung der Treuhandkonstellationen dadurch zu gewährleisten, dass die Fälle des Auseinanderfallens von wirtschaftlicher und formeller Verfügungsbefugnis allesamt im Rahmen der materiellen Tatbestände abgehandelt werden. Nur so kann auf Dauer eine einheitliche und für den Rechtsan-

---

808 So klammert *Riesenkampff* wegen der beschränkten Anwendbarkeit der Zurechnungsklausel auf den Anteilserwerb den treuhänderischen Vermögenserwerb von vornherein aus seiner Fragestellung aus; WuW 1996, S. 5.

809 *Mestmäcker/Veelken* in: *Immenga/Mestmäcker*, GWB-Kommentar, § 37 Rdnr. 15.

wender nachvollziehbare Linie in der Entscheidungspraxis entstehen, die den Anforderungen an eine verfassungsmäßige Sanktionsnorm gerecht wird. Der andere Ansatz, Grenzfragen der Zusammenschlusskontrolle durch eine Überanstrengung des Gesetzeswortlauts in die formalen Tatbestände hineinzuinterpretieren, ist meines Erachtens nicht systemkonform.

## VI. KEINE NOTWENDIGKEIT DES RÜCKGRIFFS AUF DIE LEHRE DER UMGEHUNG DES GESETZES

Die Monopolkommission hat sich in ihrem Hauptgutachten für das Jahr 1980/81 anlässlich des ihrer Einschätzung nach unbefriedigend verlaufenen Verfahrens Metro/Kaufhof dahingehend ausgesprochen, dass die Treuhänderproblematik entweder durch eine weite Auslegung des Auffangtatbestandes oder durch eine Qualifizierung des treuhänderischen Erwerbs als Gesetzesumgehung zu lösen sei.[810] Mit dieser Formulierung ließ die Monopolkommission jedoch offen, was die Qualifizierung als Gesetzesumgehung zur Folge habe. Für das Phänomen der Gesetzesumgehung finden sich in der Literatur grundsätzlich zwei Lösungsansätze.[811] Zum einen die Erfassung der Umgehungstatbestände durch extensive Auslegung der Verbotsnorm oder ihre analoge Anwendung[812]. Zum anderen die Erfassung der Gesetzesumgehung als eigenständiges Rechtsinstitut mit der Rechtsfolge der Nichtigkeit des zu Umgehungszwecken abgeschlossenen Rechtsgeschäfts[813]. Die Monopolkommission scheint durch die Gegenüberstellung von „Auslegung“ und „Qualifizierung als Gesetzesumgehung“ wohl der Ansicht anzuhängen, die Gesetzesumgehung stelle ein eigenes Rechtsinstitut dar. Nach den seit dem Hauptgutachten der Monopolkommission aus dem Jahr 1980 erfolgten GWB-Novellen hat sich die Problematik jedoch entschärft. Nach der hier vertretenen Ansicht lässt sich die Sonderkonstellation des treuhänderischen Erwerbs über die Zusammenschlusstatbestände insbesondere nach der Einführung der Generalklausel des § 37 Abs. 1 Nr. 2 GWB und des Auffangtatbestands des § 37 Abs. 1 Nr. 4 GWB rechtstechnisch in den Griff bekommen. Ein Rückgriff auf die Lehre des Umgehungsgeschäfts bzw. die Schaffung spezieller Umgehungsvorschriften im Kontext der Zusammenschlusskontrolle ist deshalb nicht nötig. Diese Ansicht teilte offensichtlich auch der Gesetzgeber der 6. GWB-Novelle. Im Rahmen der Gesetzesänderung hat er den im Rahmen der 4. GWB-Novelle in das GWB aufgenommenen und als „Umgehungstatbestand“ deklarierten § 23 Abs. 2 Nr. 2 Satz 4 a. F. GWB mit der Begründung gestrichen, die von dieser Regelung erfassten Fälle würden künftig entweder vom Zu-

810 *Monopolkommission*, HGA 1980/81, Tz. 544.

811 Vgl. zum Ganzen *Honsell*, in: FS für Kaser, S. 111 f.

812 *Teichmann*, S. 64, 78 ff., 105.

813 *Mayer-Maly/Armbrüster* in: *Münchener Kommentar*, BGB, § 134 Rdnr. 16. Dagegen: *Sack* in: *Staudinger*, BGB, § 134 Rdnr. 151.

sammenschlusstatbestand des § 37 Abs. 1 Nr. 2 oder dem Auffangtatbestand der Nr. 4 GWB erfasst.[814]

Im Übrigen droht den Unternehmen und deren verantwortlichen Entscheidungsträgern, die ihre Treugeberstellung verschweigen und den Zusammenschluss nicht ordnungsgemäß anzeigen, die Sanktionierung durch ein Bußgeld. Ein derartiges Bußgeld wurde beispielsweise auch im Fall Herlitz/Landré gemäß § 39 Abs. 1 Nr. 2 GWB gegen Vorstandsmitglieder, Geschäftsführer und Prokuristen von Herlitz, Neptuno und Sal. Oppenheim sowie gegen Herlitz und Neptuno selbst verhängt.[815]

## C. Übertragungstreuhand und Zusammenschlussbegriff

### I. Vollrechtstreuhand

Für den Fall, dass der Treugeber dem Treuhänder Anteile an seinem Unternehmen zur treuhänderischen Verwaltung oder sein Unternehmen insgesamt zur treuhänderischen Betriebsführung überträgt, enthält das GWB und insbesondere die Zurechnungsklausel in § 37 Abs. 1 Nr. 3 Satz 2 GWB keine explizite Regelung; letztere bezieht sich nur auf den Erwerb eines dritten Unternehmens. Die Übertragung des Treuguts direkt vom treugebenden auf das treunehmende Unternehmen ist daher allgemein daraufhin zu untersuchen, ob durch den Übertragungsakt ein anmeldepflichtiger Zusammenschlusstatbestand i. S. d. § 37 Abs. 1 GWB erfüllt wird.

#### 1. Die Begründung eines Treuhandverhältnisses als Anteilserwerb

Für den Fall, dass der Treugeber auf das Treuhandunternehmen Gesellschaftsanteile (und in Folge dessen die daraus folgenden formellen Mitgliedschaftsrechte) überträgt, die eine der Beteiligungsstufen des § 37 Abs. 1 Nr. 3 GWB erreichen, liegt nach dem Wortlaut der Vorschrift grundsätzlich eine Zusammenschluss vor.

##### *a. Teleologische Reduktion*

Ob allerdings eine Pflicht im Sinne des GWB dahingehend besteht, jeden Fall einer treuhänderischen Übertragung anzumelden, wird — ebenso wie im Gemeinschaftsrecht — angesichts der unterschiedlich motivierten und zum Teil nur zeitlich begrenz-

814 Begr. RegE. (Sechstes Gesetz zu Änderung des GWB), BT-Drs. 13/9720, Nr. I. 3., h, cc.

815 *BKartA* TB 1999/2000, S. 25.

ten Übertragungen bezweifelt. Der Tatbestand des § 37 Abs. 1 Nr. 3 GWB ist meines Erachtens dann teleologisch zu reduzieren, wenn der Treuhänder trotz der formellen Rechtsinhaberschaft keinen wettbewerblich erheblichen Einfluss auf das Unternehmen erlangt. In einem derartigen Fall wäre nämlich nicht einmal der subsidiäre Auffangtatbestand des § 37 Abs. 1 Nr. 4 GWB einschlägig. Mittels einer derartigen teleologischen Reduktion würde zugleich der Verwaltungsaufwand für die Behörden und die Unternehmen selbst verringert. Eine generelle Anmeldepflicht könnte angesichts des ökonomischen Mehraufwandes nur mit dem Ziel der Steigerung der Kontrolldichte gerechtfertigt werden. Die Kontrolldichte kann jedoch nicht Selbstzweck sein. Sie ergibt nur dann Sinn, wenn tatsächlich durch die treuhänderische Übertragung vom Treugeber auf den Treuhänder stets eine Gefahr für Wettbewerb bestünde. Dies ist jedoch nicht der Fall.

### *b. Maßgebliche Voraussetzungen*

Zur Frage der wettbewerbsrechtlichen Erheblichkeit der treuhänderischen Übertragung kann auf die obige Darstellung der Voraussetzungen des § 37 Abs. 1 Nr. 4 GWB unter Gliederungspunkt § 8 A VI verwiesen werden. Wettbewerblich erheblich ist der Einfluss dann, wenn aufgrund des zwischen den Unternehmen bestehenden Beziehungsgeflechts zu erwarten ist, dass der Wettbewerb zwischen den beteiligten Unternehmen so wesentlich eingeschränkt wird, dass die Unternehmen nicht mehr unabhängig am Markt auftreten.[816] Konkreter liegt diese Einflussmöglichkeit nach *Stein* in der dauerhaft gesicherten Möglichkeit, Grundlagenentscheidungen oder einzelne Teilbereiche der Geschäftspolitik eines anderen Unternehmens blockieren zu können.[817]

Ob der Treuhänder durch die formelle Übertragung der Anteile eine derartige Möglichkeit erlangt oder ob sich durch die Übertragung der formellen Einflussmöglichkeiten auf den Treuhänder am tatsächlichen Einfluss des Treugebers auf das Treugut nichts ändert, hängt von denselben Kriterien ab, die für die Übertragungstreuhand im Gemeinschaftsrecht erarbeitet wurden (vgl. hierzu im Einzelnen § 7 C II 2), lediglich die Messlatte (bestimmender Einfluss) wird heruntergesetzt (auf einen wettbewerblich erheblichen Einfluss). Neben der Frage nach dem Weisungsrecht des Treugebers, der Widerrufbarkeit des Treuhandverhältnisses und dem Zweck der treuhänderischen Übertragung spielt folglich auch hier vor allem die Dauer des Treuhandverhältnisses eine maßgebliche Rolle. Insbesondere gilt m. E. auch für das deutsche Recht, dass in den Fällen, in denen das Treuhandverhältnis von Anfang an auf einen Zeitraum von bis zu einem Jahr befristet ist, kein Zusammenschluss auf Dauer erfolgt. Zwar sieht der Entwurf des Bundeskabinetts für das 7. Gesetz zur Änderung des GWB nicht vor, das Merkmal der Dauerhaftigkeit des Zusammenschlusses in das Gesetz zu implementieren, wie dies nunmehr in der FKVO 139/04 erfolgte. Es entspricht jedoch

816 Begr. RegE. (Fünftes Gesetz zur Änderung des GWB), BT-Drs. 11/4610, S. 20.

817 *Stein*, S. 209.

auch im deutschen Recht herrschender Meinung, dass nur vorübergehende Abhängigkeitsbeziehungen von der Zusammenschlusskontrolle nicht erfasst werden sollen.[818] Auch im Hinblick auf das gesetzgeberische Ziel einer Harmonisierung des deutschen und des europäischen Fusionskontrollrechts sollte eine einheitliche Handhabung der Fälle der Übertragungstreuhand erfolgen.

## 2. Begründung eines Treuhandverhältnisses als Kontrollerwerb

Der Kontrolltatbestand kommt für die Konstellationen in Betracht, in denen der Treugeber dem Treuhänder eine Mehrheitsbeteiligung überträgt bzw. eine Minderheitsbeteiligung, deren Ausübung zur faktischen Kontrolle führt. Auch treuhänderische Geschäftsführungsverträge können im Ausnahmefall zum Kontrollerwerb führen (vgl. dazu bereits unter § 7 C III). Für den Kontrollerwerb durch die treuhänderische Übertragung gilt m. E. nicht anderes, als bereits für das Gemeinschaftsrechts festgestellt wurde.

Das Bundeskartellamt hat, soweit ersichtlich, in einer veröffentlichten Entscheidung noch nicht zu der Frage Stellung genommen, inwieweit die treuhänderische Übertragung einer Mehrheitsbeteiligung vom Treugeber auf den Treuhänder einen anmeldepflichtigen Zusammenschlusstatbestand darstellt. Gewisse Erkenntnisse über die Rechtsauffassung des Bundeskartellamtes zu diesem Thema lassen sich jedoch aus dem bereits unter Gliederungspunkt § 4 C II 1 dargestellten Fall Balli/ Klöckner/Droege ziehen. In diesem Verfahren verzichtete das Bundeskartellamt auf eine offizielle Anmeldung der Übertragung der Anteile der Balli Holding an die Treuhandgesellschaft Droege & Comp., obwohl die diese sogar weisungsfrei gestellt und ihr als Mittlerin unterschiedlicher Interessen bewusst ein hohes Maß an Entscheidungsfreiraum gewährt wurde. Offensichtlich ging das Bundeskartellamt folglich nicht von einem Kontrollerwerb der Droege & Comp. im Sinn des § 37 Abs. 1 Nr. 2 GWB aus. Hierfür sind zwei Gründe denkbar. Zum einen, dass das Bundeskartellamt wie auch sonst allein darauf abstellte, ob die Treuhandgesellschaft das finanziellen Risikos für die Beteiligung an Klöckner in Höhe von 94,5 % trug, was aller Wahrscheinlichkeit nach nicht der Fall war. Zum anderen kommt auch in Betracht, dass das Bundeskartellamt wie hier der Ansicht folgte, dass die nur vorübergehende Übertragung von Anteilen fusionskontrollrechtlich unbedenklich bzw. schon nicht anmeldepflichtig ist.

---

818 *Bechtold*, § 37 Rdnr. 11; *Emmerich*, Kartellrecht, S. 268; *Richter* in: *Wiedemann*, Hdb. Kartellrecht, § 19 Rdnr. 79.

## II. Vollmacht- oder Ermächtigungstreuhänder

Versteht man — wie hier — unter dem Erwerb von Anteils- oder Vermögensrechten nur einen echten dinglichen Erwerb, kann die bloße Ermächtigung eines anderen zur Ausübung der eigenen Rechte bzw. dessen Bevollmächtigung allein unter den Zusammenschlusstatbestand des Kontrollerwerbs gemäß § 37 Abs. 1 Satz 1 Nr. 2 GWB bzw. des Erwerb eines wettbewerblich erheblichen Einflusses gemäß § 37 Abs. 1 Satz 1 Nr. 4 subsumiert werden.

### 1. Das Bankenstimmrecht als Beispiel für die Vollmachtstreuhand

Die Ermächtigung der Banken durch ihre Depotkunden zur Ausübung derer Stimmrechte kann in der deutschen Fusionskontrolle theoretisch nur den Zusammenschlusstatbestand des Kontrollerwerbs gemäß § 37 Abs. 1 Nr. 2 GWB oder den subsidiären Tatbestand des § 37 Abs. 1 Nr. 4 GWB erfüllen. Für den Tatbestand des Kontrollerwerbs gelten die Ausführungen zur FKVO unter Punkt § 7 C III 2 entsprechend.

Die praktisch allein fusionskontrollrechtlich relevante Konstellation der Einflusskumulation durch bankeigenen Beteiligungsbesitz und Vollmachtstimmrechte[819] wäre für den Fall, dass die Stimmrechte insgesamt unter der Schwelle der absoluten Mehrheit bleiben, theoretisch als ein Anwendungsfall des § 37 Abs. 1 Nr. 4 GWB einzuordnen.[820] Ein wettbewerblich erheblicher Einfluss der Bank ist aber in concreto ausgeschlossen. Die sogenannte Bankenmacht durch Einflusskumulation wurde durch die Einführung des § 135 Abs. 1 Satz 3 AktG eingedämmt. § 135 Abs. 1 Satz 3 AktG und sorgt dafür, dass eine Bank, die selbst eine Beteiligung in Höhe von über 5 % des Grundkapitals an einem Unternehmen X hält, nur streng weisungsgebunden die Stimmrechte des Depotkunden aus seiner Beteiligung am Unternehmen X ausüben darf bzw. sich bei Fehlen einer derartigen expliziten Weisung entscheiden muss, ob sie die Depotstimmrechte oder ihre eigenen Stimmrechte ausübt. Durch diese erzwungene entweder-oder-Entscheidung wird eine Einflusskumulation von fremden und eigenen Stimmrechten wirksam verhindert.

### 2. Der unechte Betriebsführungsvertrag als Beispiel für die Ermächtigungstreuhand

Auch hier gilt wie in § 7 zum Gemeinschaftsrecht erörtert, dass es bei der Prüfung des Kontrollerwerbs maßgeblich darauf ankommt, welche Aufgabenbereiche auf das Management-Unternehmen übertragen werden und wie groß der Entscheidungsspielraum

819 Vgl. dazu oben unter § 7 C III 2 c.

820 Auch die ältere Literatur prüfte das Bankenstimmrecht anhand der (damaligen) Generalklausel des § 23 Abs. 2 Nr. 5 a. F. GWB. Vgl. *Purrucker*, S. 107.

ist, der dem Treugeber verbleibt. Vgl. dazu oben unter § 7 C III 3. Das Schrifttum schließt nicht völlig aus, dass das betriebsführende Unternehmen durch einen Betriebsführungsvertrag bestimmenden Einfluss auf ein Unternehmen erwerben kann, hält dies tendenziell aber eher für unwahrscheinlich.[821] Unter Umständen sei die Betriebsführung als ein Fall der gemeinsamen Kontrolle zu qualifizieren.[822] Hierzu sogleich.

## D. Gemeinsame Kontrolle des Treugebers und des Treuhänders

Wie oben für die FKVO unter § 7 D I erörtert, stellt sich auch im deutschen Recht die Frage, ob ein treugebendes und ein treunehmendes Unternehmen gemeinsam Kontrolle über ein Unternehmen erwerben können. Auch für das deutsche Recht gilt, dass im Fall des treuhänderischen Erwerbs zunächst geklärt werden muss, ob der Treuhänder oder der Treunehmer erwirbt. Die Frage des gemeinsamen Kontrollerwerbs erübrigt sich, wenn dem treugebenden Unternehmen die durch den Treuhänder erworbenen Anteile zugerechnet oder zugeordnet werden. Ein Sachverhalt, der zur Zurechnung von Anteilen führt, ist nach hier vertretener Ansicht nämlich grundsätzlich anders gelagert als ein Sachverhalt, der als gemeinsamer Kontrollerwerb zu qualifizieren ist.

So kommt es für die Qualifizierung als gemeinsame Kontrolle nach allgemeiner Ansicht entscheidend darauf an, dass ein gemeinsamer Einfluss auf das Wettbewerbspotential des abhängigen Unternehmens in dem Sinn besteht, dass die gemeinsam (mit-)kontrollierenden Unternehmen die Möglichkeit haben, die eigenen Wettbewerbsinteressen im Verhältnis zueinander und gegenüber dem abhängigen Unternehmen abzustimmen und durchzusetzen.[823] Unter den Begriff der gemeinsamen Kontrolle fällt also üblicherweise die Konstellation, dass die beteiligten Unternehmen beide unternehmerische Interessen an der Unternehmung haben, die aufeinander abgestimmt werden müssen. [824] Jedes der mitkontrollierenden Unternehmen soll die Möglichkeit haben, die eigenen Wettbewerbsinteressen durchzusetzen.[825] Insofern ist es auch gerechtfertigt, zur Umsatzberechnung die Umsätze aller kontrollierenden und damit beteiligten Unternehmen heranzuziehen. Stellt man aber fest, dass der Treuhänder für Rechnung und im Interesse des Treugebers handelt, steht zugleich in der Regel fest, dass das treuhänderisch tätige Unternehmen keine eigenen Wettbewerbsinteressen am Zielobjekt hat. Nur ausnahmsweise ist der Fall denkbar, dass Treugeber und Treuhänder

821 *Bechtold*, § 37 Rdnr. 17; *Richter* in: *Wiedemann,* Hdb. Kartellrecht, § 19 Rdnr. 86; *Commichau/Schwartz*, Rdnr. 465.

822 *Bechtold*, § 37 Rdnr. 17.

823 *BGH* WuW/E 2337 (2339) – Hussel/Mara; *BGH* WuW/E 2620 (2622) – Springer/Kieler Zeitung; *Bechtold*, § 37 Rdnr. 12.

824 Vgl. *Kommission*, Mitteilung über den Zusammenschlussbegriff, Tz. 19.

825 *Mestmäcker/Veelken* in: *Immenga /Mestmäcker*, § 37 Rdnr. 26.

gleichermaßen an der Verwaltung des Treuguts interessiert sind. Nur in einem solchen Fall kommt der Erwerb gemeinsamer Kontrolle in Betracht.

## E. Die Auswirkungen bestehender Treuhandverhältnisse beim Zusammenschluss mit dritten Unternehmen

### I. Treugeber-Unternehmen fusioniert mit drittem Unternehmen

Diskutiert werden soll der Fall, dass ein Unternehmen A über einen Treuhänder B eine Mehrheitsbeteiligung an einem Unternehmen C hält, wobei das Unternehmen A einen Zusammenschluss mit einem dritten Unternehmen D plant. Meldet nun das Unternehmen A den Zusammenschluss mit D an, stellt sich die Frage, ob bei der Berechnung der Umsatzwerte sowie der Marktanteile von A die treuhänderische Beteiligung an dem Unternehmen C miteinzubeziehen ist.

In der Praxis hatte sich das Bundeskartellamt mit dieser Fragestellung in dem im ersten Teil unter § 1 H geschilderten Verfahren in Sachen Tagesspiegel/Berliner Zeitung auseinanderzusetzen. Der Holtzbrinck Konzern strebte einen Zusammenschluss mit dem Berliner Verlag an. Das Bundeskartellamt ging davon aus, dass Dr. Gerckens gemäß den Vertragsentwürfen als Treuhänder von Holtzbrinck 99 % der Anteile an der GMZ Gesellschaft für Medien-, Druck- und Zeitungsbeteiligungen m. b. H. und damit über den Tagesspiegel halten werde. Das Bundeskartellamt beurteilte den angemeldeten Zusammenschluss von Holtzbrinck und dem Berliner Verlag als Erwerb der Alleinkontrolle gemäß § 37 Abs. 1 Nr. 2 GWB durch Holtzbrinck. Im Rahmen des Prüfungspunktes „1.2. Begründung einer marktbeherrschenden Stellung“ rechnete das Bundeskartellamt die Anteile an der GMZ Holtzbrinck (weiterhin) „im Sinne von § 37 Abs. 1 Nr. 3 Satz 2 GWB“ zu.[826]

Die Anwendung der Vorschrift des § 37 Abs. 1 Nr. 3 Satz 2 GWB ist in diesem Zusammenhang dogmatisch verfehlt. Die Regelung ist Teil des Zusammenschlusstatbestandes. Sie betrifft nur die Fälle, in denen es um die Zurechnung von Anteilen an dem Unternehmen geht, an dem auch der aktuelle Erwerber Anteile erwerben will; es also um ein und dasselbe Zielobjekt geht. Daher erfolgt auch eine Zurechnung jeglicher Anteile, die ein Dritter für Rechnung des Erwerbers hält, d. h. auch dann, wenn es sich nur um eine Beteiligung in Höhe von 1 % handeln würde, denn schließlich kann auch in einem solchen Fall durch die Addition der Anteile von Treugeber und Treunehmer ein Schwellenwert i. S. d. § 37 Abs. 1 Nr. 3 Satz 1 GWB überschritten werden.

Anders gelagert war jedoch der Fall Tagesspiegel/Berliner Zeitung . Holtzbrinck wollte Anteile am Berliner Verlag erwerben und Dr. Gerckens hielt Anteile am Tages-

826 *BKartA* WuW/E DE-V 871 (874) – Tagesspiegel/Berliner Zeitung II.

spiegel. Eine Addition der Anteile am Berliner Verlag mit den Anteilen am Tagesspiegel gemäß dem Wortlaut des § 37 Abs. 1 Nr. 3 Satz 2 GWB käme der Summierung von Äpfeln und Birnen gleich. Der richtige Lösungsansatz wäre in diesem Fall vielmehr in der Verbundklausel des § 36 Abs. 2 Satz 1 GWB zu suchen gewesen, die sowohl für die Ermittlung der Umsatzerlöse gemäß §§ 35 Abs. 1, 38 GWB als auch für die materielle Beurteilung des Zusammenschlusses, d. h. für die Ermittlung der Marktstellung gilt.[827]

> *„Ist ein beteiligtes Unternehmen ein abhängiges oder herrschendes Unternehmen im Sinne des § 17 des Aktiengesetze oder ein Konzernunternehmen im Sinne des § 18 des Aktiengesetzes, sind die so verbundenen Unternehmen als ein einheitliches Unternehmen anzusehen."*

Auch die Verbundklausel führt im Ergebnis zu einer Zurechnung. Allerdings zum einen systematisch auf einer anderen Stufe und zum anderen, anders als die Zurechnungsklausel in § 37 Abs. 1 Nr. 3 Satz 2 GWB, nur unter den Voraussetzungen der §§ 17, 18 AktG.

Durch den Verweis auf die §§ 17, 18 AktG wird nach allgemeiner Ansicht der Anwendungsbereich dieser Normen auf Unternehmen erweitert, die nicht der Rechtsform der AG oder der KGaA unterfallen.[828] Von der Verweisung auf § 17 AktG wird auch die Vermutung des § 17 Abs. 2 AktG umfasst.[829] Die Abhängigkeit eines Unternehmens wird gemäß § 17 Abs. 2 AktG dann vermutet, wenn das Unternehmen im Mehrheitsbesitz eines anderen Unternehmen steht. Wann wiederum ein Mehrheitsbesitz vorliegt, bestimmt § 16 Abs. 1 AktG. Dies ist dann der Fall, wenn einem Unternehmen die Mehrheit eines rechtlich selbständigen Unternehmens oder die Mehrheit der Stimmrechte in einem rechtlich selbständigen Unternehmen zusteht. Gemäß § 16 Abs. 4 AktG gelten als Anteile, die einem Unternehmen gehören, unter anderem auch die Anteile, die einem anderen für Rechnung des Unternehmens gehören. Hauptanwendungsfall der Vorschrift ist damit auch die Treuhand, wobei es nach herrschender Ansicht keinen Unterschied machen soll, wie das Innenverhältnis zwischen Treugeber und Treuhänder im Einzelnen ausgestaltet ist.[830] Danach sind dem treugebenden Unternehmen A stets die Umsätze des Unternehmens C zuzurechnen, an dem der Treuhänder auf seine Rechnung eine Mehrheitsbeteiligung hält. Gegen die Anwendung des § 16 Abs. 4 AktG über die Verweisungsnorm des § 36 Abs. 2 Satz 1 GWB bestehen

---

827 *Richter* in: *Wiedemann*, Hdb. Kartellrecht, § 19 Rdnr. 26; *Bechtold*, GWB, § 36 Rdnr. 36.

828 RegE Begr. (Zweites Gesetz zur Änderung des GWB), BT-Drs. VI/2520, S. 26; *Mestmäcker/Veelken* in: *Immenga /Mestmäcker*, § 36 Rdnr. 42.

829 *Richter* in: *Wiedemann*, Hdb. Kartellrecht, § 19 Rdnr. 27; *Mestmäcker/Veelken* in: *Immenga/Mestmäcker*, GWB-Kommentar, § 36 Rdnr. 47.

830 *Bayer* in: *Münchener Kommentar*, Aktiengesetz, § 16 Rdnr. 47; *Emmerich* in: *Emmerich/Habersack*, § 16 Rdnr. 18.

keine Bedenken.[831] Die Zurechnungsnorm des § 16 Abs. 4 AktG stellt eine gesetzliche Fiktion[832] auf, wirkt also normativ und soll deshalb nicht widerlegt werden können.[833]

## II. Treuhänder fusioniert mit drittem Unternehmen

Angenommen wird der Fall, dass das Unternehmen B, das bereits treuhänderisch für A eine Mehrheitsbeteiligung am Unternehmen C hält, nunmehr selbst Anteile an einem dritten Unternehmen D erwerben möchte.

Gemäß § 36 Abs. 2 GWB i. V. m. § 17 Abs. 2, § 16 Abs. 1 AktG gilt das treuhänderisch tätige Unternehmen B stets als ein das Unternehmen C beherrschendes Unternehmen, denn ihm „gehört" gemäß § 16 Abs. 1 AktG nach herrschender Meinung formell die Mehrheitsbeteiligung.[834] Eine Mindermeinung im Schrifttum bestreitet dies mit dem Argument, als herrschende Unternehmen im Sinn des § 17 AktG seien stets nur solche Unternehmen anzusehen, die aus eigener Machtvollkommenheit und im eigenen Interesse Einfluss auf ein anderes Unternehmen nehmen können.[835] Das Wort „gehören" in § 16 AktG sei teleologisch im Sinn eines wirtschaftlichen Verständnisses zu reduzieren, wenn der Treuhänder streng weisungsgebunden handele und seine Position rein formeller Rechtsnatur sei, so dass die Nutzung der treuhänderischen Position für eigene Interessen ausgeschlossen sei. Gesetzessystematisch ist die Frage nach dem treuhänderischen Innenverhältnis richtig, aber erst im Zuge der Widerlegung der gesetzlichen Vermutung des § 17 Abs. 2 AktG zu verorten.[836] Dies führt zunächst zu dem Ergebnis, dass grundsätzlich sowohl das treuhänderisch tätige Unternehmen als auch

---

831 *Ruppelt* in: *Langen/Bunte,* § 36 Rdnr. 62. So offensichtlich auch *Kleinmann/Bechtold* noch zu der alten Verbundklausel in § 23 Abs. 1 Satz 2 a. F. GWB, § 23 Rdnr. 351.

832 *Adler/Düring/Schmaltz*, § 16 AktG Rdnr. 22; *Bayer* in: *Münchener Kommentar*, AktG, § 16 Rdnr. 43.

833 *Adler/Düring/Schmaltz*, § 16 AktG Rdnr. 22; *Geßler* in: *Geßler/Hefermehl/Eckardt/Kropff*, § 16 Rdnr. 43.

Auch im Fall der mehrstufigen Abhängigkeit gemäß § 16 Abs. 4, 1. Alt. GWB kann nicht die Zurechnung als solche widerlegt werden. Widerlegt werden kann nur, die Abhängigkeit der Tochter- von der Muttergesellschaft und die Abhängigkeit der Enkel von der Tochtergesellschaft.

834 *Bayer* in: *Münchener Kommentar*, Aktiengesetz, § 16 Rdnr. 47; *Emmerich* in: *Emmerich/Habersack*, § 16 Rdnr. 18; *Geßler* in: *Geßler/Hefermehl/Eckardt/Kropff*, § 16 Rdnr. 18; *Koppensteiner* in: *Kölner Kommentar*, § 16 Rdnr. 27.

835 *Zilias*, WPg 1967, S. 465 (469 f.); *Adler/Düring/Schmaltz*, § 17 AktG Rdnr. 89.

836 So auch *Bayer* in: *Münchener Kommentar*, AktG, § 16 Rdnr. 25.

das Treugeberunternehmen als herrschende[837] und damit verbundene Unternehmen im Sinn des § 36 Abs. 2 gelten.

Die beteiligten Unternehmen können die Vermutung der Verbundenheit jedoch gemäß § 36 Abs. 2 Satz 1 GWB i. V. m. § 17 Abs. 2 AktG widerlegen. Sie tragen entsprechend den aktienrechtlichen Vorschriften trotz der Amtsermittlungspflicht des Bundeskartellamtes die Beweislast[838] für die Tatsachen, aus denen sich die Unabhängigkeit der beteiligten Unternehmen ergibt.

## F. Zusammenfassung

Anders als das Gemeinschaftsrecht kennt das deutsche Fusionskontrollrecht sowohl formelle als auch materielle Zusammenschlusstatbestände. Die formelle, dingliche Berechtigung eines Vollrechtstreuhänders wird durch die besondere Berücksichtigung formell rechtlicher Positionen durch den Gesetzgeber gestärkt. Hält man formelle Zusammenschlusstatbestände, wie der deutsche Gesetzgeber, für unabdingbar, um eine gewisse Rechtssicherheit für die anmeldepflichtigen Unternehmen zu gewährleisten und eine erhöhte Kontrolldichte zu erreichen, sollte die Differenzierung zwischen den beiden Tatbestandsvarianten auch — soweit dies mit den Zielen der Zusammenschlusskontrolle vereinbar ist — in ihrer konkreten Anwendung aufrechterhalten werden. Die Begriffe des Anteils- und des Vermögenserwerbs sind daher im Sinn des Erwerbs formeller, dinglicher Rechtpositionen zu verstehen. Auch die sogenannte Zurechnungsklausel gemäß § 37 Abs. 1 Nr. 3 Satz 2 GWB ist in diesem Sinn formell und restriktiv auszulegen. Sie umfasst ihrem Wortlaut nach nur die Konstellation, dass der Treuhänder vor dem Treugeber oder parallel mit diesem Anteile an demselben Zielobjekt erwirbt.

Die Zurechnungsklausel findet im materiellen Zusammenschlusstatbestand des Kontrollerwerbs gemäß § 37 Abs. 1 Nr. 2 GWB keine Anwendung. Ihrem Wortlaut nach stellt sie für die Zurechnung allein danach ab, wer das Treugut finanziert. Diese Aussage wäre mit der Definition des Kontrollerwerbs über die Möglichkeit der Einflussnahme auf Unternehmen nicht zu vereinbaren.

Im Fall der Erwerbstreuhand kann das treugebende Unternehmen vielmehr direkt über den Treuhandvertrag verbunden mit dem formellen Anteilserwerb durch den Treuhänder je nach der Höhe der vom Treuhänder erworbenen Beteiligung sowohl Kontrolle gemäß § 37 Abs. 1 Nr. 2 GWB als auch wettbewerblich erheblichen Einfluss gemäß § 37 Abs. 1 Nr. 4 GWB erwerben. Ein Rückgriff auf die Zurechnungsklausel ist nicht nötig

837 *Emmerich* in: Emmerich/*Habersack*, Aktienkonzernrecht, § 16 Rdnr. 14 und 12; *Bayer* in: *Münchener Kommentar zum AktG*, § 16 Rdnr. 25 und 47.

838 *Mestmäcker/Veelken* in: *Immenga/Mestmäcker*, GWB-Kommentar, § 36 Rdnr. 63; *Ruppelt* in: *Langen/Bunte*, § 36 Rdnr. 62, *Richter* in: *Wiedemann*, Hdb. Kartellrecht, § 19 Rdnr. 27.

Wird die Zurechnungsklausel — wie vom Bundeskartellamt — jedoch extensiv stets dann herangezogen, wenn ein rechtsgeschäftlicher Treuhänder in irgendeiner Weise in den Zusammenschluss involviert ist, ist die Zurechnungsklausel entsprechend restriktiv im Sinn der materiellen Zusammenschlusstatbestände anzuwenden, um nicht zu Ergebnissen zu gelangen, die dem Willen des Gesetzgebers widersprechen. Diese Gefahr besteht insbesondere dann, wenn dem Treugeber Anteilsrechte bzw. Vermögen zugerechnet werden, ohne zu überprüfen, ob der Treugeber auch tatsächlich die Möglichkeit der Einflussnahme auf das Zielobjekt hat. Für diese Prüfung ist wie im Gemeinschaftsrecht auf die Kriterien der des Umfangs der Weisungsabhängigkeit des Treuhänders, der Widerruflichkeit des Treuhandverhältnisses, der Auswahl des Zielobjekts, der Sachkenntnis der Treuhandparteien und der Dauer des Treuhandverhältnisses abzustellen.

Im Fall der treuhänderischen Übertragung von Gesellschaftsanteilen vom Treugeber auf den Treuhänder fällt nicht jede Übertragung des Vollrechts unter den Tatbestand des § 37 Abs. 1 Nr. 3 GWB. Der Tatbestand ist in dieser Konstellation vielmehr teleologisch zu reduzieren. Ein Zusammenschlusstatbestand wird durch die Übertragung nur dann erfüllt, wenn er beim Treuhänder zur Erlangung von wettbewerblich erheblichem Einfluss führt.

Beim Zusammenschluss eines anderweitig als Treuhänder oder als Treugeber agierenden Unternehmers mit einem dritten Unternehmen sind die aus dem Treugut resultierenden Umsatzzahlen grundsätzlich stets gemäß der Verbundklausel des § 36 Abs. 2 GWB vom potentiell anmeldepflichtigen Unternehmen in die Berechnung seiner Umsatzzahlen miteinzubeziehen.

# Dritter Teil: Die Option in der Fusionskontrolle

## § 9 Der Begriff der Option

### A. Im deutschen Recht

Der Optionsvertrag ist eine vertragliche Vereinbarung, die einer Partei das Recht (Optionsrecht) einräumt, einen Vertrag durch einseitige Erklärung zustande zu bringen oder zu verlängern.[839] Diese Befugnis kann zeitlich befristet oder unbefristet sein. Das Optionsrecht ist nach überwiegender Ansicht als Gestaltungsrecht zu qualifizieren.[840]

Wie die Treuhand ist auch der Optionsvertrag im BGB nicht abstrakt geregelt. Dennoch spielt der Optionsvertrag im heutigen Wirtschaftsleben eine herausragende Bedeutung. Von der Rechtsprechung wurde die Option zunächst im Bereich des Mietrechts anerkannt.[841] Eines der wichtigsten Anwendungsgebiete des Optionsvertrages ist heute neben dem Miet-, Pacht, Leasing- und Immobilienrecht der Wertpapierhandel.[842] Auf ihn soll hier besonderes Augenmerk gerichtet werden. Das Optionsrecht kann sowohl das Recht zum Ankauf von Anteilen (sog. Call Option) als auch zum Verkauf von Anteilen (sog. Put Option) beinhalten.

Insbesondere im Hinblick auf die Auswirkungen der Option beim Unternehmenszusammenschluss ist herauszustellen, dass der Optionsvertrag als Ankaufrecht neben der Einräumung eines Gestaltungsrechts für den Berechtigten zu einer gewissen Ausschlussfunktion anderer potentieller Interessenten am Optionsgegenstand führt. Dadurch, dass der Optionsgeber während des Zeitraums der Optionsfrist nur unter Verletzung des Optionsvertrags und unter Entstehung einer Schadenersatzpflicht den Optionsgegenstand an Dritte weiterveräußern kann, wird der Erwerb des Optionsgegenstandes für andere potentielle Wettbewerber erschwert.

---

839 *Henrich*, S. 1 und 229, *Weber*, JuS 1990, S. 249 (250).

840 v. *Einem*, S. 23 ff.; *Georgiades* in: Festschrift für Larenz, S. 409 (416); *Hase*, S. 33; *Henrich*, S. 242; *Obrecht*, S. 33; *Schilder*, S. 111 f.; *Weber*, JuS 1990, S. 249 (250).

841 Vgl. dazu die Nachweise bei *Henrich*, S. 15 sowie bei *Hase*, S. 35.

842 Vgl. *Weber*, JuS 1990, S. 249 (250).

## B. Die Begriffsverwendung im Europarecht

Das Rechtsinstitut der Option ist Bestandteil zahlreicher europäischer Rechtsordnungen. In vielen Rechtsordnungen, wie beispielsweise der englischen, der französischen und der italienischen, besteht ein besonders hohes praktisches Bedürfnis nach diesem Vertragstyp, da dort ein Angebot — anders als im deutschen Recht — grundsätzlich solange widerrufen werden kann bis der Vertrag geschlossen ist.[843] Auch die Kommission hat sich angesichts der staatenübergreifenden Relevanz des Rechtsinstituts in ihrer 4. Mitteilung über den Zusammenschlussbegriff von 1998 explizit mit der Option auseinandergesetzt. Ihre Ausführungen beschränken sich jedoch angesichts der praktischen Relevanz für die Fusionskontrolle auf die *„Option, die zum Kauf oder zur Umwandlung von Aktien berechtigt“*[844].

# § 10 Motive für den Abschluss eines Optionsvertrages

## A. Absicherung einer eigenen erstmaligen Rechtsposition

Das Optionsrecht dient dem Optionsberechtigten, der sich bei Abschluss des Optionsvertrages noch nicht hinsichtlich des Hauptvertrages binden kann oder will und der sich andererseits jedoch die Möglichkeit des Vertragsschlusses offen halten möchte. Der fehlende Bindungswille des Optionsberechtigten kann auf unterschiedlichen Gründen beruhen. So kommen beispielsweise finanzielle Gründe in Betracht, wenn der Optionsberechtigte den Kaufpreis für das Optionsobjekt momentan noch nicht (ganz) aufbringen kann. Der Optionsberechtigte kann aber auch aus gesetzlichen Gründen (noch) an einer endgültigen Bindung durch Abschluss des Hauptvertrages gehindert sein. Hierzu sei beispielsweise auf die Fälle KLM/Air U. K.[845] oder British Airways/TAT[846] verwiesen. Dem direkten sofortigen Zusammenschluss der Unternehmen standen jeweils nationale Vorschriften zur Regelung der Luftverkehrsdienstleistungen entgegen, die vor einer Übernahme durch ausländische Unternehmen schützen sollten. Erst durch die Einführung der Niederlassungs- und Dienstleistungsfreiheit für alle Luftverkehrsgesellschaften der EU zum 1. Januar 1993 und die Aufhebung der Beschränkung der Kabotage zum 1. April 1997 auf gemeinschaftsrechtlicher Ebene konnten die jeweiligen Optionsrechte geltend gemacht werden.

---

843 Vgl. hierzu zusammenfassend *Henrich*, S. 82.

844 *Kommission*, Mitteilung über den Zusammenschlussbegriff, Tz. 15.

845 *Kommission*, E. v. 22. 9. 1997, IV/M.967 – KLM/Air U. K.

846 *Kommission*, E. v. 27. 11. 1992, IV/M.258 – British Air/TAT.

Ein Hemmnis zum Abschluss des Hauptvertrages kann auch darin bestehen, dass noch nicht klar ist, ob der Kauf des Optionsgegenstandes tatsächlich zum Nutzen des Käufers ist und ein Prüfverfahren über die Verwendbarkeit abgewartet werden soll.

## B. Absicherung einer Rückkaufsmöglichkeit

Die Call Option kann auch dem Zweck dienen, sich eine Rückkaufsmöglichkeit für ehemals eigene Rechtspositionen einzuräumen, von denen man sich unfreiwillig trennen musste. Verwiesen sei hier beispielhaft auf den im ersten Teil unter § 1 H geschilderten Fall Tagesspiegel/Berliner Zeitung. Im Zuge der Abhilfemaßnahme verkaufte die Holtzbrinck-Gruppe den Tagesspiegel an Herrn Gerckens. Gleichzeitig ließ sie sich allerdings ein Ankaufs-Optionsrecht einräumen, um sich die Möglichkeit offenzuhalten, bei einer Änderung des Pressefusionskontrollrechts 75 % der Anteile am Tagesspiegel zurückzuerwerben. Die Call Option sollte zunächst nach dem zwischen Dr. Gerckens und Holtzbrinck vereinbarten Letter of Intent noch sämtliche Anteile der Gesellschaft für Medien- Druck und Zeitungsbeteiligungen mbH & Co. zum Inhalt haben. Offenbar unter dem Eindruck des — wenige Wochen später offiziell veröffentlichen — Referentenentwurfs[847] für die 7. GWB-Novelle wurde der Optionsgegenstand jedoch auf 75 % der Anteile modifiziert. Denn § 36 Abs. 2 Satz 2 GWB des Referentenentwurfs sah vor, dass die Begründung einer marktbeherrschenden Stellung auf dem Zeitungsmarkt dann nicht die Untersagung des Zusammenschlusses rechtfertigt, wenn die erworbene Zeitung langfristig als selbständige publizistische Einhalt erhalten bleibt. Dies wurde nach dem damaligen Referentenentwurf sowie auch nunmehr nach dem am 26. Mai 2004 verabschiedeten Entwurf des Bundeskabinetts (dort § 36 Abs. 1a Nr. 1) dann vermutet, wenn der Veräußerer oder ein Dritter, auf den der Erwerber keinen Einfluss ausüben kann, mit mehr als 25 % der Anteile beteiligt bleibt. Würde folglich Holtzbrinck zu einem späteren Zeitpunkt nach Inkrafttreten der Novelle der Pressefusion 75 % der Anteile von Herrn Gerckens am Tagesspiegel zurückerwerben, bestünde eine gesetzliche Vermutung dahingehend, dass der Tagesspiegel als selbständige Einheit erhalten bleibe, so dass eine Anmeldung nicht notwendig wäre.

## C. Option als Sicherungsmittel

Der Optionsvertrag dient — wie die Treuhand — häufig als Sicherungsmittel. So lässt sich der Verkäufer beispielsweise zur Absicherung seiner Kaufpreisforderung ein

847 Der Referentenentwurf ist unter anderem auf der Homepage des Forschungsinstituts für Wirtschaftsverfassung und Wettbewerb e.V. unter http://www.fiw-online.de/index.html?/archiv/D/d301203bmwa-gwb-novelle.html abrufbar.

Rückkaufrecht oder eine Kaufoption an der finanzierten Sache einräumen, um seinen Kredit zu sichern.

## D. Spekulation

Im Bereich des Aktienrechts dient der Optionsvertrag auch spekulativen Anlagezwecken. Die beiden Kontrahenten vereinbaren, dass der Käufer gegen Entrichtung eines Optionspreises bzw. einer Optionsprämie das Recht erwirbt, während der Laufzeit einer Option vom sogenannten Stillhalter, der Bank, Aktien zu einem fest vereinbarten Basispreis zu kaufen, bzw. an den Stillhalter zu verkaufen. Beide Parteien tragen dabei das Risiko des Wertpapierkurses.[848]

## E. Abwehr anderer potentieller Käufer

Auf dem „Markt" für Unternehmen und Beteiligungen kann der Optionsvertrag zur Abwehr der Übernahme des Zielobjekt durch einen Wettbewerber abgeschlossen werden. Aus dem Optionsvertrag resultiert für den Optionsgeber nämlich die Pflicht zur Erhaltung des Optionsobjekts für den Optionsberechtigten. Der Verkauf an Dritte wird mit der gesetzlichen Schadenersatzpflicht bewährt.[849] Dadurch wird der Erwerb des Zielobjekts durch andere Wettbewerber zumindest deutlich erschwert, da der Kaufpreis bei einem Verkauf an Dritte derart hoch angesetzt werden müsste, dass der Optionsgeber davon auch die Ansprüche des Optionsberechtigten auf Schadenersatz begleichen könnte.

## F. Vermeidung des unternehmerischen Stillstands beim Joint-Venture

In vielen größeren Joint-Venture-Vereinbarungen finden sich Regelungen über Put Optionen, durch die ein Beteiligter dem anderen Beteiligten seine Anteile am gemeinsam kontrollierten Gemeinschaftsunternehmen aufzwingen kann.[850] Der Mechanismus

848 *Hammen*, ZIP 1987, S. 151.

849 Vgl. zu den Pflichten des Optionsgebers vor der Ausübung des Optionsrechts z. B. *Henrich*, S. 271; v. *Einem*, S. 61 f.

850 Vgl. beispielsweise *Kommission,* E. v. 27. 11. 1992, IV/M.259 = Celex 392M0259 – British Airways/TAT; E. v. 29. 7. 1994, IV/M.442 = Celex 394M0442 – Atochem/Rütgers; E. v. 13. 9. 1996, IV/M.781 = Celex 396M0781 – Schering/Gehe-Jenapharm; E. v. 29. 7. 1996, IV/M.767 = Celex 396M0767 – Thomson/CSF/Finmeccanica/Elettronica.

der Put Option soll dabei weniger dem Zweck dienen, einen Kontrollwechsel herbeizuführen, sondern dazu, eine Situation des Stillstands zu vermeiden.[851] Eine derartige Situation kann dann entstehen, wenn die Auffassungen der kontrollierenden Unternehmen über die Unternehmensentwicklung und Betriebsfortführung des Joint-Venture so stark divergieren, dass keine Entscheidungen mehr getroffen werden können. Die Put Option erzeugt in dieser Situation einen gewissen Zwang, zur gemeinsamen Entscheidungsfindung zurückzukehren.

# § 11 Das Optionsrecht in der Fusionskontrolle — Einführung in die Problematik

## A. Call Option

Im Rahmen dieser Arbeit stehen angesichts der größeren praktischen Relevanz die Optionsverträge zum Erwerb und zur Veräußerung von Beteiligungen an einem anderen Unternehmen im Vordergrund. Als Kaufobjekt kommt zum einen eine (Mehrheits-)Beteiligung in Frage, die bereits als solche kontrollbegründend sein kann, und zum anderen eine Minderheitsbeteiligung, die zusammen mit bereits vorhandenen Beteiligungen zu einem Kontrollerwerb führen könnte. Zur Aufstockung bereits bestehender Anteile dient die Call Option auch dann, wenn sie — wie häufig — unter Gesellschaftern eines Gemeinschaftsunternehmens vereinbart wird.[852]

Der Optionsvertrag wirft durch die zeitliche Entzerrung von Optionsvertrag und Ausübung des Optionsrechts vor allem Fragen im Bereich der Anmeldepflicht auf. So wird der Frage nachzugehen sein, ob ein anmeldepflichtiger Zusammenschluss schon mit Eingehung des Optionsvertrages entsteht oder erst mit Ausübung des Ankaufsoptionsrechts (Gliederungspunkte § 12 A und § 13 A). Der durch den Optionsvertrag erzeugte Schwebezustand bis zur Ausübung des Optionsrechts wurde weder in der FKVO noch im GWB explizit gesetzlich geregelt. Allerdings hat sich die europäische Kommission in ihrer Mitteilung über den Begriff des Zusammenschlusses[853] in Tz. 15 in allgemeiner Form bereits mit dem Phänomen des Optionsrechts auseinandergesetzt.

Neben der Frage nach dem Zeitpunkt der Anmeldepflicht birgt die Kaufoption auch eine Zurechnungsproblematik in sich. Die Frage nach der Zurechnung stellt sich dann, wenn ein Optionsberechtigter an einem dritten Zielobjekt Anteile erwerben will. Um das wirtschaftliche Ausmaß des Zusammenschlusses mit dem dritten Unternehmen richtig beurteilen zu können, ist es unter Umständen von Nöten, das Optionsrecht

851 *Cook/Kerse*, S. 33.

852 *Schütz* in: *Gemeinschaftskommentar*, Art. 3 Rdnr. 33.

853 *Kommission*, Mitteilung über den Zusammenschlussbegriff, ABl. 1998 C 66/5, Tz. 15.

bereits wie ein echtes Anteilsrecht zu behandeln und die daraus resultierenden Umsatzzahlen und Marktanteile dem Erwerber und Optionsberechtigten zuzurechnen (Gliederungspunkt § 12 B).

## B. Put Option

Auch die Put Option hat Auswirkungen auf die Fusionskontrolle. Ebenso wie die Call Option wirft sie unter unterschiedlichen Blickwinkeln Fragen auf:

So ist zum einen zu thematisieren, ob mit dem Abschluss eines Optionsvertrages, der auf den Verkauf von Anteilen gerichtet ist, bereits ein Verlust von Kontrolle eintritt bzw. ob durch die Put Option zumindest die Dauerhaftigkeit einer bislang bestehenden Kontrollkonstellation nicht länger gewahrt ist (Gliederungspunkt § 12 C und 13 B).

Die Put Option ist auch unter dem Blickwinkel der Ausübung faktischer Kontrolle durch den Optionsberechtigten zu hinterfragen.[854] Allein durch die Drohung mit der Ausübung einer Put Option kann unter Umständen Druck auf die Entscheidungsgremien des Unternehmens ausgeübt werden, an denen der Optionsberechtigte Anteile hält.

Durch die Put Option kann einem Dritten eine Beteiligung aufgedrängt werden. Spätestens mit der Ausübung der Option kann dies für den Optionsgeber unfreiwillig zu einem Kontrollwechsel führen, den er als Erwerber anzumelden hat. Unter Umständen kann es aber auch schon vor der Ausübung der Put Option allein durch die Innehabung des Gestaltungsrecht zu einem anmeldepflichtigen Erwerb von Kontrolle bei dem Optionskäufer kommen (Gliederungspunkt § 12 E).

854 Vgl. dazu auch *Cook/Kerse*, S. 33.

# § 12 Die Option im europäischen Fusionskontrollrecht

## A. Das Call Optionsrecht und der Zusammenschlussbegriff

### I. Kontrollerwerb allein durch Abschluss eines Optionsvertrages

#### 1. Die Literatur

Weder in der alten Fusionskontrollverordnung Nr. 4064/89 noch in ihrer Fassung aus dem Jahr 2004 findet sich eine explizite Regelung zur Frage des Kontrollerwerbs durch Optionsvertrag. Nach der Definition des Kontrollerwerbs in Art. 3 Abs. 2 FKVO müsste durch den Abschluss des Optionsvertrages unter Berücksichtigung aller rechtlichen und tatsächlichen Umstände zum Zeitpunkt der Anmeldung die Möglichkeit gewährt werden, einen bestimmenden Einfluss auf das Unternehmen auszuüben, an dem man Optionsrechte erworben hat. Insofern stellt sich die Frage nach den rechtlichen und tatsächlichen Folgen des Abschlusses eines Optionsvertrages:

Die Rechtsfolgen des Optionsvertrages erschöpfen sich in der schuldrechtlichen Vereinbarung des Optionsrechts. Durch die Vereinbarung werden weder Anteile übertragen noch entsteht durch das Optionsrecht schon eine Verpflichtung zur Übertragung von Anteilen. Die Übertragung der Anteile ist erst Gegenstand des möglicherweise zu einem späteren Zeitpunkt abzuschließenden schuldrechtlichen Hauptvertrages. Dementsprechend stehen dem Optionsnehmer bei Abschluss des den Hauptvertrag nur vorbereitenden Optionsvertrages noch keine Rechte aus den Anteilen und insbesondere keine Stimm- und Informationsrechte aus den Anteilsrechten zu. Aus diesem Grund geht die herrschende Ansicht im Schrifttum[855] davon aus, dass eine Option, die zum Kauf oder zur Umwandlung von Aktien berechtigt, an sich grundsätzlich noch keine Kontrolle verleihe. Die Anmeldepflicht entstehe regelmäßig erst mit dem Zeitpunkt der Ausübung des Optionsrechts. Allein die Existenz des Optionsvertrages führe noch nicht zum Kontrollerwerb durch Vertrag.

855 *Bellamy/Child*, Rdnr. 6-037; *Cook/Kerse*, S. 33; *Schütz* in: *Gemeinschaftskommentar*, Art. 4 FKVO Rdnr. 10; *Hawk/Huser*, S. 11; *Immenga* in: *Immenga/Mestmäcker*, EG-Wettbewerbsrecht, Art. 4 Rdnr. 9; *Pohlmann*, S. 127; *Stoffregen* in: *Groeben/Thiesing/Ehlermann*, Art. 4 Rdnr. 7; *Drauz/Schroeder*, S. 40.

## 2. Die Entscheidungspraxis der Kommission und des Europäischen Gerichtshofs

Auch die Kommission[856] und das Europäische Gericht erster Instanz [857] gehen aus denselben Gründen grundsätzlich davon aus, dass eine Option, die zum Kauf oder zur Umwandlung von Aktien berechtigt, an sich noch keinen bestimmenden Einfluss zur Folge hat, der eine Kontrollposition begründen könne. Sie erkennen jedoch Ausnahmen von diesem Grundsatz an. In diesem Sinn äußerte sich die Kommission in ihrer Mitteilung über den Begriff des Zusammenschlusses:

> *„Eine Option, die zum Kauf oder zur Umwandlung von Aktien berechtigt,* ***verleiht an sich*** *noch keine Kontrolle, solange die Option nicht in naher Zukunft aufgrund einer verbindlichen Absprache ausgeübt wird. Wenn es jedoch wahrscheinlich ist, dass die Option ausgeübt wird, kann dies ein weiteres Indiz sein, das - zusammen mit anderen - den Schluss nahe legt, dass eine alleinige Kontrolle vorliegt.“*[858] [Hervorhebung nicht im Original]

Dass grundsätzlich erst mit der Ausübung des Optionsrechts der Kontrollerwerb im Sinn von Art. 3 Abs. 2 FKVO verbunden sein soll, bestätigen die Entscheidungen, in denen die beteiligten Unternehmen die Kommission mit der Anmeldung davon in Kenntnis gesetzt hatten, dass sie neben den zu erwerbenden Anteilen auch Optionsrechte für weitere Anteile besäßen, die von der Kommission aber bewusst nicht in die Beurteilung des aktuellen Zusammenschlussvorhabens miteinbezogen wurden. Bei-

---

856 *Kommission*, Mitteilung über den Zusammenschlussbegriff, Tz. 15; *Kommission*, E. v. 27. 11. 1992, IV/M.259 = Celex 392M0259 – British Airways/TAT.Kommission; E. v. 19. 3. 2002, Comp/M.2669 = Celex 302M2669, Tz. 6 und Fußnote 2 – VTG/Hapag Lloyd/Warburg/Brambles, obwohl hier die *Kommission* im Ergebnis aufgrund des unwiderruflichen Optionsrechts von Hapag Lloyd eine gemeinsame Kontrolle annahm; *Kommission*, E. v. 29. 7. 1996, IV/M.767 = Celex 396M0767, Tz. 7 – Thomson/ CSF/Finmeccanica /Elettronica Tz. 7; E. v. 8. 5. 1996, IV/M.733 = Celex 396M0733, Tz. 4 - Frantschach/B+K/Volfin. Indirekt auch *Kommission* E. v. 30. 5. 1991, IV/M.0010 = Celex 391M0010 - Conagra/Idea: Die Möglichkeit, neben dem angemeldeten Erwerb von 20% der Anteile an Idea durch Conagra über eine Option auf 50% der Anteile auszuweiten, wurde von der *Kommission* nicht beachtet. Indirekt auch *Kommission*, E. v. 19. 9. 1996, IV/M.781 = Celex 396M0781, Tz. 7 – Schering/Gehe-Jenapharm: hier wurde nur die Auswirkung der wechselseitig vereinbarten Optionen auf die Dauerhaftigkeit des Gemeinschaftsunternehmens geprüft, nicht aber, ob Schering durch die Call Option auf die restlichen Anteile vielleicht sofort alleinige Kontrolle erwerbe. *Jones/González-Díaz,* S. 11, verweisen zudem auf den nicht notifizierten Erwerb von Sogeti-Anteilen durch Daimler Benz im Juli 1991: Daimler Benz erwarb zu diesem Zeitpunkt 35 % der Anteile an dem französischen Unternehmen Sogeti und zusätzlich eine Kaufoption auf weitere 16 %. Aus der Tatsache, dass dieser Erwerbsvorgang nicht notifiziert wurde, vermuten *Jones/González-Díaz,* dass die Option selbst nicht ausreichend war, um eine Kontrollposition zu begründen.

857 *EuG* v. 19. 5. 1994, Rs. T-2/93, Slg. II-323, 350 – Air France./.Kommission.

858 *Kommission*, Mitteilung über den Zusammenschlussbegriff, Tz. 15.

spielhaft sei hier auf den Erwerb der TAT European Airlines verwiesen[859]: Im Jahr 1992 hatte British Airways plc. bei der Kommission einen Erwerb von TAT S. A. 49,9 % der Anteile an TAT European Airlines angemeldet. Gleichzeitig wurde British Airways von TAT S. A. eine Ankaufsoption für den Erwerb weiterer Anteile einschließlich bis zum 1. April 1997 eingeräumt. Die TAT S. A. bekam gleichzeitig eine Put Option für den Fall eingeräumt, dass British Airways bis zum 1. April 1997 nicht von seinem Ankaufsrecht Gebrauch mache Die Kommission wertete den Zusammenschluss als einen gemeinsamen Kontrollerwerb. Die Optionsrechte ließ sie für die Beurteilung des Zusammenschlusses mit der Begründung außen vor, dass es momentan nicht sicher sei, ob sie jemals ausgeübt werden würden.

> *„Since it is not certain whether these options will be exercised the second transaction will not be taken into account for the assessment of the operation that is currently taking place.“*[860]

Erst als British Airways im Jahr 1996 den Erwerb von weiteren 50,5 %[861] durch die Ausübung ihrer Put Option anmeldete, ging die Kommission vom alleinigen Kontrollerwerb aus.[862]

## II. Zusammenschluss vor Ausübung des Optionsrechts durch faktische Einflussnahme

Weder die Kommission[863] noch ein großer Teil des Schrifttums[864] will es völlig ausschließen, dass nicht doch bereits durch das Optionsrecht als solches ein anmeldepflichtiger Kontrolltatbestand erfüllt werden kann. So lässt sich die Kommission bewusst in ihrer Mitteilung über den Begriff des Zusammenschlusses ein Hintertürchen für ihre Kontrolltätigkeit offen, wenn sie formuliert:

> *„Eine Option, die zum Kauf oder zur Umwandlung von Aktien berechtigt, verleiht an sich noch keine Kontrolle, **solange** die Option nicht in naher Zukunft aufgrund einer verbindlichen Absprache ausgeübt wird. **Wenn** es jedoch wahrscheinlich ist, dass die Option ausgeübt wird, kann dies ein weiteres Indiz sein, das -*

---

859 *Kommission*, E. v. 27. 11. 1992, IV/M.259 = Celex 392M0259 – British Airways/TAT.

860 *Kommission*, E. v. 27. 11. 1992, IV/M.259 = Celex 392M0259, Tz. 5 – British Airways/TAT.

861 Zu diesem Zeitpunkt hatte British Airways nach eigenen Angaben nur noch 49,5 % Anteile an TAT European Airlines. Vgl. *Kommission*, E. v. 26. 8. 1996, IV/M.806 = Celex 386M0806, Tz. 1 – British Airways/TAT II.

862 *Kommission*, E. v. 26. 8. 1996, IV/M.806 = Celex 386M0806, Tz. 1 – British Airways/TAT II.

863 *Kommission*, Mitteilung über den Zusammenschlussbegriff, Tz. 15.

864 *Berlin*, Tz. 150; *Karl*, S. 182; *Schütz* in: *Gemeinschaftskommentar*, Art. 4 FKVO Rdnr. 10; *Stoffregen* in: *Groeben/Thiesing/Ehlermann*, Art. 4 Rdnr. 7.

*zusammen mit anderen - den Schluss nahe legt, dass eine alleinige Kontrolle vorliegt.*"[865] [Hervorhebung nicht im Original]

Systematisch kommt in den Fällen, die die Kommission im Auge hat, nur eine faktische Kontrollposition in Betracht, da die rechtlichen Möglichkeiten für eine Kontrolle eben erst, wie oben erläutert, mit dem endgültigen zukünftigen Erwerb der Anteile geschaffen werden. Die Autoren *Cook* und *Kerse* sprechen in diesem Zusammenhang von einem sogenannten „shadow effect"[866] der Optionsrechte und meinen damit, dass die zukünftigen Einflussmöglichkeiten schon ihre Schatten auf bestehende Unternehmensbeziehungen vorauswerfen. Nach einem Überblick über die Entscheidungspraxis der Kommission (Gliederungspunkt II 1) sollen im Folgenden (Gliederungspunkt II 2) einige Ansatzpunkte herausgearbeitet werden, nach denen der Optionsberechtigte unter Umständen auch schon vor der Ausübung des Optionsrechts Kontrolle erwerben kann.

## 1. Entscheidungspraxis der Kommission

### *a. Alleinkontrolle allein durch das Optionsrecht*

Erst in jüngerer Zeit hat die Kommission mehrmals den Kontrollerwerb eines Unternehmens angenommen, obwohl dieses zum Zeitpunkt der Anmeldung nur im Besitz eines Ankaufsoptionsrechts war.[867]

#### *aa. Crédit Suisse/Nikko/MSA*

Im Jahr 1998 meldete Crédit Suisse und Nikko Europe das Gemeinschaftsunternehmen MSA Acquisitions an. Im Zuge dieses Verfahrens stellte die Kommission fest, dass das Unternehmen Nikko Europe bereits vor Gründung des Gemeinschaftsunternehmens alleinige Kontrolle über das Unternehmen MSA Acquisitions innehatte, auch wenn es bis zum Jahr 1998 keine Anteile an MSA Acquisitions hielt.[868] Dies wurde damit begründet, dass Nikko Europe bereits vor dem Anmeldezeitpunkt Optionsrechte besessen habe, die es dem Unternehmen erlaubt hätten, jederzeit schon vorher die Anteilsmehrheit an MSA Acqusitions zu erwerben. Unter Berufung auf ihre Mitteilung über den Zusammenschlussbegriff aus demselben Jahr stellte die Kommission fest,

865 *Kommission*, Mitteilung über den Zusammenschlussbegriff, Tz. 15.

866 *Cook/Kerse*, S. 33.

867 Noch im Jahr 1996 ging die Literatur daher zu Recht davon aus, dass eine Option für sich allein keine Kontrolle begründen könne, sondern immer nur als „Plus Faktor" wirke. So z. B. *Hawk/Huser*, S. 11.

868 *Kommission*, E. v. 14. 8. 1998, IV/M.1273 = Celex 398M1273, Tz. 10, 17 f. – Crédit Suisse/Nikko/MSA.

dass die dem Unternehmen Nikko Europe aus der Option verpflichtete MSA Holdings kein Interesse an der Unternehmensführung der MSA Acquisitions habe, das über das reine Halten der Anteile hinausgehe. Zusätzlich habe sich Nikko Europe durch weitere Vereinbarungen Stimmrechte im Leitungsorgan der MSA Acquisition gesichert. In der Zusammenschau mit dem jederzeit ausübbaren Optionsrecht genüge dies für die Annahme alleiniger Kontrolle.

### *bb. Banco Santander Central Hispanico/AKB*

Die Tendenz der Aufwertung der Bedeutung des Optionsrechts bestätigte die Kommission in der Sache Banco Santander Central Hispanico/AKB.[869]

Am 10. Oktober 2001 meldete die Banco Santander Central Hispanico den Erwerb einer unwiderruflichen, jederzeit bis zum [...][870] ausübbaren Call Option über den Ankauf aller Anteile an der AKB Holding GmbH, einer auf dem Gebiet der Automobil-Finanzierung tätigen Bank, von der Märkischen Bau-Union GmbH an. Dieses Optionsrecht wurde begleitet von einer Abrede, nach der die Märkische Bau-Union GmbH bestimmte Unternehmensentscheidungen nicht ohne vorherige schriftliche Genehmigung der Banco Santander treffen durfte. Zu diesen Entscheidungen gehörte unter anderem die Festlegung des Geschäfts- und Finanzplans für das Jahr 2002. Die Kommission ging davon aus, dass die konkrete vertragliche Gestaltung als der Versuch zur Erlangung der Alleinherrschaft der Banco Santander über die AKB Holding zu beurteilen sei.

> „*The transaction, by which Santander Central Hispanico intends to acquire sole control of the whole of AKB, is a concentration within the meaning of article 3(1) (b) of the Merger Regulation.*"

Anders als im Fall Crédit Suisse/Nikko/MSA erläuterte die Kommission ihre Beurteilung der Option in diesem Verfahren nicht weiter.

## *b. Alleinkontrolle durch bestehende Gesellschafterstellung und zusätzliches Optionsrecht*

Im Jahr 1994 meldete die Ford Motor Company den Erwerb eines Beteiligung in Höhe von 5 % an Hertz von der Commerzbank an.[871] Ford hielt zu diesem Zeitpunkt bereits 49 % der Stimmrechte an Hertz und hatte das Recht, vier von neun Vorstandssitzen zu besetzen. Neben bestimmten Vetorechten hatte Ford nach einem sogenannten Stockholders' Agreement zusätzlich die Option, seine sogenannten „Class C shares" in so-

---

869 *Kommission,* E. v. 12. 11. 2001, COMP/M.2578 = Celex 301M2578 – Banco Santander Central Hispanico/AKB.

870 Als Geschäftsgeheimnis in der Public Version unkenntlich gemacht.

871 *Kommission,* E. v. 7. 3. 1994, IV/M.397 = Celex 394M0397 – Ford/Hertz.

genannte „Class B shares“ umzuwandeln und dadurch seine Vertretung im Leitungsorgan von Hertz auf die absolute Mehrheit von sechs Sitzen zu erhöhen. Die Kommission ging aufgrund der Gesamtumstände und insbesondere aufgrund der Option zur Umwandlung der Anteile davon aus, dass Ford schon vor dem bevorstehenden Erwerb des zusätzlichen 5 %-Anteils von der Commerzbank eine „de facto“-Kontrollposition über Hertz zustand.

### c. *Gemeinsame Kontrolle durch das Optionsrecht*

#### *aa. VTG/Hapag Lloyd/Warburg/Brambles European Rail Divison*

Anders als in den Fällen Banco Santander Central Hispanico/AKB und Crédit Suisse/Nikko/MSA wurde in dem im ersten Teil unter § 2 C geschilderten Fall *VTG/Hapag Lloyd/Warburg/Brambles European Rail Divison* das Optionsrecht Hapag Lloyd bzw. deren Tochtergesellschaft VTG von Warburg nicht direkt an dem Zielobjekt (Brambles European Rail Divison eingeräumt), sondern an einer die Kontrolle über sechs Gesellschaften der Brambles European Rail Divison (ERD) mittelnden Gesellschaft, der neu gegründeten Holding Newco.

Die Kommission stufte den Erwerb des unwiderruflichen Optionsrechts auf 100 % der Anteile an Newco durch Hapag Lloyd verbunden mit dem direkten Kontrollerwerb über weitere zwei ERD-Gesellschaften durch Hapag Lloyd bzw. ihre Tochter VTG nicht als alleinigen Kontrollerwerb von Hapag Lloyd über ERD ein, sondern als gemeinsamen Kontrollerwerb von Warburg, VTG und Hapag Lloyd über ERD.[872]

Gleichzeitig ging die Kommission davon aus, dass die Holding Newco, die zu 100% im Eigentum von Warburg stand und auf deren gesamte Anteilsrechte Hapag Lloyd ein unwiderrufliches Optionsrecht hatte, gemeinsam von Warburg und Hapag Lloyd kontrolliert werde.

> *„Es ist daher davon auszugehen, dass Warburg, VTG und Hapag Lloyd gemeinsam die Kontrolle über Newco ausüben werden.“*[873]

Ähnlich wie in den soeben unter Gliederungspunkt a) erläuterten Entscheidungen wurde das Optionsrecht von Hapag Lloyd auf die gesamten Anteile an der Newco Holding von weiteren vertraglichen Vereinbarungen begleitet, die die Stellung Hapag Lloyds stärkten. So sollten beispielsweise die Geschäfte der Newco Holding von VTG geführt werden. Konsequenterweise hätte die Kommission daher in Einklang mit der obigen

---

872 *Kommission,* E. v. 19. 3. 2002, COMP/M.2669 = Celex 302M2669, Tz. 6 – VTG/Warburg/Brambles European Rail Division.

873 *Kommission,* E. v. 19. 3. 2002, COMP/M.2669 = Celex 302M2669, Tz. 8 – VTG/Warburg/Brambles European Rail Division.

Entscheidungspraxis auch in diesem Verfahren prüfen müssen, ob Hapag Lloyd nicht von Anfang an alleinige Kontrolle über ERD übernahm. Dies tat sie jedoch nicht. Zu erklären ist dies meines Erachtens nur dadurch, dass Hapag Lloyd das Optionsrecht nicht direkt am Zielobjekt ERD eingeräumt wurde, sondern die Holding Newco dazwischengeschaltet wurde.

### *bb. Rhodia/Donau/Chemie/Albright & Wilson*

Auch in dem einleitend im ersten Teil unter § 2 B geschilderten Verfahren Rhodia/Donau Chemie/Albright & Wilson erwarb Rhodia nicht direkt ein Optionsrecht am Zielobjekt Albright & Wilson, sondern ein Optionsrecht an den Anteilen der Donauchem GmbH an der Chemical Acquisition Company (ISPG) und damit mittelbar auch an deren Anteil an Albright & Wilson.[874]

Am 11. März 1999 erwarb das allein zu diesem Zweck gegründete Unternehmen ISPG alle Anteile an Albright & Wilson. Rhodia wurde ein Optionsrecht auf den Kauf des Donauchem-Anteils an ISPG und damit mittelbar auch an deren Anteil an Albright & Wilson eingeräumt.[875] Die Kommission ging dennoch in ihrer Begründung von einem Zusammenschluss von Rhodia und Albright & Wilson aus, obwohl sie erkannte, dass Rhodia tatsächlich erst zu einem späteren Zeitpunkt die Anteile an dem Zielobjekt erhalten werde. Sie formulierte wie folgt:

> *„ISPG/Rhodia have acquired more than 50 % of the shares in Albright & Wilson and the bis is thus unconditional. The operation is therefore a concentration since the operations described above will result in Rhodia finally acquiring Albright & Wilson.“*[876]

Auch wenn aus der Entscheidung nicht hervorgeht, inwieweit die Donau Chemie an dem Ertragsrisiko bzw. den Gewinnchancen von Albright & Wilson im Einzelnen beteiligt war, ergibt sich aus der Beschreibung des Zusammenschlussvorhabens doch, dass Rhodia von Anfang an das Gros des finanziellen Risikos der Transaktion trug. Zugleich hatte Rhodia sich das Risiko der Optionsvereinbarung durch Mitbestimmungsrechte an der Unternehmensführung der Albright & Wilson absichern lassen. Aufgrund der getroffenen Vereinbarungen sah es die Kommission im Sinn ihrer Mitteilung über den Zusammenschlussbegriff als sehr wahrscheinlich an, dass Rhodia seine Call Option ausüben werde.

---

874 *Kommission,* E. v. 13. 7. 1999, IV/M.1517 = Celex 399M1517- Rhodia/Donau Chemie/Albright & Wilson.

875 *Kommission,* E. v. 13. 7. 1999, IV/M.1517 = Celex 399M1517- Rhodia/Donau Chemie/Albright & Wilson.

876 *Kommission,* E. v. 13. 7. 1999, IV/M.1517 = Celex 399M1517, Tz. 11 - Rhodia/Donau Chemie/Albright & Wilson.

Die Kommission erachtete sowohl Rhodia, Albright & Wilson als auch die Donau Chemie als beteiligte Unternehmen des Zusammenschlusses und zog für die Umsatzberechnung die Umsätze aller drei Unternehmen heran. Es ist daher davon auszugehen, dass die Kommission auch in dieser Konstellation — wie in dem von der Konstruktion sehr ähnlichem Fall VTG/Hapag Lloyd/Warburg/Brambles European Rail Division — von einem Fall des gemeinsamen Kontrollerwerbs ausging, auch wenn die Begründung sprachlich nicht ganz eindeutig gefasst wurde.[877]

#### *cc. KLM/Air U. K.*

Noch komplizierter gestrickt als der Fall Rhodia war der im ersten Teil der Arbeit unter § 2 A einleitend geschilderte Fall KLM/Air U. K. Die Konstellation zeichnete sich dadurch aus, dass KLM nicht einmal selbst ein Optionsrecht an dem Zielobjekt Air U. K. besaß. Das Optionsrecht an dem 85,1 %-Anteilspaket an Air U. K. lag vielmehr in Händen des namentlich unbekannten Treuhandunternehmens X. Air U. K. selbst besaß bis zum Jahr 1997 nur einen Anteil von 14,9 % an Air U. K. Die Kommission ging aufgrund der gesamten vertraglichen Ausgestaltung dennoch von einer gemeinsamen Kontrolle Baths und KLM über Air U. K. aus. Diese Kontrollposition KLMs ergab sich nach Ansicht der Kommission aus der Kombination des sogenannten „Loan Arrangements", der Call Option, der Vertretung KLMs im Vorstand von Air U. K. und dem bisherigen Kapitalanteil KLMs an Air U. K.

## 2. Kriterien für eine Berücksichtigung des bestehenden Optionsrechts

### *a. Indirekter Einfluss auf das Zielobjekt über den Optionsgeber*

#### *aa. Durch das Optionsverhältnis als solches*

Der Einfluss des Optionsberechtigten auf die Tätigkeit des Unternehmens kann unter Umständen indirekt über den Optionsgeber erfolgen. Dieser wird durch den Optionsvertrag im Rahmen einer Nebenpflicht bis zur Ausübung des Optionsrechts bzw. bis zum Ablauf der Optionsfrist zur Erhaltung des Optionsgegenstandes verpflichtet. Unter diese Erhaltungspflicht fällt zum einen das Verbot, den Optionsgegenstand ander-

877 Zweideutig ist insbesondere die Eingangsformulierung der Kommission in Tz. 1: „*On 31.05.1999, the Commission received a notification of a proposed concentration pursuant to Article 4 of Council Regulation (EEC) No. 4064/89 by which the undertaking Rhodia S. A. (controlled by Rhône Poulenc S. A.), through Donau Chemie AG, acquires within the meaning of Article 3 (1)(b) of the Council Regulation control of Albright & Wilson plc. by way of public bid announced on 16 March 1999*".

weitig zu veräußern, aber auch die Pflicht, alle Handlungen zu unterlassen, die den Optionsgegenstand zerstören oder beschädigen.[878]

Neben dieser reinen Erhaltungspflicht hat der Optionsgeber gegenüber dem Optionsberechtigten jedoch — anders als beispielsweise der Treuhänder — weder besondere Treuepflichten noch stehen dem Optionsberechtigten besondere Weisungsrechte gegenüber dem Kontrahenten zu. Insofern hat der Optionsberechtigte keine positiven Einflussmöglichkeiten auf das potentielle Zielobjekt, es sei denn, er hält bereits weitere Anteile an dem Zielobjekt. Ein gewisser Einfluss auf die Tätigkeiten des Zielobjekts mag jedoch daraus resultieren, dass sich der Optionsgeber bis zur Ausübung des Optionsrechts durch den Optionsberechtigten von den Interessen des Optionsnehmers bei den bislang noch von ihm zu treffenden unternehmerischen Entscheidungen leiten lassen wird, wenn er ein großes Interesse daran hat, dass der Optionsberechtigte später von seinem Gestaltungsrecht Gebrauch machen wird.[879] Diese Einflussmöglichkeit ist jedoch relativ wage, da der Optionsgeber in seinen unternehmerischen Entscheidungen einer Vielzahl von Einflüssen und Motiven ausgesetzt wird. Ein kausaler Zusammenhang zwischen dem Optionsvertrag und der konkreten unternehmerischen Entscheidung ist daher nicht ohne weiteres nachweisbar.

### *bb. Durch das Drohpotential einer vorzeitigen Ausübung des Optionsrechts*

Sowohl in der Entscheidungspraxis der Europäischen Kommission als auch im Schrifttum findet sich der Gedanke, dass durch das Gestaltungsrecht der Call Option für den Optionsnehmer eine „Drohmöglichkeit“[880] entstünde, aus der sich Einflussmöglichkeiten ergeben könnten, die denen aus einem echten Anteilsrecht faktisch entsprächen. Sofern der Erwerber zur Zahlung des Kaufpreises für die (weiteren) Anteil fähig und willens sei, würden die Gesellschaftsorgane regelmäßig in Rechnung stellen, dass der Erwerber durch Ausübung der Option seinen Einfluss geltend machen oder für den Fall, dass der Optionsnehmer bereits weitere Anteile hält, verstärken könne. Zu Recht betont *Albath* allerdings, dass diese Art der Beeinflussung nur dann funktioniere, wenn der Erwerb der weiteren Anteile allein von der Entscheidung des Optionsinhabers abhinge.[881] Das dies in den meisten Fällen, in denen der Erwerb des Zielobjekts über Optionsrechte gesucht wird, meist nicht der Fall ist, zeigt der einleitend geschilderte Fall KLM/Air U. K., der der Europäischen Kommission zur Entscheidung vorlag[882]: Die Kommission meinte in diesem Verfahren eine gewisse Zwangswirkung auf den Optionsgeber Bath und damit auch auf den Optionsgegenstand Air U. K. darin feststellen zu

878 *v. Einem*, S. 61.

879 *Tessin/Röhling*, S. 681 (682).

880 *Albath*, S. 10.

881 *Albath*, S. 10; so auch *Canenbley/Moosecker*, S. 14.

882 *Kommission*, E. v. 22. 9. 1997, IV/M.967 = Celex 397M0967; vgl. zum Sachverhalt auch § 2 A.

können, dass die optionsberechtigte KLM *vorzeitig* ihr Optionsrecht ausüben werde, würde die Bath Unternehmensentscheidungen für Air U. K. treffen, die nicht in ihrem Sinn wären.[883] Gerade in diesem Verfahren überzeugt diese Argumentation jedoch kaum, da KLM aufgrund des britischen Civil Aviation Acts eben nicht vorzeitig ihre Option auf weitere 85,1 % der Anteile ausüben konnte. Angesichts der Tatsache, dass KLM bereits 14,9 % der Anteile an Air UK innehatte, hätte das Optionsrechts höchstens zum Teil vor einer Änderung der Gesetzeslage ausgeübt werden können. Das Argument der angeblichen Drohkulisse überzeugt auch unabhängig von diesem konkreten Fall wenig, denn die Vertragsparteien werden üblicherweise einvernehmlich eine Optionsfrist aushandeln, die für sie beide keine übermäßigen Risiken beinhaltet.

### *b. Direkter Einfluss auf das Zielobjekt*

#### *aa. Psychisch vermittelter Einfluss auf die Geschäftsführung*

Im Schrifttum wird die Ansicht vertreten, dass das Optionsrecht nicht nur gegenüber dem Optionsgeber, sondern auch gegenüber der Geschäftsführung des Zielobjekts direkt eine gewisse psychisch vermittelte Wirkung entfalte.[884] Angesichts der Tatsache, dass die Geschäftsführung des Unternehmens, an dem die Optionsrechte bestehen, es sich mit dem künftigen potentiellen Alleingesellschafter nicht verderben wolle, würde die Geschäftsleitung bei der Unternehmensführung eher versucht sein, den unternehmerischen Vorstellungen des Optionsberechtigten zu entsprechen.

#### *bb. Gesamtschau der Vertragsgestaltung und Verlagerung des wirtschaftlichen Risikos auf den Optionsberechtigten*

Die Kommission zog in ihren bisherigen Entscheidungen zum Optionsrecht richtigerweise stets auch die neben der Optionsvereinbarung getroffenen oder bereits bestehenden anderen vertraglichen Abreden zwischen den beteiligten Unternehmen in ihre Entscheidungsfindung mit ein. Dazu gehörten insbesondere Vereinbarungen über die Verteilung des wirtschaftlichen Risikos[885] sowie über Stimmrechte in den Leitungsorganen des Zielobjekts[886]. Auch das Schrifttum weist daraufhin, dass ausnahmsweise aus der

---

883 *Kommission,* E. v. 22. 9. 1997, IV/M.967 = Celex 397M0967, Tz. 14 – KLM/Air U. K. KLM war jedoch auf anderem Wege in der Lage Druck auf Air U. K. auszuüben. So besaß sie aufgrund ihrer Minderheitsbeteiligung bereits einen Sitz im Board und unterstützte Air. U. K. mehrfach durch Bürgschaften.

884 *Schütz* in: *Gemeinschaftskommentar*, Art. 3 Rdnr. 33.

885 Vgl. z. B. *Kommission,* E. v. 13. 7. 1999, IV/M.1517 = Celex 399M1517 - Rhodia/Donau Chemie/Albright & Wilson.

886 Vgl. z. B. *Kommission,* E. v. 14. 8. 1998, IV/M.1273 = Celex 398M1273 – Crédit Suisse/ Nikko/MSA.

Gesamtheit des vertraglichen Umfelds und insbesondere aus der Risikoverteilung bei Optionserwerb, bereits der nur Optionsberechtigte als Kontrollinhaber angesehen werden könne.[887] Karl spricht in diesem Zusammenhang sogar von einer gewissen „Verdinglichung“[888] des Optionsrechts bei entsprechender Vertragsgestaltung und stellt damit das Optionsrecht in seinen rechtlichen Außenwirkungen dem Vollrecht gleich.

### *cc. Zeitlich nahe, kurze Optionsfrist*

Die Kommission kann sich dann einen Kontrollerwerb durch den Erwerb von Optionsrechten vorstellen, wenn die Ausübung in naher Zukunft liegt.

> *„Eine Option, die zum Kauf oder zur Umwandlung von Aktien berechtigt, verleiht an sich noch keine Kontrolle, solange die Option nicht in naher Zukunft aufgrund einer rechtlich verbindlichen Absprache ausgeübt wird.“*[889]

Nach *Staudenmayer* nähert sich dieser Fall einer Befristung an und könne aus diesem Grund schon kontrollbegründend sein.[890] Nach einer Ansicht in der Literatur ist der zeitliche Maßstab für die „nahe Zukunft“ in Anlehnung an die Textziffer 38 der Mitteilung der Kommission über den Begriff des Zusammenschlusses bei höchsten drei Jahren anzusetzen.[891] Die Kommission selbst scheint sich jedoch nicht an der drei-Jahres Marke zu orientieren: Im Verfahren Frantschach/Bischof + Klein/Volfin wollten die Unternehmen Frantschach AG, Wien, und Bischof + Klein GmbH & Co., Lengerich/Deutschland, im April 1996 zunächst eine Beteiligung in Höhe von 32 % an dem Gemeinschaftsunternehmen Volfin SpA, San Pietro in Gù/Italien erwerben. Zugleich wurde ihnen von der bisherigen Eigentümerfamilie Volpato eine Call Option auf weitere 20 % eingeräumt, die spätestens 1999 auszuüben sei. Die Kommission ließ für ihre Entscheidung im Jahr 1996 die Call Option außer Acht und verwies auf die notwendige zweite Anmeldung eines Zusammenschlusses bei Ausübung der Option, obwohl das Optionsrecht entsprechend zeitnah innerhalb von drei Jahren hätte ausgeübt werden müssen.[892]

Die zeitliche Absehbarkeit der Optionsausübung, wie sie die Kommission in ihrer Mitteilung über den Zusammenschluss fordert, tritt — wenn überhaupt — nur beim Erwerb der Option von einem bekannten und bestimmten Verkäufer auf. Erfolgt der Kontrollerwerb dagegen durch Aktienkauf an der Börse, ist der Zeitpunkt des Erwerbs

---

887 *Immenga* in: *Immenga/Mestmäcker*, EG-Wettbewerbsrecht, Art. 3 FKVO Rdnr. 40.

888 *Karl*, S. 182.

889 *Kommission*, Mitteilung über den Zusammenschlussbegriff, Tz. 15.

890 *Staudenmayer*, S. 80; *Hawk/Huser*, S. 11.

891 *Hawk/Huser*, S. 11.

892 *Kommission*, E. v. 1. 4. 1996, IV/M733 = Celex 396M0733, Tz. 4 - Frantschach/B+K/Volfin.

ungewiss. Der Kontrollerwerb kommt in dieser Konstellation erst mit der Ausübung der Option in Betracht.[893]

### dd. *Wahrscheinlichkeit der Optionsausübung*

Ausnahmsweise ist nach der Mitteilung der Kommission über den Begriff des Zusammenschlusses die Begründung alleiniger Kontrolle durch das Optionsrecht auch dann schon möglich, wenn die Optionsausübung wahrscheinlich ist.[894]

> *„Wenn es jedoch **wahrscheinlich** ist, dass die Option ausgeübt wird, kann dies ein weiteres Indiz dafür sein, das – zusammen mit anderen – den Schluß nahelegt, dass eine alleinige Kontrolle vorliegt.“* [Hervorhebung nicht im Original]

Das Differenzierungsmerkmal der Wahrscheinlichkeit der Optionsausübung ist angesichts der gesetzlichen Vorgaben aber nicht überzeugend. Art. 3 Abs. 2 FKVO verlangt, dass bereits im Zeitpunkt der Anmeldung die Möglichkeit im Sinn einer Fähigkeit des Erwerbers zur Einflussnahme besteht. Die Wahrscheinlichkeit, dass diese Möglichkeit irgendwann einmal bestehen wird, reicht nicht aus.[895] Rechtlich ist der Kontrollerwerb durch die Natur des Optionsrechts bis zur Ausübung des Gestaltungsrechts offen. Für die materielle Beurteilung des Zusammenschlusses und seine wettbewerblichen Auswirkungen auf die Marktstruktur bedarf es jedoch einer festen Beurteilungsgrundlage. Angesichts der dem Optionsrecht immanenten Unsicherheit darüber, ob und in welchem Umfang die Option ausgeübt werden wird, fehlt es jedoch an einer derartigen Grundlage.[896] Wollte man bereits die Einräumung eines Optionsrechts als Zusammenschlusstatbestand qualifizieren, müsste die materiellrechtliche Beurteilung des Zusammenschlusses auf der Basis von Markt- und Unternehmensdaten erfolgen, die sich möglicherweise bis zum Zeitpunkt der Ausübung der Option verändern werden. Diese Beurteilung birgt naturgemäß Fehlerquellen in sich. Eine sichere Prognose über die strukturellen Auswirkungen der Ausübung des Optionsrechts auf den relevanten Märkten wäre höchstens dann möglich, wenn eine überschaubare Zeitspanne zwischen dem Abschluss des Optionsvereinbarung und dem Erwerb der Kontrolle bestünde.[897]

---

893 *Immenga* in *Immenga/Mestmäcker*, EG-Wettbewerbsrecht, Art. 4 Rdnr. 9; *Löffler*, Art. 4 FKVO Rdnr. 4.

894 *Kommission*, Mitteilung über den Zusammenschlussbegriff, Tz. 15.

895 So grundsätzlich wohl auch *Staudenmayer*, S. 79 f.

896 *Tessin/Röhling*, S. 681 (691).

897 *Niemeyer*, BB 1991, Beilage 25, S. 1 (4).

### *ee. Bedingte oder befristete Optionsausübung*

Hinsichtlich der Frage der Zusammenschlussqualität des Optionsrechts wird in der Literatur unter anderem auch danach unterschieden, ob das Optionsrecht jederzeit oder nur nach Ablauf bestimmter Fristen oder Bedingungen ausübbar sei. Sei das Optionsrecht jederzeit ausübbar, sei ein faktischer Kontrollerwerb denkbar.[898]

Diesem Ansatz ist im Grundsatz zuzustimmen. Vor allem in dem Fall, in dem das optionsberechtigte Unternehmen bereits eine Minderheitsbeteiligung hält und durch diese bereits gesellschaftsrechtlich abgesichert auf das Zielobjekt Einfluss nehmen kann, kann ein jederzeit ausübbares Optionsrecht die bestehenden Einflussmöglichkeiten verstärken. Die Drohung der sofortigen Ausübung des Gestaltungsrechts ist in diesem Fall besonders wirkungsvoll, um den Willen des optionsberechtigen Minderheitsgesellschafters im Hinblick auf die Unternehmenspolitik durchzusetzen. Auch in diesem Zusammenhang ist jedoch mit den Autoren *Canenbley* und *Moosecker* darauf hinzuweisen, dass nur der mit der Ausübung einer Option wirksam drohen kann, der keine Untersagung durch die Kontrollbehörden zu befürchten hat.[899] Insofern wird das Drohpotential relativiert.

## 3. Anmeldefähigkeit des Zusammenschlusses durch das Optionsrecht

Nach der bisherigen Regelung in Art. 4 Abs. 1 FKVO 4064/89 waren geplante Zusammenschlüsse erst binnen einer Woche nach Vertragsschluss, der Veröffentlichung des Kauf- oder Tauschangebots oder des Erwerbs einer die Kontrolle begründenden Beteiligung anzumelden. Das nur optionsberechtigte Unternehmen war daher nach dem Wortlaut des Gesetzes bislang gar nicht anmeldefähig. Die Kommission nahm dennoch in einer Reihe von Fällen Anmeldungen schon dann entgegen, als noch kein verbindlicher Vertrag vorlag.[900] Voraussetzung dafür war eine gewisse „relative Verbindlichkeit" des Erwerbsrechts.[901] Anmeldefähig sollte ein späterer Kontrollerwerb nach Ansicht der Kommission schon dann sein, wenn sich das Vorhaben hinreichend konkretisiert habe und eine hinreichende Wahrscheinlichkeit dafür bestünde, dass der Zusammenschluss innerhalb eines überschaubaren zeitlichen Rahmens rechtsverbindlich werde.[902]

Zwar hält der europäische Gesetzgeber nach wie vor am Grundsatz der präventiven Kontrolle vor Vollzug des Zusammenschlusses fest, er verzichtet nunmehr jedoch

898 *Stoffregen* in: *Groeben/Thiesing/Ehlermann*, Art. 4 FKVO, Fußn. 16 zu Rdnr. 7.

899 *Canenbley/Moosecker*, S. 14. Vgl. dazu auch schon oben unter Gliederungspunkt § 12 A II 2 a bb.

900 Grundlegend hierzu: *Kommission*, E. v. 28. 11. 1990, IV.M 023, Tz. 6 – ICI/Tioxide.

901 Vgl zum Begriff bei *Drauz/Schroeder* a. a. o.

902 Vgl. *Drauz/Schroeder*, S. 189.

auf die Einwochenfrist. Nach der Neuregelung in Art. 4 Abs. 1 Unterabsatz 2 FKVO 139/2004 können Unternehmenszusammenschlüsse jetzt ausdrücklich auch bereits dann angemeldet werden, wenn die beteiligten Unternehmen der Kommission gegenüber glaubhaft machen, dass sie gewillt sind, eine (verbindliche) Vereinbarung einzugehen. Insofern ist das optionsberechtigte Unternehmen, das aller Wahrscheinlichkeit nach von seinem Gestaltungsrecht Gebrauch machen wird, nunmehr theoretisch nach dem Gesetz anmeldefähig.

## B. Die Auswirkung eines zusätzlichen Call Optionsrechts bei bestehender gemeinsamer Kontrolle

Eine bestehende Call Option kann und muss auch unter dem Aspekt der Dauerhaftigkeit bestehender Kontrollverhältnisse beleuchtet werden. Um die Problematik zu verdeutlichen, sei auf die Entscheidung Elf Atochem/Rüttgers[903] der Kommission aus dem Jahre 1994 verwiesen. Das französische Unternehmen Elf Atochem S. A. und das belgische Unternehmen Rütgers Vft S. A. hatten am 27. Mai 1994 die Gründung eines Gemeinschaftsunternehmens angemeldet, an dem Rütgers mit 60% und Elf Atochem mit 40 % der Anteile beteiligt sein sollte. Daneben wurde Rütgers eine Call Option auf die restlichen Anteile eingeräumt, die das Unternehmen im Zeitraum vom 1. Juli bis 31. Dezember 1999 ausüben können sollte. Würde Rütgers seine Option ausüben, verlöre Elf seine Mitentscheidungsrechte. Nach der im Jahre 1994 bestehenden Anteilsverteilung und der Vereinbarung zwischen Rütgers und Elf Atochem übten die beiden Unternehmen ohne Zweifel gemeinsame Kontrolle über das zu gründende Unternehmen aus. Gleichzeitig stand die Tatsache im Raum, dass sich dieses Kontrollverhältnis in einem absehbaren Zeitraum von fünf Jahren entscheidend verändern könnte. Würde dann nämlich Rütgers von seiner Call Option auf die restlichen Anteile Gebrauch machen, würde das Unternehmen die alleinige Kontrolle über das ehemalige Gemeinschaftsunternehmen erlangen. Die bisherige gemeinsame Kontrolle zeichnete sich also durch eine gewisse vorhersehbare Instabilität bzw. eine Art Befristung aus. Dies wirft die Frage auf, ob die bestehende gemeinsame Kontrolle die notwendige Voraussetzung der Dauerhaftigkeit des Zusammenschlusses (Vgl. dazu im zweiten Teil § 7A VI) erfüllt. In dem konkreten Fall stellte die Kommission darauf ab, dass die Veränderung der Kontrollverhältnisse frühestens fünf Jahre nach Anmeldung des momentanen Zusammenschlusses eintreten würde. Die notwendige dauerhafte gemeinsame Einflussnahme sei zum Zeitpunkt der Anmeldung daher gewährleistet.

> *„Eu égard aux dispositions relatives à l'exercice des options des vente et d'achat exposée ci-avant, il n'apparaît pas qu'elles puissent porter atteinte à la réalité du contrôle conjoint, dans la mesure où l'exercice de l'option qui remettrait en cause le pouvoir de co-décision de l'un des deux partenaires n'est envisa-*

---

903 *Kommission,* E v. 29. 7. 1994, IV/M.442 = Celex 394M0442 - Elf Atochem/Rüttgers.

*geable qu'au terme d'une période des cinq années après la création prévisible de l'entreprise commune. »*

Die selbe Überlegung stellt die Kommission auch bei dem Joint Venture von Schering/Gehe-Jenapharm an.[904]

Grundsätzlich wird man die Dauerhaftigkeit der bisherigen Einflussverhältnisse im Einklang mit der Kommission danach zu beurteilen haben, ab wann die Möglichkeit der Ausübung des Gestaltungsrechts besteht. Diese geht davon aus, dass im Fall eines Vorhabens, bei dem über eine Anlaufzeit von nicht mehr als drei Jahren zunächst eine gemeinsame Kontrolle entsteht, die aber aufgrund einer rechtsverbindlichen Vereinbarung so umgewandelt wird, dass nur ein Aktionär die Kontrolle übernimmt, das ganze Vorhaben in der Regel von Anfang an als alleiniger Kontrollerwerb bewertet werden soll.

*„Wenn ein Vorhaben dazu führt, dass zwar für eine Anlaufzeit (Fußnote der Kommission: Die Anlaufzeit darf nicht länger als drei Jahre dauern; Sache IV/M.425, British Telecom/Banco Santander) eine gemeinsame Kontrolle entsteht, die aber aufgrund einer rechtsverbindlichen Vereinbarung so umgewandelt werden wird, dass nur ein Aktionär die Kontrolle übernimmt, gilt das ganze Vorhaben in der Regel als Erwerb der alleinigen Kontrolle durch ein Unternehmen."*[905]

Nach hier vertretener Ansicht stellt die Option keine „rechtsverbindliche Vereinbarung" im Sinne der Mitteilung dar, weil die Option nur die Möglichkeit einräumt, die Kontrollverhältnisse zu verändern und sie nicht zwangsweise die Veränderung der Kontrollverhältnisse zur Folge hat. Die Stabilität der Kontrollverhältnisse ist m. E. nur dann nicht gewährleistet, wenn bereits von Anfang an jederzeit die Möglichkeit der Ausübung einer Put Option besteht.

## C. Kontrollverlust durch Einräumung einer Put Option

In dem bereits soeben unter Gliederungspunkt B dargestellten Zusammenschluss von Elf Atochem S. A. und Rütgers VfT S. A. war zwischen den beiden Vertragspartnern neben der Call Option für Rütgers auch eine Veräußerungsoption für Elf Atochem vereinbart worden. Diese hätte frühestens am 1. Januar 1997 und spätestens am 31. Dezember 1998 ausgeübt werden können, also frühestens dreieinhalb Jahre nach der Gründung des Gemeinschaftsunternehmens. Auch die Ausübung dieses Optionsrechts hätte Elf den Kontrollverlust und Rütgers die alleinige Kontrolle gesichert. In

904 *Kommission*, E. v. 13. 9. 1996, IV/M.781 = Celex 396M0781, Tz. 7 – Schering/Gehe-Jenapharm.

905 *Kommission*, Mitteilung über den Zusammenschlussbegriff, Tz. 38.

der Kommissionsentscheidung wird diese kürzere Frist für die Put Option jedoch nicht problematisiert. Die Kommission stellte in ihrer Entscheidungsbegründung allein auf die 5-Jahresfrist der Call Option ab. Die Bedeutung der Put Option wurde verkannt:

Auch eine Put Option kann nämlich ebenso wie die Call Option zur Veränderung der Kontrollverhältnisse führen. Beim Optionsberechtigten führt die Ausübung der Put Option zum Verlust und beim Optionsnehmer zum Zuwachs unternehmerischer Ressourcen. In einigen Verfahren hat die Europäische Kommission diesen Effekt auch bereits in ihre Entscheidung miteinfließen lassen.[906] Tendenziell geht sie davon aus, dass zumindest in den Fällen, in denen der frühere Mit-Kontrollinhaber zum Minderheitsbeteiligten abgestuft wird, kein Fortbestand einer gemeinsamen Kontrollmöglichkeit über die Minderheitsbeteiligung angenommen werden kann, wenn der Minderheitsbeteiligte zusätzlich eine Put Option innehat und dadurch die Möglichkeit des weiteren Anteilsverlusts besteht. Die Put Option ist in diesen Fällen zumindest mitentscheidend, wenngleich auch nur als der Stein, der dass Fass zum Überlaufen bringt.

Wie bei der Kaufoption ist auch hinsichtlich der Put Option zu Bedenken zu geben, dass die Ausübung derselben im alleinigen Belieben des Berechtigten steht und das Gestaltungsrecht als solches noch keine endgültigen Rechtsfolgen nach sich zieht. Ob der Put-Berechtigte von seinem Recht Gebrauch machen wird, steht erst dann endgültig fest, wenn er die dahingehende Willenserklärung abgegeben hat. Durch eine Verkaufsoption wird folglich die Umwandlung der Unternehmensstruktur allein noch nicht rechtsverbindlich festgelegt. Die Dauerhaftigkeit des bisherigen Kontrollerwerbs kann m. E. nur dann in Zweifel gezogen werden, wenn die Put Option sofort ausübbar ist.

## D. Das Drohpotential der Put Option als faktisches Kontrollmittel

Durch die Ausübung einer Put Option, d. h. durch den erzwungenen Rückkauf von Anteilen, kann der Verpflichtete aufgrund der Pflicht zur Zahlung des Kaufpreises in einen finanziellen Engpass kommen. Insofern kann die Androhung der Ausübung einer Verkaufsoption zum falschen, d. h. für den Käufer ungünstigen Zeitpunkt als Druckmittel gegenüber dem Käufer verwendet und dieser dadurch in seinen unternehmerischen Entscheidungen beeinflusst werden. Soweit ersichtlich, hatte die Kommission bislang noch nicht über eine Konstellation zu entscheiden, in der sich dieser mittelbare Effekt der Put Option bemerkbar gemacht hätte.

---

906 *Kommission*, E. v. 28. 4. 1994, IV/M.400 = Celex 394M0400, Tz. 7 - Allied Lyons/HWE-Pedro Domecq; E. v. 6. Mai 1994, IV/M.440 = Celex 394/M0440, Tz. 9 – GE/ENI/Nuovo Pignone (II).

## E. Kotrollerwerb beim potentiellen Käufer durch die Vereinbarung einer Put Option

Entsprechend der Situation beim Call Optionsberechtigten kann man die Frage aufwerfen, ob nicht auch der Ankaufsverpflichtete einer Verkaufsoption bereits mit Einräumung der Put Option erhöhte Einflussmöglichkeiten auf den Optionsgegenstand hat. Da der Ankaufsverpflichtete üblicherweise keinen direkten Einfluss auf die Entscheidung über die Ausübung der Put Option hat, wäre es verfehlt, bereits schon hier von einem vorgezogenen Erwerb von (Allein-)Kontrolle auszugehen.[907]

## F. Zusammenfassung

Die Call Option findet in der Kartellrechtspraxis der Kommission der Europäischen Gemeinschaften sowie der Literatur eine wesentliche stärkere Beachtung als die Put Option, deren Wirkungen im Grunde aber dieselben sind.

Nach der europäischen Kartellpraxis ist ein Kontrollerwerb bereits mit der Innehabung des Gestaltungsrechts der Call Option in der Form der gemeinsamen sowie der alleinigen Kontrolle möglich. Die Kommission weist regelmäßig aber zugleich darauf hin, dass bei Ausübung der Call Option eine nochmalige Anmeldung erforderlich werde, wenn dadurch ein Wechsel von gemeinsamer zu alleiniger Kontrolle verbunden sei. Ein Zusammenschluss noch vor Ausübung des Gestaltungsrechts richtet sich nach der Kommission und dem Schrifttum vor allem danach, ob eine baldige Ausübung des Optionsrechts wahrscheinlich ist. Daneben ist mitentscheidend, wie der Optionsgeber selbst unternehmerisch am Optionsgegenstand interessiert ist und ob dem Optionsnehmer wie auch immer geartete Einflussmöglichkeiten auf die unternehmerischer Fragen betreffend des Optionsgegenstandes zustehen.

Meines Erachtens ist die Anmeldung eines Optionsrechts vor seiner Ausübung problematisch und sollte daher nur restriktiv erfolgen. Es ist möglich, dass die Behörde ihre Entscheidung auf der Basis von Markt- und Unternehmensdaten fällt, die zum Zeitpunkt der Ausübung der Option aufgrund eines sich rasch verändernden Marktes bereits wieder variieren. Die vorgezogene Kontrolle ist insofern kein probates Mittel zum Schutz des Wettbewerbs. Eine vorherige Kontrolle entspricht auch nicht dem Sinn und Zweck des europäischen Kontrollsystems.[908] Allein die hypothetische Gefahr eines Konzentrationsvorgangs rechtfertigt zudem nicht den enormen Verwaltungsaufwand und die Bindung von Kapazitäten. Die Gefahr der faktischen Kontrolle durch das Optionsrecht stellt sich nach hier vertretener Ansicht nur dann, wenn der Optionsberechtigte bereits über eine Minderheitsbeteiligung an dem selben Unternehmen verfügt. Seine bereits bestehenden gesellschaftsrechtlichen Einflussmöglichkeiten können

---

907 So auch *Schütz* in: *Gemeinschaftskommentar*, Art. 3 Rdnr. 33.

908 *Cook/Kerse*, S. 33; *Pohlmann*, S. 127.

dann tatsächlich gegebenenfalls durch das Drohpotential der Ausübung des Gestaltungsrechts — mit den oben gemachten Einschränkungen — im Einzelfall verstärkt werden. Die Effizienz der Kontrolle bleibt im Grundsatz aber auch dann gewahrt, wenn erst bei Ausübung des Gestaltungsrechts angemeldet wird.

# § 13 Die Option im deutschen Fusionskontrollrecht

## A. Das Call Optionsrecht und der Zusammenschlussbegriff

### I. Anteilserwerb durch Erwerb eines Optionsrecht gemäß § 37 Abs. 1 Nr. 3 GWB

#### 1. Die Literatur

Der Erwerbsbegriff wird, wie bereits oben im zweiten Teil unter Punkt § 8 A III erörtert, im GWB formell zivilrechtlich im Sinn des Vollrechtserwerbs verstanden.[909] Der Erwerb eines Optionsrechts begründet daher nach herrschender Ansicht in der Literatur keinen Anteilserwerb im Sinn des § 37 Abs. 1 Satz 1 Nr. 3 GWB.[910] Die lediglich schuldrechtlich wirkende Option ist vielmehr ein Aliud zum dinglichen Vollrechtserwerb.[911] Nach herrschender Ansicht begründet das Optionsrecht im Gegensatz zu Kapital- und Stimmrechtsanteilen noch keine gesellschaftsrechtlichen Einflussmöglichkeiten auf das Unternehmen, an dessen Anteilen ein Optionsrecht eingeräumt wird.

Anders sei der Optionsvertrag nach einer Mindermeinung nur dann zu bewerten, wenn das Optionsrecht wirtschaftlich schon vollständig der Anteilsinhaberschaft entspreche.[912] Diese wirtschaftliche Betrachtungsweise des Anteilserwerbstatbestandes stößt jedoch auf Kritik. Der formelle Tatbestand des Anteilserwerbs sei eng auszule-

---

909 *Mestmäcker/Veelken* in: *Immenga/Mestmäcker*, GWB-Kommentar, § 37 Rdnr. 49.

910 *Bechtold*, GWB, § 37 Rdnr. 21; *Burkhardt*, Rdnr. 508; *Immenga* in: *Festschrift für Odersky*, S. 975 (979); *Mestmäcker/Veelken* in: *Immenga/Mestmäcker*, GWB-Kommentar, § 37 Rdnr. 50; *Commichau/Schwartz*, Rdnr. 475; *Schütz* in: *Gemeinschaftskommentar*, § 37 Rdnr. 2.

911 *Tessin/Röhling*, S. 681 (684).

912 *Bechtold*, § 37 Rdnr. 21.

gen.[913] Eine Konstellation der vorzeitigen Verlagerung des wirtschaftlichen Risikos sei höchstens unter dem Zusammenschlusstatbestand des Kontrollerwerbs zu fassen.[914]

## 2. Entscheidungspraxis des Bundeskartellamtes und der Rechtsprechung

In einer Reihe von Verfahren hatte das Bundeskartellamt und im Rechtsmittelverfahren auch die Kartellgerichte die kartellrechtlichen Auswirkungen des rechtlichen Phänomens des Optionsrechts zu bewerten. Eine systematische Kategorisierung der Entscheidungspraxis fällt allerdings schwer.

### *a. Süddeutscher Verlag/Donau-Kurier: Kein Erwerb durch Optionsrecht als solches*

Die soeben dargelegte herrschende Meinung in der Literatur, die davon ausgeht, dass die Vereinbarung eines Optionsrechts noch nicht zum Anteilserwerb führt, stützt sich in ihrer Argumentation vielfach auf die Entscheidung Süddeutscher Verlag/Donau Kurier[915] des Bundeskartellamtes.[916]

Diesem Verfahren lag folgender Sachverhalt zugrunde: Der Süddeutsche Verlag wollte seine bereits bestehende Minderheitsbeteiligung an dem Verlag Donau-Kurier auf zunächst 50 % und später auf eine Mehrheitsbeteiligung erhöhen. Zu diesem Zweck hatte der Süddeutsche Verlag erstmals am 9. August 1974 sowohl Anteile in Höhe von 24,39 % am Kommanditkapital als auch eine Beteiligung in Höhe vom 25 % an der Komplementär GmbH des Verlags Donau-Kurier erworben. Als der Süddeutsche Verlag im Jahr 1983 die geplante weitere Erhöhung der Anteile dem Bundeskartellamt anzeigte, waren seit dem 28. Januar 1976 mit der dritten Kartellnovelle die neuen schärferen Vorschriften der Pressefusionskontrolle in Kraft getreten. Aufgrund der aktuellen Gesetzeslage untersagte das Bundeskartellamt daher die geplante Erhöhung der Beteiligung.[917] Vor dem Bundesgerichtshof erklärte der Beschwerdeführer, der Süddeutsche Verlag, dass sowohl der KG-Vertrag als auch die GmbH-Satzung bereits seit 1974 Optionsrechte zugunsten des Süddeutschen Verlags vorsehen würden. Um argumentativ mit Hilfe des Rückwirkungsverbots eine Anwendung der neuen

913 So noch zu § 23 Abs. 2 Nr. 2 lit. a a. F. GWB *Immenga* in: Festschrift für Odersky, S. 975 (979).

914 *Richter* in: *Wiedemann*, Hdb. Kartellrecht, § 19 Rdnr. 97.

915 *BGH* WuW/E 2276.

916 So z. B. *Immenga* in: Festschrift für Odersky, S. 975 (977); *Schütz* in: *Gemeinschaftskommentar*, § 37 Rdnr. 2.

917 *BKartA* WuW/E 2103.

Pressefusionskontrollvorschriften zu verhindern, trug der Beschwerdeführer des weiteren vor, dass die spätere Erhöhung bereits in den Gesellschaftsverträgen mit einer derartigen Vollständigkeit angelegt gewesen sei, dass von einem Vollzug des Anteilserwerbs schon vor Inkrafttreten der Dritten Kartellnovelle ausgegangen werden müsse.[918]

Der Bundesgerichtshof ließ die Argumentation nicht gelten und urteilte:

> *„Selbst wenn es aber zu dem Anteilserwerb lediglich der (einseitigen) Ausübung eines Optionsrechts bedürfte, wäre der Zusammenschluss nicht vollzogen, solange die Beschwerdef. – wie bisher - von ihrem Recht keinen Gebrauch gemacht hat."*[919]

### b. Klöckner/Seitz: Gleichstellung des Optionsrechts mit dem Anteilserwerb

Diese Aussage stand im Gegensatz zu der zeitlich früheren Entscheidung des Bundeskartellamtes im Verfahren Klöckner/Seitz. In dem bereits einleitend dargestellten Verfahren um den geplanten Einstieg von Klöckner bei der Seitz Enzinger Noll Maschinenbau AG (Seitz) hatte sich Klöckner ein Optionsrecht an einer Beteiligung in Höhe von 26,1 % an Seitz einräumen lassen, die von der Badischen Kommunalen Landesbank (Bakola) bereits gehalten wurde, sowie die Option, sämtliche weitere Anteile an Seitz zu erwerben, die die Bakola noch im Wege der vorgesehenen Kapitalerhöhung erwerben werde. Wie oben im zweiten Teil unter Gliederungspunkt § 8 B II 3 b bb gezeigt, argumentierte das Bundeskartellamt in diesem Fall primär mit einer Zurechnung treuhänderisch gehaltener Anteile über die Zurechnungsklausel des § 23 Abs. 2 Nr. 2 Satz 2 a. F. GWB. Zusätzlich schob es jedoch noch eine zweite Begründung hinterher[920], die in ihrer Grundsätzlichkeit angesichts der herrschenden Meinung im Schrifttum verblüfft. So stellte die Behörde fest:

> *„Die von der Bakola gehaltene SEN-Beteiligung ist auch unabhängig von den Voraussetzungen der Zurechnungsklausel deshalb Klöckner zuzurechnen, weil Klöckner mit der Option ein Gestaltungsrecht auf den Erwerb dieser Beteiligung hat und ein derartiges Recht einem Anteilserwerb i. S. des § 23 Abs. 2 Nr. 2 GWB gleich zu bewerten ist."*[921]

Zur Begründung dieser These stützte sich das Bundeskartellamt auf ein Urteil des Bundesgerichtshofes im Verfahren Springer/az. Der Bundesgerichtshof hatte in der besagten Entscheidung jedoch nicht über ein Optionsrecht im hier definierten Sinn zu

---

918 *BGH* WuW/E 2276 (2281 f.).

919 *BGH* WuW/E 2276 (2283).

920 Diese zweite Alternativbegründung übersehen wohl *Tessin/Röhling* in: Festschrift für Quack, S. 681. Wie hier *Immenga* in: Festschrift für Odersky, S. 975 (978).

921 *BKartA* WuW/E 2087 (2089).

entscheiden, sondern über ein mit einem Kapitalanteil verbundenes Verfügungs- und Gestaltungsrecht. Dieses — so urteilte der Bundesgerichtshof im damaligen Verfahren — stünde den Stimmrechten gleich.[922] Diese Parallelität von Stimmrecht und Gestaltungsrecht meinte das Bundeskartellamt offenbar auch in Fall Klöckner/Seitz auszumachen.

### c. *Herlitz/Landré: Anteilserwerb mit Ausübung des Gestaltungsrechts*

Anders wiederum entschied das Bundeskartellamt in dem jüngeren, im ersten Teil unter § 1 G geschilderten Verfahren Herlitz/Landré. Das Bundeskartellamt zog hier den zwischen der Herlitz AG und dem Kreditinstitut SA. Oppenheim geschlossenen Optionsvertrag auf den Erwerb der von Neptuno gehaltenen Anteile an Landré nur argumentativ zur Begründung eines treuhänderischen Verhältnisses zwischen Herlitz und Neptuno heran und rechnete dann diese Anteile über die Zurechnungsklausel des § 23 Abs. 2 Nr. 2 Satz 2 a. F. GWB der Treugeberin und Optionsberechtigten Herlitz AG zu. Das Bundeskartellamt kam so zu dem Ergebnis, dass die Herlitz AG bereits am 31. Dezember 1993 bzw. am 1. Januar 1994 sämtliche Geschäftsanteile an Landré erworben habe. Das Optionsrecht als solches führte folglich nach dem Verständnis des Bundeskartellamtes noch nicht zum Zusammenschluss. Diese Interpretation wird auch durch die Feststellung des Bundeskartellamt bestätigt, dass der Zusammenschluss

> *„jedenfalls mit der zum 30.6./1.7.1996 ausgeübten Call Option vollzogen worden sei"*[923].

## II. Kontrollerwerb nach dem GWB durch Erwerb eines Optionsrechts

In der Literatur hat sich noch kaum ein Autor mit der Bedeutung des Optionsrechts für den Tatbestand des Kontrollerwerbs im Sinn des § 37 Abs. 1 Nr. 2 GWB auseinandergesetzt. Allein *Richter* äußert im Handbuch für Kartellrecht die Ansicht, dass die verbundene Thematik von Treuhand und Option systematisch unter dem Tatbestand des Kontrollerwerbs zu verorten sei.[924]

Für die Bewertung eines Optionsrechts im Rahmen des Zusammenschlusstatbestandes des Kontrollerwerbs gilt nichts anderes als für das Gemeinschaftsrecht. Zwar findet hier die Tz. 15 der Mitteilung über den Zusammenschlussbegriff selbstverständlich keine direkte Anwendung, eine inhaltlich gleiche Behandlung des Optionsrechts

922 *BGH* WuW/E 1954 (1957).

923 *BKartA* WuW/E 2894 (2896).

924 *Richter* in: *Wiedemann*, Hdb. Kartellrecht, § 19 Rdnr. 97.

durch das Bundeskartellamt ist jedoch zu erwarten. Um Wiederholungen zu vermeiden, ist in diesem Zusammenhang auf die obigen Ausführungen unter § 12 A I und II zu verweisen.

## III. Optionsrecht als Mittel zum Erwerb eines wettbewerblich erheblichen Einflusses am Fall T&N/Kolbenschmidt

Im einleitend unter § 1 F geschilderten Fall T&N/Kolbenschmidt hatte T&N jeweils ein Optionsrecht auf zwei Anteilspakte zu je 25 % minus einer Aktie an Kolbenschmidt von der Commerzbank AG erhalten. Der eine Optionsvertrag sah im Gegensatz zum anderen vor, dass T&N das wirtschaftliche Risiko aus dem Anteilspaket 1 trage, da die Commerzbank von T&N eine feste „arrangement fee" erhalte und zugleich die Garantie, dass T&N im Fall der Nichtausübung der Option die Differenz aus dem Kaufpreis und dem Weiterveräußerungspreis beim Verkauf an einen Dritte übernehme. Nur bezüglich dieses „Anteilspakets 1" warf das Bundeskartellamt denn auch die Frage auf, ob allein durch den Optionsvertrag über dieses Anteilspaket von 25 % minus einer Aktie der Zusammenschlusstatbestand des § 23 Abs. 2 Nr. 6 a. F. GWB erfüllt werde.[925] Das Bundeskartellamt stellte anders als im Fall Klöckner/Seitz[926] nicht die These auf, dass das Gestaltungsrecht der Option dem direkten Erwerb der Anteile gleichzustellen sei, vielmehr ging es davon aus, dass ein Optionsrecht als solches noch keinen wettbewerblich erheblichen Einfluss begründe. Dies zeigt sich insbesondere auch darin, dass das Bundeskartellamt zwischen dem ersten und dem zweiten Options-Anteilspaket differenzierte. Dass das Bundeskartellamt im Ergebnis davon ausging, dass T&N wettbewerblich erheblichen Einfluss über Kolbenschmidt erhalten habe, resultierte offensichtlich allein aus der Zurechnung des von der Commerzbank gehaltenen Anteilspakets 1 gemäß der Zurechnungsklausel des § 23 Abs. 2 Nr. 2 Satz 2 a. F. GWB, also aus der treuhänderischen Konstruktion.

> *„Da T&N für eines dieser Pakete das wirtschaftliche Risiko trägt und dieses ihr aufgrund der vertraglichen Ausgestaltung der Option sowie der damit faktisch verbundenen Stellung eines Schachtelaktionärs einen wettbewerblich erheblichen Einfluss einräumt, erfüllt* ***der Abschluss dieses Optionsvertrags*** *einen Zusammenschlusstatbestand."*[927] [Hervorhebung nicht im Original]

---

925 § 23 Abs. 2 Nr. 6 a. F. GWB regelte den anmeldepflichtigen Erwerb eines wettbewerblich erheblichen Einflusses und stellte funktional das Pendant zum aktuellen Auffangtatbestand des § 37 Abs. 1 Nr. 4 GWB dar.

926 Vgl. soeben unter § 13 A I 2 b.

927 *BKartA* TB 1995/1996, S. 112.

Wie im zweiten Teil unter § 8 A VI erläutert, ging der Gesetzgeber davon aus, dass der wettbewerblich erhebliche Einfluss im Sinn des § 37 Abs. 1 Nr. 4 GWB gesellschaftsrechtlich vermittelt werden müsse, wie dies auch schon für die Vorgängernorm des § 23 Abs. 2 Nr. 2 Satz 2 a. F. GWB gefordert worden war. An einer gesellschaftsrechtlichen Vermittlung des Einflusses fehlt es dem einfachen Optionsberechtigten jedoch.[928] Gesellschaftsrechtlich vermittelt wäre der Einfluss des Optionsberechtigten nur dann, wenn dieser neben seinen Optionsrechten auch eigene Anteile am Zielobjekt hielte. Im Fall T&N/Kolbenschmidt hielt T&N formell jedoch keine eigenen Gesellschaftsanteile an Kolbenschmidt. Die Entscheidung des Bundeskartellamtes rechtfertigt sich daher nur aus dem Umstand, dass das Bundeskartellamt davon ausging, dass dem treugebenden Unternehmen T&N zumindest materiell/wirtschaftlich die Beteiligung in Höhe von 25 % minus einer Aktie selbst zustünde.

## IV. ANMELDEFÄHIGKEIT

Noch in Anlehnung an Art. 4 FKVO 4064/89 sieht § 39 Abs. 1 GWB vor, dass „Zusammenschlüsse“ vor dem Vollzug beim Bundeskartellamt anzumelden seien. Die herrschende Meinung[929] geht allerdings in Anlehnung an die Vorgängervorschrift des § 24a Abs. 1 Satz 2 a. F. davon aus, dass bereits „Zusammenschlussvorhaben“ angemeldet werden können. Die Richtigkeit dieser Annahme wird durch die Regierungsbegründung zur 6. GWB-Novelle gestützt, nach der mit der veränderten Terminologie keine inhaltliche Rechtsänderung verbunden sei.[930] Anders als nach der FKVO Nr. 4064/89 war ein Zusammenschlussvorhaben im deutschen Recht schon immer noch vor Abschluss konkreter Verträge anmeldefähig. Um überhaupt der materiellen Prüfungspflicht nachkommen zu können, ist jedoch ein gewisses Maß an Konkretisierung des Vorhabens zu verlangen.[931] Eine frühe, vorsorgliche Prüfung muss sich an den Grundsätzen der Verwaltungsökonomie messen lassen. Reine Testfragen oder gutachterliche Stellungnahmen dürfen nicht unnötig die Kapazitäten des Bundeskartellamtes binden.[932]

Die Praxis des Bundeskartellamtes erscheint daher äußert großzügig. Ein Extremfall einer frühzeitiger Anmeldung einer Option findet sich im Tätigkeitsbericht

---

928 So auch *Immenga* in: Festschrift für Odersky, S. 979 (983 f.).

929 *Richter* in: *Wiedemann*, Hdb. Kartellrecht, § 21 Rdnr. 13; *Mestmäcker/Veelken* in: *Immenga/Mestmäcker*, GWB-Kommentar, § 39 Rdnr. 7; *Schütz* in: *Gemeinschaftskommentar*, § 39 Rdnr. 3.

930 Begr. RegE. (Sechstes Gesetz zu Änderung des GWB), BT-Drs. 13/9720, zu § 39 Abs. 1.

931 *KG* WuW/E OLG 5495 (5496) – Vorratsanmeldung.

932 Vgl. auch *Schütz* in *Gemeinschaftskommentar*, § 39 Rdnr. 3; *Richter* in: *Wiedemann*, Hdb. Kartellrecht, § 21 Rdnr. 13.

des Bundeskartellamtes aus dem Jahr 1995/96[933]: Die Deutsche Bahn (DB) hatte im Zuge der Privatisierung der Gleisbaubetriebe der ehemaligen Reichsbahn Gleisbaubetriebe an die Deutsche Gleis- und Tiefbau GmbH (DGT) verkauft. Mit dem Verkauf waren zahlreiche Auftragszusagen seitens der Deutschen Bahn verbunden. Falls diese sich als undurchführbar erweisen sollten, wurde der DB eine Call Option auf den Rückerwerb der Gleisbetriebe eingeräumt. Diese Call Option wurde bereits vorsorglich bei der Anmeldung des Verkaufs an die DGT mitangemeldet.

Auch wenn in diesem Fall die Bedingung des Rückerwerbs scheinbar relativ klar geregelt war, muss man sich vergegenwärtigen, dass sich die Feststellung eines Bedingungseintritts in praxi schwierig gestalten kann. Es erscheint daher unabdingbar, gewisse zeitliche Grenzen für den hinreichend konkretisierten Vollzug zu stecken. Als Richtlinie wird in der Literatur einen Vollzugszeitraum von 18 Monaten genannt.[934] Nach hier vertretener Ansicht muss diese zeitliche Vorgabe im Einzelfall nach vorne verschoben werden, wenn die beteiligten Unternehmen in einem Markt tätig sind, der besonders schnellen Veränderungen ausgesetzt ist.

## B. Kontrollverlust durch Put Option

Auch die Innehabung einer Put Option hat grundsätzlich in der Form des reinen Gestaltungsrechts noch keinen Einfluss auf die Beurteilung eines Zusammenschlusstatbestandes. So meldete beispielsweise die VNG Verbundnetz Gas AG den Erwerb einer Beteiligung in Höhe von zunächst 21,35 % an der vor allem im Energiehandel tätigen Energieunion AG an, verbunden mit der Option einer späteren Absenkung der Beteiligung auf 20%.[935] Das Bundeskartellamt sah in diesem Fall den Zusammenschlusstatbestand des § 37 Abs. 1 Nr. 4 GWB als erfüllt und die Untersagungsvoraussetzungen des § 36 Abs. 1 GWB als gegeben an. Zur Vermeidung der Untersagung modifizierte VNG das angemeldete Vorhaben dergestalt, dass die Höhe der Beteilung von Anfang an auf 20 % beschränkt wurde und daneben noch auf weitere sogenannte „Plusfaktoren“ verzichtet wurde, die einen zusätzlichen „wettbewerblich erheblichen Einfluss“ begründen könnten. An dieser Entscheidung sieht man, dass das Bundeskartellamt danach differenziert, ob nur eine Option auf Absenkung der Anteilshöhe besteht oder ob die Anteile tatsächlich abgegeben werden. Die Option der Absenkung wurde vom Bundeskartellamt nicht als Garantie dafür gesehen, dass die Beteiligung tatsächlich abgesenkt werde. Erst die tatsächliche, sofortige Absenkung der der Beteiligung konnte eine Untersagung verhindern.

---

933 *BKartA* TB 1995/1996, S. 124 und 14/1139, S. 131.

934 *Richter* in: *Wiedemann*, Hdb. Kartellrecht, § 21 Rdnr. 13; *Schütz* in: *Gemeinschaftskommentar*, § 34 Rdnr. 4.

935 *BKartA* TB 2001/2002, S. 171.

## C. Zusammenfassung

Das GWB bietet mit seinen vier Zusammenschlusstatbeständen grundsätzlich mehr Ansatzpunkte für die Berücksichtigung eines Optionsrechts beim Unternehmenszusammenschluss als die FKVO. Meines Erachtens gilt im Ergebnis jedoch auch nach deutschem Recht, dass allein die Innehabung eines Gestaltungsrechts noch nicht die Möglichkeit der Einflussnahme auf ein fremdes Unternehmen begründet. Eine Call Option auf den Erwerb von Vermögen oder Unternehmensanteilen ist nicht unter die formellen Erwerbstatbestände der § 37 Abs. 1 Nr. 1 und 3 GWB subsumierbar, weil diese im Sinn der Rechtssicherheit streng formell auszulegen sind. Die im Fall Klöckner/Seitz vom Bundeskartellamt aufgestellte pauschale Gleichstellung des Anteilsrechts mit dem Optionsrecht ist abzulehnen.

Auch der Kontrollerwerb bzw. der Erwerb von wettbewerblich erheblichem Einfluss durch ein schlichtes Optionsrecht kommt meines Erachtens nur dann in Betracht, wenn der Optionsberechtigte des Ankaufsrechts bzw. der Put-Nehmer bereits über Anteile an dem selben Unternehmen verfügt, an dem auch die Option eingeräumt wurde. Nur so hat der Optionsberechtigte bzw. der Put-Nehmer tatsächlich auch schon vor Ausübung des Gestaltungsrechts die Möglichkeit der Einflussnahme auf das Zielobjekt.

# Vierter Teil: Das Zusammenwirken von Treuhand und Option

## § 14 Die Bewertung der Kombination von Treuhand und Option in der Entscheidungspraxis

### A. Schlichtes Optionsrecht und treuhänderische Option

In den Verfahren der deutschen und europäischen Kartellrechtspraxis, in denen sich die Behörden mit der Thematik des Optionsrechts auseinanderzusetzen hatten, handelte es sich häufig nicht um ein „schlichtes“[936] Optionsrecht. D. h. das Verhältnis zwischen dem Optionsgeber und dem Optionsnehmer war nicht gestaltet wie ein normales Verhältnis zwischen potentiellem Käufer und Verkäufer. Über die regulären Treue- und Sorgfaltspflichten aus einem gewöhnlichen Optionsverhältnis hinaus kam dem Optionsgeber vielmehr die wirtschaftliche Stellung eines Treuhänders zu mit dem Auftrag, die Anteile bis zur Ausübung des Optionsrechts treuhänderisch zu halten und zu verwalten.[937] Der Optionsgeber hatte häufig selbst erst den Optionsgegenstand von einer dritten Person mit Mitteln erworben, die vom späteren Optionsnehmer herrührten und trug dadurch keine wirtschaftlichen Risiken. Die Auswirkungen dieser Verzahnung von Option und Treuhandverhältnis soll anhand der einschlägigen Verfahren an dieser Stelle nochmals gesondert herausgearbeitet werden. Insbesondere soll der Frage nachgegangen werden, ob das treuhänderische Optionsrecht auf den Erwerb von Anteilen in der Fusionskontrolle anders zu behandeln ist als das schlichte Optionsrecht auf den Erwerb von Anteilen.

Von dieser Konstellation (Option auf das Treugut Unternehmensbeteiligung; Gliederungspunkt B) zu unterscheiden ist der Fall, in dem das Optionsrecht selbst das Treugut ist (Gliederungspunkt A). Der formell Optionsberechtigte ist in dieser Konstellation der Treuhänder des treugebenden Unternehmens, das den Optionsvertrag finanziert.

936 *Tessin/Röhling* in: Festschrift für Quack, S. 681 (682).

937 Z. B. *BKartA* WuW/E 2087, WuW/E 2179 – Klöckner/Seitz; *BKartA* WuW/E 2894 – Herlitz/Landré. *Kommission,* E v. 13. 7. 1999, IV/M.1517 = Celex 399M1517 – Rhodia/Donau Chemie/Albright & Wilson.

## B. Option als Treugut

### I. KLM/Air U. K.

In dem nach Gemeinschaftsrecht anzumeldenden Verfahren KLM/Air U. K. (vgl. hierzu bereits § 12 A II 1 c cc) war das Treugut das Optionsrecht. Das holländische Flugunternehmen KLM ließ über einen Treuhänder X, ein Kreditinstitut, das Optionsrecht an Anteilen an Air U. K. erwerben. Die Kommission stellte fest, dass das sogenannte „Loan Arrangement" zwischen dem Treuhandunternehmen und dem Verkäufer, der British Air Transport Holding, sich deutlich von anderen normalen Darlehensvereinbarungen unterscheide, denn die finanzielle Last des sogenannten Darlehens trug einzig und allein ein drittes Unternehmen, die KLM. Die Kommission ging unter anderem aus diesem Grund davon aus, dass das über das Treuhandunternehmen X erworbene Optionsrecht an Air. U. K. dem finanzierenden und damit treugebenden Unternehmen KLM zuzurechnen sei und nahm an, dass KLM durch das Optionsrecht und seine eigenen Anteile an Air. U. K. das Unternehmen bereits mitkontrolliere.

Die Ausführungen der Kommission zum finanziellen Risiko des Optionsrechts dienten nur der personellen Zuordnung des Optionsrechts zu KLM. Die Begründung dafür, warum allein das Optionsrecht schon genügen solle, um eine Kontrollposition zu bejahen, ergab sich aus den Ausführungen der Kommission nicht. Die Annahme der gemeinsamen Kontrolle beruhte vielmehr auf einer Gesamtschau der Machtverhältnisse und nicht auf dem Optionsrecht allein:

> *„Taking these factors into account, the Commission has come to the conclusion that the combined effect of the loan arrangement and call options from June 1988, KLM's representation on the board of Air UK as well as in the post managing director, and KLM's not insignificant shareholding in Air UK, was such as to make it very unlikely that BATH de facto could have taken important strategic decisions relating to the business of Air UK if KLM would have opposed such decisions."*[938]

Wenn bereits, so die Entscheidung der Kommission, der mittelbare Erwerb eines Optionsrechts eine Kontrollposition begründen kann, so muss im Erst-Recht-Schluss daraus gefolgert werden können, dass auch der direkte Erwerb eines Optionsrechts eine Kontrollposition begründen kann. Die europäische Kommission ist insofern in ihrer Entscheidungspraxis konsequent. So vertrat sie beispielsweise auch in den oben unter Punkt § 12 A II 1 a dargestellten Verfahren Crédit Suisse/Nikko/MSA und Banco Santander/AKB die Auffassung, dass der Erwerb der Alleinkontrolle aufgrund eines Optionsrechts möglich sei.

---

938 *Kommission*, E. v. 22. 9. 1997, IV/M.967 = Celex 397M0967, Tz. 17 – KLM/Air UK.

## II. METRO/KAUFHOF I

Auch in dem nach deutschen Recht anzumeldenden Fall Metro/Kaufhof I war das Optionsrecht das Treugut. Die Metro-Tochter Großpart sowie die Metro Hausbank, die Schweizerischen Bankgesellschaft (kurz SBG) planten, je einen 24 %-Anteil an der Kaufhof AG zu erwerben. Der SBG sollte zusätzlich von der Commerzbank eine Option auf einen 2,5 %-Anteil an der Kaufhof AG eingeräumt werden. Die Optionsvereinbarung bezog die Metro-Tochter Großpart entscheidend mit ein. Die maßgeblichen Klauseln der Vereinbarung lauteten:

> *„6. Muß die Option von SBG oder von dem von SBG zu bezeichnenden Dritten ausgeübt werden, werden SBG und Großpart eine Vereinbarung über folgende Punkte treffen:*
>
> *(a) Renditegarantie auf dem von SBG eingesetzten Kapital in SFr. in der Größenordnung des Zinssatzes für sechsmonatige feste Vorschüsse für Lombardkredite unter Berücksichtigung der eingegangenen Nettodividenden.*
>
> *(b) Schadloshaltung für Mindererlöse aller durch SBG erworbenen Aktien unter dem Einstandspreis in Sfr. um diese Schadloshaltung möglichst gering zu halten, wird SBG nur im Einverständnis von Großpart Aktien Kaufhof weiterveräußern.*
>
> *(c) Sicherstellung der Verpflichtungen aus a) und b) durch eine durch Großpart bei der SBG zu tätigende Festgeldanlage in der Höhe von 50 % des von SBG aufzuwendenden Bruttoerwerbspreises in DM, welche verpfändet werden soll. Diese Festgeldanlage wird bereits per 31. Dezember 1980 getätigt." [...]*
>
> *„8. Die Laufzeit der Vereinbarung wird auf drei Jahre beschränkt. Eine Verlängerung ist im gegenseitigen Einverständnis möglich. Wird keine Verlängerung vereinbart, ist SBG berechtigt, die Aktien Kaufhof frei zu veräußern. Die Verpflichtungen von Großpart bezüglich Ertragsgarantie und Schadloshaltung erlöschen erst mir dem vollständigen Verkauf der Aktien durch SBG und Befriedigung aller Ansprüche von SBG."* [939]

Das Bundeskartellamt bestätigte den Vertretern der Banken auf Anfrage, dass mangels eines Zusammenschlusstatbestandes eine Anmeldung dann nicht erforderlich sei, wenn die oben genannten Punkte 6) und 8) der Optionsvereinbarung gestrichen würden. Unter Zugrundelegung der vom Bundeskartellamt geprüften Vereinbarung, doch ohne die Punkte 6) und 8), erwarben die Metro und SBG ohne weitere Prüfung durch das Bundeskartellamt die Anteile. Wie sich aus der späteren Argumentation des

---

939 *Monopolkommission*, HGA 1980/81, Tz. 546 ; vgl. zum Sachverhalt auch oben § 1 A.

Bundeskartellamtes im Auskunftsverfahren vor dem Kammergericht[940] ergab, war das Bundeskartellamt von dem Gedanken geleitet, dass sich aus den Regelungen in Punkt 6) und 8) der beabsichtigten Vereinbarung ergäbe, dass die SBG sowohl ihre Beteiligung an Kaufhof in Höhe von 24 % als auch das Optionsrecht im Interesse und für Rechnung ihrer Kundin Metro halte. Auch die Monopolkommission ging davon aus, dass das zunächst dem Bundeskartellamt unterbreitete Vorhaben einen Zusammenschlusstatbestand zwischen Großpart und Kaufhof gemäß § 23 Abs. 2 Nr. 2 lit. a. F. GWB dargestellt habe, weil SBG lediglich als Treuhänder für Metro fungiert hätte.[941] Ebenso stellte auch das KG Berlin fest, dass die auf Veranlassung des Bundeskartellamtes später gestrichenen Ziffern 6) und 8) der Absichtserklärung im Zusammenhang mit den übrigen Bestimmungen ausreichenden Anlass boten, den Zusammenschlusstatbestand des § 23 Abs. 2 Nr. 2 lit. a a. F. GWB (Erwerb von 25 % vom stimmberechtigten Kapital des anderen Unternehmens) sowie § 23 Abs. 2 Nr. 5 a. F. GWB (Herbeiführung sonstiger Unternehmensverbindungen mit beherrschendem Einfluss) anzuprüfen. Das Kammergericht lehnte allerdings selbst im Ergebnis deren Anwendung ab.[942]

Anhand der von den Behörden und dem Kammergericht angeprüften Zusammenschlusstatbestände ergibt sich, dass das Optionsrecht der SBG nicht wie ein echtes Anteilsrecht behandelt wurde. Anderenfalls hätte man logischerweise den Zusammenschlusstatbestand des § 23 Abs. 2 Nr. 2 lit. b a. F. GWB (Erwerb einer Beteiligung in Höhe von 50 %) prüfen müssen (24 % Anteil von Großpart + 24 % Anteil von SBG + 2,5% Anteil aus Option). Auch die Monopolkommission stellte in diesem Sinne in ihrem Gutachten bewusst auf die Konstellation „vor Ausübung der Option"[943] ab.

Auch das Bundeskartellamt zeigt in seiner Entscheidungspraxis — ebenso wie die Europäische Kommission, wenngleich unter anderen Vorzeichen — eine gewisse Stringenz, denn auch in dem oben unter § 13 A I 2 a geschilderten Verfahren Süddeutscher Verlag/Donau Kurier ging es davon aus, dass allein das Gestaltungsrecht noch nicht den nötigen Einfluss auf das Zielobjekt vermittle. Das muss erst recht gelten, wenn man das Optionsrechts nicht selbst formell inne hat.

Die Optionsvereinbarung wirkte sich im Ergebnis in diesem Verfahren daher nur so aus, dass aus ihr der Rückschluss auf eine Erwerbstreuhand zwischen der SBG und Metro gezogen wurde und zwar nicht nur bezogen auf das Optionsrecht selbst, sondern auch auf die Anteile, die von der SBG bereits von der Commerzbank erworben worden waren.

---

940 *KG* WuW/E OLG 2433 (2436 f.).

941 *Monopolkommission,* HGA 1980/81, Tz. 549.

942 *KG* WuW/E OLG 2433 (2436). Das Kammergericht lehnte jedoch selbst im Ergebnis die Anwendung von § 23 Abs. 2 Nr. 5 a. F. GWB sowie § 23 Abs. 2 Nr. 2 lit. a a. F. GWB ab.

943 *Monopolkommission,* HGA 1980/81, Tz. 550.

# C. Option auf das Treugut bei der Erwerbstreuhand

## I. Klöckner/Seitz

In dem Verfahren Klöckner/Seitz war die Gesamtvereinbarung zwischen der Badischen Kommunalen Landesbank (kurz: Bakola) und Klöckner mit dem Titel „Optionsvertrag" tituliert. Darunter fiel der explizit als treuhänderisch bezeichnete Erwerb eines Anteilspakets an Seitz in Höhe von 24 % sowie die Option, mit der die Bakola sämtliche weiteren Anteile an Seitz, die die Bakola im Rahmen der vorgesehenen Kapitalerhöhung erwerben werde, Klöckner zum Kauf anbieten werde.

Wie oben bereits unter § 13 A I 2 b dargelegt, begründete das Bundeskartellamt seine Entscheidung, warum Klöckner an Seitz eine Mehrheitsbeteiligung erworben habe, auf zwei unterschiedliche Arten. Zum einen damit, dass die Bakola als Treuhänderin für Klöckner agiere und zum anderen damit, dass ein Optionsrecht dem Anteilserwerb gleichzustellen sei. Richtigerweise hängen die beiden Begründungen jedoch auf das engste zusammen. Die alternative Gegenüberstellung der beiden Begründungsvarianten überzeugt angesichts der sonstigen Entscheidungspraxis des Bundeskartellamtes zum Optionsrecht nicht. Es spricht vielmehr einiges dafür, dass in dem Verfahren Klöckner/Seitz nur deshalb die Option *ausnahmsweise* dem Anteilserwerb gleichgestellt wurde, weil es sich bei dem Optionsrecht von Klöckner gerade nicht um eine schlichte Option handelte, sondern um eine Option, bei der der Optionsgeber zugleich als Treuhänder agierte.

## II. Herlitz/Landré

Diese These wird bestätigt durch die Entscheidung des Bundeskartellamtes in den oben unter § 13 A I 2 c bereits geschilderten Fall Herlitz/Landré. Auf die noch im Verfahren Klöckner/Seitz plakativ aufgestellte These der Gleichstellung von Option und Anteilserwerb wurde hier verzichtet. Stattdessen formulierte das Bundeskartellamt vorsichtig wie folgt:

> *„Die Herlitz AG hat bereits am 31. 12. 1993/1 1. 1994 sämtliche Geschäftsanteile an Landré erworben." ... „Dem steht nicht entgegen, daß die Herlitz AG zur Jahreswende 1993/94 nur eine Option auf den Erwerb der Landré-Geschäftsanteile erlangte, während das Eigentum zunächst auf Neptuno übertragen wurde."*[944]

---

944 *BKartA* WuW/E 2894 (2896).

Das Bundeskartellamt sowie das im Anschluss an dessen Beschluss angerufene Kammergericht stützen ihre Begründung allein auf den treuhänderischen Erwerb und die Zurechnungsklausel, zogen jedoch die Optionsvereinbarung argumentativ heran, um ihre Annahme zu untermauern, dass die Herlitz AG die Neptuno Verwaltungs- und Treuhandgesellschaft mbH beauftragt habe, treuhänderisch in ihrem Interesse und auf ihre Rechnung sämtliche Geschäftsanteile an der Landré GmbH zu erwerben und zu halten.

## D. Option auf das Treugut bei der Übertragungstreuhand – Der Fall Tagesspiegel/Berliner Zeitung

Im eingangs geschilderten Verfahren Holtzbrinck/BerlinerVerlag hatte Holtzbrinck den Vorschlag unterbreitet, zur Verringerung seiner Marktanteile auf dem Berliner Abonnement- und Straßenverkaufszeitungsmarkt seine Anteile am Tagesspiegel an den ehemaligen Holtzbrinck Manager Dr. Gerckens zu verkaufen. Gleichzeitig sollte ein Optionsvertrag vereinbart werden, gemäß dem Holtzbrinck spätestens bis zum 31. Dezember 2006 75 % der Anteile am Tagesspiegel zurückerwerben können sollte. Das Bundeskartellamt ging in diesem Fall nunmehr explizit von einem Zusammenhang zwischen Treuhand und Option aus.

> *„Die Einräumung einer Option kann unter bestimmten Umständen eine treuhänderische Beziehung begründen (vgl. Mestmäcker/Veelken in Immenga Mestmäcker, GWB, 3. Auflage, § 37 Rdnr. 35). Zwar können die bislang von der Verwaltungspraxis und der Rechtsprechung entschiedenen Fallkonstellationen (vgl. Bundeskartellamt – WuW BKartA 2087 „Klöckner-Seitz“, Immenga, Kartellrechtliche Wirkungen von Aktienoptionen, in Festschrift für Odersky, S. 975 ff.) nicht ohne weiteres auf den vorliegenden Sachverhalt übertragen werden.“*[945] *[...]*

Dass eine Option eine treuhänderischen Beziehung tatsächlich *begründen* könne, ist selbst bei einem weiten Treuhandverständnis nur schwer vermittelbar, denn die Treuhand wird dadurch begründet, dass dem Treuhänder vom Treugeber eine Einwirkungsmöglichkeit auf das Treugut gewährt wird. Einwirkungsmöglichkeiten auf das Objekt hat aber im Regelfall der schlichten Option nur der Optionsgeber. Auch der Verweis auf die Kommentierung in *Immenga/Mestmäcker* ist verfehlt, da dort nur darauf hingewiesen wird, dass eine treuhänderische Beziehung unter besonderen Umständen auch mit einer Aktienoption *verbunden sein* könne. Das Bundeskartellamt relativiert in der besagten Entscheidung denn auch die Aussage im nächsten Absatz.

945 *BKartA*, Beschluss vom 2. Februar 2004, B 6-120/03, Punkt 1.1.1.1.1. – Tagesspiegel/Berliner Zeitung II.

> *„Jedoch deutet bereits die Einräumung einer Call Option im vorliegenden Fall jedenfalls unter Berücksichtigung der weiteren Bestimmungen des Kaufvertrags auf eine treuhänderische Beziehung zwischen Dr. Gerckens und Holtzbrinck hin.“*

Auch in diesem jüngsten Verfahren zog das Bundeskartellamt letztlich von der Call Option nur Rückschlüsse auf ein Treuhandverhältnis. Erst dieses führt nach der Herangehensweise des Bundeskartellamtes schließlich zur (falschen)[946] Anwendung der Zurechnungsklausel des § 37 Abs. 1 Nr. 3 Satz 2 GWB.

# § 15 Das dogmatische Verhältnis der Treuhand zur Option

Tessin und Röhling haben in ihrem Beitrag zur Beurteilung der Option nach dem Kartellrecht die These aufgestellt, die Einräumung eines Ankaufsrechts ohne Übernahme der wesentlichen wirtschaftlichen Risiken durch den Optionsnehmer sei ihrer Art nach kein Minus im Verhältnis zu der Option mit Übernahme der wirtschaftlichen Risiken, sondern ein Aliud.[947] Wie die oben erfolgte Analyse der Entscheidungspraxis zeigt, geht es eigentlich aber nicht um zwei unterschiedliche Arten von Ankaufsrechten, sondern um das Verhältnis von Treuhand und Option.

## A. Gemeinsamkeiten von Treuhand und Option

Sowohl ein Treuhandvertrag als auch ein Optionsrecht dienen letztlich der Absicherung des endgültigen Erwerbstatbestandes. Sowohl dem Optionsberechtigten als auch dem Treugeber steht ein schuldrechtlicher Anspruch auf Übertragung der Rechte zu, aus denen sich die Einflussmöglichkeiten auf fremde wirtschaftliche Ressourcen ergeben. In den Fällen, in denen das treugebende Unternehmen ein Optionsrecht an den Anteilen der treuhänderisch handelnden Person besitzt (vgl. z. B. Herlitz/Landré), ist es hinsichtlich einer späteren Übertragung der Anteile folglich doppelt abgesichert. Auch legt der Optionsvertrag dem Optionsverpflichteten auch ohne eine gesonderte Treuhandabrede gewisse Treuepflichten im Innenverhältnis gegenüber dem Vertragspartner auf — wie vor allem die, den Optionsgegenstand so zu bewahren, dass der Hauptvertrag später erfüllt werden kann.

Insofern stellt sich die Frage, ob der Notwendigkeit der Kombination eines Optionsrechts mit der Treuhandabrede und damit verbunden die Frage, ob der Optionsvertrag kartellrechtlich je allein eine Zuordnung des Optionsgegenstandes begründen kann oder vielmehr die Kombination von Treuhandabrede und Gestaltungsrecht unab-

---

946 Vgl. dazu oben unter § 8 E I.

947 *Tessin/Röhling* in: Festschrift für Quack, S. 681 (684).

dingbare Voraussetzung für eine kartellrechtliche Zuordnung des Optionsgegenstandes zum Optionsnehmer ist.

## B. Unterschiede zwischen Treuhand und Option

Durch einen normalen Optionsvertrag wird kein Treuhandverhältnis im Sinn der hier verwendeten Begrifflichkeiten begründet. Bei dem schlichten Erwerb eines Optionsrechts hat der Optionsgeber zuvor selbst originär oder derivativ unter eigenen finanziellen Aufwendungen den Optionsgegenstand erworben. Der Optionsnehmer übernimmt bei Abschluss eines Optionsvertrages nur das begrenzte Risiko der Verlustposition der Zahlung der Optionsprämie.[948] Dementsprechend besitzt er während der Optionszeit keine rechtliche Einwirkungsmöglichkeit auf den Optionsgegenstand oder dem Optionsgeber, wohingegen der Treugeber in der Regel schon durch die Treuhandabrede eine gewisse Einwirkungsmöglichkeit auf das Treugut und den Treuhänder hat.

Die Pflichten des Optionsgebers richten sich nach dem Optionsvertrag. Die primäre Leistungspflicht des Optionsgebers, die mit Abschluss des Optionsvertrags erfüllt wird, ist die Einräumung des Optionsrechts. Nach allgemeiner Ansicht erschöpft sich darin jedoch nicht der Inhalt des durch den Optionsvertrag entstehenden Schuldverhältnisses.[949] Namentlich Georgiades hebt hervor, dass der Optionsvertrag ein selbstständiger Vertrag vorbereitender Natur sei; er bereitet den Hauptvertrag soweit vor, dass der Optionsnehmer nur noch „ja“ sagen muss, um die Hauptvertragspflichten zu begründen. Über die Verpflichtung zur Einräumung des Optionsrechts hinaus werden durch den Optionsvertrag daher weitere Verhaltenspflichten begründet, die darauf abzielen, dass einerseits der Vertragszweck — nämlich das Zustandekommen und die Erfüllung des Hauptvertrages — erreicht wird und andererseits der Vertragspartner vor möglichen Schäden geschützt wird. Schon aus dem Sinn und Zweck des Optionsvertrages folge, dass der Optionsgeber zugleich mit der Einräumung des Optionsrechts auch die Pflicht übernimmt, alles zu unterlassen, was geeignet wäre, die Erreichung des Vertragszwecks zu gefährden. Er ist verpflichtet, alle erforderlichen Maßnahmen dafür zu treffen, dass dem Optionsnehmer kein Schaden entsteht. Konkret beinhalte dies die Pflicht, den Optionsgegenstand nicht zu zerstören, zu beschädigen und anderweitige Verfügungen über ihn zu unterlassen.[950] Die Pflicht des Optionsgebers, den Optionsgegenstand zu erhalten und mit ihm sorgfältig umzugehen, ist eine vertragliche Nebenpflicht des Optionsgebers.[951]

Eine Treuhandabrede begründet hingegen die Hauptpflicht, das Treugut sorgfältig und vor allem im Interesse des Treugebers zu verwalten. Diese Pflicht geht in der

948 *Arnim*, AG 1983, S. 29 (33).

949 *Georgiades* in: Festschrift für Larenz, S. 409 (426).

950 *Georgiades* in: Festschrift für Larenz, S. 409 (426 f.).

951 *v. Einem*, S. 61; *Georgiades* in: Festschrift für Larenz, S. 409 (419).

Regel über die bloße Erhaltungspflicht hinaus. Anders als in den regulären Fällen des Optionserwerbs, wird in den Fällen der Kombination von Treuhand und Option der derivative oder originäre Erwerb des Optionsgebers nicht von diesem selbst, sondern durch den Treuhänder finanziert. Das Risiko des treugebenden Optionsnehmers geht in dieser Gestaltungsform daher weit über das des einfachen Optionsnehmers hinaus, der — wie oben gezeigt — nur das begrenzte Risiko des Verlusts der Optionsprämie trägt.

Vor allem das Verhältnis zwischen Optionsnehmer und Optionsgut wird durch eine zusätzliche Treuhandabrede neben dem Optionsvertrag entscheidend verändert. Die schlichte Option vermittelt im Gegensatz zur Treuhand keine gesellschafterähnlichen oder gar gesellschaftsrechtlichen Einflussmöglichkeiten für den Optionsnehmer.[952]

## C. Schlussfolgerung für die Fusionskontrolle

Die für die Fusionskontrolle maßgebliche Möglichkeit der Einflussnahme wird niemals allein durch das Optionsrecht begründet. Die Verwirklichung eines Zusammenschlusstatbestandes durch das Gestaltungsrecht ist nach hier vertretener Ansicht nur in zwei Konstellationen möglich:

Erstens dann, wenn der Optionsnehmer bereits andere (gesellschaftsrechtlich vermittelte) Einflussmöglichkeiten auf das Zielobjekt hat, d. h. vor allem dann, wenn er selbst über Anteilsrechte an dem Zielobjekt verfügt, an dem ihm zusätzliche Optionsrechte eingeräumt wurden. Zweitens aber auch dann, wenn ein Treuhänder für den Optionsberechtigten entsprechende Anteile hält. Der Erwerb von Einflussmöglichkeiten erfolgt dann aber streng betrachtet nicht über das Optionsrecht selbst, sondern über das Treuhandverhältnis verbunden mit dem Anteilserwerb des Treuhänders. Das Optionsrecht wirkt in diesem Fällen — wie z. B. in den Verfahren Klöckner/Seitz, Herlitz/Landré, Tagesspiegel/Berliner Verlag — zum einen als ein Indiz für das Treuhandverhältnis. Auf diese Indizwirkung lässt sich das Optionsrecht aber nicht beschränken, sondern es verstärkt durch seine Rechtsfolgen die Wirkung der Treuhandabrede.

Die Fälle, in denen das Optionsrecht das Treugut darstellt, sind nicht anders zu behandeln als die Fälle, in denen dem Erwerber direkt ein Optionsrecht zusteht. Das heißt: Hat der Treuhänder außer dem Optionsrecht keine anderen substantiierten Möglichkeiten, das Zielobjekt zu beeinflussen, wird weder ein Zusammenschlusstatbestand in der Person des Treuhänders noch des Treugebers verwirklicht.

952 *Tessin/Röhling*, S. 684.

# SCHLUSSBETRACHTUNG

Die vorliegende Arbeit hat versucht, die beiden Sonderkonstellationen der Treuhand und der Option im Rahmen der Zusammenschlusskontrolle möglichst umfassend darzustellen und die Problemfelder aufzuzeigen. Ausgangspunkt der Überlegungen war, dass die beiden Rechtsinstitute insofern eine gewisse Ähnlichkeit aufweisen, als sie beide einen Schwebezustand hinsichtlich einer bestimmten rechtlichen Position begründen. Es hat sich jedoch herausgestellt, dass die Gestaltungsform des „eigentlichen Rechtsinhabers" nicht mit der des „so-gut-wie- Inhabers" vergleichbar ist und die beiden vertraglichen Vertragstypen in der Fusionskontrolle daher unterschiedlich zu behandeln sind.

Während der Treugeber durch die Treuhandabrede und den Anteilserwerb des Treuhänders sofort gewisse Einflussmöglichkeiten auf das Treugut erlangt und das Treugut finanziert, hat der Optionberechtigte auf den Optionsgegenstand als solchen bis zur Ausübung des Gestaltungsrechts noch keine direkte Einflussmöglichkeit; dafür trägt der Optionsberechtigte in der Regel auch noch nicht das finanzielle Risiko des Optionsgegenstandes.

Das Treuhandverhältnis erfordert sowohl im Rahmen der europäischen als auch der deutschen Zusammenschlusskontrolle eine Einzelfallbetrachtung. Der Einzelfall ist dabei in einer Art systematischen Gesamtschau zu würdigen, denn die unternehmerischen Ressourcen aus dem Treugut können von Fall zu Fall dem treugebendenden oder dem treunehmenden Unternehmen zugeordnet werden. Abhängig ist dies zum einen vom Treuhandinnenverhältnis als auch von dem Verhältnis des Treugebers zu dem Zielobjekt als solchen. Für den europäischen Kontrolltatbestand gelten dabei die selben Zuordnungskriterien wie für sein deutschen Äquivalent in § 37 Abs. 1 Nr. 2 GWB sowie den Tatbestand des § 37 Abs. 1 Nr. 4 GWB.

Kein Gleichlauf zwischen Gemeinschaftsrecht und deutschen Recht herrscht jedoch für den Sonderfall des Optionsrechts. Während das schlichte Optionsrecht nach deutschem Recht in der Regel zu keinem Zusammenschlusstatbestand führt, kann das Gestaltungsrecht der Option nach der Praxis der Europäischen Kommission sehr wohl einen Zusammenschlusstatbestand begründen. In diesem Bereich wäre eine gewisse Harmonisierung der Entscheidungspraxis wünschenswert. Präferiert wird hier eine Annäherung der europäischen Praxis an die restriktivere deutsche Handhabung.

Wird ein Treuhandvertrag mit einem Optionsrecht kombiniert, werden die Rechte des Treugebers durch das Optionsrechts intensiviert. Gleichzeitig kann ein Optionsrecht ein Indiz für das Bestehen eines Treuhandverhältnisses sein. Die Möglichkeit der Einflussnahme wird jedoch nicht über das Optionsrecht, sondern allenfalls über das Treuhandverhältnis begründet.

Die momentan bestehenden materiellen Zusammenschlusstatbestände im deutschen und europäischen Rechts sind im Grunde ausreichend, um die Sonderkonstellationen der Treuhand und der Option zu erfassen. Im Hinblick auf die Sanktionierung der präventiven Anmeldepflicht und die Rechtssicherheit der beteiligten Unternehmen wäre es allerdings wünschenswert, wenn die Kontrollbehörden gewisse Leitlinien herausgeben würden, die den potentiell anmeldepflichtigen Unternehmen eine Hilfestellung für die Beurteilung von Treuhandvereinbarung an die Hand geben. Um den rechtsstaatlichen Grundsatz des „nulla poena sine lege“ gerecht zu werden, müssten diese Leitlinien auch tatsächliche der Entscheidungspraxis der Kontrollbehörden zugrunde liegen.

Inwieweit sich die Problematik der Zuordnung von unternehmerischen Ressourcen in der europäischen Fusionskontrolle bei treuhandähnlichen Rechtsinstituten in anderen Rechtsordnungen stellt, konnte im Rahmen dieser Arbeit nicht mehr geklärt werden. Dieser Bereich eröffnet jedoch sicherlich Raum für andere interessante wissenschaftliche Arbeiten.

## ABKÜRZUNGSVERZEICHNIS

Neben den üblichen Abkürzungen, die bei Kirchner/Butz, Abkürzungsverzeichnis der Rechtssprache, 5. Auflage, Berlin 2003, aufgeführt sind, wurden folgende Abkürzungen verwendet:

| | |
|---|---|
| **A.2d** | Atlantic Reporter, Second Series |
| **ABl.** | Amtsblatt der Europäischen Union |
| **ABl. EGKS** | Amtsblatt der Europäischen Gemeinschaft für Kohle und Stahl |
| **Bakola** | Badische Kommunale Landesbank |
| **BATH** | British Air Transport Holding |
| **BT-Drucks.** | Drucksachen des Deutschen Bundestags |
| **CDE** | Cahiers de Droit Européen |
| **Dt.** | Deutsch, deutsche |
| **E.** | Entscheidung |
| **EG** | Europäische Gemeinschaft |
| **EGV** | Vertrag zur Gründung der Europäischen Gemeinschaften |
| **Einl.** | Einleitung |
| **ERD.** | Brambles European Rail Division |
| **FKVO** | Verordnung des Rates über die Kontrolle von Unternehmenszusammenschlüssen |
| **GMZ** | Gesellschaft für Medien-, Druck und Zeitungsbeteiligungen m.b.H. |
| **Hard.** | Hardres' Reports, Exchequer |
| **E.R.** | Englisch Reports |
| **Hdb.** | Handbuch |
| **HGA** | Hauptgutachten |
| **ISPG** | Chemical Acquisition Company |
| **i. S. v.** | im Sinne von |
| **IKZ** | Iserlohner Kreisanzeiger und Zeitung Verlag |
| **KG** | Kammergericht |
| **Lit.** | Littera |

| | |
|---|---|
| **Litt.** | Litterae |
| **MilRegG 52** | Gesetz Nr. 52 der Militärregierung (Sperre und Beaufsichtigung von Vermögen) |
| **N.V.** | Naamloze Vennootschap |
| **ÖBA** | Österreichisches Bankarchiv |
| **p. a.** | per annum |
| **Plc.** | Public limited company |
| **Rdnr.** | Randnummer |
| **S. A.** | Société Anonyme |
| **SBG** | Schweizer Bankgesellschaft |
| **SEN** | Seitz Enzinger Noll Maschinenbau |
| **SGA** | Sondergutachten |
| **SpA** | Societa per Azioni |
| **Slg.** | Sammlung der Rechtsprechung des EUGH |
| **S.r.l.** | Società a responsibilità limitata |
| **TB** | Tätigkeitsbericht |
| **v.** | versus |
| **v.** | von, vom |
| **WAZ** | Westdeutsche Allgemeine Zeitungsverlag |
| **WuW/E DE-V** | Wirtschaft und Wettbewerb, Entscheidungssammlung, Deutschland Verwaltung |
| **WuW/E DE-R** | Wirtschaft und Wettbewerb, Entscheidungssammlung, Deutschland Rechtsprechung |

# Literaturverzeichnis


*Adler, H./Düring, W./Schmaltz, K.*: Rechnungslegung und Prüfung der Unternehmen, Kommentar zum HGB, AktG, GmbHG, PublG nach den Vorschriften des Bilanzrichtliniengesetzes, 6. Auflage, 4. Teilband, Stuttgart 1997

*Albath, Andreas*: Unternehmensbeteiligungen unter 25 % Kapitalanteil, Köln/Berlin/Bonn/München 1988

*Anweiler, Jochen*: Die Auslegungsmethoden des Gerichtshofs der Europäischen Gemeinschaften, Frankfurt a. M. u. a. 1997

*Apathy, Peter*: Die Treuhandschaft aus rechtshistorischer Sicht, in: Die Treuhandschaft, hrsg. von Apathy, Peter; Wien 1995, S. 1-17

*Armbrüster, Christian*: Die treuhänderische Beteiligung an Gesellschaften, Köln/Berlin/Bonn/München 2001

*Arnim, Rainer von*: Die Option im Waren und Aktienbereich, AG 1983, S. 29-49 und S. 67-75

*Bälz*, Ulrich: Treuhandkommanditist, Treuhänder der Kommanditisten und Anlegerschutz, ZGR 1980, S. 1-100

*Baumbach, Adolf/Hueck, Alfred*: GmbH-Gesetz, 17. Auflage, München 2000

*Baumbach, Adolf/Hopt, Klaus J.*: Handelsgesetzbuch, 30. Auflage, München 2000

*Baums, Theodor*: Vollmachtstimmrecht der Banken – Ja oder nein ?, AG 1996, S. 11-26

*Bechtold, Rainer*: Kartellgesetz, Gesetz gegen Wettbewerbsbeschränkungen, 3. Auflage, München 2002

— Die Grundzüge der neuen EWG-Fusionskontrolle, RIW 1990, 253-262

— Medienkartellrecht, AfP 2001, S. 115-116

*Becker, Lothar*: Minderheitenbeteiligungen in der formellen Zusammenschlusskontrolle unter besonderer Berücksichtigung von Beteiligungen an Personengesellschaften, Regensburg 1989

*Bellamy, Christopher/Child, Graham*: European Community Law of Competition, 5. Auflage, London 2001

*Beseler/Jacobs-Wüstenfeld:* Law Dictionary, Englisch-Deutsch, 4. Auflage, Berlin/New York 1986

*Beuthien*, Volker, Treuhand an Gesellschaftsanteilen, ZGR 1974, S. 26-85

*Berlin, Dominique*: Contrôle communautaire des concentrations, Paris 1992

*Beyerle, Franz*: Die Treuhand im Grundriß des deutschen Privatrechts, Weimar 1932

*Blaurock, Uwe*: Unterbeteiligung und Treuhand an Gesellschaftsanteilen, Baden-Baden 1981

*Bleckmann, Albert*: Europarecht, 6. Auflage, Köln u. a. 1997

*Böge, Ulf*: Reform der Europäischen Fusionskontrolle, WuW 2004, S. 138-148

*Böhlk, Hans-Joachim*: Der Zusammenschlussbegriff in der Fusionskontrolle, Diss. Frankfurt/a. M. 1979

*Bos, Pierre/Stuyck, Jules/Wytinck, Peter*: Concentration Control in the European Economic Community, London 1992

*Braunschweig, Christoph/Kindermann, Dieter/Wehrlin, Ulrich,* Grundlagen der Managementlehre, München 2001

*Breuer, Johannes*: Treuhandverhältnisse im Gesellschaftsrecht, MittRhNotK 1988, S. 79-96

*Brox, Hans/Walker, Wolf*-D.: Zwangsvollstreckungsrecht, 7. Auflage, Köln/Berlin/Bonn/München 2003

*Buchner, Robert*: Wirtschaftliches Prüfungswesen, München 1991

*Bundeskartellamt*: Berichte des Bundeskartellamts über seine Tätigkeit sowie über die Lage und Entwicklung auf seinem Aufgabengebiet (zit. TB); TB 1975 = BT-Drs. 7/5390; TB 1977 = BT-Drs. 8/1925; TB 1983/84 = BT-Drs. 10/3350; TB 1985/86 = BT-Drs. 11/554; TB 1991/92 = BT-Drs. 12/5200; TB 1993/94 = BT-Drs. 13/1660; TB 1995/96 = BT.-Drs. 13/7900; TB 1999/2000 = BT-Drs. 14/6300; TB 2001/02 = BT-Drs. 13/7900

*Calliess, Christian/Ruffert-Weiß, Matthias*: Kommentar des Vertrages über die Europäische Union und des Vertrages zur Europäischen Gemeinschaft, 2. Auflage, Neuwied/Kriftel 2002

*Canenbley, Cornelius/Moosecker, Karlheinz*: Fusionskontrolle: Handbuch für die Praxis, Köln 1982

*Coing, Helmut*: Die Treuhand kraft privaten Rechtsgeschäfts, München 1973

*Commichau, Gerhard/Schwartz, Harald*: Grundzüge des Kartellrechts, 2. Auflage, München 2002

*Cook, C. John /Kerse, Chris, S.*: E.C. Merger Control, 3. Auflage, London 2000

*Deichfuß, Hermann*: Der Zusammenschlussbegriff durch Anteilserwerb nach der 6. GWB-Novelle, WuW 2000, S. 834-842

*Diekmann, Werner*: Das Innenverhältnis bei der Treuhandschaft in wirtschaftlicher und steuerlicher Sicht – erläutert an Beispielen aus der Wirtschaftspraxis, Diss. München 1968

*Dietl, Clara-Erika/Lorenz, Egon*: Wörterbuch für Recht, Wirtschaft und Politik, Band 1, 6. Auflage, München 2000

*Doucet/Fleck*: Dictionnaire juridique et économique, Bd. 1, 5. Auflage, München 1997

*Downes, Antony/Ellison, Julian*: The legal control of mergers in the EC, London 1991

*Duursma, Dieter*: Fusionskontrolle bei Banken, Europäische und nationale Regelungen der Zusammenschlusskontrolle, Wien 1999

*Drauz, Götz/Schroeder, Dirk*: Praxis der europäischen Fusionskontrolle, 3. Auflage, Köln 1995

*Ebenroth, Carsten Thomas/Rösler, Patrick*: Die Anwendbarkeit des Zusammenschlussbegriffes nach Art. 3 Fusionskontrollverordnung auf Lean Production Strukturen, RIW 1994, S. 533-542

*Ebermann, Frank*: Die Verwaltungstreuhand an GmbH-Anteilen, Köln 1970

*Eden, Siegfried*: Treuhandschaft an Unternehmen und Unternehmensteilen, Bielefeld 1981

*Einem, Hennig von*: Die Rechtsnatur der Option, Berlin 1974

*Emmerich, Volker*: Kartellrecht, 9. Auflage, München 2001

*Emmerich, Volker/Sonnenschein, Jürgen/Habersack, Mathias*: Konzernrecht, 7. Auflage, München 2001

*Flume, Werner*: Allgemeiner Teil des bürgerlichen Rechts, Band 1,2: Die juristische Person, Berlin u. a. 1983

*Fountoukakos, Kyriakos*: „Unscrambling the eggs“: dissolution orders under Article 8 (4) of Merger Regulation, Competition Policy Newsletter 2004, S. 63-69

*Frankfurter Kommentar zum Kartellrecht*: hrsg. von Glassen, Helmut/Hahn, Helmuth v./Kersen, Hans-Christian/Kolvenbach, Walter/Lehmann, Jürgen; 3. Auflage, Köln 2001

— Band II, Kurzdarstellungen, §§ 1-10 GWB n. F. (zit. §...GWB 1999)

— Band IV, §§ 15-25 GWB a. F. (zit. § ...GWB)

— Band VI, EG Kartellrecht

*Frankfurter Kommentar zur Insolvenzordnung*: hrsg. von Wimmer, Klaus; 3. Auflage, Neuwied/Kriftel 2002

*Fraune, Christian*: Der Einfluß institutioneller Anleger in der Hauptversammlung, Köln/Berlin/Bonn/München 1996

*Friesen, Juliane Freiin von*: „Indirekter Anteilserwerb“ – ein Fall des § 23 Abs. 2 Nr. 2 GWB, DB 1977, S. 1125 – 1127

*Frisch, Thoma*: Die Behandlung von Betriebsführungsverträgen in der Fusionskontrolle, AG 1995, S. 362-368

*Fritzsche, Jörg*: Die Auslegung des § 1 GWB und die Behandlung der Einkaufsgemeinschaften im Kartellrecht, Köln/Berlin/Bonn/München 1992 (FIW-Schriftenreihe, Heft 149)

*Fülbier, Andreas*: Die Doppeltreuhand bei Forderungen im französischen Recht, RIW 1990, S. 445-448

*Gaul, Hans Friedhelm*: Lex commissoria und Sicherungsübereignung, AcP 168 (1968), S. 351-382

*Gemeinschaftskommentar*: Gesetz gegen Wettbewerbsbeschränkungen und Europäisches Kartellrecht, begründet von Müller-Henneberg, Hans/Schwartz, Gustav, hrsg. von Hootz, Christian; 5. Auflage, Köln/Berlin/Bonn/München

— Zusammenschlusskontrolle §§ 35-43 GWB, 5. Auflage, 2. Lieferung, 2000, bearbeitet von Thomas E. Albertshauser

— EU-Fusionskontrolle, Art. 1-3 VO 4064/89, 5. Auflage, 3. Lieferung, 2001, bearbeitet von Jörg Schütz

— EU-Fusionskontrolle, Art. 4-25 VO 4064/89, 5. Auflage, 5. Lieferung, 2001, bearbeitet von Jörg Schütz

*Georgiades, Apostolos*: Optionsvertrag und Optionsrecht, in: Festschrift für Karl Larenz zum 70. Geburtstag, hrsg. von Paulus, Gotthard/Diederichsen, Uwe/Canaris, Claus-Wilhelm, München 1972, S. 409-434

*Gernhuber, Joachim*: Die fiduziarische Treuhand, JuS 1988, S. 355-363

*Geßler, Ernst/Hefermehl, Wolfgang/Eckardt, Ulrich/Kropff, Bruno*: Aktiengesetz

— Band I: §§ 1-22, 1973; §§ 53a-75, 1983; §§ 23-53, München 1984

— Band II: §§ 76-147, München 1973/1974

— Band VI: §§ 291-318, 1976; §§ 319-358a, 1991; §§ 359-395, 1993; §§ 396-410, München 1994

*Gleiss, Alfred/Hirsch, Martin*: Kommentar zum EG-Kartellrecht, Bd. 1, 4. Auflage, Heidelberg 1993

*Gottwald, Peter*: Insolvenzrechts-Handbuch, 2. Auflage, München 2001

*Goutier, Klaus/Knopf, Rüdiger/Tulloch, Anthony*: Kommentar zum Umwandlungsrecht: Umwandlungsgesetz, Umwandlungssteuergesetz, Heidelberg 1996

*Grabitz, Eberhard/Hilf, Meinhard*: Das Recht der Europäischen Union, Band 1 und 2, 22. Ergänzungslieferung, Stand August 2003, München

*Groeben, Hans von der/Thiesing, Jochen/Ehlermann, Calus-Dieter*: Kommentar zum EU-, EG-Vertrag, 5. Auflage, Baden-Baden 1999

*Grohmann, Thomas*: Die Rechtsstellung des Treuhänders und ihre Auswirkungen auf die Abwicklung eines Treuhandliquidationsvergleichs, Diss. Göttingen 1983

*Gromann, Hans-Georg:* Die Gleichordnungskonzerne im Konzern- und Wettbewerbsrecht, Köln/Berlin/Bonn/München 1979

*Grundmann, Stefan*: Der Treuhandvertrag, insbesondere die werbende Treuhand, München 1997

— The Evolution of Trust and Treuhand in the 20th century, in: Itinera Fiduciae: trust and Treuhand in historical perspective, hrsg. von Helmholz, Richard/Zimmermann, Reinhard; Berlin 1998, S. 469-493

*Grunewald, Barbara*: Gesellschaftsrecht, 5. Auflage, Tübingen 2002

*Gugerbauer, Norbert*: Handbuch der Fusionskontrolle, Wien 1995

— Kreditwirtschaft und Fusionskontrolle, Bank-Archiv 1993, S. 751-756

— Kreditwirtschaft und Fusionskontrolle, ÖBA 1993, S. 751-756

*Hachenburg, Max*: Gesetz betreffend die Gesellschaften mit beschränkter Haftung (GmbHG), 1. Band, 8. Auflage, Berlin/New York 1992

*Hammen, Horst*: Bemerkungen zur Dogmatik des Aktienoptionsgeschäfts, ZIP 1987, S. 151-156

*Hartmann-Rüppel, Marco:* Europäische Fusionskontrolle und Luftverkehr, Die wettbewerbsrechtliche Beurteilung horizontaler Zusammenschlüsse im Luftverkehr nach der europäischen Fusionskontrollverordnung, Baden-Baden 2002

*Hase, Karl von*: Vertragsbindung durch Vorvertrag, Berlin 1999

*Häsemeyer, Ludwig*: Insolvenzrecht, 3. Auflage, Köln/Berlin/Bonn/München 2003

*Hawk, Barry E./Huser, Henry L.*: European Community Merger Control: A Practitioner's Guide, The Hague/London/Boston 1996

*Heidner, Hans-Hermann*: Treuhandverhältnisse im Steuerrecht, Berlin 1994

*Heinsius, Theodor*: Der Sicherheitentreuhänder im Konkurs, in: Festschrift für Wolfram Henckel zum 70. Geburtstag am 21. April 1995, hrsg. von Gerhardt, Walter/Diederichsen, Uwe/Rimmelspacher, Bruno/Costede, Jürgen; Berlin/New York 1995, S. 387-400

*Henrich, Dieter*: Vorvertrag, Optionsvertrag, Vorrechtsvertrag; Berlin/Tübingen 1965

*Henschen, Horst /Ewen, Michael*: Der Erwerb eines wettbewerblich erheblichen Einflusses in der Entscheidungspraxis, WuW 1999, S. 941-949

*Henssler, Martin*: Treuhandgeschäft – Dogmatik und Wirklichkeit, AcP 196, 37-82

*Herdegen, Matthias*: Auslegende Erklärung von Gemeinschaftsorganen und Mitgliedstaaten zu EG-Rechtsakten, ZHR 155 (1991), S. 52-67

*Herfarth, Christoph*: Nebenbestimmungen zu fusionsrechtlichen Freigabeentscheidungen in der Praxis des Bundeskartellamts, WuW 2004, S. 584-594

*Hirte, Heribert*: Kapitalgesellschaftsrecht, 3.Auflage, Köln 2001

*Hitzler, Gerhard:* Die Europäische Fusionskontrolle kann beginnen, EuZW 1990, 369-371

*Hoffmann, Jochen*: Kontrollerwerb als neuer Zusammenschlusstatbestand des GWB, AG 1999, 538-547

*Holzapfel, Hans-Joachim/Pöllath, Reinhard*: Unternehmenskauf in Recht und Praxis, 11. Auflage, Köln 2003

*Honsell, Heinrich*: In fraudem legis agere, in: Festschrift für Max Kaser zum 70. Geburtstag, hrsg. von Medicus, Dieter; München 1976, S. 111-126

*Huber, Ulrich*: Betriebsführungsverträge zwischen selbständigen Unternehmen, ZHR 152 (1988), S. 1-37

— Die Rechtsstellung des Treugebers gegenüber Gläubigern und Rechtsnachfolgern des Treuhänders, in: Rechtsvergleichung und Rechtsvereinheitlichung, hrsg. von Wahl, Eduard/Serick, Rolf/Niederländer, Hubert, Heidelberg 1967, S. 399-421

*Hudson, Alastair*: Equity & Trust, 2. Auflage, London 2001

*Hüffer, Uwe*: Aktiengesetz, 6. Auflage, München 2004

— Die Publikumspersonengesellschaft und das Problem des Anlegerschutzes, JuS 1979, S. 457-465

*Immenga, Ulrich*: Kartellrechtliche Wirkungen von Aktienoptionen, in: Festschrift für Walter Odersky zum 65. Geburtstag, hrsg. von Reinhard Böttcher/Götz Hueck/Burkhard Jähnke, Berlin/New York 1996, S. 975-985

*Immenga, Ulrich/Mestmäcker, Ernst-Joachim*: Gesetz gegen Wettbewerbsbeschränkungen, Kommentar, 3. Auflage, München 2001 (zit.: GWB-Kommentar)

— EG-Wettbewerbsrecht, Kommentar, Band 1, München 1997 (zit.: EG-Wettbewerbsrecht)

*Isele, Hellmut Georg*: Geschäftsbesorgung, Umrisse eines Systems, Marburg 1935

*Janicki, Thomas*: EG-Fusionskontrolle auf dem Weg zur praktischen Umsetzung, WuW 1990, S. 195-205

*Joachim, Willi*: Der Managementvertrag, DWiR 1992, S. 397-405 und S. 455-459

— Hotelbetreiberverträge als Pacht- und Managementverträge, NZM 2001, S. 162-167

*Jones, Christopher /González-Diáz, Enrique*: The EEC Merger Regulation, London 1993

*Junge, Werner*: Die Auflösung von Unternehmenszusammenschlüssen nach § 24 Abs. 6 und 7 GWB, WuW 1985, S. 558-568

*Karl, J.*: Zur Rechtswirkung von Protokollerklärungen in der Europäischen Union, JZ 1991, S. 593-599

*Karl, Matthias*: Der Zusammenschlußbegriff in der europäischen Fusionskontrolle, Baden-Baden 1996

*Karsten, Lars*: Einheitlichkeit der Mitgliedschaft in Personengesellschaften, Berlin 2002

*Keppenne, Jean-Paul*: Le contrôle des concentrations entre entreprises: Quelle filiation entre l'article 66 dur Traité de la Communauté européenne du charbon et de l'acier et le nouveau règlement de la Communauté économique européenne ?, Cahiers de Droit Européen, 1991, S. 42-63

*Kerber, Markus C.*: Die Unternehmensentflechtung nach dem GWB, Baden-Baden 1987

*Kern, Peter R.*: Das Recht der Unternehmenszusammenschlüsse in der Montanunion, Berlin/Frankfurt a.M., 1955

*Kerse, Christopher*: E.C. Antitrust Procedure, 4. Auflage, London 1998

*Kilger, Joachim/Schmidt, Karsten*: Insolvenzgesetze, KO, VglO, GesO; 17. Auflage, München 1997

*Kirchhoff, Wolfgang*: Europäische Fusionskontrolle, Beilage 14 zu BB Heft 11/1990, 1-15

*Klausing, Friedrich*: Vortrag über den juristischen und wirtschaftlichen Treuhandbegriff unter Berücksichtigung der berufsmäßigen Treuhandschaft und des Publizitätsgedankens, gehalten in der juristischen Studiengesellschaft in zu Berlin, teilweise abgedruckt in: Deutsche Juristenzeitung 1932, S. 1529-1531

*Klemp, Wolfram*: Die fusionsrechtliche Behandlung von Betriebsüberlassungsverträgen, DB 1987, S. 1573-1575

*Koller, Ingo/Roth, Wulf-Henning/Morck, Winfried*: Handelsgesetzbuch, 4. Auflage, München 2003

*Kölner Kommentar zum Aktiengesetz*: hrsg. von Zöllner, Wolfgang; Band 1, §§ 1-75, 2. Auflage, Köln/Berlin/Bonn/München 1988

— Band 6,1; §§ 291-328, 2. Auflage, Köln/Berlin/Bonn/München 1987

*Kommission der Europäischen Gemeinschaften*: Änderung des Vorschlags für eine Verordnung (EWG) des Rates über die Kontrolle von Unternehmenszusammenschlüssen, ABl. 1982 C 36/3

— Bekanntmachung über Nebenabreden zu Zusammenschlüssen nach der Verordnung (EWG) Nr. 4064/89 des Rates vom 21. Dezember 1989 über die Kontrolle von Unternehmenszusammenschlüssen, ABl. 1990 C 203/5 (zit.: Bekanntmachung über Nebenabreden)

— Bekanntmachung über Konzentrations- und Kooperationstatbestände nach der Verordnung (EWG) Nr. 4064/89 des Rates vom 21. Dezember 1989 über die Kontrolle von Unternehmenszusammenschlüssen, ABl. 1990 C 203/10 (zit.: als Bekanntmachung über Konzentrations- und Kooperationstatbestände)

— Geänderter Vorschlag einer Verordnung (EWG) des Rates über die Kontrolle von Unternehmenszusammenschlüssen, KOM(84) 59 endg., ABl. 1984 C 51/8

— Geänderter Vorschlag für eine Verordnung (EWG) des Rates über die Kontrolle von Unternehmenszusammenschlüssen, KOM(86) 675 endg., ABl. 1986 C 324/5

— Geänderter Vorschlag für eine Verordnung (EWG) des Rates über die Kontrolle von Unternehmenszusammenschlüssen, KOM(88) 97 endg., ABl. 1988 C 130/4

— Geänderter Vorschlag für eine Verordnung (EWG) des Rates über die Kontrolle von Unternehmenszusammenschlüssen, KOM(88) 734 endg., ABl. 1989 C 22/14

— Grünbuch über die Revision der Verordnung (EWG) Nr. 4064/89 des Rates vom 11. Dezember 2001, KOM (2001)745 endgültig

— Mitteilung über im Rahmen der Verordnung (EWG) Nr. 4064/89 des Rates und der Verordnung (EG) Nr. 447/98 zulässige Abhilfemaßnahmen, ABl. 2001 C 68/03 (zit.: Mitteilung über zulässige Abhilfemaßnahmen)

— Mitteilung über den Begriff des Zusammenschlusses nach der Verordnung (EWG) Nr. 4064/89 des Rates über die Kontrolle von Unternehmenszusammenschlüssen, ABl. 1998 C 66/5(zit.: Mitteilung über den Zusammenschlussbegriff)

— Mitteilung über den Begriff der beteiligten Unternehmen in der Verordnung (EWG) Nr. 4064/89 des Rates über die Kontrolle von Unternehmenszusammenschlüssen, ABl. 1998 C 66/14 (zit.: Mitteilung über den Begriff der beteiligten Unternehmen)

— Mitteilung der Kommission über die Berechnung des Umsatzes im Sinne der Verordnung (EWG) Nr. 4064/89 des Rates über die Kontrolle von Unternehmenszusammenschlüssen, ABl. 1998 C 66/25 (zit.: Mitteilung über die Berechnung des Umsatzes)

— Vorschlag einer Verordnung (EWG) des Rates über die Kontrolle von Unternehmenszusammenschlüssen, ABl. 1973 C 92/1

*Krimphove, Dieter*: Europäische Fusionskontrolle, Köln/Berlin/Bonn/München 1992

*Kümmerlein, Hartmut*: Erscheinungsformen und Probleme der Verwaltungstreuhand bei Personenhandelsgesellschaften, Diss. Münster 1971

*Kümpel, Siegfried*: Bank- und Kapitalmarktrecht, 3. Auflage, Köln 2004

*Kutsukis, Dimitrios*: Der Verordnungsvorschlag für eine europäische Fusionskontrolle im Lichte der Erfahrungen des deutschen Rechtes, Frankfurt a. M. 1983

*Lange, Knut Werner*: Anmerkung zu BGH, Beschluss vom 21. November 2000, WuB V A. § 37 GWB n. F. 2.01.

*Langen, Eugen/Bunte, Hermann-Josef*: Kommentar zum deutschen und europäischen Kartellrecht, Bd. 1, 9. Auflage, Neuwied/Kriftel/Berlin 2001

*Liebich, Dieter/Mathews, Kurt*: Treuhand und Treuhänder in Recht und Wirtschaft, 2. Auflage, Bielefeld 1983

*Lippross, Otto*-Gerd: Vollstreckungsrecht, 9. Auflage, Neuwied/Kriftel 2002

*Löffler, Heinz*: Kommentar zur europäischen Fusionskontrollverordnung, Neuwied/Kriftel 2001

*Loewenheim, Ulrich/Belke, Rolf*: Gesetz gegen Wettbewerbsbeschränkungen, Kommentar, Herne/Berlin, 14. Lieferung, Stand März 1993 (ab 1993 Lief. eingestellt)

*Marsch-Barner, Reinhard*: Neuere Entwicklungen im Vollmachtstimmrecht der Banken, in: Festschrift für Martin Peltzer zum 70. Geburtstag, hrsg. von Lutter, Marcus/Scholz, Manfred/Sigle, Walter; Köln 2001, S. 261-277

*Martens, Klaus-Peter*: Die existentielle Wirtschaftsabhängigkeit, Eine Untersuchung im Spannungsfeld von Konzern- und Wettbewerbsrecht, Köln/Berlin/Bonn/München 1979

*Maulbetsch, Hans-Christoph*: Beirat und Treuhand in der Publikumspersonengesellschaft, Bonn 1984

*Miersch, Michael*: Kommentar zur EG-Verordnung Nr. 4064/89 über die Kontrolle von Unternehmenszusammenschlüssen, Neuwied/Frankfurt a. M. 1991 (zit.: Kommentar)

— Die europäische Fusionskontrolle, Inhalt und Problematik der EG-Fusionskontroll-VO Nr. 4064/89 in materieller und wettbewerbspolitischer Sicht, Regensburg 1991 (zit.: Die europäische Fusionskontrolle)

*Milde, Thomas*: Der Gleichordnungskonzern im Gesellschaftsrecht, Berlin 1996

*Monopolkommission*: Hauptgutachten II 1976/1977, Fortschreitende Konzentration bei Großunternehmen, Baden-Baden 1998 (zit.: HGA II)

— Hauptgutachten IV 1980/1981, Fortschritte bei der Konzentrationserfassung, Baden-Baden 1982 (zit.: HGA IV)

— Hauptgutachten XI 1994/95, Wettbewerbspolitik in Zeiten des Umbruchs, Baden-Baden 1996 (zit.: HGA XI)

— Hauptgutachten XII 1996/1997, Marktöffnung umfassend verwirklichen, Baden-Baden 1998 (zit.: HGA XII)

— Sondergutachten Nr. 15, Zusammenschluss der Klöckner Werke AG mit der Seitz Enzinger Noll Maschinenbau AG, Baden-Baden 1986 (zit.: SGA 15)

— Sondergutachten Nr. 17, Konzeption einer europäischen Fusionskontrolle, Baden-Baden 1989 (zit.: SGA 17)

*Münchener Handbuch des Gesellschaftsrechts*: hrsg. von Hoffmann-Becking, Michael; Band 4, Aktiengesellschaft, 2. Auflage, München 1999

*Münchener Kommentar zum Aktiengesetz*: hrsg. von Kropff, Bruno/Semler, Johannes; 2. Auflage des Geßler/Hefermehl/Eckardt/Kropff, Band 1, §§ 1-53, München 2000

— Band 4, §§ 118-147, München 2004

— Band 8, §§ 278-328, München 2000

*Münchener Kommentar zum Bürgerlichen Gesetzbuch*: Band 1, §§ 1-240, 4. Auflage, München 2001

— Band 4, §§ 607-704, 3. Auflage, München 1997

*Münchener Kommentar zur Insolvenzordnung,* hrsg. von Kirchhof, Hans-Peter/Lwowski, Hans-Jürgen, Band 1, §§ 1-107, München 2001

*Niemeyer, Hans-Jörg*: Die Europäische Fusionskontrollverordnung, Heidelberg 1991

— Europäische Fusionskontrolle, BB 1991, Beilage 25, S. 1-12

*Obrecht, Peter*: Bezugsrecht und Vinkulierung, Zürich 1984

*Oppermann, Thomas*: Europarecht, 2. Auflage, München 1999

*Palandt*: Bürgerliches Gesetzbuch, 63. Auflage, München 2004

*Peltzer, Martin*: Empfehlen sich gesetzliche Regeln zur Einschränkung des Einflusses der Kreditinstitute auf Aktiengesellschaften?, JZ 1996, S. 842-851

*Pieroth, Bodo/Schlink, Bernhard*: Grundrechte, 19. Auflage, Heidelberg 2003

*Plaß, Gunda*: Die Zusammenschlusskontrolle von Versicherungen und Kreditinstituten nach der Europäischen Fusionskontrollverordnung, Frankfurt a. M. 1997

*Pohlmann, Petra*: Der Unternehmensverbund im Europäischen Kartellrecht, Berlin 1999

*Polley, Notker*: Wettbewerbsverbot und Geschäftschancenlehre – eine Untersuchung am Beispiel der Geschäftsleitung von US-Corporation und deutscher GmbH, Baden-Baden 1993

*Portwood, Timothy*: Mergers under EEC Competition Law, London 1994

*Priester, Hans-Joachim*: Drittbindung des Stimmrechts und Satzungsautonomie, in: Festschrift für Winfried Werner zum 65. Geburtstag am 17. Oktober 1989, hrsg. von Hadding, Walther/Mertens, Hans-Joachim/Immenga, Ulrich/Pleyer, Klemens/Schneider, Uwe H.; Berlin/New York 1984, S. 657-679

*Purrucker, Michael*: Banken in der kartellrechtlichen Fusionskontrolle, Berlin 1983

*Rathjen, Hans-Henning*: Transitorische Beteiligungen von Banken an Nichtbank-Unternehmen unter deutschen und EG-Zusammenschlusskontrollrecht ( § 23 Abs. 3 Satz 2 GWB, Art. 3 Abs. 5 lit. a FKVO), Ammersbek 1995

*Riesenkampff, Alexander*: Treuhandverhältnisse in der Fusionskontrolle und die Zurechnungsklausel des § 23 Abs. 2 Nr. 2 Satz 2 GWB, WuW 1996, S. 5-16

*Rittner, Fritz*: Wettbewerbs- und Kartellrecht, 6. Auflage, Heidelberg 1999

— Wirtschaftsrecht, 2. Auflage, Heidelberg 1987

*Rosenberg, Leo/Gaul, Hans Friedhelm/Schilken, Eberhard*: Zwangsvollstreckungsrecht, 11. Auflage, München 1997

*Roß, Norbert*: Rechtsgeschäftliche Treuhandverhältnisse im Jahres- und Konzernabschluß, Düsseldorf 1994

*Roth, Günter; Thöni, Wilfried*: Treuhand und Unterbeteiligung, in: Festschrift 100 Jahre GmbH-Gesetz, hrgs. Lutter, Marcus/Ulmer, Peter/Zöllner, Wolfgang, Köln 1992, S. 245-288

*Rümker, Dieter/Franke, Jörg*: Die Bedeutung von Gesellschaftsanteilen als Kreditsicherheit in der Praxis der Kreditinstitute in: Gesellschaftsanteile als Kreditsicherheit, hrsg. von Hadding, Walter/Schneider, Uwe; Berlin 1979, S. 13-36

*Scharrenberg, Claudia*: Die Rechte des Treugebers in der Zwangsvollstreckung, Diss. Mainz 1989

*Schaub, Bernhard*: Treuhand an GmbH-Anteilen, DStR 1995, S. 1634-1639

*Schiemann*, Gottfried: Haftungsprobleme bei der Treuhand an Gesellschaftsanteilen, in: Festschrift für Wolfgang Zöllner zum 70. Geburtstag, hrsg. von Lieb, Manfred/Noack, Ulrich/Westermann, Harm Peter; Köln/Berlin/Bonn/München 1988, S. 503-519

*Schilder, Axel*: Schadensersatz bei Durchbrechung der Bindung an obligatorische Vertragsofferten, Schriften zum Handels- und Wirtschaftsrecht, Bd. 10, Frankfurt am Main 2003

*Schlosser, Hans*: Außenwirkungen verfügungshindernder Abreden bei der rechtsgeschäftlichen Treuhand, NJW 1970, S. 681-687

*Schmidt, Karsten*: Gesellschaftsrecht, 4. Auflage, Köln/Berlin/Bonn/München 2002

*Schmitt, Joachim/Hörtnagl, Robert/Stratz, Rolf-Christian*: Umwandlungsgesetz, Umwandlungssteuergesetz, 3. Auflage, München 2001

*Scholz, Franz*: Kommentar zum GmbH-Gesetz, mit Anhang Konzernrecht, Band 2, §§ 45-87, 9. Auflage, Köln 2002, bearbeitet von Georg Crezelius

*Schröter, Helmuth/Jakob, Thinam/Mederer, Wolfgang*: Kommentar zum Europäischen Wettbewerbsrecht, Baden-Baden 2003

*Schulte, Josef*: Änderungen der Fusionskontrolle durch die 6. GWB-Novelle, AG 1998, S. 297-308

*Schultz, Klaus-Peter/Wagemann, Markus*: Kartellrechtspraxis und Kartellrechtsrechtsprechung 2000/01, 16. Auflage, Köln 2001

*Siebert, Wolfgang*: Das rechtsgeschäftliche Treuhandverhältnis, Ein dogmatischer und rechtsvergleichender Beitrag zum allgemeinen Treuhandproblem, 2. Auflage, Marburg 1933

*Singhof, Bernd*: Die Beauftragung eines „Treuhänders“ durch eine AG zwecks kostenloser Stimmrechtsvertretung für einzelne Aktionäre, NZG 1998, S. 670-674

*Staub*: Großkommentar HGB, hrsg. von Canaris, Claus-Wilhelm/Schilling, Wolfgang/Ulmer, Peter, 12. Lieferung: §§ 105-113, 4. Auflage, Berlin/New York 1989

— 19. Lieferung: §§ 114-122, 4. Auflage, Berlin/New York 1999

*Staudenmayer, Dirk*: Der Zusammenschlussbegriff in Art. 3 der EG-Fusionskontrolle, Köln/Berlin/Bonn/München 2002

*Staudinger, Julius v.*: Kommentar zum Bürgerlichen Gesetzbuch, Erstes Buch, Allgemeiner Teil, §§ 134-163, 13. Bearbeitung, Berlin 1996

*Stein, Edgar*: Der wettbewerblich erhebliche Einfluß in der Fusionskontrolle, Heidelberg 1994

*Stöckel*, Bekämpfung der Gesetzesumgehung mit Mitteln des Strafrechts, ZRP 1977, S. 134-137

*Stockenhuber, Peter*: Die europäische Fusionskontrolle, Das materielle Recht, Baden-Baden 1995

*Streinz, Rudolf*: Europarecht, 6. Auflage, Heidelberg 2003

*Strobl, Elisabeth*: Probleme der handels- und steuerrechtlichen Erfolgszurechnung bei Betriebspacht-, Betriebsüberlassungs-, und Betriebsführungsverträgen, in: Jahrbuch der Fachanwälte für Steuerrecht 1982/1983; Herne/Berlin 1983, S. 413-427

*Tebben, Joachim*: Unterbeteiligung und Treuhand an Gesellschaftsanteilen, Baden-Baden 2000

*Tegethoff, Georg:* Das Treuhandgeschäft der westdeutschen und amerikanischen Banken, Köln/Opladen 1963

*Teichmann, Arndt*: Die Gesetzesumgehung, Göttingen 1962

*Tessin, Claus/Röhling, Andreas*: Die Beurteilung von Optionen nach deutschem und europäischem Kartellrecht, in: Festschrift für Karlheinz Quack zum 65. Geburtstag, hrsg. von Hans Peter Westermann/Wolfgang, Roesner; Berlin 1991, S. 681-694

*Theißen, Rolf:* Die „verdrängende" Stimmrechtsausübung in der GmbH, DB 1993, S. 469-474

*Thurnher, Victor*: Die Treuhand bei Unternehmensverbindungen, DB 1994, 1709-1714

— Die Zurechnung des Treuguts im Fusionskontrollrecht, WuW 1994, 303-314

*Uhlenbruck, Wilhelm (Hrsg.)*: Insolvenzordnung, Kommentar, 12. Auflage, München 2003

*Uhlig, Thorsten*: Auflagen und Bedingungen in der deutschen Fusionskontrolle, Erste praktische Erfahrungen mit der neuen Regelung, WuW 2000, 574-584

*Ulmer, Peter*: Zur Treuhand an GmbH-Anteilen, Notwendige Differenzierung zwischen einfacher (verdeckter) und qualifizierter (offener) Treuhand, in: Festschrift für Walter Odersky zum 65 Geburtstag am 17. Juli 1996, hrsg. von Böttcher, Reinhard/Hueck, Götz/Jähnke, Burkhard, Berlin/New York 1996, S. 975-985

*Umlauft, Manfred*: Die Treuhandschaft aus zivilrechtlicher Sicht, in: Die Treuhandschaft, hrsg. von Apathy, Peter; Wien 1995, S. 18-68

*Vedder, Caroline*: Zum Begriff „für Rechnung" im AktG und im WpHG, Köln/Berlin/Bonn/München 1999

*Veelken, Winfried*: Der Betriebsführungsvertrag im deutschen und amerikanischen Aktien- und Konzernrecht, Baden-Baden 1975

*Walter, Gerhard*: Das Unmittelbarkeitsprinzip bei der fiduziarischen Treuhand, Tübingen 1974

*Weber, Martin*: Vormitgliedschaftliche Treubindungen: Begründung, Reichweite und Vorauswirkung gesellschaftsrechtlicher Treuepflicht, München 1999

— Der Optionsvertrag, JuS 1990, S. 249-256

*Weisser, Johannes*: Corporate Opportunities – zum Schutz der Geschäftschancen des Unternehmens im deutschen und amerikanischen Recht, Köln/Berlin/Bonn/München 1991

*Werner, Michael-Jürgen*: Freistellung von der fusionskontrollrechtlichen Kontrolle bei einem Anteilserwerb durch ein Kreditinstitut, WuW 1996, S. 463-473

*Westermann, H. P*: Vertragsfreiheit und Typengesetzlichkeit im Recht der Personengesellschaften, Berlin 1970

*Wiedemann, Gerhard* (Hrsg.): Handbuch des Kartellrechts, München 1999 (zit.: Hdb. Kartellrecht)

*Wiedemann, Herbert*: Die Übertragung und Vererbung von Mitgliedschaftsrechten bei Handelsgesellschaften, München/Berlin 1965 (zit.: Übertragung und Vererbung)

*Wiegand, Wolfgang*: Trau, schau wem – Bemerkungen zur Entwicklung des Treuhandrechts in der Schweiz und in Deutschland, in: Europäisches Rechtsdenken in Geschichte und Gegenwart, Festschrift für Helmut Coing zum 70. Geburtstag, Band II, hrsg. von Horn, Norbert, München 1982, S. 565-591

*Wolf, Dieter*: Probleme der Zusagenpraxis im Fusionskontrollverfahren, in: Festschrift für Ernst-Joachim Mestmäcker zum siebzigsten Geburtstag, hrsg. von Immenga, Ulrich/Möschel, Wernhard/Reuter, Dieter; Baden-Baden 1996, S. 801-812

*Würdinger, Hans*: Arten und Formen der Unternehmenszusammenschlüsse i. S. der neuen §§ 23 bis 24 GWB, WuW 1973, S. 731-742

*Zilias, Manfred*: Treuhandverhältnisse und Unternehmensverbindungen, WPg 1967, S. 465-471

Markus Haggeney

# Marktanteilsprognosen in der Europäischen Fusionskontrolle

## Einflüsse der Wettbewerbstheorie und der europäischen Wettbewerbspolitik auf prognostische Bewertungen im Rahmen der EG-Fusionskontrolle

Frankfurt am Main, Berlin, Bern, Bruxelles, New York, Oxford, Wien, 2005.
XL, 288 S.
Europäische Hochschulschriften: Reihe 2, Rechtswissenschaft. Bd. 4125
ISBN 3-631-52780-2 · br. € 56.50*

Gegenstand dieser Arbeit ist die kritische Hinterfragung der Fusionskontrollpraxis der Europäischen Kommission. Auf Basis der wettbewerbstheoretischen und -politischen Grundlagen wird die Entscheidungspraxis der Kommission eingehend untersucht, bevor dann abschließend geprüft wird, ob Marktanteilsprognosen indiziellen Charakter für die Beurteilung eines Zusammenschlussvorhabens haben können. Belegt wird, dass dies nur sehr eingeschränkt der Fall ist. Entscheidungen in der Fusionskontrolle haben zwingend prognostischen Charakter. Marktanteile sind aber statische Momentaufnahmen eines dynamischen Prozesses. Sie sind das Ergebnis in der Vergangenheit liegenden Markt- und Wettbewerbsverhaltens. Einfache Marktanteilsadditionen mit vorab definierten Schwellenwerten und Konzentrationsgraden bieten ein trügerisches Bild der Rechtssicherheit.

*Aus dem Inhalt*: Wettbewerbstheoretische Leitbilder als Grundlage der Fusionskontrolle · Europäische Wettbewerbspolitik mit eigener Leitbildfunktion? · Fusionskontrollpraxis der Kommission · Indizwirkung von Marktanteilsprognosen

FSC
www.fsc.org
MIX
Papier | Fördert
gute Waldnutzung
FSC® C083411

Kolibri 360 GmbH
Ferdinand-Jühlke-Straße 7
99095 Erfurt, Deutschland
produktsicherheit@kolibri360.de

Druck:
CPI Druckdienstleistungen GmbH
im Auftrag der
Kolibri 360 GmbH
Ferdinand-Jühlke-Str. 7
99095 Erfurt